아산재단 연구총서 제304집

노동유연화와 해고보호법

권 혁

집문당

머리말

오늘날 노동분쟁의 절대 다수는 해고에 관한 것이다. 생각해 보면, 과거 유럽의 산별노동조합형대로의 조직화 계기도 그랬고, 오늘날 치열한 논란의 중심에 서 있는 비정형적 근로형태에 관한 문제들도 실은 해고제도와 대생적으로 맞닿아 있다. 그래서 노동법의 발전과정은 곧 해고법의 발전과정이라고 해도 지나치지 않다.

해고법에 대한 심도 있는 연구를 위해서는 계약법이론에 대한 충분한 이해와 더불어, 노동법 역사와 그 철학적 배경, 그리고 경제학적 이해까지도 필요하다는 것을 새삼 절감하고 있다. 아직 필자는 해고관련법제도에 관심을 가지고 연구하는 초학자에 불과하다. 이 책에 담긴 내용은 필자의 기존 연구 성과물을 기초로 하여 아쉬웠던 점을 보완하고, 새로운 관점에서 재구성한 것이다. 비록 대단히 거칠면서도 기초적인 수준의 연구물에 불과하지만 그럼에도 불구하고 이 책을 펴는 이유는 하나다. 해고의 제도적 본질을 분명히 하고, 본래의 제자리로 되돌려 놓아야 한다고 말하고 싶었다. 그리고 그 과정에서 '해고보호는 고용의 유연화와 반비례관계'라는 고정된 공식을 깨고 싶었다. 너무 '유명'해서, 그 사람을 '잘못' 알게 되는 경우가 있다. 해고제도가 노동법에서 바로 그런 경우다.

이 연구가 기획되면서부터 이렇게 책으로 나오기까지 전 과정에 걸쳐 이산사회복지재단의 연구비 지원이 있었다. 이 자리를 빌려 진심으로 감사의 말씀을 드린다. 또한 이 책을 마무리하는 과정에서 부산대 법학전문대학원의 저서출판지원사업에 따른 재정적 지원이 있었음을 아울러 밝혀 둔다. 그 외에도 일일이 언급할 수 없을 만큼 많은 분들의 도움이 있었다.

이 모든 분들의 은혜를 생각하면 필자의 연구 성과는 미천하기 이를 데 없다. 앞으로 더 열심히 하겠노라는 변명 아닌 변명을 한다. 이 책은 로스쿨 교재로 사용되면서 다시금 수정을 거듭하게 될 것이다.

2010년 12월

부산대 연구실에서

권 혁

차 례

제 1 장 서 론

1. 해고보호법리와 고용유연화와의 관계 ······ 15
2. 해고보호법리의 갈등구조와 기능에 있어서 변화 ······ 17

제 2 장 노동의 유연화 경향과 해고 관련 법이념의 변화

제 1 절 '근로'의 현대적 의미와 해고보호법제 ······ 23
1. '인간됨'과 '직장' ······ 23
2. 해고법제의 노동법 체계상 지위 ······ 26
제 2 절 해고관련 분쟁의 갈등구조 변화 ······ 31
1. 전통적인 해고법 체계와 갈등구조 ······ 31
2. 해고분쟁의 갈등구조 변화: '해고법제로부터의 도피'와 '해고법체계의 외연확대' ······ 33
3. 노동유연화 경향과 해고보호법리에 대한 현대적 관점 ······ 35
제 3 절 노동유연화와 해고보호법제의 조화 ······ 38

제 3 장 해고법의 법이론적 체계와 해석원칙

제 1 절 해고법규범의 '이념성'(Ideologische Regelung) ······ 45
1. 사회법으로서의 노동법 ······ 45
2. 해고의 정당성과 사회적 이념의 구현 방식 ······ 49

3. 소결: 해고법의 해석 및 적용원칙 ······ 54
제 2 절 해지의 자유와 그 수정원리로서 해고보호법리 ······ 55
1. 논의의 목적 ······ 55
2. 해지의 법적 개념과 그 제도적 목적 ······ 56
3. 해지의 자유와 해고보호법리 ······ 59
4. 소 결 ······ 63
제 3 절 해고보호법리의 내용: '해고보호법리'와 '해지완충법리' ······ 64
1. 서 론 ······ 64
2. 광의의 해고보호법리와 협의의 해고보호법리 ······ 66
3. 소 결 ······ 71

제 4 장 해고의 법이론적 체계 분석

제 1 절 해고의 개념 ······ 77
1. 서 론 ······ 77
2. 해고 개념과 그 구성요소 ······ 79
3. 현행 근로기준법상의 개념모호성에 따른 문제 ······ 82
4. 소결: 입법론적 개선안 ······ 88
제 2 절 해고의 체계와 유형 ······ 90
1. 연구의 대상 ······ 90
2. 기존의 논의와 그 평가 ······ 92
3. 해고의 다양한 형태와 유형론 ······ 99
4. 요약 및 결론 ······ 113

제 5 장 해고법 규율과 해고일반원칙

제 1 절 해고법 규율의 형식과 내용 ······ 117
1. 해고규율의 '일반규정성'(Generalklausel) ······ 117

2. 해고 관련 해석론의 발전 ······ 120
제 2 절 해고의 일반원칙: 독일 해고법상의 논의를 중심으로 · 122
1. 개 요 ······ 122
2. 해고최후수단성원칙(Ultima-ratio-Prinzip) ······ 125
3. 해고의 이익형량원칙(Interessenabwägungsprinzip) ······ 127
4. 해고예후원칙 ······ 129
5. 소 결 ······ 131
제 3 절 해고예후원칙(Prognoseprinzip) ······ 132
1. 문제의 제기 ······ 132
2. 해고'일반'원칙으로서 해고예후원칙 ······ 136
3. 해고예후원칙에 따른 해고유형별 해고원인 ······ 146
4. 해고예후원칙의 노동법적 지위와 성격 ······ 157
5. 해고예후원칙에 대한 해고법상의 기능적 재평가 ······ 169
제 4 절 요약 및 결론 ······ 175
1. 해고규율의 일반규정성과 법관법의 발전 ······ 175
2. 해고의 계약적 본질에 대한 재확인 ······ 177

제 6 장 해고의 정당성 판단의 방식과 내용

제 1 절 서 설 ······ 183
1. 해고의 형식적 요건 ······ 183
2. 해고의 실질적 요건 ······ 185
제 2 절 해고의 형식적 요건 I: 해고서면주의 ······ 187
1. 서 론 ······ 187
2. 해고서면주의의 제도적 목적 ······ 191
3. 근로자만을 위한 해고서면주의인가? ······ 195
4. 해고서면의 법이론적 본질과 해고예고와의 관계 ······ 201
5. 해고서면의 필요적 기재사항 ······ 206
6. 결 론 ······ 211

제 3 절　해고의 형식적 요건II: 해고의 예고제도 ……………… 213
1. 서　론 …………………………………………………………… 213
2. 해고예고제도의 지배법리—해지완충의 법리 ……………………… 214
3. 현행 근로기준법 제26조에 관한 종래의 논의 …………………… 217
4. 해고예고수당의 법적 성질과 그 입법론적 평가 ………………… 223
5. 소 결 ……………………………………………………………… 227
제 4 절　해고의 실질적 정당성 요건: 해고원인 개념의 새로운 변화를 중심으로 ……………………………………… 228
1. 서 론 ……………………………………………………………… 228
2. 해고원인의 미시적 개념 분석 …………………………………… 233
제 5 절　소　결 ……………………………………………………… 248

제 7 장　해고 정당성 판단시점론

제 1 절　해고요건의 충족 시점에 관한 논의 ……………………… 257
1. 서 론 ……………………………………………………………… 257
2. 논의의 대립 ……………………………………………………… 261
3. 소 결 ……………………………………………………………… 265
제 2 절　사후적 상황 변경에 대한 노동법적 보완책 …………… 271
1. 서 설 ……………………………………………………………… 271
2. 논의의 법학 방법론적 전제 ……………………………………… 273
3. 논의의 대립 ……………………………………………………… 275
4. 사후적 해고원인 탈락에 대한 법적 고려수단 ………………… 279
5. 결 론 ……………………………………………………………… 286

제 8 장　기업의 합리적 구조조정과 경영해고

제 1 절　경영상의 필요성과 노동유연화 …………………………… 291
1. 서 론 ……………………………………………………………… 291

2. 기업경영상의 어려움과 직장보장이익 간의 관계 ……………… 293
3. 경영해고의 정당성 요건 ………………………………………… 297
4. 경영해고에 있어 해고관련 분쟁의 소모성과 분쟁의 예방필요성 ………………………………………………………… 310
5. 소 결 ……………………………………………………………… 315

제 2 절 소극적 사법심사를 통한 경영판단의 자유보장과 그에 따른 위험문제 …………………………………………… 319
1. 서 설 ……………………………………………………………… 319
2. 재고용의무의 개념과 그 법이론적 근거 ……………………… 320
3. 재고용의무제도의 노동정책적 장단점 ………………………… 326
4. 재고용의무제도의 인정범위 …………………………………… 330
5. 소 결 ……………………………………………………………… 337

제 3 절 평가 및 입법론적 개선필요성 …………………………… 339
1. 경영상의 사유에 기한 해고제도 ……………………………… 339
2. 재고용의무제도 ………………………………………………… 341

제 9 장 근로조건 변경의 유연화와 변경해고제도

제 1 절 근로조건 변경의 유연화와 고용안정 ……………………… 345
1. 서 론 ……………………………………………………………… 345
2. 근로조건 변경의 비탄력성 ……………………………………… 346
3. 소 결 ……………………………………………………………… 351

제 2 절 변경해고의 개념적 의의와 기능 ………………………… 352
1. 변경해고의 개념과 연구의 필요성 …………………………… 352
2. 변경해고의 지배 원리로서 '해고최후수단성원칙' (ultima-ratio-Prinzip) ……………………………………………… 354

제 3 절 변경해고제도의 법이론적 체계와 구성 ………………… 361
1. 변경해고의 법적 구조와 유형 ………………………………… 361
2. 변경해고에 대한 정당성 판단 방식과 내용 ………………… 366

3. 변경청약에 대한 근로자의 '승낙'과 '거절' 그리고 '유보부 승낙' …… 371
제 4 절 소결: 근로조건 변경의 유연성과 해고보호 …… 375

제 10 장 비정규근로관계와 해고보호법리

제 1 절 개 요 …… 381
1. 비정규직 근로관계의 발생과 그 노동법적 의미 …… 381
2. 노동시장의 비탄력성에 대한 개혁요구 …… 384
제 2 절 기간제 근로와 해고보호법리 …… 387
1. 서 설 …… 387
2. 근로관계 존속기간 합의의 노동법적 의의 …… 394
3. 각국의 입법과정과 그 내용 …… 402
4. 현행 우리나라의 기간제 근로관련 노동법 규정의 내용 …… 412
5. 근로관계 존속기간 규율에 관한 입법론적 제안 …… 420
6. 기간제 근로관계 규율의 본질에 대한 재인식 필요성 …… 430
7. 요약 및 결론 …… 432
제 3 절 사업외주화와 해고보호법리 …… 436
1. 삼면적 근로관계에 대한 노동법적 규제 …… 436
2. 삼면적 근로관계와 도급관계로의 회피 문제 …… 441
3. 소결: 어디까지 외주화할 수 있나? …… 449
제 4 절 비정규근로관계와 해고보호법의 이념적 결별과 차별금지법리 …… 452
1. 입법정책적 방향성 …… 452
2. 차별처우의 금지 …… 453
3. 해고보호법리와의 이념적 결별 …… 462
제 5 절 소 결 …… 463

제 11 장 결 론 · 467

참고문헌 ········· 477

찾아보기 ········· 483

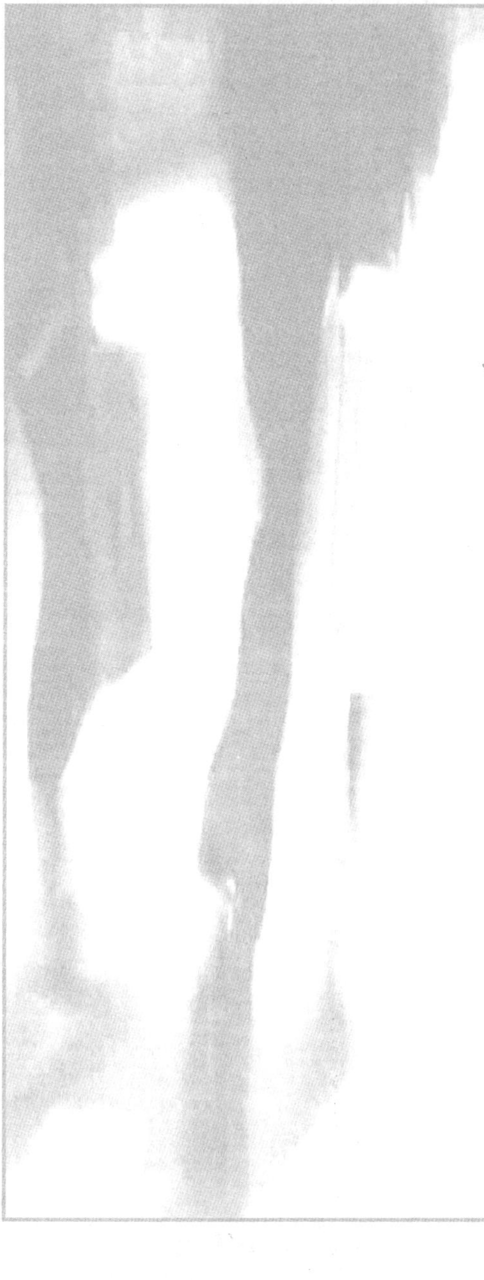

제 1 장

서 론

제1장 서 론

1. 해고보호법리와 고용유연화와의 관계

(1) 근로자에게 있어 고용 안정은 그 어떤 근로조건의 향상보다도 중요한 의미를 지닌다. 오늘날 엄청나게 많은 젊은이들이 공무원이 되고자 희망하는 것도 이를 보여주는 한 예다. 직장을 잃게 된다는 것은 개인적·사회적으로 매우 치명적인 결과를 가져온다. 직장의 상실은 곧 근로자 자신은 물론 가족 전체의 생계기반 박탈을 뜻하기 때문이다. 특히 실업자에 대한 충분한 사회보장제도가 구현되어 있지 못한 사회에서라면, 그 결과는 더욱 비참해진다. 비단 개개인의 불행에 그치지 않는다. 고용불안은 사회적으로 더 큰 위협을 초래한다. 불법과 범죄가 만연하게 될 것이기 때문이다. 노동관련 제반 사회법과 사회보장제도를 사회 안전망이라고 칭하는 이유가 바로 여기에 있다. 고용의 불안은 사회안전망에 생긴 균열과 같은 것이다

(2) 고용의 안정성은 근로관계를 계약관계로 '정상화'한다. 고용유지 그 자체가 어느 한 계약주체의 일방적 무기가 되어 버리면, 계약당사자인 노사 간에 '계약적'인 관계 구축이란 처음부터 기대하기 어렵다. 계약관계는 자유의사의 발현 체계인데, 고용의 불안은 근로자

의 자유로운 의사 표시를 어렵게 만들기 때문이다. 이 때문에 자칫 근로관계는 노동력의 제공을 목적으로 하는 계약관계를 넘어서는 인적 종속관계로 변질될 수 있다. 고용의 안정성을 법적 차원에서 보장하게 되면, 고용 그 자체를 무기로 한 비대등적 계약당사자 관계는 발생될 여지가 없게 된다. 이러한 점에서 보면, 고용안정은 근로계약관계를 '진정한 계약관계'로 만드는 기능을 수행한다고 볼 수 있다.

(3) 이러한 이유들 때문에 근대 노동법 형성과 발전 과정에서 고용의 안정성을 법에 의해 담보하는 것은 가장 중요한 핵심 가치요 이념으로 발전하여 왔던 것이다. 특히 사용자의 일방적 근로관계 종료로부터 근로자를 보호하기 위한 법리, 그러니까 해고보호법리의 발전은 곧 노동법의 발전이라고도 할 수 있다.

(4) 해고보호법리는 근로자의 고용안정을 담보하는 중추적 장치이다. 하지만 해고보호의 강도가 엄격하게 될수록 항상 바람직한 것으로 평가할 수는 없다는 점에 유의해야 한다. 오늘날 해고보호의 문제는 새로운 양상을 띠게 되었기 때문이다. 과거 산업사회에서 근로자의 고용안정에 가장 큰 위협이 사용자의 자의적인 해고권의 행사였다면, 현대 산업사회에서 근로자의 고용안정에 대한 가장 큰 위험요인은 기업경쟁력의 약화와 그로 인한 경영상황의 악화이다. 요컨대 해고로부터 근로자를 보호하여, 비탄력적인 고용구조를 지향하는 것만으로는 충분하지 않은 사회가 되었다. 기업 내 노사관계만의 문제를 넘어, 기업 간 혹은 세계 다른 국가의 기업과도 경쟁하여야 하는 시대가 되면서, 기업의 경쟁력 강화를 위한 유연한 고용구조의 구축 필요성에 공감하게 되었다. 단적인 예로, 만약 기업이 이러한 경쟁에서

낙오하게 되면, 급기야 해당 기업의 근로자 '모두'의 실업을 초래하게 된다. 고용안정을 사용자에게만 강요하는 법제도 이러한 상황에서는 아무런 소용이 없다.

(5) 고용의 유연화와 해고보호의 관계는 서로 대립하는 가치로 이해하여서는 안 된다. 즉 기업의 경쟁력 강화를 통해 고용을 새롭게 창출하고, 이를 통해 기존의 고용관계를 보다 굳건하게 만드는 소위 '선순환적 구조'의 맥락에서 해고제도를 바라보아야 한다. 기업의 경쟁력 강화야말로 가장 본질적인 근로자의 직장 안정화 수단이 될 수 있기 때문이다. 따라서 사용자와 근로자 간의 대립관계를 조정하는 것이 노동법의 역할이요, 사용자의 해고권 그 자체를 무조건 제한하는 것만이 근로자 보호에 기여하며, 사회국가적 이념에 부합한다는 생각은 더 이상 지지되기 어렵다. 근로자의 고용안정의 측면에서도 기업경영의 효율성이 고려되지 않을 수 없게 되었으며, 이러한 기업경영의 효율성 향상에 있어 노동인력의 유연화와 탄력성 제고가 매우 중요한 영역을 차지하게 된 것이 엄연한 현실이고 세계적 추세이다. 고용안정과 해고법제 그리고 노동유연화가 서로 깊이 관련되어 있는 셈이다. 이것은 종래 해고법제의 입법자가 미처 예상하지 못했던 상황이고, 이러한 점에서 종래 전통적인 해고보호법리의 경직성은 위기에 직면했다. 결국 오늘날 해고보호법리의 규범적 체계와 이념은 고용의 유연성과 조화될 수 있도록 하는 것이어야 한다.

2. 해고보호법리의 갈등구조와 기능에 있어서 변화

(1) 헌법상 보장된 직장보상원리는 기존 근로자의 직장에 대한 절대

적 보장을 향유하도록 하는 것은 아니다. 노동법은 근로자를 보호하는 것이지만 그렇다고 하여 기취업한 기존 근로자만을 배타적으로 보호하다 보면, 실업상태이거나 또는 불완전한 고용상태에 있는 이른바 잠재적 근로자인 구직자의 보호에는 소홀하게 되는 문제가 발생한다. 생각해 보면, 잠재적 근로자인 구직자의 보호에 관심을 기울이지 않는다는 것은, 사실상 기존 근로자가 직장을 잃는 것과 사회에 미치는 영향에는 아무런 차이가 없다. 노동법 특히 해고법제가 기존의 직장을 유지하도록 하는 데 그치지 않고, 고용을 창출하고, 구직의 기회를 균등하게 제공하는 데에도 주목하는 방향으로 변해가야 하는 이유가 바로 여기에 있다.

(2) 나아가 해고법제가 기존의 근로자만을 보호하는 것이 더욱 심각한 문제로서 대두될 수밖에 없는 이유는, 노동법이 노노 간의 분쟁을 악화시키는 매개가 될 수 있기 때문이다. 기존의 근로자는 제한된 노동시장에서 새로운 근로자가 진입하게 되면, 스스로 자신의 고용안정에 위협이 될 수 있다는 점 때문에 신규 근로자의 진입을 꺼리게 된다. 오늘날 새로운 비정규근로형태가 급속도로 확대되고 있는 데에는, 사용자의 필요와 기존 근로자의 바람이 함께 하는지도 모른다. 결국 고용안정과 관련한 갈등의 양상은 종래 전통적인 노사 간의 갈등구조에서, 오늘날과 같은 노노 간의 갈등양상을 보이게 되었다. 이러한 노노 간의 긴장구조와 갈등 양상은 종래 근로관계에 있는 근로자의 보호만을 그 목적으로 하고 있는 기존의 노동법 체계가 초래한 하나의 역설적 결과인 셈이다.

(3) 전통적인 해고보호법리의 맹목적 강화와 그 제도의 확대해석

및 적용은 더 이상 사회적 정당성을 가질 수 없다. 해고보호법제의 개혁은 단지 관련 규정의 적용 완화라는 한 가지 방향으로 해결될 수 없다. 고용을 촉진할 수 있는 다양한 정책이 노동법제를 통해 구체화되어야 한다. 해고가 근로자에게 가장 가혹한 것은 근로자의 생계 기반을 소멸시키기 때문이다. 해고보호법제가 종래 노동법의 가장 중요한 영역으로 자리 잡고, 변함없이 엄격한 규율태도를 유지하고 있는 이유이다. 하지만 근로자에게 있어 근로의 기회가 획기적으로 증가하고, 고용 가능성이 매우 확대된다면, 해고보호법제의 이러한 태도는 변화될 수 있다. 결국 해고보호법제의 완화를 통한 노동시장의 유연화, 그리고 이러한 유연화를 통한 기업경쟁력의 확보 나아가 기업경쟁력의 확보를 통한 고용의 증진이야말로 가장 바람직한 노동관계 사이클을 형성할 수 있을 것이다.

(4) 오늘날 우리나라에서 진행되고 있는 다양한 해고법제 개혁 논의에서 바로 이러한 점을 간과해서는 안 된다. 기업과 국가, 그리고 근로자 모두가 사회적 책임을 충실히 이행하는 차원에서 고용의 안정과 고용기회의 확대를 도모한다면, 해고보호법제의 탄력성은 아무런 저항 없이, 아니 어쩌면 '당연한 것'으로 받아들여질지 모른다. 결국 노동법상의 해고문제는 효율적 경영 요구에 효과적으로 대응하면서도, 근로자에게는 고용안정에 대한 확신을 부여하는 방식으로 해소되어야 한다. 경영의 사유와 직장보호의 요구가 조화된 해고법 체계가 현대적 의미에서 새롭게 요청되고 있다.

제 2 장

노동의 유연화 경향과 해고 관련 법이념의 변화

제 1 절 '근로'의 현대적 의미와 해고보호법제
제 2 절 해고관련 분쟁의 갈등구조 변화
제 3 절 노동유연화와 해고보호법제의 조화

제2장 노동의 유연화 경향과 해고 관련 법이념의 변화

제1절 '근로'의 현대적 의미와 해고보호법제

1. '인간됨'과 '직장'

1) 근로의 현대적 의미

오늘날과 같은 현대산업사회에서는 거의 모든 사람이 근로자가 된다. 자영업을 할 수도 있겠지만, 대다수의 사람들은 일정한 이윤창출조직, 즉 기업에 일원으로 참여하여 자신의 노동력을 제공한다. 그리고 그 직장에서 하루 중 대부분을 보내게 된다. 인간의 삶이 직장생활로 채워지는 셈이다. 삶의 윤택과 보람이 직장생활에 의해 좌우된다고 보아도 무방할 정도이다. 아침에 일어나서 출근을 하면서부터 노동법은 기능을 시작하고, 직장에 있는 동안은 물론 퇴근해서 자신의 집에 돌아와 쉴 때까지도 노동법은 마찬가지로 작동한다. 이러한 측면에서 노동법은 인간의 삶에서 가장 많은 영향력을 갖는 법체계라 할 수 있다.

현대인에게 '직장'은 헌법상 기본권적 측면과 노동법적 측면에서 크게 두 가지 의미를 가진다. 하나는 금품조달의 수단이라는 점이다. 근로자는 자신의 노동력의 제공을 통해 자신과 가족들의 생계유지를 가능하게 한다. 다른 하나는 '인간됨'을 가능하게 한다. 직장은 단순히 돈을 벌기 위하여 어쩔 수 없이 다녀야하는 곳이 아니라, 인간으로서 자신의 인격을 실현하는 장이다. 인간에게 있어 직장을 다닌다는 것은 인간다운 삶을 영위하기 위해 필요한 전제요건인 셈이다.[1] 단순히 먹고 자는 일련의 생명활동은 '인간이기 때문에' 행하는 고유한 것이 아니다. 그래서 이러한 활동을 두고 '인간답다'고 평가할 수는 없다. 직장의 인격실현 관련성을 인식한 것이야말로 현대 노동법의 중요한 성과이다. 그도 그럴 것이 근대 이전 상황에서 근로자의 노동력 제공, 즉 근로를 한다는 것은 생존을 위한 고통의 감내 정도로밖에 이해되지 않았다. 그러한 상황에서라면 근로 없이도 생계를 유지할 수 있는 사회가 가장 이상적인 것으로 생각될 수도 있었을 것이다.[2] 직장을 다닌다는 것이 오히려 근로자 자신의 인격실현을 위해 필요하다는 관점으로 접근하기 시작한 것은 그리 오래된 일이 아니다. 사실상 직장 개념을 인격실현의 관점에서 구성하고 파악하는 것이야말로 초기 산업사회와 구별되는 현대산업사회의 중요한 징표라고 할 수 있다. 근로의 제공이 인간의 인격권과 밀접한 상관성을 가진다는 점은 1955년 독일 연방노동법원 판결에서 확인되었다. 해당 판결은 근로자의 인격권 보장 차원에서 사용자의 취업의무, 그러니까

1) Wank, FS. P. Hanau, 1999, S. 296; 권혁, "해고, 해고원인, 해고동기", 『노동법학』, 2006. 6, 282면.

2) 아직도 이러한 생각을 하는 사람이 있을 수 있다. 먹고 살기 위해서 할 수 없이 직장을 가져야 하지만, 직장 없이도 먹고 살 수만 있다면 직장 없이 놀고만 싶다는 생각을 하는 사람들을 흔히 본다. 하지만 소위 '백수생활'만큼 인간을 힘들게 하는 것이 없다. 이것은 인격의 파괴를 초래한다. 국가의 적극적인 고용확대정책을 인간존엄성을 구현하는 정책이라고 할 수 있는 이유가 바로 여기에 있다.

근로자의 취업청구권을 인정한 최초의 판결이었다.[3] 그만큼 근로에 대한 현저한 인식 변화가 있었던 셈이다.

근로가 '인간됨'에 있어 얼마나 필요한 것인가를 인식한다면, 오늘날 실업문제가 얼마나 심각한 사회적 문제로 취급되어야 하는가를 짐작할 수 있을 것이다. '실업'이란, 인간으로서 당연히 누려야 할 인격실현의 기회 그 자체가 주어지지 않은 것이므로, 근로의 기회가 배제된 실업자의 고통은 실로 크다고 할 수 있다. '근로하지 않고도 살아길 수 있는 국가'는 결코 최선의 복지국가라 할 수 없다. 오히려 일자리를 제공함으로써, 자립하여 살아갈 수 있도록 만들어 주는 나라가 바로 '최선의 사회복지국가'이다. 이러한 관점에서 본다면, 국가의 적극적인 고용촉진 노력은 바로 인간의 존엄성을 지켜주기 위한 것에 다름 아니다.

2) "유연한 해고법제?", "고용의 확대!"

근로자의 의사와 상관없이 사용자에 의하여 일방적으로 노동관계가 소멸된다면, 그 결과는 매우 치명적이다.[4] 생계의 유지수단을 상실함은 물론 인격실현의 장 또한 사라지게 되기 때문이다. 그래서 해고는 근로자에게 있어 가장 두려운 대상이었다. 그러다 보니 해고문제는 실무적으로 노동법상 가장 민감하고도 중요한 분쟁영역이 될 수밖에 없다. 법원이 판사들에게 있어 해고분쟁은 그들의 주식(主食: 매일 먹는 빵: Tägliche Brot)과도 같다는 어느 독일학자의 비유는 오늘날 선진 산업사회에서 해고분쟁이 얼마나 빈번하게 발생하고 있는가

3) BAG 10. 11. 1955, AP Nr.2 zu §611 BGB Beschäftigungspflicht.
4) 정진경, "부당해고와 형사처벌", 『노동법연구』, 2008, 230면.

를 잘 지적해 주고 있다.[5)]

최근 독일은 해고법제를 대폭 개정하였다. 개정의 입법정책적 목적은 기존의 노동법상에서 고용 확대를 제약하는 여러 규정을 제거하는 데에 있었다. 노동법의 개정을 통해 보다 많은 고용을 창출하고자 한 것이다.[6)] 이러한 독일의 해고보호법 개정 내용은 사실 해고제도의 유연화라는 세계적 추세를 반영한 결과이기도 하다. 기존의 고용유지도 중요하지만, 더욱 중요한 것은 고용의 확대라고 보았다. 이는 공격적이면서도 적극적인 법정책적 결단에 따른 것이다. 이미 직장을 가지고 있는 근로자만뿐이 아니라, 아직 직장을 구하고 있는 구직자나, 실업의 상태에 놓인 자 그리고 정년을 넘어선 고령자에게도 일자리를 제공하는 것이 필요하다고 보았다. 이러한 정책에 합리적으로 대응할 수 있도록 해고법제를 대대적으로 개선할 필요가 있었던 것이다.

독일의 입법정책적 변화, 특히 유연한 해고법제의 구축은 우리에게 커다란 시사점을 던져주고 있다.

2. 해고법제의 노동법 체계상 지위

1) 노동관계법의 일영역으로서의 해고보호법

오늘날 전문 법영역으로서 노동법은 노동시장, 개별적 노동관계 및 집단적 노사관계에 관한 법규정의 총체이다.[7)] 그동안 사유재산권의

5) 권혁, “해고, 해고원인, 해고동기”, 『노동법학』, 2006. 6, 279면. 독일의 경우 통일이전인 1980년대 초반에 이미 각급 노동법원에 제기된 소송 중 해고사건은 약40－50%에 달하였던 것으로 알려져 있다(Preis, Prinzipien des Kündigungsrechts bei Arbeitsverhältnissen, 1987, S. 1),

6) Quecke, RdA 2004, S.87.

7) 菅野和夫(이정 역), 『일본노동법』, 2007, 3면.

보장이나 계약자유의 원칙 그리고 과실책임주의를 기본원리로 하는 시민법 질서는 특히 근로관계에서 여러 가지 '사회적' 문제를 초래하였다. 가장 본질적인 이유는 계약적 대등성의 흠결에 있었다. 즉 근로관계에서는 계약당사자 간 대등성 확보가 이루어질 수 없었던 것이다. 계약당사자 간의 계약적 대등성이 요구되는 이유는 그래야만 당사자의 '자유로운 의사표시'가 가능하기 때문이다. 계약당사자의 자유로운 의사표시가 불가능하다면, 처음부터 계약자유원칙이란 무의미한 것이 되고 만다. 근로관계는 형식적으로는 당사자 간의 자유로운 의사합의를 기초로 하는 계약관계이지만, 노동력을 제공하는 근로자는 자신의 의사와 무관하게 저임금과 장시간 근로 등 열악한 근로조건에 내몰리게 되었다. 이에 따른 폐해는 임산부 등 여성근로자나 소년근로자에게 심각하였다.[8)] 노동법영역에서 어렵지 않게 '노동착취'라는 투쟁적 용어와 색채가 떠오르는 이유는 그러한 폐해 때문이다. 결국 노동법은 근로관계 영역에서 시민법 원리를 수정한 결과물이면서 동시에, 태생적으로 이념성을 가지는 법체계인 셈이다.[9)]

우선 국가의 역할에 대한 수정이 이루어졌다. 즉 노동법에서는 국가가 당사자 간의 개별적 계약관계 내용에 일정한 기준을 제시하는 방법으로 '직접' 개입하게 된다. 소위 '개별적 노동관계법'이 바로 그런 경우이다. 우리 법제에서는 근로기준법이나 최저임금법이 그 대표

8) 菅野和夫(이정 역), 『일본노동법』, 2007, 4면.

9) 사실 노동법은 인간의 동물적인 본능과는 잘 부합하지 않는다. 나만의 이익을 추구하는 데 그치지 않고,—경우에 따라서는 자신의 희생이나 양보를 통해—사회적 약자를 보호하여야 한다는 것 자체는 동물과 다른 '인간'만의 고유한 가치이다. 이러한 가치는 끊임없는 사회적 '학습'을 통해 구축될 수 있다. 공공버스에서 노인에게 자리를 양보하는 것도 사소하지만 '윤리'라는 이름으로 학습한 결과이다. 인간이기 때문에 가능한 이러한 이념적 가치 추구는 특히 노동법 영역에서 매우 중요한 의미를 가진다.

적인 예다.

다른 한편 헌법은 근로계약의 당사자를 개별 근로자와 개별 사용자가 아니라, '집단으로서의 근로자'와 '사용자'를 그 당사자로 하는 헌법적 공간을 마련하였다. 이를 근로3권 질서라고 한다. 우리 헌법 제33조에서 보장하고 있다. 이러한 근로3권 질서를 구체화하는 노동법 체계가 바로 집단적 노사관계법이다. 이러한 집단적 노사관계법상에서는 사용자와 '집단으로서 근로자'(소위 노동조합)는 대등한 당사자로서 등장하게 된다. 따라서 근로3권 질서가 지배하는 헌법적 공간에서는 전형적인 계약자유와 사적 자치원리가 지배한다. 이렇게 개별 근로자가 하나의 집단을 이루는 것을 '단결권'이라고 하고, 그 결과 등장하는 단결체를 '노동조합'이라고 한다. 현행법 체계에서 '집단적 노사관계법'이라고 할 수 있는 것은 바로 노동조합및노동관계조정법(이하 '노조법')이다.

노동법을 통한 보호는 근로자를 향한 것이다. 다시 말하면 근로자라는 지위를 사용자가 일방적으로 박탈하는 것이 바로 해고이다. 개별적 노동관계법에서 국가가 아무리 근로자의 보호를 위해 많은 제도적 장치를 마련해 놓는다고 하여도, 직장이 없는 사람에게는 아무런 소용이 없다. 다른 한편 집단법적 노사관계에서는 대등한 당사자로서 노사가 긴장관계를 이루면서 팽팽하게 대립하는 관계임을 전제로 한다. 그런데 만약 함부로 사용자가 근로자의 지위를 박탈하거나, 위태롭게 한다면 헌법상의 근로3권 이념이나 관련 법제도도 사실상 제 기능을 하기가 어렵다. 이러한 점에서 해고보호법제는 노동법의 존재이유이면서 동시에 노동법의 실질적 기능을 담보하는 것이라고 할 수 있다.

2) 해고법제와 사회보장법제 간의 관계 – '생계형 범죄?'

(1) 사회안전망으로서의 사회보장법제

직장이 생계유지의 유일한 수단이 되는 경우, 직장상실은 근로자 자신은 물론이고 그 가족들에게까지 매우 치명적인 결과를 가져온다. 하지만 이는 그 개인 당사자들만의 문제가 아니다. 실업이 초래하게 될 중요한 위험은 바로 사회 전체를 불안하게 만든다는 데 있다. 예컨대 생계유지가 어려운 사람들은 어쩔 수 없이 스스로 대응책을 강구하게 되는데, 주로 불법적인 것이 될 가능성을 배제할 수 없다.[10)] 소위 '생계형 범죄'라고 하는 것이 그 대표적인 유형이다. 고용안정이 우리 사회를 안전하게 만드는 데에 중요한 역할을 하는 셈이다. 노동법이 사회안전망체계의 주된 부분에 속하는 것으로 보는 이유이다. 아울러 해고법제는 사회보장제도와 밀접한 관련성을 가진다. 만약 직장을 상실하게 되는 경우라도 사회보장제도가 견실하게 유지·운용되면 사회의 불안은 훨씬 줄어든다. 해고보호법제가 강화된다는 것은 사회보장제도의 약화를 어느 정도 감당할 수 있게 하고, 해고보호법제의 약화는 사회보장제도의 강화로 보완될 수 있는 것이다.[11)]

---

10) 예컨대 자식 둘을 부양하는 부모가 직장을 잃어 생계유지를 위한 금품조달이 어렵게 된 상황에서 국가가 적극적인 부조에 임하지 못하면, 부모로서는 어떠한 수단을 쓰든지 자식을 살리기 위해 노력하게 될 것이다. 이러한 상황에서 불법적 수단성 여부는 처음부터 의미가 없다. 불법을 저지르지 말라는 것은 그냥 앉아서 굶어 죽으라는 것인데, 이것을 요구하는 것은 불가능하다. 이러한 상황을 염두에 둔다면, 사회적 보호로부터 격리된 이들에게 국가나 사회체제에 대한 애정은 기대하기 어렵다. 사회안전망으로서의 노동관련법체계는 그래서 중요하다.

11) 물론 일을 한다는 것은 단순히 생계유지를 위한 것만이 아니고, 나아가 인격실현의 측면도 있으므로 단순히 생계보장을 위한 사회보장혜택을 누리는 것만으로 직장을 대신할 수 있다고 보는 것은 잘못이라고 할 수 있다.

근대 산업사회 초기와 같이 아직 사회보장제도가 미미하였던 상태라면, 왜 해고보호법리의 강화가 노동법의 발전을 의미하는 것이었고, 사회국가적 측면에서 바람직한 것으로 평가되어야만 했었는지를 쉽게 짐작할 수 있다.

(2) 노동유연화를 위한 해고법제의 개선

덴마크와 우리의 현실을 비교하여 살펴보자. 덴마크의 경우 고용·해고의 자유를 최대한 존중하여 사용자는 최소한의 사전통지만 하면 금전적 부담 없이 해고가 가능하도록 되어 있다. 그리고 해고예고 역시 저숙련 근로자의 경우 5일 전, 사무직근로자의 경우 1개월 전, 근속연수 9년 이상인 근로자의 경우 6개월 전에 해고를 통지하면 되고, 이러한 해고예고통지를 하면 금전보상 의무가 없다. 이러한 노동유연성은 덴마크의 경우 사회보장제도가 매우 견고하게 구현되어 있기 때문에 가능한 것이다. 사회보장제도가 이렇게 견고하면 자연스럽게 노동시장의 유연화도 손쉽게 구현될 수 있다. 예컨대 덴마크 노동시장의 이직률은 매우 높으며(약 연 30%) 평균 근속연수는 7년에 불과한 것도 그러한 데에 연유된 바가 크다. 한꺼번에 사회보장제도를 전면적으로 구축하는 것은 어렵겠지만, 단계적으로 완비해가면서 노동시장의 유연화에 대응할 수 있도록 하여야 한다. 우리나라는 아직 실업에 대비한 직업소개제도나 실업보험제도 등 사회안전망이 제대로 완비되지 못한 사회라고 할 수 있다. 더욱이 노동시장의 유연성이 부족하여 일단 해고된 근로자는 재취업의 가능성이 그다지 높지 않다. 이것이 엄연한 우리나라의 노동현실이다. 이러한 상황에서 해고는 근로자의 생존권 그 자체를 위협하는 것이 되고 만다.[12] 아직 우리나라가 해고보호법제의 완화와 노동유연화를 일방적으로 강화하는 정책에 대하여 손쉽게 나서기 어려운 이유도 바로 여기에 있다. 보다 면밀하고 체계적이면서도 단계적인 노동관련 유연화 입법과 해고법제의 개선이 요구된다.

제2절 해고관련 분쟁의 갈등구조 변화

1. 전통적인 해고법 체계와 갈등구조

1) 노사 개인 간 '계약유지갈등'과 해고보호

고전적이면서 전형적 해고문제는 주로 사용자와 근로자 간의 '근로관계유지갈등'에서 비롯된다. 해고법제는 주로 이러한 갈등상황에서 해고의 정당성을 판단하는 표지를 제공한다. 다른 한편 해고법제란 어느 범위까지 근로자가 해고로부터 보호받을 수 있는가를 보여주는 것이며, 사용자는 자신의 해고권 행사가 어느 범위부터 허용될 수 있는가를 획정하여 주는 것이다. '근로관계유지갈등'이란 사용자가 더 이상 근로자와 근로계약관계를 유지하는 것이 계약적 이익 측면에서 무의미하거나 혹은 오히려 불이익하다고 판단되는 경우에 나타나는 갈등을 말한다. 요컨대 근로자에게 있어 업무상의 적격성이 흠결되는 경우라든가(예컨대 운선기사업무수행 근로자가 시력을 상실하게 된 경우), 업무수행의 행태상 문제가 있다거나(예컨대 10일간 무단결근을 한 경우),

---

12) 같은 취지로 정진경, "부당해고와 형사처벌", 『노동법연구』, 2008, 230면.

회사 경영상의 사정이 좋지 아니한 경우(예컨대 기업구조조정 차원)에 근로자와 사용자 간에는 '근로관계유지갈등'이 발생하게 되는 것이다. 그 외에도 우리나라에서는 해당 근로자가 조직에의 갈등을 유발하는 경우에도(예컨대 동료근로자를 성희롱하여 사규위반을 한 경우[13]) 그러한 갈등 상황이 발생한다.

2) 해고보호법제의 의미

해고는 사용자가 근로관계유지갈등을 어떻게 극복할 것인가의 문제에 다름 아니다. 때로는 사용자가 스스로 갈등상황을 감수하거나, 아니면 근로자를 해고함으로써 갈등을 해소하게 되는 것이다. 다만 노동법은 사용자의 이에 관한 결단을 매우 신중하게 행하도록 강제하고 있다. 노동법은 근로자의 고용안정을 위해 해고의 정당성 표지를 충족하지 못한 해고를 무효로 만든다. 이러한 법제의 총체가 해고법이다. 전통적인 해고법체계는 사용자의 해고처분을 감시하고 규제하는 데 기여하는 것이었다.

---

13) 이러한 경우를 소위 '징계해고'라고 하는데, 뒤에서 살펴보겠지만, 우리의 경우는 가장 흔히 발견되는 형태의 해고이지만, 다른 나라에서는 찾아보기 어려운 해고이다. 그 이유는 징계해고가 소위 '해고'라는 결과는 가져오지만 본질적으로는 '징계'의 수단 중 하나이기 때문이다. 다시 말하면 징계수단으로서 '해고'까지를 인정하고 있는 나라는 드물다고 할 수 있다.

2. 해고분쟁의 갈등구조 변화: '해고법제로부터의 도피'와 '해고법체계의 외연확대'

1) 글로벌 기업경쟁과 노동유연화의 세계적 추세

오늘날 해고의 문제는 종래와는 다른 새로운 양상을 띠고 있다. 해고문제가 적어도 겉으로는 해고문제가 아닌 것으로 보인다는 특징이 있다. 해고문제가 민사계약의 틀 뒤에 숨은 경우라고도 표현할 수 있겠다. 특히 다양한 고용형태의 등장으로 이러한 문제는 상당히 중요한 의미를 가지게 되었다.

오늘날 해고는 사용자의 판단에만 달린 문제에 그치지 않고, 기업 생존을 위한 필연적 문제로 발전하게 되었다. 그 이유는 여러 가지가 있겠지만, 가장 중요한 것은 시대적 변화라고 하겠다. 오늘날 기업경영은 국경을 초월한 경쟁체제하에 놓여 있다. 만약 기업이 이러한 경쟁에서 낙오하게 되면 해당 기업은 파산하게 된다. 기업의 파산은 사실상 근로자 '모두'의 실업을 의미한다. 이와 반대로, 기업의 경쟁력 강화는 곧 근로자의 근로조건 향상과 직장안정을 동시에 가져오게 된다. 양자 가운데 무엇을 선택할 것인가는 설명을 필요로 하지 않을 만큼 분명하다. 기업경영의 효율성을 위하여 노동인력을 유연화하는 것은 전 세계적인 추세이며, 거스를 수 없는 대세이다. 문제는 이러한 상황의 변화에 기존의 전통적 해고법제가 아무런 대응을 못하고 있다는 데 있다. 오히려 해고법제가 기업의 대응에 장애가 되고 있다는 비판도 있다.

2) 다양한 고용형태의 등장과 해고법제로부터의 도피경향

현대 노동법 특히 해고법제는 괴로운 문제에 직면해 있다. 사용자는 해고법제를 전적으로 회피하는 통로를 마련하고, 이를 통해 해고법제의 규제를 배제하고자 한다. 이는 종래와 같이 사용자와 근로자 간의 근로유지 갈등 차원에서 해고문제를 다루는 것이 아니라, 기업 생존을 위한 불가피한 수단 차원에서 해고문제에 접근하고 있다. 이러한 변화 과정에서 과도기적으로—우리나라의 경우—1990년 후반 이래로 급격하게 경영해고가 문제되고, 또 자주 단행되었던 사실이 있었다. 경영상 어려움을 겪은 기업은 처음부터 해고문제(=근로유지갈등문제)를 고민할 필요성을 느끼지 못하였고, 그 결과 해고법의 적용을 받을 필요 없는 노동활용체제를 창출해 내기 위해 노력하였다. 이에 따라 오늘날 노무관계에서 가장 중요하고 주목할 만한 변화가 나타났다. 바로 해고보호법리를 회피하거나 형해화하는 결과를 초래할 수 있는—종래 볼 수 없었던—다양한 근로형태의 발생이다. 예컨대 기간을 미리 정하여 두고 근로자를 쓰는 형태(기간제 근로)나, 외부의 근로자를 사내로 들여 근로를 시키는 형태(사내하도급) 등은 종래 전형적인 근로계약관계에서 알지 못하였던 것이다. 산업사회 초기만 해도 근로관계는 오로지 해당 근로자의 노동력을 특정 사용자에게 제공하는 것을 본질적 내용으로 하였고, 그러한 근로자는 거의 예외 없이 기간을 정함이 없이 업무에 종사하여 왔기 때문이다. 즉 근로관계의 본래적 모습은 그 존속기간의 정함이 없는 것인데, 오늘날에는 일정한 존속기간을 정하여 두고 근로관계를 형성하는 소위 기간제근로관계가 광범위하게 활용되고 있다.

3) 입법적 대응의 어려움과 향후 과제

다양한 근로형태의 형성과 광범위한 활용은 그동안 전통적인 해고법제의 관심영역을 뛰어넘는 새로운 것이었다. 이는 분명 우리가 수십 년간 쌓아 온 서구 유럽 해고법제가 심대한 도전에 직면하였음을 말해 준다. 이제는 해고법제의 접근 관점이 변하여야 한다. 해고법제의 규율로부터 도피를 추구하는, 그리고 지금 현실에서 매우 광범위하게 활용되고 있는 이러한 근로형태에 대하여 해고법제의 역할영역으로 포섭하는 노력이 필요하다. 하지만 이에 대하여 미처 충실한 대처를 준비하지 못했다. 또한 해고법제도의 새로운 과제와 입법적 발전 방향을 시사해주는 대목이다. 아울러 해고법제의 새로운 역할영역을 인식하게 해주고 있다. 이제 우리는 해고보호법리가 현대 우리 해고법제에서 어떠한 범위에서 어떠한 기능을 행하여야 하는지를 대답해 주어야 할 때가 되었다.

3. 노동유연화 경향과 해고보호법리에 대한 현대적 관점

1) 근로자 상(像)의 변화

19세기 초에 근로자 보호를 위한 노동법제의 내용들은 오늘날 더 이상 타당하지 않거나 타당할 수도 없다. 현실 상황이 많이 변했기 때문이다. 그러므로 노동법 특히 해고법제가 노동현실에서 보다 생동감 있고 실효적으로 기능하도록 하기 위해서는 경제 및 노동환경의 변화와 근로자 상에 대한 변화를 면밀히 검토하는 것이 가장 선행되어야 한다.[14)]

2) 노동의 유연화와 해고보호법리 간의 관계

노동의 유연화는 최저기준을 정한 강제적 규정을 완화하여 당사자의 자치의 폭을 넓힘으로써 기업과 개인근로자의 적응력을 활성화하는 것을 그 목적으로 한다.[15] 그렇다면 노동의 유연화 추세와 노동법, 특히 해고법제 또는 해고보호법리와의 관계는 어떻게 설명하여야 할 것인가? 요컨대 기업경영효율화의 측면만을 강조하여 노동법을 통한 사용자의 해고제한은 더 이상 의미가 없는 것으로 보아야 할 것인가?

'노동의 유연화'(Flexibilisierung)도 경제적 상황변화에 따른 합리적이고 효율적 대응을 필요로 하는 것임은 두말할 나위가 없다. 그래서 여러 가지 경직된 해고보호제도는 일정한 범위에서 개선되거나 수정되어야 한다. 하지만 그렇다고 하여 이러한 일련의 개선조치가 노동 '법' 또는 이념으로서의 '해고보호법리' 그 자체의 포기나 일방적 완화를 의미하는 것으로 이해하여서는 안 된다. 즉 노동의 유연화를 받아들인다는 것이 곧 오늘날과 같은 기업경쟁사회에서 해고보호법리가 더 이상 의미가 없다는 것과 동의어는 아니다. 왜냐하면 근로자는 여전히 사회적 보호를 필요로 하는 사회적 약자이기 때문이며, 그러한 보호의 가장 중핵적 지위에 있는 것이 '해고로부터의 자유'이기 때문이다.

기업의 경영효율성 제고와 노무인력의 유연화는 노동법의 완화나 해고보호법리의 객관적인 개념과 제도적 기능 그 자체를 부인하는 것이 아니다. 예컨대 일본의 경우를 살펴보자. 종래 일본은 경제변동

---

14) Reichhold, RdA 2002, S.322ff.

15) 김희성, "노동형태의 변화와 노동법의 유연화에 대한 연구", 고려대 박사학위논문, 2003, 15면 이하.

속에서도 장기고용시스템을 노사의 기본적인 방침으로 유지하여 왔는데, 이는 기업 차원에서 노사 간 긴밀한 의사소통과 협력관계를 구현하고, 이를 통해 외부의 경영위험을 극복할 수 있는 협력적 대응이 가능하도록 하였다. 이는 결과적으로 고용안정과 실업방지 그리고 사회안정에 크게 기여하여 왔다고 평가되고 있다.[16] 일본의 기업은 1974년과 1979년, 두 번에 걸친 오일쇼크와 1985년부터 1987년까지 이어진 엔고불황기간에도 고용안정기조를 유지하면서 이를 극복하였다. 고용 안정을 바탕으로 한 노사의 협력으로 기술혁신과 합리화가 이루어졌고, 이는 '일본형 생산시스템'을 구축하는 전기가 되었다.

이러한 선례에 비추어 본다면 해고보호법리나 노동법은 엄격한 법원리로서 그 의미와 기능은 그대로 지속되어야 한다. 그러나 해고보호법리를 유연화적 관점에서 '합리화'하는 노력은 필요하다. 고용구조의 유연적 합리화 이념을 구체화하는 노력은 여전히 남은 과제이다. 이하에서 자세히 설명한다.

3) 고용형태의 다양화와 해고보호법리의 대응

향후 해고법제는 다음과 같은 기능적 전환을 모색할 필요가 있다. 즉 사용자나 기업이 해고보호법제를 회피하거나 그러한 법제도 영역으로부터 도피하고자 하는 것을 미리 막을 수 있을 만큼의 합리적 제도화를 실현해내도록 하는 것이 중요하다.

다만, 입법자의 향후 태도나 법을 적용하고 해석하는 법관에 대하

16) 菅野和夫(이정 역), 『고용사회와 노동법』, 2001, 15면.

여 오늘날의 기업 경쟁 상황에서 다음과 같은 사실은 분명히 지적되어야 한다. 즉 해고보호법리를 무작정 강화하고 확대하는 것이 항상 바람직한 것은 아니라는 사실이다. 한동안 근로자가 열악한 근로조건을 감수하면서까지 생계를 위하여 직장을 유지하여야 했던 상황에서는 해고보호제도의 보다 강화된 구현이 필요하였음은 부인할 수 없다. 하지만 어느 정도 절대적인 빈곤과 힘의 불균형 상태가 해소된 오늘날에는 해고보호제도에 대한 보다 객관적인 이해가 필요하고 또한 가능하게 되었다.

제 3 절 노동유연화와 해고보호법제의 조화

(1) 오늘날 노동유연화를 통한 기업경쟁력 확보는 세계적 경향이요 추세로 볼 수 있다. 우리의 경우도 해고보호제도의 탄력적인 운용이 현안문제로 되어 있다. 오늘날 노동유연화를 위한 노력은 기업경쟁력을 넘어 국가경쟁력에 직결되고 있기 때문이다. 만약 기업이 이러한 경쟁에서 낙오하게 되면 최악의 경우 해당 기업은 파산에 이르게 될 수도 있다. 기업의 파산은 사실상 근로자 모두의 실업을 의미하는 것이다. 반대로 기업의 경쟁력 강화는 곧 근로자의 근로조건 향상과 직장 안정을 동시에 가져온다. 이러한 점에서 오늘날 해고의 문제는 좀 더 새로운 양상을 띠게 되었다. 해고가 사용자의 판단에만 달린 문제에 그치지 않고, 기업생존을 위한 필연적 문제로 평가되어야 한다.

(2) 먼저 근로자에 대한 직장보장원리는 근로자의 보호를 위해 매

우 중요한 의미를 가지지만, 그렇다고 하여 근로자에게 직장의 '절대적' 보장을 가능하도록 하는 것은 아니다.[17] 이는 두 가지 차원에서 접근되어야 한다. 첫 번째로는 사용자의 경영의 자유와 재산권 보장과 상호 조화될 수 있는 범위 내에서 직장보장원리가 인정되어야 한다. 두 번째로 근로자에 대한 직장보장원리의 강화는 아직 직장을 얻지 못한 구직자 또는 실업자들의 직장 획득의 기회를 감소시키는 결과를 초래할 수도 있다. 노동법이 '취업한' 근로자에게만 보호막이 되고, 구직자에 대하여는 진입장벽(Marktzutrittsschranke)이 되어서는 안된다.[18] 구직자나 실업자가 잠재적 근로자로의 지위에 있는 한, 이들에 대한 배려가 없어서는 안 된다. 만약 직장보장원리가 이들을 현직 근로자와 차별하여 분리시키는 역할을 수행하는 정도에 이른다면 분명 문제가 있는 것이다. 즉 노동법은 근로자를 보호하는 데 그 본래적 목적성이 있는데 정작 취업한 기존 근로자만을 배타적으로 보호하다 보면 실업상태이거나 또는 불완전한 고용상태에 있는 이른바 잠재적 근로자인 구직자의 보호를 간과하는 문제가 발생된다는 지적이 바로 그것이다.[19] 이러한 점은 종래 노동법체계가 이미 취업한 근로자를 대상으로 한 보호에만 목적지향적으로 충실하여 왔고, 실업상태이거나 또는 불완전한 고용상태에 있는 이른바 잠재적 근로자인 구직자의 보호에는 관심을 기울이지 않음으로써 발생한 결과이다.[20] insider와 outsider 간의 갈등관계 내지 대립관계가 존재하게 되는 것

17) Kaiser, ZIP 2000, S.230.

18) Hergenröder, ZfA 2002, S.360.

19) 김형배, 『노동법』, 2009, 27면 이하. 김형배 교수가 적절히 지적한 바대로, 동일한 노동을 제공하면서도 근로조건이 낮은 비정규 근로자의 정규근로자로의 전환을 노동조합이 진정으로 원할 이유가 없다고 할 수 있는 것도 이러한 맥락에 기한 것이다.

20) 김형배, 『노동법』, 2009, 27면.

이다.[21] 이는 근로관계에 있는 근로자의 보호만을 그 목적으로 하고 있는 기존의 노동법의 내용이 초래한 하나의 역설적 결과(아이러니)라고 할 수 있다.[22] 과연 해고법제의 강화가 고용증진에 지장을 가져올 것인가, 그렇다면 어느 정도 영향을 미친다고 보아야 할 것인가에 대하여 독일에서도 한때 논란이 된 적이 있었다. 독일의 상황을 보면 사실 답은 비교적 간단하고 명료할 수 있다. 왜냐하면 독일은 산업구조적 특성상 이른바 중소기업이 차지하는 경제비중이 매우 높기 때문이다. 약 70% 이상이 된다고 한다.[23] 따라서 중소기업에서의 고용상황은 독일의 실업률에 결정적 영향을 미친다. 그런데 중소기업은 대부분 수익구조가 단순하고, 외부 상황에 민감하게 반응한다. 따라서 일시적인 생산 증대나 중단의 필요가 존재하면, 이러한 상황에 신속하게 대응하게 되며, 또한 그리하여야 한다. 이러한 중소기업에 노동유연화를 저해하는 해고보호법의 적용을 배제한다는 것은 매우 중요한 의미를 가질 수밖에 없다.[24] 결국 노동법은 구직자를 배제한 현직 근로자만을 위한 법체계로 남아서는 안 된다. 아울러 노동법상 해고보호제도의 엄격성은 고용의 둔화를 초래하는 방향으로 체계화되어서도 안 된다. 해고보호가 노동법의 가장 중요한 요구임은 여전히

---

21) 동일한 노동을 제공하면서도 낮은 근로조건을 가지는 비정규 근로자를 정규근로자로 전환하는 데에 정규직으로 조직된 노동조합이 적극적으로 나서지 않고, 또한 이는 진정으로 원하지 않는다는 것은 이러한 맥락에서 비롯된다. 이러한 배타적 이기주의와 이에 기한 이해대립적 갈등은 정규근로자와 비정규근로자 사이에도 존재한다. 정규직 근로자들이 비정규직 근로자들의 근로조건 개선에 소극적인 경우가 흔히 있다고 한다(김형배, 『노동법』, 2009, 43면 주1). 이에 관하여 자세히는 권혁, "현행근로기준법상 우선재고용의무제도의 법이론적 문제점", 『노동법학』 2007. 12, 127면 이하 참고).

22) 김형배, 『노동법』, 2009, 27면.

23) Rüthers, NJW 2002, S.1604.

24) Rüthers, NJW 2002, S.1604.

변함이 없는 것이며, 이에 관하여는 이론의 여지가 없지만, 고용의 확대라는 인간본위적 이념과 절묘하게 조화되어 실현되어야 한다. 이것이 현대 해고법제의 발전방향성이다. 현직 근로자만이 아니라—근로의 의사를 가진—잠재적 근로자 모두를 위한 노동법이요, 해고법이어야 하기 때문이다.

(3) 결국 노동법상의 해고문제는 법정책적 차원에서는 Reuter 교수가 적절히 지적한 바와 같이[25] 경영자의 효율적 경영 차원에서 요구되는 인적 활용정책에 대한 제한이 어느 정도의 범위까지 가능한가의 문제로 요약될 수 있다. 이를 법도그마의 관점에서 달리 표현한다면 결국 계약당사자의 계약의 자유와 근로자의 생계수단으로서의 직장보호이익 상호 간의 한계획정문제이다.[26] 양 이익 간 긴장관계를 합리적으로 해소하는 것이 바로 해고법의 핵심과제이다. 이제는 어느 정도까지 직장보장원리를 보장하고, 이를 구체화하는 해고법제를 마련할 것인지에 대한 고민을 하여야 할 시점에 이르렀다. 사실상 어느 정도 보장할 것인가 하는 것은 전적으로 입법자의 가치판단에 달려 있다. 해고보호규율은 입법자의 결단을 기초로 한 사적자치원칙의 수정이요, 예외이다. 따라서 해고보호규율을 해석자가 자신의 가치판단에 따라 함부로 확대하거나 축소하는 것은 허용되지 않아야 한다.[27]

25) Reuter, BAG-Festschr. 1979, S.407.
26) Hromadka, ZfA 2002, S.392.
27) Nikolai/Noack, ZfA 2000, S.91f.; Oetker, ZIP 2000, S.649.

제 3 장

해고법의 법이론적 체계와 해석원칙

제 1 절　해고법규범의 '이념성'

제 2 절　해지의 자유와 그 수정원리로서 해고보호법리

제 3 절　해고보호법리의 내용

제 3 장 해고법의 법이론적 체계와 해석원칙

제 1 절 해고법규범의 '이념성'(Ideologische Regelung)

1. 사회법으로서의 노동법

1) '사회성' 개념의 불분명성

노동법은 사회법(Sozialrecht)의 일종이다. 그 밖에도 사회법의 영역에는 사회보장법 차원에서 국민 전체를 대상으로 하는 사회보험, 복지관련법(의료보험)과 고용이나 퇴직관련 노동규율관련법(고용촉진 등)이 속해 있다.

그렇다면 '사회법'이란 무엇일까? 사회법은 민사법과 공법체계와 구별되는 별도의 영역이라는 의미를 나타내기 위한 것이라고 한다. 하지만 정작 이러한 사회법의 적극적 개념에 대하여 물으면 분명한 대답을 하기가 쉽지 않다. 실정법 체계를 구별함에 있어 사회법의 개념 카테고리를 명확히 하는 획일적 기준은 아직 제시되어 있지 않아 보인다.

사회법은 민사법적 질서의 수정이라거나 사회국가원리의 실체적 구현을 위한 법체계를 포괄하여 가리킨다. 하지만 이 정도의 개념설명만으로는 다양한 개별 사회법 규범을 합리적으로 해석·적용하고 나아가 앞으로의 사회변화에 따라 사회법의 입법작용이 어떤 방향과 한계를 가져야 하는가를 논리적이고 합리적으로 설명하기가 어렵다.

모든 규범해석은 그 규율목적과 지배이념에 대하여 정확히 해명하는 것으로부터 시작되어야 한다.[1] 노동법, 특히 해고법제가 사회법으로서의 속성을 가지고 있다면, 해고법제의 해석원칙과 적용이념을 파악하기 위해서는 무엇보다 우선적으로 '사회법' 개념 그러니까 규범학에서 '사회성'(Sozial) 개념이 명확하게 설정하는 것이 필요하다. 여기에서 독일 해고보호법상의 해고정당성 개념에 주목해 보자. 우리는 흔히 '해고가 정당하다' 또는 '해고가 유효하다'는 표현을 쓰지만, 이때 유효성이나 정당성을 지배하거나 징표하는 이념적 배경이 무엇인가에 대하여 고민한 바가 없다. 유효하다면, 사법상의 의사표시 유효성 정도로 파악할 것인가, 아니면 형법상의 질서유지 차원에서 정당하다는 것인지가 불명확하다. 해고법상에서 해고가 유효하거나 정당하다면, 이때 유효성과 정당성 개념은 사회법적 개념일 것이다. 이 때문에 독일 해고보호법에서는 해고의 정당성을 두고 소위 '사회적으로 정당할 것'이라는 개념을 쓰고 있다. 해고의 정당성 판단 문제가 가치와 이념을 지향하는 것임을 말해주는 대목이다.

그렇다면 이제는 그러한 사회적 정당성이 의미하는 바가 무엇인지를 밝혀야 한다. 사실 노동법과 같은 사회법 영역을 연구하는 학자들에게 이른바 사회적 정당성이라는 개념은 늘 모호하게 남아 있었다.[2]

---

1) Linck, Die soziale Auswahl bei betriebsbedingter Kündigung, Diss(1989), S.65.
2) Wank, RdA 1987, S.135.

2) 개별 입법의 목적에 따른 다양한 사회성 개념

독일 학계에서 '사회성' 개념을 두고 일원적인 개념구성을 시도한 예는 다수 있었다. 때로는 이데올로기로서의 사회주의 이념을 기초로 하여 시도된 경우도 있었다.[3] 예컨대 사회주의자인 Grimm에 따르면 사회성은 인간공동체로서 인류의 공동 삶이 국가적 질서와 경제와의 관계하에서 이루어지는 공동체성을 의미한다고 한다. 이는 다시금 인류공동체 내에서의 다양한 계층 사이에서의 소속성 역시 사회성의 범주에서 설명될 수 있다고 한다.[4] 다른 한편 때로는 사회학의 관점에서 다양한 설명이 이루어지기도 했었다. 사회학적 관점에서 이른바 '사회성'은 '공동체적 삶을 영위하는 인간의 본성(sozial die Eigenschaft der Menschen als gesellschaftliche Lebewesen)', '공동체 내의 구성원으로서의 일정한 가치규범에 따른 행위양식', 기타 '공동체를 조직형성하는 구성원 전체의 이익을 고려하도록 하는 가치' 등으로 설명되기도 한다.[5]

여기에서 보듯이 이데올로기로서 사회성은 사뭇 경제적 요소에 깊은 연관성을 두고 있음을 알 수 있다. 하지만 이러한 노력의 결과를 규범학 영역에서 그대로 활용하기에는 사실상 불가능하였다. 왜냐하면 사회성의 개념이 일정한 법학적 가치의 표현이라기보다는 현실에 놓여져 있는 사실을 현상학적으로 달리 설명한 데 불과한 것이었고, 그래서 무엇이 (법적 관점에서) 합리적인가 또는 사회조화적인 것인가

3) 이에 관해 자세히는 Linck, Die soziale Auswahl bei betriebsbedingter Kündigung, Diss(1989), S.65.

4) Linck, Die soziale Auswahl bei betriebsbedingter Kündigung, Diss(1989), S.65.

5) Knospe in Bernsdorf, Wörterbuch der Soziologie, S.948f.

를 판단하는 지표로서의 성격은 없었기 때문이다.

또한 사회성에 대한 법규범학 고유의 일원적 개념을 설명해 내는 것 역시도 사실상 어려워 보인다. 비록 '사회성'의 개념이 현행 헌법(예컨대 독일기본법 제20조 제2항) 혹은 개별 규범에서 활용되고 있지만, 이러한 개념이 사실상 법적 규범임에도 불구하고 사회학적 조직이론이나 이념적 사상과 내용적으로 깊이 관련되어 있기 때문이다.[6) 예컨대 독일기본법상의 이른바 사회국가조항이 함축한 내용을 설명하기 위해서는 우선 사회성 개념부터 명확히 하여야 하지만 정작 사회성 범위와 개념이 구체적으로 규정되기에는 상당히 불명확한 측면이 있다.[7)

지금까지의 학문적 연구의 대체적인 결론은 법규범의 체계하에서 사회성이라는 개념을 획일적으로 구체화하는 것은 사실상 어렵다는 것이다.[8) 그 이유는 본질적으로 불분명한 개념을 분명한 개념을 통해 설명하려는 것 자체가 모순이기 때문이라고 한다. 그나마 그러한 사실을 인정하는 전제하에서 우리가 할 수 있는 것은 사회법 곳곳에 놓인 개별 규정들을 두고, 이를 해석하고 적용함에 있어 필요한 제반 이념의 틀과 해당 규범의 법적 취지를 고려함으로써 '개별 사안에 적합한' 사회성 개념을 도출하는 것이다.[9)

---

6) Doehring, Das Staatsrecht der Bundesrepublik Deutschland, 3. Aufl., 1984, S.252.

7) Stern, Das Staatrecht der Bundesrepublik Deutschland, Bd. I, 2. Aufl., 1984, §21 II 1.

8) 이에 관해 자세히는 Däubler, Das soziale Ideal des Bundesarbeitsgerichts, 1975. S.99ff., 106ff. 참고.

9) Linck, Die soziale Auswahl bei betriebsbedingter Kündigung, Diss.(1989), S.66.

3) 해고법제의 '이념성'

우선 민사규율은 그 민법상의 주체가 어떤 학습된 가치를 배제한 채 인간 본성이라 할 수 있는 이기심에 기초하여 사적 소유권 보장과 구현을 내용으로 하고 있다. 이는 법적 분쟁의 가장 본래적 모습이다. 사적 소유권 보장원리나 계약자유의 원칙은 그 자체로서 일정한 이념적 가치라고도 할 수 있지만, 통상 이러한 순수사법질서를 '가치중립적'(Wertneutral)이라고 한다. 요컨대 민법의 제반 규정은 가치중립적이다.

이와는 달리 노동법 등 사회법 규범은 '가치지향적'(또는 '이념적' Ideologisch)이다.[10] 즉 일정한 학습적 가치를 지향하며 그러한 가치실현을 위해 적극적으로 입법된 것이다. 따라서 그 입법의 목적에 따라 그 입법내용이나 적용의 한계가 정해진다. 적어도 사법질서와의 관계를 고려할 때 사회법적 입법은 사법질서에 대한 교정이나 가공의 성격을 지니고 있다고 할 수 있다. 사회법적 간섭으로서 사적 관계상의 강제규정은 헌법가치에 부합되는지와 그 해석 역시 그러한 가치에 부합되었는지가 반드시 검토되어야 한다.[11]

2. 해고의 정당성과 사회적 이념의 구현 방식

1) 해고 정당성 판단의 '객관화' 노력

해고에 대하여는 특별히 '사회적으로' 정당한 것이어야만 법적 효력

10) Boemke/Föhr, Arbeitsformen der Zukunft, S.59ff.
11) BVerfG 7. 2. 1990, BB 1990, S.440.

을 부여한다는 원리가 해고보호법리이다. 문제는 사회적으로 정당하다는 것이 무엇을 의미하는가 하는 점에 있다. 이 개념은 원래 1951년 독일 해고보호법이 그 입법과정에서 사회적 정당성 개념을 활용하면서 처음 시작되었다. 독일 해고보호법이 입법화되기 이전까지는 민사법상의 일반 원칙인 '형평성'(unbilligen Härte)의 개념을 통해 근로자에 대한 해고보호법리를 구체적으로 실현하여 왔다. 사실 민사법상의 일반 원칙인 형평의 법리를 활용하여 해고보호를 실현해 나가더라도 그 자체에 문제가 있는 것은 아니다. 형평의 법리는 민사 계약으로서의 특성을 지니는 모든 경우에 합리적으로 적용될 수 있는 일반원칙이기 때문이다. 하지만 형평성이라는 기준이 사뭇 주관적 판단으로서의 속성을 가지는 문제가 본질적으로 내포되어 있다. 이는 독일에서 민사법 원리 외에 별도의 해고보호법을 따로 규정하게 된 이유이기도 하다. 그리고 그 기회에 해고의 법적 정당성의 기준으로 소위 '사회적 정당성'이라는 사회법적 이념표지를 정하여 둔 것이다.[12] 입법자가 제시한 해고의 사회적 정당성 표지는 근로자 측의 계약해지의 경우와는 달리 사용자의 해고는 단지 사적 계약관계 차원에 그치지 않고 나아가 사회적 차원에서 그 정당성이 평가되어야 하는 문제임을 분명히 보여주는 법적 근거이다.[13] 해고의 사회적 정당성 개념은 가능한 객관적 심사기준을 받아들이도록 유인하는 지표이어야 하며, 이를 통해 우리는 해고정당성 판단을 보다 객관적으로 실행하려는 입법

12) GroßkommKR-Dörner, 2000, §1 KSchG, Rn. 78ff.

13) BAG AP §1 KSchG Betriebsbedingte Kündigung Nr.7; GroßkommKR-Dörner, 2000, §1 KSchG, Rn.61; Schiefer, NZA 2002, S.773ff. 실제로 Sozial이라는 표현은 독일 노동법에서 자주 발견된다. 예컨대 경영상 해고에서 그 대상자를 정함에 있어 사회적 선발(Sozialauswahl)을 하도록 한 것(해고보호법 제1조 제3항) 역시 같은 지적이 가능할 것이다.

자의 의도를 쉽게 간파할 수 있게 된다.

2) 사회법적 규율의 '입법과 해석의 한계'

해고보호법리로 대표되는 사회법적 가치규범원리는 자본주의헌법질서와 사회국가원리와의 타협의 산물이다. 이는 궁극적으로 실질적인 사적 자치질서를 구현하기 위한 것이며, 이것이야말로 사회적으로 최대의 이익을 창출하는 방식이 되기 때문이다. 이를 예시적으로 설명하면 다음과 같다.

가. 외견상의 사실관계

A와 B가 A가 5년간 타던 중고자동차를 매매하기로 한다. A는 500만 원을 제시하였고, B는 바로 이를 받아들였다.

나. 내심의 관계

A는 자신의 중고차에 대한 객관적 가치를 400만 원으로 생각하고 있고, B는 A의 차량을 600만 원의 가치는 있다고 생각하였을 것이다. 이러한 판단이 가능한 것은, 이기적인 인간이 자신의 물건을 팔 때에는 반드시 이익이 된다고 판단하기 마련이고, 이를 사는 사람도 이익이 된다고 보기 때문에 사게 되기 때문이다.

나. 결 과

결국 500만 원짜리 자동차 매매 계약을 통해 사회적으로는 총 200만 원(A, B 각각 100만 원)의 이익이 발생하였다.

라. 평 가

이 사례에서 자유주의 시장경제의 효율성을 쉽게 파악할 수 있게 된다.

하지만 이러한 계약자유의 원리를 축으로 하는 시장경제체제는 다음과 같은 전제요건이 충족되어야 한다. 즉 A와 B가 각각 대등한 당사자로서 계약적 대립관계를 통해 자신의 이익을 최대로 관철시킬 수 있어야 한다. 만약 양 당사자 간에 계약적 대등성이 확보되지 아니하면 자유경제시장의 효율성은 인정될 수 없다. 예컨대 A는 500만 원에 팔고자 하지만, B가 해당 차량의 가치를 400만 원인 것을 알고서도 할 수 없이 500만 원에 구입하는 결정을 해야만 한다면 사회적으로 아무런 이익이 발생할 수 없다.

근로관계의 당사자 사이에서 계약적 대등성이 확보되지 못하는 문제 때문에 이를 수정하거나 보완하는 방식으로 형성된 것이 노동법이다. 해고법은 그 일종이다. 노동법이나 해고법의 보완 필요성은 바로 사회국가적 이념에 기초한 것이고, 이는 궁극적으로 실질적인 자유시장경제를 구현하기 위한 제도적 장치로서의 본질을 갖는 것이다. 계약자유의 이념과 사회법적 이념이 상호 조화적으로 이해되어야 하는 이유가 바로 여기에 있다.[14] 아울러 여기에서 해고법 규정의 입법과 해석의 한계가 보다 분명히 드러나게 된다.

현행 헌법체제 내에서 사유재산권 보장원리와 사적 자치 그리고 계약자유원리가 사법질서의 대원칙으로 자리 잡고 있음을 부인할 수는 없다. 사회법적 개입은 실질적인 사적 자치를 구현하기 위하여 필요한 한도 내에서 개입하여 사법질서를 수정할 수 있다. 요컨대 사회법원리는 어쨌든 '예외적'인 질서규범이다. 따라서 사회법적 규율을 통한 개입은 어떠한 경우에도 사적 자치와 계약자유 그리고 사유재산권 보장의 내용을 본질적으로 침해할 수는 없다.

14) Boewer, NZA 1988, S.679.

3) 해고의 사회적 정당성 개념에 대한 재검토

해고라는 계약 일방 당사자의 해지에 대하여는 단지 사법상의 계약 유효성 평가에 그치지 않고, 사회법적 이념에 따른 평가가 추가로 이루어져야 한다. 다시 말하면 해고를 허용할 것인가에 대하여 의사표시의 유효성 차원의 사법적 판단기준 이외에 사회적 약자인 근로자가 해고라는 불이익을 스스로 감수하도록 하는 것이 정당한 것인가가 검토되어야 하는 것이다. 이것이 바로 해고의 정당성 판단방식이며, 일반적인 해지(예컨대 근로자의 사직)의 유효성 판단과 다른 점이다.

그렇다면 사회법적 가치와 이념은 무엇이고, 또 어떻게 구체화할 것인가? 해고의 정당성과 관련하여 지배하는 이념을 바로 '해고보호법리'라고 한다. 이 법리의 요체는 사회적 약자인 근로자의 보호를 위해서 가능한 한 자신의 직장을 상실하지 않도록 도와주는 데 있다. 그러므로 사법상의 유효성 판단을 넘어 사회적 약자인 근로자가 자신의 직장을 상실하였을 경우에 발생될 사회적 문제점(불이익)을 함께 고려하여야 한다. 구체적으로 어느 정도의 보호이어야 하는가는 해당 국가의 사회법적 이념의 강도와 구체적 여건에 따라 다를 것이다. 예컨대 독일의 경우 유럽사회에서도 가장 강력하고 치밀한 해고보호법리 관철국가로 알려져 있으며, 영국의 경우는 상대적으로 유연한 국가로 이해된다. 사회적으로 요구되는 해고보호의 강도가 독일의 경우는 매우 높다는 것을 의미한다. 따라서 사회적 정당성 개념은 그 사회가 경제적으로나 정치적으로 변화하면 아울러 이에 대응하여 변화할 수 있는 가변적 개념이라고도 할 수 있다. 현재 우리의 현실에서 해고규율은 시장경제와 조화하면서 알맞게 작동하게 되며, 작동하도록 노력하여야 한다.

3. 소결: 해고법의 해석 및 적용원칙

독자적인 가치영역으로서 사회법적 규율을 염두에 두는 것도 역시 배제될 것은 아니지만, 현 규범구조와 헌법질서에 비추어 볼 때 입법자는 헌법 질서의 테두리 내에서 국가의 법률을 통한 사회적 이념의 실현을 도모하도록 입법하여야 하고, 입법자의 결단으로서 법이 만들어진 이상 법관은 입법자의 의도와 결정에 매우 엄격히 따라야 한다.

해고보호법리는 사적 계약 질서에 있어 계약자유원칙에 대한 중대한 제한이다. 근로계약관계의 당사자 특히 사용자로서는 그러한 제한이 어느 범위에서 어떻게 실현되는가를 분명히 인식할 수 있어야 한다. 따라서 해고보호규정들은 근로자 보호를 위한 '입법자의 가치적 결단'(Wertentscheidung des Gesetzgebers)의 산물이다.[15] 그러므로 해고보호법규상의 개별 규정에 대한 해석과 적용이 매우 엄격히 이루어져야 하며, 구체적 해고분쟁의 해결에서 해당 규정 이외에 함부로 새로운 제도를 도입하거나 고려하는 것은 허용될 수 없다. 해고제한규율을 해석자가 자신의 가치판단에 따라 함부로 확대하거나 축소하는 것은 허용되지 않는다.[16] 입법자는 법규정만큼만 사법원칙을 수정한 것이고, 사회적 약자인 근로자 보호에 할애한 것이기 때문이다.[17]

요약하면, 해고법제는 사회적 약자인 근로자를 보호하는 제도적 장치이면서 동시에 사회적 약자로서 근로자의 보호를 위해 허용될 수 있는 한계점을 의미하는 것이다. 만약 이를 염두에 두지 않고 함부로 법관이 해고규율을 확대해석하고 적용하면, 이는 사실상 법관이 입법

15) Reuter, RdA 1973, S.353.

16) Nikolai/Noack, ZfA 2000, S.91f.; Oetker, ZIP 2000, S.649.

17) Mummenhoff, Anm. zu BAG SAE 1985, S.305.

을 행한 것에 다름 아니다. 이는 입법은 입법부가, 법적용은 사법부가, 법집행은 행정부가 한다는 삼권분립의 원칙에 본질적으로 반하는 결과가 되므로 허용되어서는 안 된다. 결국 사회적 약자로서 근로자를 보호하는 규율이나 제도를 새롭게 추가하고 형성하는 것을 항상 사회국가이념에 부합하며 정당하고 바람직한 것으로 보아서는 안 된다. 사적 자치의 원리에 대한 수정에서 어느 범위에서 어떻게 구현되어야 하는가의 판단은 입법자가 헌법의 테두리 내에서 신중하게 행해야 한다. 입법자가 노동법(해고법)을 입법할 때 보다 명확하게 하여야 할 필요가 있으며, 그 규범의 해석과 적용에 있어서도 매우 엄격하게 접근하여야 하는 이유도 바로 여기에 있다.

제2절 해지의 자유와 그 수정원리로서 해고보호법리

1. 논의의 목적

'해고'는 계약법상 사용자의 해지를 말한다.[18] 흔히 해고를 노동법의 고유한 문제로만 이해하기 쉽지만, 그 본질은 계약법상의 해지이므로 해지가 갖는 고유한 속성은 유지된다는 점을 간과해서는 안 된다. 해고는 해지이기 때문에 인정되어야 할 여러 가지 특성이 있고 그러한 특성에 따라 다양한 제도가 마련되어야 하기 때문이다. 다만 노동법상 해고를 계약법상 해지와 달리 취급한다는 것은—다음에서

18) Adomeit, Kündigung und Kündigungsschutz im Arbeitsverhältnis, 1962, S.22.

설명하게 될—해지의 자유를 부정하고, 일정한 사회적 정당성하에서만 해지가 가능하도록 하여 근로자를 보호한다는 데 있다. 이렇듯 해지제도의 법적 본질을 정확히 이해하는 것이야말로 제도로서의 해고 연구를 가능하게 하는 동력이 된다.

2. 해지의 법적 개념과 그 제도적 목적

1) 계약적 구속력(Vertragsbindung)으로부터의 해방효

사인이 타방에게 일정한 사법상의 의무를 부담하게 되는 이유는 '계약'을 하였기 때문이다. 계약은 일반 사인 간의 관계를 법적 의무관계로 구속하는 매개체이다. 이러한 역할을 하는 계약은 당사자 간의 합의를 통해 형성된다. 다시 말하면 당사자 스스로가 그러한 의무부담관계에 대하여 서로 합의하였고, 그러한 합의를 통해 양 당사자는 각각 의무와 권리를 가지게 되는 것이다.[19] 원칙상 각 계약당사자는 계약의 체결은 물론 누구와 계약관계를 형성할 것인가에 대하여 자유롭게 결정할 수 있다. 그리고 일단 계약이 성립된 이후라도 계약의 어느 일방 당사자는 자신이 원하는 경우—그 손해를 배상하여야 하는 것인가 하는 문제와는 별개로—그 계약관계를 소멸케 하는 것 역시도 자유롭게 결정할 수 있다. 특히 그 계약관계가 상당기간 지속될 것이 예정된 소위 계속적 계약관계인 경우에는 계약이 성립한 이후에도 계

19) Gitter / Michalsky, Arbeitsrecht, 5.Aufl., 2001, S.171. 사법은 기본적으로 이러한 당사자 간의 자유로운 합의를 존중하고, 구체적으로 실현될 수 있도록 원조하는 데 그 목적이 있다. 이것을 두고 소위 '사적 자치의 원리'(Privatautonomie)라고 하며, 이러한 사적 자치의 원리는 계약자유의 원칙(Vertragsfreiheit)을 불가분의 구성 요소로 한다(Buchner, NZA 1991, S.579).

약상의 급부관계가 지속되게 되는데, 그 과정에서 어느 일방당사자가 타방과의 계약관계를 더 이상 유지하기를 원하지 않게 되면 그 계약적 의무관계를 소멸케 할 수 있도록 할 필요가 있다. 이를 위해 어느 일방 계약당사자는 해지를 하게 된다. 요컨대 이때 당사자가 계약관계를 소멸케 하는 것은, 계약적 의무 내지 구속(Vertragsbindung)에서 계약당사자가 해방되는 것을 의미하는 것이다. 계약당사자가 원하지 않는 가운데 급부관계를 지속케 하는 것은 잘못이기 때문이다. 따라서 바람직하게는 이러한 계약관계 소멸 역시 양 당사자에게 맡겨지도록 하여야 한다. 그리하여 타방의 의사와 상관없이 일방적으로 그러한 계약의 구속력으로부터 벗어날 수 있도록 하는데, 이것이 바로 해제 또는 해지제도이다. 계약관계의 지속성을 내용으로 하게 되는 소위 계속적 계약관계(Dauerschuldverhältnis)에서 당사자에게 인정되는 제도는 해지이다. 해지의 경우 일정 시점 이후부터 계속적 계약관계가 소멸하게 된다.

2) 근로계약의 일방적 소멸과 해지

계약당사자가 행하는 해지의 의사표시는 원칙상 일방적이고 형성적인 그리고 그 상대방에게의 도달이 요구되는 의사표시다.[20] 일단 유효한 해지의 의사표시가 상대방에 도달하면 그 효과로서 종래 계속적 계약관계는 장래에 대하여 소멸하게 되며,[21] 이로써 각 당사자는 그러한 계약으로부터 발생되는 의무로부터 해방된다.

근로계약관계는 노무의 제공과 임금의 지급을 주된 급부목적으로

20) Walker, Anm. zu BAG SAE 1998, S.104.

21) 민법 제550조.

하는 계속적 계약관계이다.22) 따라서 근로계약관계의 양 당사자에게는 해지의 의사표시를 통해 기존의 근로계약관계를 일방적으로 종료시킬 수 있는 가능성이 놓여 있다. 이때 양 당사자의 해지 목적은 근로계약상 부담된 여러 가지 권리와 의무관계로부터 해방되기 위한 것이다(이를 계약의 '해방효'라고 한다).

근로계약의 일방당사자인 근로자가 해지권을 행사하여 근로계약으로부터 발생된 다양한 의무로부터 해방되고자 한다면 사직의 의사표시를 단행하게 될 것이다. 다른 한편 사용자의 경우에는 해고를 단행하게 될 것이다. 이러한 점에서 해지로서의 본질을 갖는 사직이나 해고는 모두 해방효를 그 제도적 기능으로 한다. 즉 종래 지속하여 오던 근로계약관계를 향후 어느 일정 시점을 기점으로 하여 계약관계를 소멸케 하고자 하는 데 그 제도적 목적이 있는 것이다. 사용자는 해고를 통해 일정 시점 이후부터는 자신의 임금지급의무를 면하게 되고, 마찬가지로 근로자도 사직을 통해 일정시점 이후부터 근로제공의무를 면하게 된다.

22) Heuck/Nipperdey, Lehrbuch des Arbeitsrechts I, 7.Aufl., 1963, S.527; ErfK-Preis, §611 BGB, 3.Aufl., 2003, Rn.4. 이러한 계속적 계약관계는 일단 형성되고 나면 이후에도 상당기간 동안 당해 계약관계가 지속됨이 전제되는 속성을 지닌다. 그래서 계속적 계약관계는 당해 급부제공이 상당기간 계속되어야만 비로소 계약의 목적이 완전히 달성되었다고 평가된다(Larenz, Lehrbuch des Schuldrechts Bd. I, AT, 14.Aufl., 1987, S.29ff.).

3. 해지의 자유와 해고보호법리

1) 근로계약에서의 해지의 자유(Kündigungsfreiheit)와 해고보호법리

(1) 해지의 자유 보장 근거

근로계약의 주된 급부는 인간의 노무제공이다. 급부의 목적인 '노무제공'이란 본질적으로 인간의 노동력을 지배함으로써 구체화되는 것이다. 사실 모든 인간은 인격체로서 대등하기 때문에 인간의 노동력을 매매나 대여 등 계약의 목적으로 삼는다는 것은 엄격히 제한될 수밖에 없다. 한때 노예제도를 통해 인간의 노동력을 함부로 매매하거나 대여하는 경우가 있었지만 오늘날 이러한 계약유형은 엄격히 금지된다. 근로계약은 인간의 노무제공을 급부의 주된 목적으로 한다는 점에서 매우 이례적인 것이다. 그래서 근로계약의 양 당사자는 고도의 인격적 신뢰관계 형성을 전제로 하게 되며, 나아가 근로자 자신의 노동력 제공의 자신이 원하는 경우 자유의사를 통해서만 가능하며, 이를 직·간접적으로 강제할 수는 없다(소위 '강제근로금지의 원칙').[23] 현행 근로기준법 제7조에 따르면 "사용자는 폭행, 협박, 감금 기타 정신상 또는 신체상의 자유를 부당하게 구속하는 수단으로써 근로자의 자유의사에 반하는 근로를 강요하지 못한다"고 명시하여 두고 있다. 다른 한편 노무제공을 받게 되는 사용자의 입장에서도 근로자와의 인격적 신뢰관계가 대단히 중요하다.

결국 근로계약관계는 노무제공을 급부목적으로 하는 까닭으로 양 당사사 간에 비록 상당기간 근로계약관계가 지속되어 왔더라도 더 이

23) 이는 현행 근로기준법 제7조에서도 명시되어 있다.

상 지속될 수 없는 사정이 존재하고, 또 당사자가 그 지속을 원하지 않는 경우가 되면, 일방적으로라도 근로계약을 소멸케 할 수 있어야 한다. 이것이 바로 '해지의 자유'(Kündigungsfreiheit)이다.[24)]

(2) 해지의 자유에 대한 사회법적 제한

근로계약의 경우에도 해지의 자유는 원칙적으로 보장되어야 한다. 그래서 근로계약의 한 당사자인 근로자는 자신의 해지권을 행사하여 근로계약으로부터 도출되는 제반 권리와 의무를 면하게 된다. 이러한 근로자의 해지권 행사는 사직이며 계약 해지의 자유가 존중된다는 점에서 앞서 언급한 다른 일반 사적 계약관계의 경우와 다르지 않다. 더 이상 계약관계를 지속하고 싶지 않음에도 불구하고 이를 계속하도록 할 수는 없기 때문이다. 특히 인간의 노무를 그 급부대상으로 하는 계약관계에서는 더더욱 해지의 자유는 보장되어야 하며, 이에 관하여 이미 언급한 바 있다.

하지만 이러한 해지의 자유가 사용자에게는 보장되지 않는다. 다시 말하면 근로계약관계의 다른 한 당사자로서 사용자는 비록 종래 지속하여 왔던 근로관계를 더 이상 유지하고 싶지 않더라도 일방적인 해지권을 행사하여 근로관계를 소멸시킬 수가 없다. 그 이유는 간단하다. 사용자의 일방적 해지권 행사가 근로자의 '직장'을 소멸케 하기 때문이다. 근로자는 사회적 약자로서 직장을 통해 생계를 유지하는데, 직장을 잃으면 사회적으로 매우 큰 부담이 될 수밖에 없다.[25)] 이 때문에 사용자의 일방적 해지의 의사표시는 사회법적 요구에 따라 노동

24) Raab, RdA 2000, S.151.

25) Hromadka, ZfA 2002, S.392; Adomeit, Kündigung und Kündigungsschutz im Arbeitsverhältnis, 1962, SS.48, 49.

법을 통해 제한된다.[26] 사용자의 일방적 해지권 행사가 바로 해고이며 해고는 근로자의 사직이라는 통상적인 해지와는 달리 취급된다. 엄격히 그 행사가 제한되는 것이다. 이것이 바로 '해고보호법리'이며, 노동법의 핵심영역이다.

2) 사용자의 해지로서 '해고'

사용자의 해지를 특히 '해고'로서 달리 칭하는 것은, 해지이면서도 해지의 자유가 보장될 수 없는 독특한 사회법적 개념이기 때문이다. 이를 두고 해고의 개념을 계약법상의 해지와는 전혀 별개의 것으로 보아야 한다는 견해도 있어 왔다. 그 행사가 자유롭지 아니한 해지가 있을 수 없다는 점에서는 매우 생소한 것이기 때문이다. 하지만 기본적으로 해고 역시 계약관계의 구속력을 제거하고 계약상으로부터 도출되는 다양한 권리와 의무관계로부터 해방되는 데 그 제도적 목적이 있다는 점을 고려할 때, 해지의 본질을 가지고 있다는 점을 부인하기는 어렵다. 단지 해지의 자유가 사용자의 경우에 제한되며, 이러한 특성을 보다 분명히 하기 위하여 '해고'라는 용어를 별도로 노동법상에서 사용하고 있는 것으로 볼 수 있다.[27]

---

26) Adomeit, Kündigung und Kündigungsschutz im Arbeitsverhältnis, 1962, S.15; 이를 법경제적 관점에서 재해석한 것으로는 Rüthers, NJW 2002, S.1604ff.

27) Preis, Prinzipien des Kündigungsrechts bei Arbeitsverhältnissen, 1987, S.1 독일의 Schwerdtner 교수는 해고보호법리에 대하여 노동계약법리의 사실상 핵심신경조직(Nervenzentrum)으로서 매우 중요한 의미가 있다고 평한다. 실제로도 노동법상의 법률분쟁의 상당부분은 해고의 문제가 차지하고 있음을 볼 때 과장된 지적은 아니라 할 것이다. 독일의 경우 1980년대 초반 그러니까 독일통일 이전에도 이미 전체 노동법원에 제기된 소송 중 약 40−50퍼센트가 해고사건이었으며 이는 21세기 들어 심각한 실업문제에서 보듯이 그 비율은 훨씬 높아졌다. 1982년의 경우 총 368995건 중 해고사건이 182910건으로 49.57퍼센트에

3) 해고보호법리의 법이념적 배경 – "인간존엄성 보장"

(1) 헌법 제32조 제3항

우리 헌법 제32조 제3항에서는 인간의 존엄성 보장과 근로관계의 밀접한 관련성을 시사하고 있다. 즉 헌법 제32조 제3항에서는 근로조건의 기준과 관련하여 인간의 존엄성을 보장하도록 규정하고 있다. 노동법 체계가 근로자의 지위에 있는 자에 대하여 인간으로서의 존엄성을 보장할 수 있도록 하는 법규범적 지지대로서의 역할을 갖도록 현행 헌법이 예정하여 두고 있는 것이다.

(2) 법원의 입장

최근 행정법원은 해고보호법리의 현행 법체계상의 지위와 근거에 대하여 다음과 같이 지적하고 있다. 즉 헌법 제32조 제1항은 국민의 근로권·국가의 고용증진노력의무를 규정하고 있고, 제3항은 근로조건의 기준은 인간의 존엄성을 보장하도록 법률로 정하도록 규정하고 있는 점, 근로기준법(이하 '근기법'이라고 한다) 제23조 제1항은 사용자에게 정당한 이유 없는 해고를 하지 못하도록 규정하고 있고, 자유민주적 기본질서를 지향하는 우리 헌법이 원칙적으로 기업의 경제활동의 자유를 보장(헌법 제119조 제1항)하고 개인의 계약자유의 원칙을 천명(헌법 제10조 전문)하고 있다 하더라도, 근로자의 근로권을 보장하기 위하여 일정한 범위에서 이러한 자유를 제약하는 것은 불가피한 점, 계약자유의 원칙과 기업의 경제상의 자유는 무제한의 자유가 아

달하였다(자료: Arbeits- und Sozialstatistik des Bundesministers für Arbeit und Sozialordnung, Hauptergebnisse der Jahre 1981−1985).

니라 헌법 제37조 제2항에 의하여 공공복리를 위해 법률로써 제한이 가능한 것이고, 국가가 경제주체 간의 조화를 통한 경제의 민주화를 위해 규제와 조정을 할 수 있다고 천명(헌법 제119조 제2항)하고 있는 것은 사회·경제적 약자인 근로자에 대하여 인간으로서의 존엄과 가치를 인정하고 나아가 인간다운 생활을 보장하기 위한 불가피한 요구 때문인 점 등을 고려하면, 근로계약의 해지에는 정당한 사유가 있어야 한다고 보았다.[28)]

(3) 비교법적 검토: 독일의 경우

독일은 독일기본법 제12조를 통해 헌법적으로 직장보장원리를 구현하고 있는데, 이러한 직장보장원리는 해고와 관련한 단행법규인 해고보호법(Kündigungsschutzgesetz: KSchG)을 통해 구현되고 있다. 기본적으로 해고보호법 규율이 지향하는 바는 근로자의 인간다운 삶의 보장이다. 노동법 체계가 기본적으로 인간존엄성 확보 차원에서 나오는 것과 마찬가지 맥락에서이다.[29)]

4. 소 결

결국 해고보호법리라고 하는 해지자유원칙에 대한 수정원리는 인간다운 삶을 유지하고, 인간으로서의 존엄성을 보장받도록 하는 조치라고 할 수 있다. 노동법 특히 해고법이 근본적으로 사회적 약자를 보호하여야 한다는 이념적 틀을 가질 수 있었던 것도 같은 맥락에서 설

28) 서울행판 2008. 4. 3, 2007구합31560.
29) Rüthers, NJW 2002, S.1605.

명될 수 있다. 모든 인간이 다 평등하고 대등하였다면 인간의 존엄성 보장을 위하여 개별 민사 계약(소위 근로계약)관계에 국가(법)가 직접 개입하는 일은 처음부터 생각하기 어려웠을 것이기 때문이다.

다른 한편 해고법제는 사회국가적 이념을 구체화하는 대표적인 입법체계라고 할 수 있다. 말 그대로 이러한 법제는 그 국가의 법체계를 '장식'하는 규율이다. 입법자가 자신이 이상적으로 생각하는 국가를 이념적으로 만드는 것이기 때문이다. 그래서 합리적 입법은 두 가지 점이 충족되어야 한다. 첫 번째는 현실에 부합하는 법제여야 한다는 점이다. 현실과 동떨어진 사회법규는 그저 장식품에 불과하기 때문이다. 두 번째는 국가 구성원 그러니까 국민 모두의 공감대에 기초한 것이어야 한다. 입법자만의 상상을 통한 사회법 규율은 그저 공상국가의 법이 되고 말기 때문이며, 이는 현실에서 구현되는 데 많은 어려움을 촉발할 수밖에 없다.

제 3 절 해고보호법리의 내용: '해고보호법리'와 '해지완충법리'

1. 서 론

사용자의 해고와 근로자의 사직은 계약법상 해지로서의 본질을 가진다. 다만 사용자의 해고에 대하여는 근로자의 직장보장원리에 따라 엄격히 그 행사를 제한하게 된다. 그러므로 해고는 두 가지의 속성을 동시에 지니게 된다. 먼저 해지로서의 속성이다. 해고는 계약법상 해지이므로 해지권의 행사와 관련하여 계약법상 요구되는 여러 가지 속성을 그대로 가지게 된다. 따라서 해고관련제도를 파악함에 있어 해지로서의 속성을 반영한 해석이 필요할 경우가 있음을 간과해서는 안 된다. 다른 한편 근로자의 보호를 위한 해고의 노동법적 속성이다. 주로 사회의 이념적 정당성이라는 표지를 통해 구현되는 이러한 속성은 해고법 체계의 가장 본질적 부분이기도 하다. 유념하여야 할 것은 해고제도를 후자의 경우로만 파악하여 적용하거나 해석하지 말아야 한다는 것이다. 해지로서의 공통적 속성으로부터 비롯된 제도라면, 해고의 경우만이 아니고 사직의 경우에도 그대로 통용되어야 한다. 그렇지 않고 노동법상 근로자의 편면적 보호를 위한 제도라면 이는 해고의 경우에만 적용되고, 사직의 경우에는 적용될 여지가 없을 것이다. 하지만 종래 우리 근로기준법상의 다양한 해고법 관련 제도에 대하여, 이러한 관점에서 되짚어 보는 학문적 노력은 거의 없었다. 하지만 독일 해고법 학계에서는 이미 1960년대에 이에 관한 학문적 성과를 거두었으며, 오늘날 어느 정도 정착되었다고 할 만한 수준에 이르렀다.[30] 이는 해고법제의 입법방식이나 법규 간 체계성 논의와도 밀접하게 관련된다. 요컨대 민법에 규정되어야 할 것이 근로기준법에 규정되었다거나, 근로기준법상에 규정되어야 할 것이 민법에 규정되어서는 안 되기 때문이다. 해지로서의 공통된 속성을 반영한 제도는, 실은 민법에 규정하여 두는 것이 입법의 방식적 효율이나 제도적 취지에도 부합한다.

그리하여 종래 독일에서는 근로계약관계의 일방적 해지가능성을 두고 역사적 또는 방법론적으로 다음과 같은 두 가지 법리를 구별하

30) 이에 관한 대표적인 저작이 바로 Adomeit, Kündigung und Kündigungsschutz im Arbeitsverhältnis, 1962이다.

여 설명해 오고 있다. 이른바 광의의 해지제한법리와 협의의 해지제한법리가 바로 그것이다.[31] 양 법리가 모두 해지의 가능성을 합리적으로 제한하는 데 그 주된 의미를 두고 있다는 점에서는 동일하지만, 양자는 법도그마적 기초를 각각 민법과 사회법으로서의 노동법에 두고 있다는 점에서 차원을 달리한다는 점에 유념할 필요가 있다. 먼저 협의의 해고보호법리를 살피고, 이후 광의의 해고보호법리로서 소위 '해지완충법리'를 살펴보기로 한다.

2. 광의의 해고보호법리와 협의의 해고보호법리

1) '협의'의 해고보호법리(Kündigungsschutzprinzip)

(1) 민사법원리의 본질적 수정체계

해고보호법리는 계약해지라는 원칙의 수정적 의미를 갖는다. 즉 특별히 근로계약관계의 경우에 사용자의 계약 자유에 기초한 계약해지의 자유는 제한되는 것이다.[32] 그 이유는 근로자의 사회적 보호필요성에서 찾을 수 있다. '직장을 다닌다'는 것은 통상 근로자로서는 인격권적 차원에서 자아실현의 기회이며 동시에 그와 그의 가족이 생계를 유지하는 원천이다. 이러한 사회적 보호필요성을 고려하여 근로자의 직장보장이익(Bestandsschutz gemäß Art.12 Abs.1 GG)은 사용자의 일방적 해지의 경우 계약자유의 원칙상 보장되는 처분의 자유(Art.2 Abs.1 GG)에 앞서 특별법적 관계(lex specialis)가 우선적으로 고려된

31) Adomeit, Kündigung und Kündigungsschutz im Arbeitsverhältnis, 1962, S.15.
32) Gamillscheg, Die Grundrechte im Arbeitsrecht, 1990, S.58; Rüthers, NJW 1998, S.1434.

다.[33] 해고보호법리의 적용은 일정한 근로계약관계를 반드시 필요적 요건으로 한다. 적어도 사적 당사자 간의 계약으로서 근로계약관계가 형성되지 않으면 사회법으로서 해고관련 규정은 적용되지 않는다. 이는 해고법상의 사회법적 가치는 모든 사인의 법률관계에 곧바로 구현되는 것은 아니라는 것을 의미한다.[34]

(2) 관련 규율의 '열거성'과 '명확성' 그리고 '강행규정성'

협의의 해고보호법리에 기초한 제반 노동법상의 제도는 예시적이거나 불명확한 규율형식을 지녀서는 안 된다. 아울러 이러한 규정은 강행규정으로서의 속성을 가진다. 그 이유는 해고보호법리는 민사법 원칙의 본질적 제한이고 수정이기 때문이다. 그렇지 아니하면 이러한 본질적 수정법리가 함부로 확대해석되거나 확대적용될 위험을 가져오게 된다. 따라서 협의의 해고보호법리에 기초한 제도라고 판명되면 그 제도는 명문의 규정에 적시된 바에 따라 엄격히 적용되고 해석되어야 한다.

---

33) Busche, Privatautonomie und Kontrahierungszwang, 1999, S.53ff; Oetker, ZIP 2000, S.644.

34) 이러한 점에서 구별되어야 할 개념이 있다. 바로 '적극적 사회법'이다. 이는 모든 국민에게 해당사항이 있는 것으로서, 일단 국민으로서 사회조직의 한 구성원인 이상 일정한 사회적 혜택을 제공받을 수 있도록 하는 규율체계를 말한다. 이 역시 일반민사원리에 부합하는 것이 아니며, 그렇다고 하여 해고법체계와 같이 근로자라는 특정한 지위에 놓인 자에 대하여만 적용되는 것도 아니라는 점에서 체계적 특수성이 있다. 그 예로는 장애인보조수당법과 같은 순수한 사회보장법 영역에 해당하는 규율이 바로 그것이다. 노동법은 그러한 구별에 따를 경우 '소극적 사회법' 영역에 해당된다고 할 것이다.

2) 해지완충법리(Kündigungsabmilderungsprinzip)[35]

(1) 근로계약관계의 해지가 갖는 계약법적 의의

지속적인 급부제공을 목적으로 하는 계약을 소위 계속적 계약관계(Dauerschuldverhältnis)라고 한다. 이러한 계속적 계약관계는 지속성을 본질적 속성으로 한다. 그리하여 일단 형성되고 나면 이후에도 상당기간 동안 당해 계약관계가 지속되어야만 비로소 해당 계약관계의 본래적 내용이 실현되고 있다고 평가하게 된다. 다시 말하면 급부관계의 지속성이 계약의 본질적 목적이 되는 특성을 지닌다.[36] 따라서 이러한 계약관계에 속해 있는 당사자로서는 타방 당사자가 계약관계의 지속을 상당기간 지속할 것이라는 신뢰를 가질 수 있다. 이러한 이유로 계속적 계약관계의 성립에는 계약당사자 간의 고도의 신뢰가 중요하게 작용하게 되는 것이다. 그런데 이러한 계속적 계약관계가 어느 시점에서 일방당사자에 의해 일방적으로 종료하게 된다면, 그 타방 계약당사자로서는 여간 난감해지는 것이 아니다. 왜냐하면 이로부터 여러 가지 예상치 못한 불이익이 다음과 같이 발생하게 되고, 그는 이러한 불이익을 고스란히 감수해야 하는 어려움을 겪게 되기

---

35) 해지완충의 법리에 관하여는 본 연구자가 몇 차례 연구논문을 통해 소개한 바가 있다. 요컨대 해고보호법리라는 노동법상의 고유한 법리와 민사계약 일반원칙으로서의 해지완충의 법리는 유사하지만 반드시 구별되어 해석적용되어야 한다. 만약 노동법상 제도가 해지완충의 법리에 따른 것이라면 굳이 노동법에 규율되어 있어야 하는 것은 아니다. 오히려 민법 규정에 삽입되어 있어야 한다. 이상의 방향성에 염두하여 이하에서의 자세한 설명을 참조 바란다.

36) Larenz, Lehrbuch des Schuldrechts Bd. I, AT, 14.Aufl., 1987, S.29ff. 이러한 이유 때문에 근로계약을 형성함에 있어서 사용자는 매우 신중하게 판단하며 그 판단은 전인격적 부분에까지 미치게 되는 것이다. 이러한 점에서 근로계약관계는 당사자 간의 인간적 신뢰를 바탕으로 하게 된다.

때문이다.[37]

근로계약관계는 가장 전형적인 계속적 계약관계의 일종이다. 통상 근로자를 채용하는 경우에 상당한 기간 동안 종업원으로서 기업에 근로할 것을 예정하게 된다. 물론 오늘날 임시직 근로자 등 다양한 비정형적 근로형태가 속속 등장하고 있는 것은 사실이지만, 그래도 여전히 근로계약관계는 기간의 정함이 없이 상당기간 근로를 제공하는 것을 본래적인 내용으로 하게 된다. 그럼에도 불구하고 근로계약의 당사자가 행하는 일방적 해지는 어떠한 문제를 유발하게 될까? 이에 관하여 차례로 살펴보기로 한다.

① '해고'의 경우

예컨대 근로계약관계 지속 중에 사용자가 해지를 하면 근로자는 장차 자신은 물론 자신의 가족에 대한 생계의 기반이 될 것으로 예상하였던 직장을 상실하게 된다.[38] 이러한 경우 근로자는 새로운 직장을 구해야 하는 어려움을 겪게 된다. 근로자가 다행히 새로운 직장을 구하더라도 새로운 직장동료들과 익숙해져야 하는 어려움과 새로운 직장환경에 적응해야 하는 수고를 하여야 한다.[39] 만약 적절한 시점까지 직장을 구하지 못하면 경제적 어려움을 겪게 됨은 물론이고, '실업'이라는 사회적 문제까지도 초래되게 된다. 실업기간 동안은 실업수당 등 사회보장적 지급이 사용되고 나아가 새취업을 위한 재교육 등의 비용도 지출된다.

---

37) Adomeit, Kündigung und Kündigungsschutz im Arbeitsverhältnis, 1962, S.15.
38) BVerfG AP Nr.17 zu §23 KSchG 1969, unter B I 3a.
39) Adomeit, Kündigung und Kündigungsschutz im Arbeitsverhältnis, 1962, S.48.

② '사직'의 경우

다른 한편 근로자가 근로계약을 해지하는 경우에도 또한 마찬가지이다. 사용자는 다시금 업무에 적합한 새로운 인력을 찾아야 하고 또한 고용한 이후에도 그러한 신규인력을 생산에 투여하기까지 많은 교육과 그에 따른 비용을 감수해야 한다. 이는 신규근로자가 본격적으로 업무에 투입되기까지는 업무차질이 불가피하며, 그 과정에서 발생되는 조직의 불안정성을 감수하여야 함을 의미한다.[40]

(2) 해지완충의 법리

해지제도는 본질적으로 그 법적 불이익의 발생을 최소한도로 만들기 위한 완충작용이 필요하게 되며, 이를 해지완충의 법리라고 한다. 즉 해지제도는 본질적으로 그 실행과 법률효과가 연차적이고 점진적으로 발생하도록 구조화되어야 했다. 예컨대 해지에 따른 법률효과로서 계속적 계약관계의 소멸은 일정기간의 시간적 유예를 두는 등 갑작스런 계약소멸의 상황을 가능한 한 배제하고, 양 당사자에게 최대한의 준비기간을 확보하여 주도록 하는 것이다. 특히 근로계약의 일방적 해지는 불필요한 계약적 또는 사회적 손실의 발생을 최소화할 필요가 있다는 점에서 가능한 자제되어야 한다.[41] 이를 구체적으로 실현하기 위해 인정·발전되어 온 법리가 바로 광의의 해지제한법리로서 이른바 '해지완충법리'이다.[42] 결국 해지완충법리는 단지 근로자의 편면적 사회보호 필요성 때문이 아니라 양 당사자 간의 일회적

---

40) Adomeit, Kündigung und Kündigungsschutz im Arbeitsverhältnis, 1962, S.48.
41) Urban, Der Kündigungsschutz außerhalb des Kündigungsschutzgesetzes, 2001, S.39ff.
42) Adomeit, Kündigung und Kündigungsschutz im Arbeitsverhältnis, 1962, S.48.

(einmalig)이 아니고 지속적인(dauerhaft) 급부의 교환을 계약의 내용으로 하는 계속적 계약관계의 특수성에 따른 것이다.[43]

요컨대 해지완충법리는 이러한 계약의 특성에서 비롯된 계약법리의 일환이다. 오늘날 해지완충법리는 민사법상의 일반원칙으로서 신의칙[44]에서 그 법이론적 근거를 찾게 된다.[45] 이러한 해지제도의 기본원리는 근로계약관계의 경우에도 그대로 적용된다. 해지완충법리는 민사계약법상에서 요청되는 해지의 일반법리에 해당된다고 할 수 있다. 따라서 당해 법리는 사용자의 경우는 물론 근로자가 해지하는 경우에도 당연히 고려되어야 한다.[46] 즉 근로자의 사직이나 사용자의 해고의 경우에도 해지완충의 법리는 작동하게 된다. 왜냐하면 해지완충의 법리는 사회적 약자인 근로자의 보호를 위한 것이 아니라, 계약법리에서 도출되는 것이기 때문이다.[47]

3. 소 결

협의의 개념으로서 해고보호법리는 사회적 이념, 그러니까 약자로서의 근로자 보호를 위한 것이라고 할 수 있다. 직장을 통한 생계의 유지와 인격실현의 장을 보장하여 주는 것은 사회적 약자로서의 지위에 있는 근로자에게는 가장 중요한 요구이기 때문이다. 만약 이러한

---

43) Hromadka, ZfA 2002, S.392.
44) 한국민법 제2조; 독일민법 제242조.
45) Oetker, ZIP 2000, S.643.
46) Adomeit, Kündigung und Kündigungsschutz im Arbeitsverhältnis, 1962, S.48.
47) 오늘날과 같이 근로자의 사회적 보호 필요성이 인식되고 또한 이를 실현하기 위하여 특별한 해고보호규정이 제정되기 이전까지는 해지와 관련하여서는 주로 이러한 광의의 해지제한법리가 존재하였을 뿐이었다(Oetker, ZIP 2000, S.643).

직장보장이 잘 이루어지지 않게 되면 근로자는 실업에 노출되어 사회적 불안을 초래하게 될 것이다. 하지만 근로계약관계는 오늘날 다른 측면에서의 의미도 반드시 고려되어야 한다. 그것은 바로 해지완충의 법리이다. 근로계약관계는 다른 계약관계와는 구별되는 다양한 특수성이 있다. 계속적 계약관계이면서도 양 계약당사자 간의 인격적 신뢰관계 유지가 매우 중요하다는 측면에서도, 다수의 근로자와 사용자로 구성되는 일정한 조직체가 형성된다는 측면에서도 근로계약관계는 매우 특수한 계약관계라고 할 수 있다. 그렇기 때문에 양 당사자 간 계약관계의 지속과 소멸이 일방적으로 행하여질 때에는 그 타방당사자에게 불측의 손해를 유발할 수 있다. 그러므로 근로계약관계의 일방적 종료라는 사실을 유발하게 되는 경우에는 그로부터 발생될 수 있는 다양한 위험을 미리 최소화하는 노력이 필요하다. 이러한 기능적 목적을 위하여 고려되는 것이 바로 해지완충의 법리인 것이다. 중요한 것은 해지완충의 법리에 기반을 두고 있는 제도와 협의의 해고보호법리에 기초한 제도를 분명히 구별하는 것이 필요하다는 점이다. 만약 협의의 해고보호법리에 기초한 제도라면 이는 사용자에게는 일방적인 부담(법적 제약)이 될 것이고 근로자에게는 노동법상의 보호제도로서만 기능하게 된다. 하지만 해지완충의 법리에 기초한 제도라면 이는 사용자에게는 물론 근로자에게도 권리 또는 의무로서의 의미를 가지게 될 것이다. 예컨대 해고예고제도와 같이 해지기간으로서의 속성을 가지는 근로관계 소멸 사실의 발생 유예제도는 노사 모두에게 보장되어야 할 필요가 있는 것이므로, 사용자의 해고는 물론이고 경우에 따라서는 근로자의 사직에 대하여도 보장되어야 하는 것이다. 그렇다면 이 제도는 해지완충의 법리에 기반한 제도임을 알 수 있다. 이와는 달리 해고원인을 제한하고, 일정한 원인이 있는 경우에만 해고의 정당성을 인정하는 것은 본질적으로 사용자의 해지권 제약이고 근로자의 사직의 경우에는 해당사항이 없는 것이므로, 이는 협의의 해고보호법리에 기초한 것이라고 할 수 있다.

결국 해고보호법리는 근로자의 사회적 보호를 위한 장치로서의 의미를 가지는 것이고, 해지완충의 법리는 근로계약의 계약적 특수성에서 비롯된 것이라고 할 수 있다.[48]

48) 자연과학에서 소위 '관성의 법칙'이 있다. 달리던 자동차가 멈출 때 안에 탄 승객이 앞으로 쏠리게 되는 현상은 관성에 따른 것이다. 해지완충의 법리는 이러한 관성의 법칙과 유사하다. 지속되어 오던 계약관계를 갑자기 중단하게 되면 관성에 영향을 받아 계약당사자에게 충격이 갈 테고, 이러한 충격은 완화시켜야 할 필요가 있는데, 이것이 바로 해지완충의 법리다. 결국 이러한 해지완충의 법리는 비단 근로자만을 위한 것은 아니다. 버스운전사나 승객 모두가 관성의 법칙에 대한 지배를 받는 것과 마찬가지이다. 해지완충법리는 계속적 계약관계에 따르면 양 당사자 모두에게 당연히 미치는 것이고, 유독 근로자 보호에만 기여하는 것이 있다면 이는 해고보호법리를 그 배경에 둔 것이라 보면 된다.

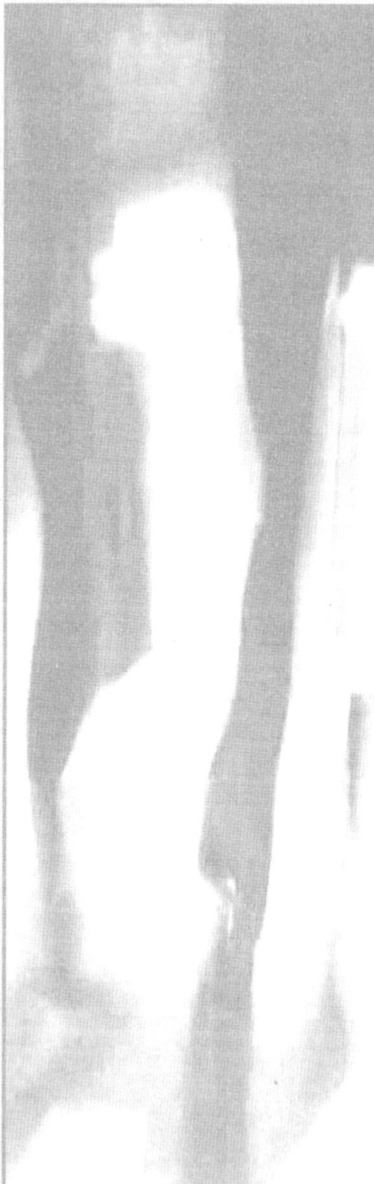

제 4 장

해고의 법이론적 체계 분석

제 1 절 해고의 개념

제 2 절 해고의 체계와 유형

제 4 장 해고의 법이론적 체계 분석

제 1 절 해고의 개념

1. 서 론

직장의 유지는 근로자와 그 가족들에게 생계적 기반제공이 가능함을 의미한다. 그리고 그 직장을 통해 근로자는 자신의 인격을 실현할 수 있게 된다.[1] 따라서 근로자의 의사와 상관없이 사용자가 일방적으로 노동관계를 소멸시키는 근로자의 생활에 중대한 타격을 주게 된다.[2] 해고는 그만큼 근로자에게 가혹한 것이다. 특히 실업에 대비한 직업소개제도나 실업보험제도 등 사회안전망이 제대로 완비되지 못하고 노동시장의 유연성이 부족하여 일단 해고된 근로자는 재취업의 가

1) 직장을 유지한다는 것이 근로자의 일반적 인격권 보장 차원에서 의미를 가진다는 것은 1955년 독일 연방노동법원 판결에서 확인되었고, 오늘날에는 일반적으로 지지되고 있다. 당시 판결을 통해 최초로 근로자의 인격권 보장 차원에서 사용자의 취업의무, 그러니까 근로자의 취업청구권을 인정하였다(BAG 10. 11. 1955, AP Nr.2 zu §611 BGB Beschäftigungspflicht). 사실 근대 이전 상황에서 근로자에게 노동, 즉 근로한다는 것이 고통이요 짐으로 인식되었으므로, 이렇게 근로 그 자체가 인격실현과 관련되어 있다는 것을 납득하기는 어려웠을 것이다.

2) 정진경, "부당해고와 형사처벌", 『노동법연구』, 2008, 230면.

능성이 그다지 크지 아니한 우리나라의 노동현실을 고려할 때, 해고는 근로자의 생존권 그 자체를 위협하는 것이 되고 만다.[3] 이 때문에 해고는 노동법 영역 가운데 가장 민감하고 중요하면서,[4] 실무상으로도 가장 빈번하게 법적 분쟁으로 비화되는 영역이라고 할 수 있다.[5]

하지만 노동법상에서 해고제도는 아직 확고한 유형화와 체계화에 이르지는 못하고 있다.[6] 우리 노동실무와 학계는 해고 및 그 관련 제도의 용어조차 제각기 달리 쓰고 있다. 예컨대 많은 저서나 논문 그리고 판결문에서 '일반해고'나 '통상해고' 또는 '보통해고' 등의 용어가 혼재하여 사용되고 있다.[7] 이러한 용어 사용은 결국 강학상의 편의나 기업현장에서의 편의에 따라 사용되어 온 데 따른 것이고, 법률적 분류용어라고 하기는 어렵다.[8]

소위 '개념법학'(Begriffsrechtslehre)의 카테고리 내에 있는 우리 법제하에서, 해고의 유형과 체계를 확립한다는 것은 결국 궁극적으로는 해고의 개념을 분명히 하는 것과 다르지 않다. 해고의 체계와 유형에 관한 논의의 재검토가 그렇잖아도 혼란스러운 해고의 체계논의에 다시금 혼란을 가중하는 것은 아닌가 하는 걱정도 드는 것이 사실이다. 그럼에도 불구하고 해고개념의 명확화는 해고법학의 시작이자 끝이

---

3) 정진경, "부당해고와 형사처벌", 『노동법연구』, 2008, 230면.

4) 최근 행정법원은 해고보호법리의 현행 법체계상의 지위와 근거에 대하여 사회·경제적 약자인 근로자에 대하여 인간으로서의 존엄과 가치를 인정하고 나아가 인간다운 생활을 보장하기 위한 불가피한 요구 등을 고려하면, 근로계약의 해지에는 정당한 사유가 있어야 한다고 보았다(서울행판 2008. 4. 3, 2007구합31560).

5) 정진경, "부당해고와 형사처벌", 『노동법연구』, 2008, 230면.

6) 이에 관한 시도가 한 두 차례 있었다(강희원, "해고법의 체계를 위하여", 『노동법학』 제10호, 2000. 8. 참고).

7) 강희원, "해고법의 체계를 위하여", 『노동법학』 제10호, 2000. 8, 286, 287면.

8) 같은 취지에서 강희원, "해고법의 체계를 위하여", 『노동법학』 제10호, 2000. 8, 287면

므로 반드시 규명되어야 할 현대 노동법학의 과제라고 할 수 있을 것이다.

2. 해고 개념과 그 구성요소

1) 해고의 개념

민사법상 '해지'란, 계속적 계약관계가 그 계약당사자의 '일방적 의사표시'를 통해 장래에 향하여 기존의 계약관계를 종료케 하는 것을 말한다.[9] 해고 역시 사용자의 해지라는 점을 고려한다면, 위와 같은 다양한 개념 구성요소를 가진다고 할 수 있다. 이때 계약당사자의 일방적 의사표시를 '해지 의사표시'(해지통고)라고 한다. 이를 근로관계에 대응해 보면, 해고는 통상 "사용자의 일방적 의사표시에 의하여 근로계약관계를 장래에 향하여 소멸시키는 법률행위"로서 정의될 수 있다. 이때 사용자의 일방적 의사표시는 바로 '해고통지'가 된다. 해고통지는 사용자가 장래에 향하여 더 이상 근로자와 종래 지속하여 온 근로관계를 지속하지 않고 소멸시키겠다는 의사표시를 말한다. 이러한 해고 개념은 미시적으로 다음과 같은 속성을 가지는 것으로 평가될 수 있다

9) 이와 관련하여 반드시 근로자의 의사에 '반'하여 근로관계를 종료시키는 것을 해고라고 파악하는 견해(강희원, "해고법체계를 위하여", 『노동법학』, 2000. 8, 284면)도 있으나 이는 설득력이 없다. 왜냐하면 해지로서의 해고는 해고통지의 결과인데, 이러한 해고통지는 근로계약의 일방당사지인 사용자가 독단적으로 판단하고 주도한 의사표시이고, 애당초 그 의사표시 수령자의 의사는 아무런 고려대상이 아니기 때문이다(Adomeit, Kundigung und Kündigungsschutz im Arbeitsverhältnis, 1962, S.15).

2) 해고 개념의 속성

(1) 해고의 '일방성'(Einseitigkeit)

해고는 사용자가 일방적으로 근로관계를 소멸케 하는 것을 말한다. 사용자가 행하는 해고통지를 근로자가 받게 되면 통상 일정시점이 도과한 이후 근로관계는 소멸하게 되는 것이다. 다만 여기에서 유념하여야 할 것은, 해고라는 개념을 구성하면서 여기에 근로자의 의사적 요소는 포섭될 여지가 없다는 점이다. 한편 해고의 개념을 정의하면서 근로자의 의사에 '반'한다는 점을 그 개념요소로 보아야 한다는 견해도 있지만 이는 다음과 같은 점에서 찬성하기 어렵다.[10] 해고를 통한 근로관계의 소멸은 해고통지를 작성하면서부터 실제로 근로관계가 소멸할 때까지 근로계약의 일방당사자인 사용자가 독단적으로 판단하고 단행하는 것이기 때문이다. 예컨대 사용자가 특정 근로자를 해고하고자 하는 시점에서, 마침 근로자가 다른 직장으로의 이직을 고려하고 있을 수도 있다. 해고정당성이 문제될 수 있음은 별론으로 하고, 이때 해고를 통한 근로관계 소멸이 근로자의 의사에 반하는 것이라고 단정하기는 어렵다. 결국 이러한 점 때문에 해고는 사용자의 일방적인 형성권으로서의 속성을 지닌다고 볼 수 있다.

(2) 해고의 '파노라마성'(또는 '다의성')

계속적 계약관계의 당사자는 해지권 행사를 통해 계약관계를 소멸시킬 수 있다. 이때 해지는 장래에 향하여 기존의 계약관계를 종료케 하는 일련의 과정을 개념상 내포하게 된다.[11] 즉 해지의 의사표시와

---

10) 강희원, "해고법체계를 위하여", 『노동법학』, 2000. 8, 284면.

그 법적 결과로서 계약 소멸이라는 사실 이외에도 해지기간이 존재하게 된다.

이는 근로계약의 경우에도 마찬가지이다. 사용자의 해지가 바로 해고이기 때문에, 해고 개념도 실은 다음과 같은 일련의 과정을 포함하는 다의적 개념이다. 즉 해고는 (i) 사용자가 해고통지(해고 의사표시)를 형성하고, (ii) 사용자가 해고통지를 발하며, (iii) 해고통지가 해당 근로자에게 도달하게 되는 과정을 거친다. 여기에 그치지 않고, 해고는 해지로서의 본질을 가지므로 해지기간이 도과하여야 계약관계가 소멸된다. 또한 해지 시 해지기간제도가 예정되어 있듯이, 해고의 경우도 당연히 그 효력의 발생을 위해서는 해지기간의 유예가 필요한데, 해고예고제도가 바로 그것이다. 따라서 (iv) 해고통지 도달시점에서부터 일정기간(해지기간)이 도과하여야 근로관계가 소멸하게 된다. 이렇게 해고제도는 (i)−(iv)의 과정을 고스란히 포함하고 있다. 이를 근거로 해고를 계약법적인 측면에서 정의하면 근로관계를 종료시키고자 하는 사용자의 의사표시이지만, 법령이나 판례에서 사용하는 해고의 실질적인 의미는 반드시 의사표시만이 아니다.[12] 해고는 개념상 근로관계종료를 의도하는 '의사표시'와 그 법적 효과로서 근로관계의 종료라는 '사실'을 동시에 포섭하는 다의적 개념이다.[13]

---

11) Adomeit, Kündigung und Kündigungsschutz im Arbeitsverhältnis, 1962, S.15.

12) 사법연수원, 『해고와 임금』, 2009, 363면.

13) 사법연수원, 『해고와 임금』, 2009, 363면.

3. 현행 근로기준법상의 개념모호성에 따른 문제

1) 문제의 소재

문제는 현행 노동규율이나 노동실무상에서 해고개념을 단편적으로만 바라보고 있다는 데 있다. 각종 규율에서 단지 '해고할 수 있다' 또는 '해고할 수 없다'고 하는 것은 해고개념의 파노라마적 성격을 충분히 고려하지 못하는 결과를 초래한다. 왜냐하면 해고할 수 없다는 것이 근로자에게 해고'통지'를 할 수 없다는 것인지 아니면 단지 사실적 개념으로서 근로관계를 '종료'시켜서는 안 된다는 의미인지가 모호하게 되기 때문이다. 예컨대 근로기준법 제23조 제2항에서 업무상 부상 등으로 휴업한 기간[14]과 산전·후 여성 근로자는 90일간 보호휴가를 받아 휴업한 기간과 그 후 30일간에는 사용자가 '해고할 수 없다'고 규정하고 있다.[15]

2) 개별 쟁점

(1) 근로기준법 제23조와 해고정당성 판단시점 문제

현행 근로기준법상 여러 가지 규정에서 '해고할 수 있다' 또는 '해

---

14) 다만 업무상 부상 등으로 치료를 받고 있더라도 휴업하지 아니하고 정상적으로 출근하고 있는 경우 또는 업무상 부상 등으로 휴업하고 있는 경우라도 그 요양을 위하여 휴업할 필요가 없다고 인정되는 경우에는 해고가 제한되지 않는다(대판 1991. 8. 27, 91누 3321). 또한 근로자가 해고를 승인하더라도 근로기준법에 위반된다(대판 1984. 4. 10, 84도 367).

15) 이렇게 해고금지기간을 별도로 규율하여 둔 것은, 최소한 근로자가 노동력을 상실하고 있는 기간과 노동력을 회복하기에 필요한 기간 동안에는 근로자를 실직의 위협으로부터 절대적으로 보호하려는 데 그 본래적 입법취지가 있다(대판 1991. 8. 27, 91누3321).

고할 수 없다'는 등의 표현을 사용하고 있다. 예컨대 현행 근로기준법 제23조 제1항에서는 "사용자는 근로자에 대하여 정당한 이유 없이 해고하지 못한다"고 규정하고 있다. 해고의 원칙규정이라고 할 수 있는 본 규정에서는 해고의 정당한 이유가 있어야만 해고가 유효하게 단행될 수 있다고 하지만, 정작 어느 시점에서 그러한 정당성 근거의 존부가 확인되어야 하는지에 대하여는 명확하지 않다. 즉 어느 시점에서 그러한 원인이 존재하여야 하는가에 대하여 우리 현행 근로기준법은 아무런 언급을 하지 않고 있다. 단지 해석론을 통해 살펴볼 수밖에 없다.

예컨대 다음과 같은 사례에서 해고정당성 판단시점에 관하여 살펴보도록 하자.

사 례

사용자 A가 1회의 지각을 이유로 근로자 B에게 2009년 5월 1일에 행태상 사유에 기한 해고통지를 하고, 2009년 5월 2일 이를 수령한 근로자 B가 잔뜩 화가 나서 2009년 5월 30일 사용자 A를 찾아가 전치 10개월의 상해를 입혔다. 해고통지 내용대로 2009년 6월 2일 근로관계가 종료되었다.

위의 예시사안에서 다양한 시점이 도출된다. 그 하나는 해고통지를 발한 시점인 2009년 5월 1일이고, 통지가 도달한 시점인 5월 2일, 그리고 근로자가 상해를 입힌 5월 30일, 마지막으로 근로관계 종료일인 6월 2일이 있다. 근로자에 대한 해고가 정당한가의 문제를 두고 시점논쟁이 필요한 이유는, 해고통지가 도달한 시점 이전에도 물론이지만, 그 시점 이후에도 여러 가지 상황이 벌어졌기 때문이다.

5월 2일자로 도달한 해고통지의 유효성이 인정된 결과가 6월 2일자의 근로관계 종료인데, 해고통지의 유효성을 판단함에 있어 그 기준이 되는 시점을 5월 2일자로 하게 되면 그 이전까지의 상황만이 고려되어야 하고, 6월 2일자로 하면 6월 2일까지 발생된 모든 상황을 고려하여야 한다. 이러한 논쟁이 바로 해고정당성 판단시점에 관한 논쟁이다. 이러한 점에서 보면 결국 '해고의 정당성 판단'이라는 용어 자체도 개념상 명확하지 아니한 측면이 있다. 왜냐하면 해고통지라는 의사표시의 유효성 판단에 관한 것이 핵심이고, 근로관계의 소멸은 그러한 의사표시의 유효성에 따른 법적 결과물에 불과하기 때문이다.

해고정당성 판단시점에 관한 논쟁에서 원칙은 다음과 같다. 우선 민사법 일반 원칙상 의사표시의 효력발생시점에 관하여 민법 제111조에서 도달주의를 채택하고 있으므로, 노동법상 별도의 규정을 두지 아니하는 한 이에 따르게 될 것이다. 그렇다면 해고통지가 도달한 시점에서 해고원인의 존부가 판단되어야 하는데, 이것이 과연 우리 노동현실과 잘 조화되고 있는가는 한 번쯤 생각해볼 필요가 있다. 해고통지 도달시점에서는 해고원인이 존재하지만, 정작 해고의 결과로서 근로관계가 소멸하는 시점이나 혹은 해고분쟁에 관한 변론종결 시점에서는 그러한 원인이 소멸하여 더 이상 존재하지 않는다면, '이때 해고를 유효하다고 평가하여야 하나?'라는 의문에는 쉽게 답하기가 어렵다. 이에 관한 보다 명확한 입법적 대응이 필요하다.

만약 근로자의 해고보호를 강화하는 차원에서라면 가능한 한 해고의 정당성 판단시점을 뒤로 미룸으로써 구체적 정당성을 확보하는 방식을 취할 수 있을 것이다. 이에 따라 법규정을 개선한다면 '해고의 정당성 판단은 그 기준시점을 근로관계의 소멸시점으로 한다'는 정도의 규정을 둘 수 있다. 입법적 개선이 요구되는 대목이다.

(2) 근로기준법 제25조와 재고용의무 인정 기간 산정문제

나아가 이러한 개념적 모호성은 실제로 경영해고 이후 재고용의무 존속기간의 산정과 관련하여 실무상 혼란을 유발할 수도 있다. 즉 현행 근로기준법 제25조는 경영해고를 단행하였던 사용자에게 우선적 재고용의무를 인정하고 있다. 그런데 이 규정에서 재고용의무가 발생되는 전제요건을 다음과 같이 적시하고 있다. 경영상 긴박한 필요성에 기해 해고를 단행한 사용자는 '해고를 단행한 이후' 3년 이내에 해고된 근로자가 해고 당시 담당하였던 업무와 동일한 업무에 근로자를 채용하고 또한 이를 해고근로자가 원하는 경우에는 경영해고를 당했던 종전 근로자를 우선적으로 고용하여야 한다는 것이다.[16]

그런데 문제는 해고를 단행한 시점을 언제로 보아야 할 것인가에 있다. 재고용의무의 존속기간인 3년을 어느 시점에서 기산할 것인지가 모호하기 때문이다. 이러한 문제를 해결하기 위해서는 해고의 기산점을 해고통지가 근로자에게 도달한 시점이라든지, 아니면 해고로 근로관계가 소멸한 시점이라고 명시하여 두는 것이 필요하다. 그렇지 아니하면 해고개념이 불명확함은 물론 발생하지 않아도 될 불필요한 법적 분쟁을 초래할 수도 있다. 이는 종래 우리가 해고의 개념을 미시적인 분석을 통해 살펴보지 아니한 데 따른 결과라고 할 것이다. 이에 대한 입법적 개선이 시급히 요구된다.

16) 근기법 제25조 제1항.

(3) 근로기준법 제27조와 해고통지와의 관계문제

해고의 파노라마적 성격, 그러니까 해고의 의사표시적 개념요소와 사실로서의 개념요소가 포괄적으로 내포되어 있음과 관련하여 여전히 해명되어야 할 개념상의 문제는 바로 해고통지와 해고예고와의 관계이다. 현행 근로기준법 제26조에서는 사용자가 근로자를 '해고'하고자 할 때에 적어도 30일 전에 해당 근로자에게 이를 '예고'하도록 하되, 다만 사용자가 이러한 사전 해고에 대한 예고를 하지 않은 경우에는 30일분 이상의 통상임금을 해당근로자에게 지급하도록 하고 있다.[17] 이때 예고의 대상이 되는 해고는 해고의 의사표시가 아니라 효력발생으로서의 사직의 사실을 의미한다.[18] 다른 한편 근로기준법 제27조에는 사용자가 근로자를 해고하기 위해서는 반드시 이를 서면으로 통지하도록 하고 있다. 즉 해고통지를 반드시 '서면'으로 하라는 것이다. 문제는 해고통지와 해고예고와의 관계가 모호하다는 것이다.

현행 근로기준법은 해고통지서면주의에 관하여 근로기준법 제27조에서 그리고 해고예고와 관련하여서는 동법 제26조에서 별도로 규정하여 두고 있다. 별도의 용어를 사용하고 있음을 고려한다면 양자를 별개의 것으로 볼 수 있다. 실제로 행정해석상 해고예고는 문서, 게시 또는 구두의 방법으로 할 수 있다고 한다.[19] 그렇다면 해고는 '(i) 해고예고 (ii) 해고통지 (iii) 해고예고기간의 도과 (iv) 근로관계 소멸'의

---

17) 그리하여 실무상 근로자를 해고하고자 할 때에는 징계해고의 경우이건 경영해고의 경우이건 원칙적으로 적어도 30일 이전에 그 예고를 하거나 30일분 이상의 통상임금을 이른바 해고예고수당으로서 지급하여야 한다고 한다(사법연수원, 『해고와 임금』, 2009, 359면).

18) 사법연수원, 『해고와 임금』, 2009, 363면.

19) 반드시 해고되는 날을 명시하여야 하고 불확정 기한부나 조건부 예고는 효력이 없다(근기 01254-13736, 1988. 9. 7).

순으로 그 개념이 실현된다고 할 수 있다.

해고통지와 해고예고 간의 개념적 관련성에 대하여 먼저 결론부터 간단히 이야기한다면 이 양자는 별개의 개념으로 볼 수 없다고 할 것이다. 그 이유는 다음과 같다. 해고예고기간은 통상 해지기간으로서의 실질을 가진다고 일반적으로 평가된다.[20] 이때 해지기간의 기산점은 해지통지가 상대방에게 도달한 시점이 된다. 해고법상의 해지통지는 바로 사용자가 특정 시점에서 근로관계를 소멸하겠다는 의사표시인 해고통지이다. 그런데 현행법상 그러한 의사표시는 해고예고를 통해 전달되며, 해고예고 이후 최소 30일간 근로관계 소멸이 유예된다. 이러한 일련의 현상은 해고예고가 곧 해고통지에 해당됨을 보여주는 것이다. 그럼에도 불구하고 해고예고와 해고통지를 달리 본다면, 해고예고를 통해 해고예고기간이 보장되고 이후 별도의 해고통지가 있으면 민사법상의 해지기간이 또다시 추가적으로 부여되어야 한다는 결과가 초래되고 만다. 이때 해지기간은 현행 민법 제620조의 해지기간규정이 적용되어 1개월로 될 것이다. 이러한 해고유예기간의 중복보장은 비교법적으로도 매우 드물다. 따라서 노동법의 입법자가 처음부터 해고통지와 해고예고를 별개의 것으로 의도하여 현재와 같은 규정을 만들었다고 보기는 어렵다. 해고를 예고한다는 것은 해고를 통지하는 것에 다름 아니다. 입법론적 측면에서 현행 근로기준법 제26조와 제27조의 서면을 해고예고서면 또는 해고통지서면으로 일원화하는 것이 불필요한 개념상의 혼란을 막을 수 있는 방법이다.[21] 예

---

20) 사법연수원, 『해고와 임금』, 359면. 그 제도적 목적은 근로자가 해고를 통한 실직에 대비하여 새로운 직장을 구할 수 있는 시간적 여유를 마련하여 주되, 그 기간 동안 경제적인 도움을 사용자에게 받을 수 있도록 하는 역할을 한다(김형배, 『노동법』, 2009, 742면; 임종률, 『노동법』, 2009, 521면; 박상필, 『한국노동법』, 1993, 207면; 강희원, "해고법체계를 위하여", 『노동법학』, 2000. 8, 299면).

컨대 근로기준법 제26조를 그대로 두고, 근로기준법 제27조 제1항을 "제26조에 따른 해고예고는 이를 서면으로 통지하여야 하며, 이러한 서면에는 해고사유와 해고시기를 기재하여야 한다"라고 문구를 조정하는 방법이 고려될 수도 있을 것이다.[22)]

4. 소결: 입법론적 개선안

앞서 개념정의에서 언급한 바와 같이 해고는 사용자에 의한 근로계약의 해지이다. 해고는 통상 "사용자의 일방적 의사표시에 의하여 근로계약관계를 장래에 향하여 소멸시키는 법률행위"로서 정의될 수 있다. 이때 사용자의 일방적 의사표시는 바로 '해고통지'가 된다. 해고통지는 사용자가 장래에 향하여 더 이상 근로자와 종래 지속하여 온 근로관계를 지속하지 않고 소멸시키겠다는 의사표시를 말한다. 따라서 해고는 개념상 해고통지라는 의사표시와 근로관계의 소멸이라는 사실이 동시에 포함되어 있다. 그 과정에서 해고예고기간(해지기간)의 도과가 절차적으로 내재하여 있다. 이러한 개념구성요소가 충분히 반영될 수 있도록 하는 입법이 필요하다. 하지만 현재 우리나라 근로기준법상의 해고규율은 그렇지 못하다. 단지 해고할 수 있다거나 해고할 수 없다 등의 용어를 사용하고 있을 뿐이다. 이때 해고가 흔히 근로관계의 소멸이라는 사실 그 자체를 의미하는 것으로 실무상

---

21) 같은 취지의 문제점을 지적하고 있는 경우로는, 하갑래, 『근로기준법』, 2009, 634면. 하갑래 교수는 프랑스와 같이 서면통지일을 해고예고의 기산점으로 간주하는 방안을 입법론적으로 검토할 필요가 있다고 한다.

22) 이렇게 해고통지서면주의를 현행 입법으로 명시한 이상, 종래 해고의 예고는 문서, 게시 또는 구두의 방법으로 할 수 있다고 하는 행정해석(근기 01254-13736, 1988. 9. 7)은 포기되어야 한다.

이해되고 있지만, 적어도 그렇게 이해하는 데에 필요한 법적 근거가 있어야 하는데 우리는 그렇지 못하다. 그러므로 현재와 같이 별도의 규정을 두고 있지 아니하는 한, 민법상의 규정에 따를 수밖에 없고, 따라서 해고할 수 없다는 것은—즉시 해고통지이든, 시간적 유예를 전제한 통상의 해고통지이든—'해고통지'를 하여서는 안 된다는 의미로 파악하여야 한다.[23] 이러한 관점에서 본다면, 근로기준법 제25조 제1항의 재고용의무의 존속기간산정에서 기산점은 해고통지가 근로자에게 도달한 시점으로 보아야 할 것이다. 입법론적으로는 '해고통지'와 '해고예고기간' 그리고 '근로관계 소멸'이라는 용어를 적절히 법률규정에서 구사함으로써 앞서 지적한 바와 같은 개념적 모호성 문제는 발생될 여지가 없어지게 될 것이다. 그렇잖아도 현행 근로기준법상의 해고관련 규정은 절대적으로 적다. 독일의 경우 해고제도와 관련하여 그 중대성에 비추어 별도의 단행법규체계를 취하고 있는 점을 보더라도 그 차이가 매우 크다고 할 수 있다. 우리의 경우도 단행법규체계로 해고법을 독립할 필요가 있으며, 그 과정에서 해고관련 개념 사용에 보다 신중하고 명확하도록 하여야 한다.

---

23) 이렇게 해고금지기간을 별도로 규율하여 둔 것은, 최소한 근로자가 노동력을 상실하고 있는 기간과 노동력을 회복하기에 필요한 기간 동안에는 근로자를 실직의 위협으로부터 절대적으로 보호하려는 데 그 본래적 입법취지가 있다(대판 1991. 8. 27, 91누3321).

제 2 절 해고의 체계와 유형

1. 연구의 대상[24)]

해고는 실무상 다양한 형태로 나타나고 있다. 해고가 단행되는 구체적 사정에 따라 다양한 용어로 칭해진다. '징계해고', '일반해고', '즉시해고' 그 외에도 '통상해고'나 '대량해고', 심지어는 '보통해고'라는 용어도 사용되고 있다. 해고의 이러한 다양한 용어에 대하여 법문에서 명시적으로 개념정의된 것은 없다. 그래서 그 용어를 사용하는 사람에 따라 각각 달리 칭해지고 있다. 이러한 현상은 사실 '개념법학'(Begriffsrechtslehre)[25)]의 관점에서 본다면 매우 바람직하지 않다. 왜냐하면 개념법학체계인 대륙법계에서 법개념의 명확한 범위획정과 유형화는 필요불가결한 사항이기 때문이다. 예컨대 '보통해고'라는 개념과 '일반해고'라는 개념이 어떠한 기준에서 구별되는지를 분명히 할 수 있어야 한다.

종래 해고의 개념 유형을 나누는 작업은 자주 있어 왔다. 그 가운데 가장 일반적인 것은 해고원인을 기준으로 한 것이었다. 해고원인이 일신상 사유인 경우와 행태상의 사유에 기한 해고의 경우 그리고

---

24) 이하의 논의는 권혁, "해고유형론에 관한 소고", 『법학연구』(부산대), 2010. 2, 713면 이하를 수정·보완하였음을 밝혀 둔다.

25) 예컨대 개별 사례에서 '3일간의 무단 결근'을 정당한 해고사유로 평가할 수 있는지, 근로자의 '에이즈(AIDS) 감염'이 정당한 해고사유인지와 같은 각론적이고 미시적 연구는 해고개념의 체계화를 토대로 하여 이루어져야 옳다. 하지만 그동안 우리 노동법 이론과 실무에서 해고개념의 유형화를 위해 필요한 개념총론에 충실한 미시적 연구가 부족하였던 것으로 보인다. 개별 사건에서 나타난 다양한 해고정당성 판단문제, 그러니까 각론적 연구에 치중하여 온 경향이 있었다.

경영상 사유에 기한 해고가 바로 그것이다. 사실 이러한 식의 유형화는 독일 해고보호법(KSchG)의 규정에 따른 것으로서 우리의 경우는 이를 해석론을 통해 받아들인 것이라고 할 수 있다. 하지만 그 이외의 기준에 따른 유형화 작업은 그동안 성과가 그다지 크지 않았던 것으로 보인다. 노동법의 가장 중요한 연구영역이고 분쟁영역이라고 할 수 있는 해고문제를 규율하면서, 그 개념유형화를 충분히 달성하지 못하고 있다는 것은 매우 유감스러운 일이 아닐 수 없다.

사실 해고의 유형화에 필요한 기준으로는 우선 해고의 법이론적 기초 혹은 해고의 법이론적 본실을 들 수 있다. 해고제도가 사법상의 계약적 권리로서 해지권의 행사이지만, 다른 한편 공동조직체를 형성하고 그 질서를 유지하기 위한 질서벌로서의 성격을 가지는 경우도 있기 때문이다. 사실 이러한 유형화는 현행 우리 해고법제가 해고를 징계의 수단으로도 인정하고 있기에 필요한 것이라고 할 수 있다. 후에 다시 설명하겠지만, 예컨대 독일의 경우는 처음부터 '징계'해고를 인정하고 있지 않으므로 이와 같은 유형화의 시도는 불필요한 것이라 할 수 있다. 다음으로 해고는 해고예고기간을 두고 있는가에 따라 유형화가 가능하다. 해고통지 이후 상당한 기간이 도과한 이후에 근로관계가 소멸하는 경우와 곧바로 소멸하는 경우가 있을 수 있기 때문이다. 그 외에도 해고의 정당화 원인이 특정인에세 속한 것인가에 따라 유형화할 수도 있다. 마지막으로 해고의 법적 효과를 기준으로 하여, 근로관계 자체의 종국적 소멸을 도모하는 경우와 근로관계는 유지하되 근로조건 등 내용의 변경만을 초래하게 되는 경우로도 유형화가 가능하다. 물론 이러한 유형화는 독일 해고법상의 제도 특히 변경해고제도를 염두에 둔 것인데, 현행 우리 법제에서 이 제도가 명문화되어 활용되는 것은 아니므로, 법이론적 차원에서 그 유형화의 의미를 찾아야 할 것이다. 그러면 이하에서 자세히 살펴보기로 한다.

2. 기존의 논의와 그 평가

1) 실무교육 교재상의 해고유형

사법연수원생들을 위한 실무교육 교재로서 사법연수원이 발간한 『해고와 임금』에서는 해고의 유형을 크게 해고예고절차의 예정 여부와 해고 사유를 기준으로 하여 나누고 있다.[26] 이하에서 자세히 살펴본다.

(1) 해고예고의 요부에 따른 구별(통상해고와 즉시해고)

현행 근로기준법 제26조에서는 사용자가 근로자를 '해고'하고자 할 때에 적어도 30일 전에 해당 근로자에게 이를 '예고'하도록 하되, 다만 사용자가 이러한 사전 해고에 대한 예고를 하지 않은 경우에는 30일분 이상의 통상임금을 해당근로자에게 지급하도록 하고 있다.[27] 이러한 해고예고제도는 근로자가 해고를 통한 실직에 대비하여 새로운 직장을 구할 수 있는 시간적 여유를 마련하여 주되, 그 기간 동안 사용자에게 경제적인 도움을 받을 수 있도록 하는 역할을 한다.[28] 이러한 역할과 기능을 염두에 둘 때, 흔히 이러한 해고예고기간은 전형

---

26) 사법연수원, 『해고와 임금』, 2009, 376면 이하.

27) 실무상 근로자를 해고하고자 할 때에는 징계해고의 경우이건 경영해고의 경우이건 원칙적으로 적어도 30일 이전에 그 예고를 하거나 30일분 이상의 통상임금을 이른바 해고예고수당으로서 지급하여야 한다.

28) 임종률, 『노동법』, 2009, 529면 이하; 김형배, 『노동법』, 2009, 543면 이하.

적인 해지기간으로서의 본질을 가진다는 데 의문이 있을 수 없다.[29] '통상해고'란 해고예고절차가 준수되어야 할 필요가 있는 경우의 해고를 말한다고 한다.[30]

하지만 해지기간을 유보함이 없는 해지권 행사도 부득이한 경우 민사법상 인정되는 것과 마찬가지로 해고도 해고예고기간을 거치지 않고 단행될 수 있다. 이렇게 해고예고의 절차 없이 즉시 하는 해고를 '즉시해고'라고 한다.[31] 즉시해고가 단행될 수 있는 경우는 특별한 사정이 존재하는 예외적인 상황에서이다. 이에 관하여 우리 근로기준법에서는 '천재 · 사변 기타 부득이한 사유로 사업계속이 불가능한 경우, 근로자가 고의로 사업에 막대한 지장을 초래하거나 재산상 손해를 끼친 경우로서 노동부령이 정하는 사유에 해당되는 경우'[32]로서 명문으로 해명하여 두고 있다(근로기준법 제26조 단서).[33] 그 외에도 근로기준법 제35조에서는 일정근로자에 대하여는 해고예고규정을 적용하지 않는다고 규정하여, 해고예고절차를 거치지 않고 즉시 해고할 수 있도록 하였다.[34]

---

29) Oetker, ZIP 2000, S.646f.

30) 사법연수원, 『해고와 임금』, 2009, 376면 이하.

31) 사법연수원, 『해고와 임금』, 2009, 376면 이하.

32) 천재 · 사변 기타 부득이한 사유로 사업계속이 불가능한 경우란, 사용자나 근로자 모두에게 책임을 물을 수 없는 불가항력으로 해고하는 경우를 말한다. 근로자가 고의로 사업에 막대한 지장을 초래하거나 재산상 손해를 끼친 경우는 근로자가 업무상 배임이나 횡령 등 회사에 대한 범죄를 저지른 경우 등을 들 수 있을 것이다(사법연수원, 『해고와 임금』, 2009, 378면).

33) 이러한 점에서 즉시해고나 통상해고는 현행법상 그 해고유형이 명시적으로 예정된 것이면서도 입법을 통한 용어 설정이 없는 경우라고 할 수 있다.

34) 그 대상은 ① 일용근로자로서 3월을 계속 근무하지 아니한 자 ② 2월 이내의 기간을 정하여 사용된 자 ③ 월급근로자로서 6월이 되지 못한 자 ④ 계절적 업무에 6월 이내의 기간을 정하여 사용된 자 ⑤ 수습사용 중인 근로자로서 3월 이내인 자를 말한다.

(2) 해고사유에 따른 유형(통상해고/징계해고/경영해고)

사법연수원 교재인 『해고와 임금』에서는 해고사유가 무엇인가에 따라 다시금 해고유형을 나누고 있다. 해고사유가 징계사유인지 아니면 경영상의 어려움에 따른 것인지에 따른 유형화가 바로 그것인데, 이러한 유형화의 결과 통상해고와 징계해고 그리고 경영해고로 나눌 수 있다고 한다. 각각 살펴보면 다음과 같다:

우선 사용자가 해고를 단행하게 된 근거가 '징계사유'에 있는 경우 이를 '징계해고'라고 한다. 이때 징계사유란, 사회통념상 근로계약을 계속할 수 없을 정도로 근로자에게 책임 있는 사유를 말한다고 한다.[35] 다른 한편 『해고와 임금』에서는 이에 대별되는 개념으로 '통상해고'라는 개념을 사용하고 있다. 이때 '통상해고'란, 사용자가 근로자에 대하여 '징계사유가 아닌 별도의 사유'를 들어 해고하게 되는 해고를 말한다고 한다. 앞서 살펴본 바와 같이 통상해고라는 용어는 이미 해고예고기간을 기준으로 한 유형에서 사용된 개념이다. 하지만 사유를 기준으로 한 유형화에 동일한 용어를 다시 사용하고 있다. 이에 대하여 다음과 같이 해명하고 있다. 구체적 사건을 보면 단체협약이나 취업규칙에 인사의 장과 징계의 장이 따로 구별되어 있는 경우가 많이 있고, 이 경우 대체로 인사의 장에는 해고의 사유가 정하여져 있고, 징계의 장(章)에는 징계의 사유 및 종류와 징계절차가 정하여져 있는 경우가 보통이다. 통상해고와 징계해고의 구분은 실무상으로 특정사유에 대하여 징계절차를 거쳐 해고하도록 되어 있는지 여부에 따라 나누어질 수도 있다고 한다.[36]

---

35) 사법연수원, 『해고와 임금』, 2009, 377면.
36) 사법연수원, 『해고와 임금』, 2009, 376, 377면.

마지막으로 해고사유에 따라 경영해고라는 개념을 도출하고 있다. 해고사유가 사용자의 기업경영상의 필요에 따른 경우를 경영해고라 하여 별도로 유형화하여 두고 있다.[37)]

결국 요약하면, 실무교육교재라고 할 수 있는 『해고와 임금』에서는 해고사유에 대하여 '징계사유'와 '경영상 사유', 마지막으로 '징계사유나 경영사유가 아닌 사유'로 나누고, 이에 대하여 각각 징계해고, 경영해고, 통상해고라는 용어를 사용하고 있다고 할 수 있다.

2) 해고유형에 관한 기존의 학계 논의

(1) 해고예고의 요부에 따른 분류(통상해고/즉시해고)

우선 실무교육교재에서와 마찬가지로 해고예고절차 요부를 기준으로 하여 통상해고와 즉시해고로 나누는 것은 노동법학계에서 널리 통용되고 있는 것으로 보인다. 다만 사용자가 근로자를 해고함에 있어 징계해고의 경우이건 경영해고의 경우이건 원칙적으로 적어도 30일 전에 그 예고를 하거나 30일분 이상의 통상임금을 이른바 해고예고수당으로 지급하여야 하는 경우라면 모두 '통상해고'로서 평가하여야 한다고 본다.[38)] 이러한 점에서는 통상해고를 징계사유에 기하지 않은 해고로 보는 사법연수원 교재와 차이가 있다.

---

37) 사법연수원, 『해고와 임금』, 2009, 376면. 이렇게 경영해고를 따로 유형화하여 놓은 이유는, 징계해고사유나 통상해고사유의 경우 근로자 측의 사유인 반면, 경영해고는 사용자 측 사유이기 때문으로 보인다.

38) 사법연수원, 『해고와 임금』, 376면.

(2) 해고사유에 따른 해고유형화 논의

다른 한편 해고사유와 관련하여서는 다음과 같은 유형화가 종래 노동법학계에서 널리 활용되어 왔다. 즉 근로자의 일신상 사유에 기한 해고와 행태상 사유에 기한 해고 그리고 경영상 사유에 기한 해고(경영해고)로 개념 유형화하고 있다.[39] 이러한 유형화는 독일 해고보호법(KSchG)의 규정을 해석론으로 받아들인 결과이기도 하다. 아울러 이러한 유형과는 별도로 기업질서 위반을 이유로 한 징계해고와 변경해지의 경우를 해고의 유형으로 설명하고 있기도 하다.[40]

이와 달리 임종률 교수의 경우는 사회 통념상 근로계약을 계속할 수 없는 정도로 근로자에게 책임 있는 사유에 기한 해고와 그렇지 않은 해고, 그러니까 경영상 사유에 기한 해고로 크게 대별하면서, 전자의 경우를 아예 구체적이고 개별적으로 열거하는 방식을 취하고 있다.[41] 예컨대 노동능력의 상실에 따른 해고나 적격성 결여, 경력 사칭과 사생활상의 비행을 원인으로 한 해고 등이 그것이다.[42]

다른 한편 강희원 교수는 '해고원인'에 따라 '일반해고'와 '경영해고'라는 개념을 사용하여 유형화를 시도하고 있다.[43] 강 교수에 따르면, 근로자가 질병에 걸려 업무를 수행할 수 없게 되었다거나 징계사유가 발생된 경우 등과 같이 근로자 측에 해고원인이 있는 경우는 '일반해고'라고 하고, 경영상의 어려움과 같이 사용자 측에 그 원인

---

39) 김형배, 『노동법』, 549면 이하.

40) 김형배, 『노동법』, 588면 이하, 632면 이하.

41) 임종률, 『노동법』, 515면 이하.

42) 임종률, 『노동법』, 515면 이하. 사실 구체적 해고사유는 해고유형론을 형성하는 데 그다지 큰 의미를 찾기는 어렵다. 이러한 점에서 임종률 교수의 해고유형은 근로자 측 사유에 기한 해고와 경영해고로의 분류를 의미하는 것으로 볼 수 있다.

43) 강희원, "해고법의 체계를 위하여", 『노동법학』 제10호, 2000, 25면.

이 존재하는 해고를 '경영해고'라고 하여 크게 두 가지로 해고를 분류할 수 있다는 것이다.[44)]

여기에 그치지 않고, 강 교수는 일반해고라는 개념을 다시금 세분화하여 징계해고와 보통해고로 유형화하고 있다. 요컨대 일반해고 중에서도 근로자에 대한 징계적 처분인가 그렇지 아니한가에 따라 일반해고가 '징계해고'와 '보통해고'로 세분화할 수 있다는 것이다.[45)] 역으로 말하면, 징계해고는 일반해고의 한 유형이 되며, 징계해고와 대비되는 해고유형은 보통해고인 셈이다.

3) 기존 해고유형론의 성과와 문제점

기존의 해고유형론에 관한 논의는 해고의 다양한 형태들을 소개하고, 이렇게 나타난 각각의 유형에 맞는 고유한 정당성 판단구조가 제시되어야 함을 보여주고 있다는 점에서 그 의미가 크다고 할 수 있다. 하지만 용어사용도 일치되어 있지 못하고, 그 개념상의 구별한계가 모호한 측면이 있음을 부인하기 어렵다.

우선 사법연수원교재 『해고와 임금』의 해고유형론에서 '통상해고'라는 용어가 분류기준에 중복하여 사용되고 있음은 앞서 지적한 바 있다.[46)] 즉 '통상해고'라는 용어를 '즉시해고'와 대별되는 개념이면서 동시에 해고사유가 징계사유인 징계해고에 대비되는 개념으로도 사용하고 있나. 이러한 논리라면 징계사유가 없이 행한 해고는 해고예고절차가 항상 요구된다는 것을 의미한다. 또한 징계해고는 언제나

---

44) 강희원, "해고법의 체계를 위하여", 『노동법학』 제10호, 2000, 25면 이하.
45) 강희원, "해고법의 체계를 위하여", 『노동법학』 제10호, 2000, 25면 이하.
46) 사법연수원, 『해고와 임금』, 372면.

즉시해고가 된다는 것인데 이는 수긍하기 어렵다. 예컨대 천재지변에 따른 즉시해고는 징계해고가 아닌 것처럼 징계해고가 항상 즉시해고라고 단정하여서는 안 되기 때문이다.

다른 한편 임종률 교수의 논의는 해고의 유형화를 시도한 것이라기보다는 해고가 외부에 나타나는 현상학적인 관찰을 묘사한 정도라고 할 수 있을 뿐, 본격적인 해고유형화의 시도라고 보기는 어렵다는 흠이 있다. 또한 강희원 교수의 해고유형론도 받아들이기 어려운 부분이 있는데, 그것은 바로 징계해고에 대한 포지셔닝이다. 근로자 측 사유에 속한다고 하는 '일반해고'의 한 유형으로 징계해고를 두고 있는 것은 자칫 근로자의 계약의무위반사유로서의 해고와 근로자의 기업질서 위반에 따른 해고가 개념상 구별되어야 한다는 점을 인식하기 어렵도록 하기 때문이다.[47)]

기존의 논의가 갖는 장단점을 고려하여 다음과 같은 유형화를 시도해 보기로 한다.

47) 사회질서 위반에 따른 징계 개념에 관하여 대판 1994. 12. 13, 93누23275; 日本最裁判 召和 49. 3. 15 判決(日本鋼管事件) 참고.

3. 해고의 다양한 형태와 유형론

1) 해고의 '기능적 목적'(Funktionszweck)을 기준으로 한 유형화: 일반해고 ↔ 징계해고

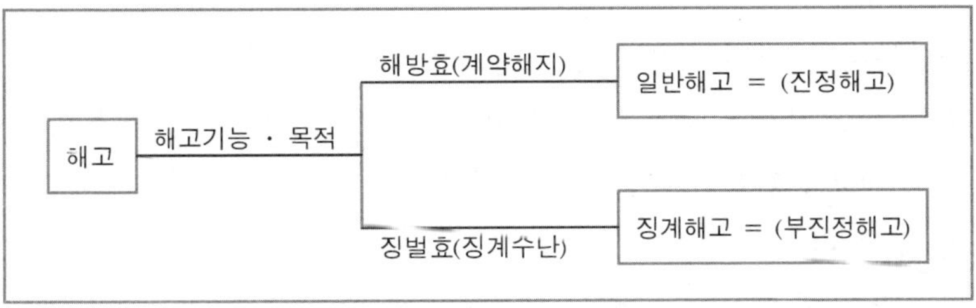

(1) '해고'와 '해지' 그리고 '징계'의 기능적 목적

우리 노동법의 입법자는 현행법상에 민법상의 '해지'라는 용어 대신 '해고'라는 고유한 용어를 사용하고 있다. 그 내재적 이념의 근본적인 차이를 염두에 두어 볼 때, 해고는 민법상의 고용계약 등에서 등장하는 해지제도와는 전혀 다른 것이라는 주장도 있지만,[48] 대체로 노동법은 민법의 특별법이며, 해고제도는 민법상의 해지제도의 수정된 모습으로 파악하는 것이 일반적이다.[49]

해고가 근로관계의 종료를 초래한다는 점은 너무 당연한 사실이지만, 여기에서 고민해 보아야 할 사실은 '왜' 근로관계를 종료하도록 하였는가 하는 점이다. 이것이 바로 해고제도의 기능적 목적성에 관한 논의이다. 이를 위해서는 해지권 행사의 본래 목적을 확인해야 한다. 해지제도와 해고는 그 본질을 같이하는 것이기 때문이다. 본래

48) 강희원, "해고법의 체계를 위하여", 『노동법학』 제10호, 2000, 284면.
49) 김형배, 『노동법』, 533면 이하; 임종률, 『노동법』, 513면.

해지권을 행사한다는 것은 장래 어느 일정한 시점 이후부터 계약관계를 소멸시키고자 하는 것으로서, 소위 '장래효'를 그 핵심요소로 한다.[50] 이러한 '장래효'는 해지제도가 본질적으로 과거 계약 성립이나 계약관계 지속 중에 발생한 계약적 흠을 치유하거나 징계(비난 또는 응보)하기 위한 것이 아니다.[51] 해지권 행사는 비난이나 제재 여부와는 상관없이 단지 계약적 의무로부터의 해방효를 목적으로 하는 것이다.[52] 근로자가 질병에 걸려 더 이상 업무를 수행할 수 없는 등의 사유로 해고가 단행되는 경우, 전형적인 해지로서의 본질적인 모습으로 볼 수 있다.

분명히 해 둘 것은, 법이론상 '해지'제도는 징계의 목적으로 개념설계가 된 제도가 아니라는 점이다. 해고는 계약상 해지제도의 일종이므로 해고제도를 징계관점에서 바라보아서는 안 된다. 어쩌면 당연하게 보이는 이러한 점을 새삼 강조하는 이유는, 해고의 상당수가 징계차원에서 행해지고 있는 것이 엄연한 우리의 노동현실이기 때문이다. 다시 말하면—독일 해고법제와는 달리—우리나라 해고법 실무에서 해고는 해지와 같이 단순히 해방효를 지향하는 데 그치지 않고 징계나 제재의 수단으로 활용되고 있으며, 이러한 징계해고를 해고의 가장 빈번한 형태로 이해하는 경향까지도 있다. 예컨대 근로자가 회사 기물을 횡령하는 등의 사실이 발각되면 해고를 단행하게 되는데 이때 해고는 회사 차원에서의 형벌, 즉 징계에 해당된다.

결국 해고는 그 제도적 본질과 기능적 목적이라는 관점에서 분명한 유형화가 필요하다. 이러한 유형화체계는 우리나라 현행 노동법체

---

50) v.Stein, RdA 1991, S.86.

51) Herschel, FS. G. Müller, S.202.

52) Adomeit, Kündigung und Kündigungsschutz im Arbeitsverhältnis, 1962, S.15.

계 고유의 것이라고도 할 수 있다.

(2) 일반해고(=진정해고)와 징계해고(=부진정해고)

우선 사용자의 계약법상의 전형적 해지권 행사의 경우로서의 해고에 대하여 '일반해고'라고 칭하고자 한다.[53] 일반해고는 과거의 일정한 사실에 대한 비난적 기능보다는 '향후 발생될 상황에 비중을 두고, 더 이상 근로관계가 지속될 수 없으므로 계약적 의무로부터 벗어나기 위해 행하는 사용자의 해지권 행사'라고 개념정의할 수 있다.[54] 요컨대 일반해고의 제도적 목적 또는 기능은 전형적인 민사법상의 해지제도와 마찬가지로 해방효에서 찾을 수 있다. 이렇게 일반해고는 계약당사자가 누리게 되는 해지권 행사에 해당되는 것으로서 계약법상 전형적으로 예정된 '진정해고'라고도 칭할 수 있다.

이와 대비되어야 할 해고유형으로서 징계의 목적을 구현하기 위한 해고를 '징계해고'라고 칭할 수 있을 것이다. 즉 징계해고란 "과거 일정한 사유에 대하여 이를 비난하거나 징계하기 위한 목적으로 행하는 사용자의 해고권 행사"로 개념정의할 수 있다. 징계해고는 다음과 같은 점에서 앞서 언급한 일반해고와는 그 법리적 차원을 달리하는 것이라고 할 것이다:

사실 사적 자치가 지배하는 민사계약법 체계에서 '징계'라는 개념을 찾기는 어렵다. 그 이유는 계약자유원칙의 전제가 되는 당사자 대

53) '일반'이라는 용어는 사전적으로 '어떤 요소나 성질이 공통되다'는 측면이 있음을 말한다. 해고의 원인이 무엇이든 상관없이 원래 해고권은 계약당사자의 해지권으로서 성질을 가지는 것이다. 이것이 민사법 원리에서 예정된 해고의 일반적 모습이다. 이러한 점을 고려하여 필자는 계약상 해지로서의 해고를 '일반해고'라고 칭하기로 한다.

54) 이를 '해방효'라고 하고, 계속적 계약관계가 아닌 '일회적' 계약관계의 경우에는 '해제권' 행사를 통하여 이러한 해방효를 누릴 수 있게 된다.

등의 원칙하에서 어느 일방이 타방을 '징계'한다는 것은 설명할 수 없기 때문이다.[55] 이 때문에 근로관계에서 징계권이 인정되는 법이론적 근거에 대하여는 여러 가지 견해가 제시되어 온 바 있다.[56] 판례는 근로자의 상벌 등에 관한 인사권은 사용자의 고유권한으로서 그 범위에 속하는 징계권 역시 기업운영 또는 노동계약의 본질상 당연히 사용자에게 인정되는 권한이기 때문에 그 징계규정의 내용이 강행법규나 단체협약의 내용에 반하지 않는 한 사용자는 그 구체적 내용을 자유롭게 정할 수 있다거나[57] 기업질서의 확립・유지에 필요하고 합리적인 것인 한 근로기준법 등 관계법령에 반하지 않는 범위 내에서 그 위반행위에 대한 규율을 취업규칙으로 정할 수 있다[58]고 한다든지 사용자의 본질적 권한에 속하는 피용자에 대한 징계권 행사[59]라고 하여 기본적으로는 징계권의 근거로 사용자 고유권설에 가까운 입장을 취하는 것으로 보인다.[60] 근로계약관계를 통해 일정한 집단인 기업이 조직되면, 이러한 조직에 요청되는 질서가 형성되고 유지되어야 한다.[61] 이러한 요청에 부응하는 구체적 수단이 바로 징계수단이다. 그렇다면 형벌이나 행정벌과 같은 전형적인 징계체계는 대등한 계약당사자 간의 관계에서라기보다는 국가나 사회와 같은 집단성과 그에 필요한 질서유지 필요성이라는 요소가 있어야만 인정될 수 있다

---

55) 같은 취지로 김형배, 『노동법』, 632면 이하.

56) 징계권의 근거를 노사의 합의에서 구하는 계약설(石井照久, 勞働法硏究 II, 1967, 153面)이 있는가 하면, 아예 징계권이 취업규칙과 같은 공동규범에 근거하기 때문에 사실상 규범의 일종으로 보아야 한다는 견해도 있다(박홍규, 『노동법론』, 350면).

57) 대판 1994. 9. 30, 94다21337.

58) 대판 1994. 6. 14, 93다26151.

59) 대판 1993. 9. 28, 91다30620.

60) 김유성, 『노동법 I』, 2005, 206면에서 판례의 입장을 사용자 고유권설로 보고 있다.

61) 대판 2000. 9. 29, 99두10902.

고 보는 것이 논리적이다. 요컨대 공동규범이라는 기업 내 질서위반에 대한 비난적 조치가 바로 징계수단의 행사가 되는 것이다.[62] 이러한 점에서 본다면 징계해고제도는 계약당사자 일방에게 놓이는 고유한 해지권의 행사라고 보기는 어려우며, 이에 징계해고는 전형적인 계약당사자의 해지권 행사와는 구별된다. 독일 해고법상 징계해고제도가 없다는 점이 이를 말해준다. 따라서 징계해고는 '부진정해고'라고 할 수 있다.

결국 요약한다면, 일반해고는 계약법상의 전형적 해지로서의 본질을 갖는 것으로서 '진정해고'에 해당되는 반면, 징계해고는 질서유지를 위한 징계수단으로서의 질서벌적 성격을 갖는 징계수단의 일종이므로 '부진정해고'라고 할 수 있다.[63]

(3) 개별적 문제

징계해고와 일반해고는 그 본질을 달리하는 것이지만, 적지 않은 경우에 그 사유가 동일할 수 있다는 점에 유의해야 한다. 예컨대 3일간의 무단결근과 같이 근로자가 근로계약상의 '의무를 위반'하여 해

---

62) 김형배, 『노동법』, 633면 이하; 유성재, 『판례노동법』, 2007, 355면. 이러한 징계수단의 하나로 과연 '해고'를 활용할 수 있겠는가 하는 문제가 있을 수 있다. 적어도 이와 관련하여 독일 노동법상에서는 이를 인정하지 않는 반면, 우리 노동법 실무에서는 매우 일반적으로 받아들이고 있다. 오히려 해고라고 하면 당장 징계해고가 떠오를 만큼 광범위하게 활용되고 있다.

63) 이러한 점에서 징계와 계약벌은 구별된다. 징계는 사업 전체라는 공동체(일종의 '사회')를 형성하면서 불가피하게 요구되는 가치 유지, 즉 질서유지를 위하여 집단적 규율이 필요하게 되고, 그 규율의 위반에 따른 집단적 제재수단이다. 이에 비해 계약벌(위약벌)은 개별적인 급부장애로 인하여 발생한 사용자의 손해에 대한 그 배상의 실질성을 보다 강화하는 차원에서 계약적으로 기능하도록 한 것이다(박지순, "징계제도의 법적 구조 및 개별쟁점의 재검토", 『노동법포럼』, 제1호, 2008. 10, 235면).

고가 단행된 경우에 그러하다.

이때 그 해고를 손쉽게 '일반해고'라고 평가[64)]해서는 안 된다. 왜냐하면 징계해고인가 일반해고인가의 구별은 징계제도(징계목적)인가 해지제도(단순해방효)인가의 판단에 따라야지, 해고사유가 무엇인가를 두고 판단할 것은 아니기 때문이다. 근로자의 심대한 근로계약상 의무위반 사실이 존재하는 경우, 사용자가 해고를 단행할 수 있다는 사실에는 의문이 있을 수 없다 하더라도 해고의 목적은 각각 다를 수 있다.

만약 사용자가 근로자의 의무위반 사실로부터 향후 근로관계를 더 이상 지속하는 것이 어렵다고 판단함에 따라 단순히 계약적 구속을 벗어나기 위한 것이라면, 이는 전형적인 계약해지권 행사로서의 해고, 즉 일반해고로 분류하여야 한다. 하지만 근로자의 계약상 의무위반이 기업질서를 교란하는 결과를 가져오고, 이에 따라 그러한 의무위반이라는 과거 사실에 대하여 해당 근로자를 제재하기 위한 목적으로 해고를 단행한 것이라면, 이러한 해고는 징계해고로 보아야 한다.

따라서 위에서 예로 든 바대로, 만약 3일간의 무단결근이라는 사실에 기초하여 해고를 단행한 경우에는 근로자의 채무불이행이 될 수도 있고, 아울러 성실하게 출근하고 근무하여야 할 직장 질서를 침해한 것이 되어 징계의 대상이 될 수도 있다. 그렇다면 사용자는 계약당사자로서 계약상 해지권(일반해고)을 행사할 수도 있고, 징계권(징계해고)을 행사할 수도 있다는 결론이 된다.

실무상 전자의 경우라면 별도의 징계절차를 거칠 필요가 없이 근로기준법상의 해고요건을 충족하면 되겠지만, 후자의 경우라면 징계절차가 반드시 준수되어야 할 것이다.[65)] 징계는 그 사유가 사회통념

---

64) 김형배, 『노동법』, 639면.

65) 징계절차 등에 대하여 단체협약이나 취업규칙에 정하게 되나, 취업규칙 등에 징

상 합리적이어야 하며, 징계절차는 객관적 타당성과 공정성이 요구되기 때문에, 이러한 타당성과 공정성 판단에는 죄형법정주의나 적법절차준수의무[66]나 무죄추정의 원칙, 소급금지의 원칙, 이중처벌금지의 원칙 등 다양한 공법적 원리가 고려되어야 한다.[67][68]

2) '해고예고기간' 유무에 따른 해고유형: 즉시해고 ↔ 통상해고

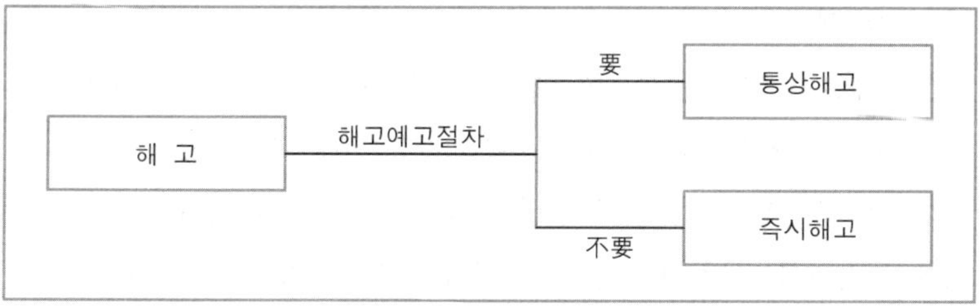

다음으로 우리 학계와 실무계에서 흔히 사용되는 해고개념으로서

계혐의자의 출석 및 진술기회 부여 등에 관한 절차가 규정되어 있지 아니하다면 그와 같은 절차를 밟지 아니하고 징계절차를 진행해도 징계의 효력이 인정된다(대판 1991. 7. 9, 90다8077).

66) 판례에 따르면, 징계예정대상자가 진술권을 포기하거나 출석통지서의 수령을 거부하여 진술권을 포기한 것으로 간주되는 경우 차후 서면심사만으로 징계의결이 가능하다(대판 1993. 5. 25, 92누 8699).

67) 징계의 문제에는 회사 구성원의 절차적 참여가 아울러 중요하고, 통상 기업 내 징계위원회가 구성되어 이를 실행하게 되는 것이다. 징계수단 가운데 징계해고는 근로자에게 가장 가혹한 것이라 할 수 있다. '기업조직으로부터의 축출'을 의미하기 때문이다. 이와 관련하여 흥미로운 점은 독일의 경우 여러 가지 근로자에 대한 징계수단을 인정하지만, 직장으로부터의 축출을 의미하는 '해고'는 징계수단으로서 인정하지 않는다는 것이다. 이는 해고의 문제를 징계법적 차원에서는 전혀 다루지 않고, 오로지 계약법적 차원의 문제로서만 취급한다는 것을 의미한다. 해고제도와 관련하여 우리의 경우와 독일 해고법의 가장 큰 차이점이기도 하다.

68) 박지순, "징계제도의 법적 구조 및 개별쟁점의 재검토", 『노동법포럼』, 제1호, 2008. 10, 224면 이하.

통상해고와 즉시해고가 있는데, 이는 그대로 받아들이기로 한다. 다만 통상해고의 용어 사용이 개별 학자에 따라 다양할 수 있는데, 필자는 '통상'해고의 용어를 해고예고절차[69] 유무를 기초로 한 구별에서만 사용하는 것이 옳다고 생각한다. 요컨대 '통상해고'란, 사용자가 일정한 해지기간의 유보하에 근로관계의 종료를 내용으로 하는 해고통지를 통해 나타나게 되는 해고를 말한다.[70] 통상해고는 현행법상 해고예고의 절차를 준수하게 되는 '평상(平常)적 형태'의 해고를 말한다고 할 것이다.

통상해고와 대비되어야 할 해고유형인 '즉시해고'라는 개념은 종전의 실무와 학계와 마찬가지로 사용하기로 한다. 우리 근기법상에 즉시해고를 단행할 수 있는 특별한 사정을 명문화하여 두고 있지만, 여기에서 간과하지 말아야 할 것은 당사자 간의 신뢰 손상문제이다. 마치 물건의 매매에서 물건의 속성과 내용이 중요하듯이 근로관계에서 당사자로서 근로자의 근로능력과 소양 그리고 사용자의 신념과 판단능력 등은 계약관계를 형성함에 있어 매우 중요한 계약의 본질적 내

---

69) 사용자의 일방적 의사표시로 근로관계의 소멸을 초래하는 데에는, 일정한 해지기간의 유보가 이루어지는 경우와 그렇지 아니한 경우가 있을 수 있다. 근로계약관계는 통상의 경우 장기간의 지속을 전제로 하게 된다. 이러한 계속적 계약관계의 일방적 의사표시에 기한 종료는 계약당사자에게 예상치 못한 불이익을 줄 수 있다. 이에 따라 통상 해지 이후 일정한 해지기간이 도과하여야 비로소 그 법적 효과인 계약관계소멸이 발생된다. 근로계약관계에서 사용자의 해고도 전형적인 해지권의 행사문제이다. 그러므로 해지기간을 유보하여 두면서 근로자로 하여금 새로운 직장을 찾는 등 근로관계 소멸에 대비케 할 필요가 있다. 이것이 바로 해고예고기간이다.

70) 흔히 실무에서는 '통상해고'와 '일반해고'라는 용어가 혼용되어 사용되고 있다. 하지만 필자가 통상해고라는 개념을 사용한 이유는 사전적 의미로 '통상'은 '특별한 경우가 아님'을 의미하기 때문이다. 즉 특별히 예외적인 경우가 아닌 한 해고예고가 필요하므로, 해고예고부 해고를 '통상'해고라고 칭하는 것이 타당하다고 생각한다.

용이 된다.[71] 따라서 근로계약관계를 형성하고 지속하게 되는 당사자들로서는 상호 간 신뢰가 매우 중요한 이른바 계약의 본질적 부분이라고 할 수 있다.[72] 근로자의 귀책사유로 사용자에게 손해를 유발함으로써 사실상 근로자와 사용자 간 기본적인 신뢰관계가 파괴되었다면, 이러한 경우에까지 해고예고기간을 부여하도록 할 필요가 없다는 것을 의미한다.[73]

3) 해고사유를 기준으로 한 해고유형

(1) 종래의 보편적 유형체계와 '대량해고'

종래 노동법 학계와 실무계에서 가장 보편적으로 활용되는 유형체계는 해고의 사유가 무엇인가를 기준으로 하였다. 이에 따를 경우 해고는 각각 행태상 사유에 기한 해고[74], 일신상 사유에 기한 해고[75],

---

71) 근로관계는 물건의 일회적 급부를 목적으로 하는 계약관계와 달리 근로자의 노동력을 급부의 목적으로 하되 상당기간 지속적으로 이루어짐을 전제로 한다(v. Craushaar, Der EinflussdesVertrauens auf die Privatrechtsbildung, 1969, S. 94). 근로관계의 형성, 즉 근로계약의 체결을 함에 있어 사용자의 근로자에 대한 신뢰형성은 전인격적 측면에서 무제한적 요소로 이루어지게 된다. 즉 근로자의 출생환경이나 정치적 신념 등을 사용자는 고려할 수 있다. 이것이 고용의 자유다 이때 사용자는 근로자의 이러한 전인격적 탐구를 위한 수단으로서 질문권을 가지지만 이러한 질문권이 사적 비밀이나 기타 인격권(Persönlichkeitsrecht)을 침해할 수는 없음은 물론이다(BAG, AP § 123 BGB Nr. 23; Wiese, ZfA 1971, S.300).

72) Wallmeyer, Die Kuendigungdes Arbeitsvertrages aus wichtigem Grund, 1962, S.83.

73) 다만 근로자의 귀책사유에 대하여 노동부장관의 승인을 받아야 한다.

74) 행태상의 사유에 기한 해고란, 근로자의 근로계약 의무 위반이 해고원인인 경우를 말한다. 예컨대 출퇴근 시간을 준수하지 아니하였다거나 기업 비밀을 누설하는 등 근로자로서 근로계약상 요구된 제반 계약상 의무를 이행하지 아니하는 행태사실 그 자체를 말하는 것이다. 이러한 행태상 사유는 근로계약관계를 소멸하

경영해고[76]로 나누어진다고 한다. 사실 이러한 해고유형은 독일 해고보호법 제2조상의 규정에 따른 것으로서, 우리는 이를 해석론으로 받아들여 사용하고 있는 셈이다.[77]

다만 여기에서 언급해야 할 개념으로 '대량해고'가 있다. 문언상 다수의 근로자를 한꺼번에 해고한다는 의미를 갖는 이 용어는 흔히 경영해고를 지칭하는 데 주로 사용된다. 하지만 대량해고는 해고대상자의 수를 말하는 것에 그치므로, 대량해고라는 개념을 곧바로 경영해고로 연결하는 것은 적절하지 않다. 단 한 명을 해고하더라도 그 원인 경영상 긴박한 사정이라면 그것은 경영해고이다. 다른 한편 다수 근로자를 한꺼번에 해고하더라도 그 다수근로자의 근로계약의무위반이 원인이라면 그것은 행태상 사유에 기한 해고이다. 요컨대 행태상 해고도 대량해고일 수 있고, 대량해고가 아닌 경영해고도 있을 수 있다.

게 할 만큼 심대한 의무위반사실에 해당하여야 함은 해고보호법리에 비추어 의문의 여지가 없다.

75) 일신상 사유란, 근로관계상의 업무를 수행함에 있어 근로자의 적격성이 상실되는 경우를 말한다. 다시 말하면 근로관계를 더 이상 지속할 수 없는 이유가 근로자에게 업무적격성을 상실하게 된 일정한 사유가 발생하였기 때문이며, 이러한 경우에 이른바 일신상 해고사유가 존재하여 근로관계가 사용자에 의해 일방적으로 소멸하게 된다.

76) 경영해고는 긴박한 경영상의 필요성으로 인해 더 이상 종전의 인력규모를 그대로 유지하는 것이 어려워 인력 조정 차원에서 단행하는 사용자의 해고를 말한다.

77) 하지만 독일 해고법에서 해고원인을 위와 같은 세 가지 사유로 열거하여 둔 것은 해고유형화에 대한 단서를 제공하기 위한 것이 아니라는 데 유의해야 한다. 독일 해고법의 입법자가 가졌던 진정한 의도는 바로 '열거된 사유' 이외의 사유로 해고되어서는 안 된다는 것을 말해 주기 위한 것이었다. 결국 해고원인을 최소화하기 위한 의도였던 것이다. 그러므로 해고사유를 위와 같이 3가지로 유형화한 것은 해고의 개념체계화에 직접 관련된 것은 아님을 알 수 있다.

(2) 해고원인의 소재를 기준으로 한 유형: 특정해고 ↔ 불특정해고

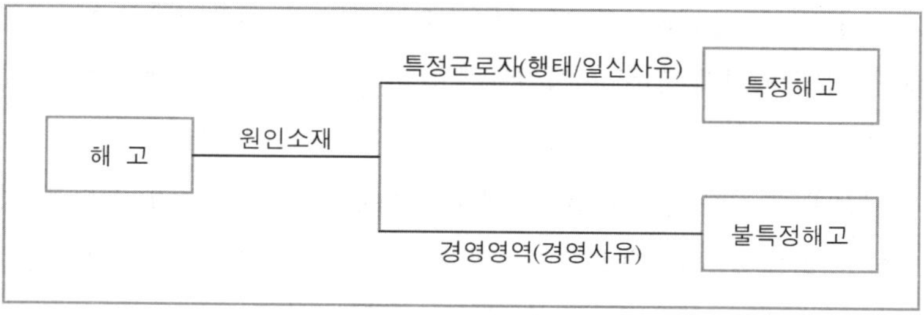

앞서 살펴 본 바와 같이 해고원인의 세 가지 유형은 우선 해고원인이 근로자 측 영역에 있는 것인지 아니면 사용자 측 영역에 놓인 것인지에 따라 유형화가 가능하다. 일신상의 사유에 기한 해고와 행태상의 사유에 기한 해고는 그러한 사유가 개별 근로자에게 놓여 있는 경우라고 할 수 있다. 이에 비해 경영해고의 경우는 해고의 원인인 경영상의 어려움이 사용자에게 놓여 있는 경우이다. 하지만 단순히 해고원인의 소재를 기준으로 하여 일신상 사유에 기한 해고와 행태상 사유에 기한 해고를 근로자 측 사유에 기한 해고로 보고, 경영상 사유에 기한 해고를 이와 구별되는 별도의 해고로 유형화하는 것은 반드시 정확한 것만은 아니다. 왜냐하면 경영상의 어려움이 특정 근로자의 중대한 업무수행상의 과실로 비롯된 것일 수도 있기 때문이다. 만약 특정한 근로자의 매우 중대한 업무수행상의 실수로 경영상 어려움이 초래되었고 이에 따라 사용자가 해고를 단행하게 된다면, 이때 해고는 근로자 측에 그 원인이 있는가 아니면 사용자 측에 있는 것인가?

오히려 이러한 식의 분류가 가능하기 위해서는 해고대상자의 특정성 여부가 기준이 되어야 한다. 일신상 사유에 기한 해고나 행태상 사유에 기한 해고는 그 해고원인이 개별 근로자에게 놓인 경우이며, 따라서 누가 해고되어야 할 것인가에 관한 해명이 필요 없다.

이와 달리 경영해고의 경우는 다수의 근로자 가운데 누구를 해고해야 할지에 관한 문제를 선결하여야 한다. 이것이 바로 대상자 선정의 문제이다.

예컨대 특정한 근로자(A)의 매우 중대한 업무수행상의 실수로 경영상 어려움이 초래되었고 다수의 근로자를 해고해야 하는 상황이라면, 두 가지 유형의 해고가 나타날 수 있게 된다. 우선 특정 근로자(A)는 먼저 해고대상자로 선정해 놓고, 나머지를 해고대상자 선정기준에 따라 선발하게 되는 경우가 있다. 이때 특정 근로자A에 대한 해고는 행태 상 해고이고, 나머지는 경영해고라고 보아야 한다. 하지만 특정 근로자(A)는 먼저 해고대상자로 선정하지 않고 단지 경영상 원인을 이유로 다수 근로자를 해고하게 되면, 이는 선발의 절차를 거치게 되는 경영해고가 된다. 경영해고와 같이 해고원인이 사용자에게 있는 경우 별도의 해고대상자 선정절차가 필요한 해고를 불특정해고라고 하고, 이러한 절차가 필요 없는 해고를 특정해고라고 할 수 있다. 이러한 유형체계가 의미를 갖는 이유는 불특정해고를 특정해고로 변질하려는 시도를 예방할 필요 때문이다. 예컨대 경영해고를 빌미로 하여 종래 노조활동에 적극적이어서 사용자가 불만을 표시하였던 근로자들만을 골라 해고하여서는 안 된다. 경영해고가 불특정해고로서의 본질을 유지하여야 하는 이유가 바로 여기에 있다.[78]

78) 독일 해고법학계에서는 소위 '은폐된 행태상 해고(Verdeckte verhaltensbedingte Kündigung) 위험'이라고 한다(Dorndorf, ZfA 1989, S.364f.).

4) 당사자 관계의 유지 여부를 기준으로 한 해고유형: 종료해고 ↔ 변경해지

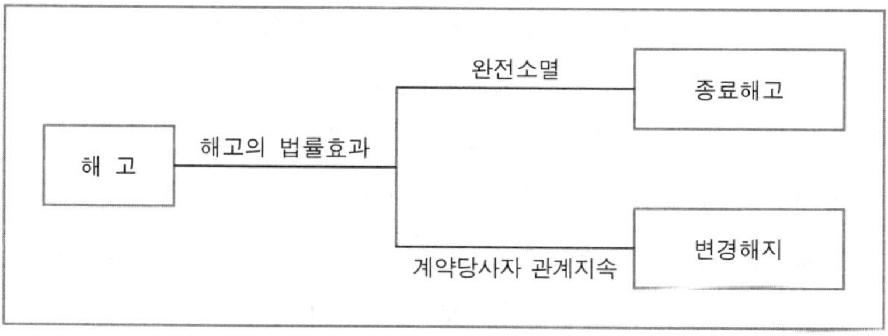

아직 우리나라에 입법적으로 받아들여지지는 않았지만, 독일 해고법상에서 해고는 그 법적 효과의 측면에서 볼 때 크게 두 유형이 있다. 하나는 종국적으로 근로관계를 소멸케 하는 소위 '종료해고'(Beendigungskündigung)이다. 이러한 해고는 우리 현행 노동법제에서 알고 있는 전형적인 모습의 해고이다. 하지만 독일해고법제에서는 이러한 종료해고와 대비되는 해고유형으로서 소위 '변경해지'(Änderungskündigung)를 또 다른 해고유형으로 예정하여 두고 있다.[79] 변경해지란 기존의 근로관계는 소멸하지만, 다른 근로조건하에서 종전의 당사자가 근로관계를 이어갈 수 있도록 하는 해고의 한 유형이다. 요컨대 독일 해고보호법상에 명시된 바에 따르면 "사용자가 근로자를 해고해야만 하는 상황에서, 근로자가 만약 근로내용의 본질적인 변경이 이루어지는 경우라도 근로관계의 지속을 원한다면 그렇게 될 수 있음을 고지"하여야 한다. 만약 해고근로자가 비록 근로조건의 본

79) 이에 관하여 자세히는 권혁, "독일변경해지제도에 관한 재검토", 『경영법률』 제19집 3호, 2009. 4, 543면 이하 참고.

질적 변경이 있더라도 종전 사용자와 근로계약관계를 유지하고자 한다면, 변경된 근로조건하에서 근로관계는 지속되게 된다.[80] 변경해지의 법률효과는 다음과 같이 요약될 수 있다. 먼저 종래의 근로계약관계가 해고를 통해 완전히 소멸한다. 이후 곧바로—비록 근로조건의 변경이 전제되기는 하지만—새로운 근로계약이 형성된다. 사실상 외형적으로는 근로관계의 지속을 유지하게 되는 것이다. 요컨대 변경해지는 해고 근로자가 해고시점에서 동시에 사실상 새로운 직장을 구하였는데, 마침 그 당사자와 사업체가 동일한 경우를 초래하게 된다.[81]

변경해지제도는 명문의 규정으로 입법화되어 있지 않기 때문에 우리 현행법제에서 고려될 여지가 없으며, 따라서 이러한 해고유형화는 무의미한 것이라는 비판이 있을 수도 있다. 하지만 이는 다분히 의문이다. 왜냐하면 변경해지제도란 본래 해고제도의 원칙 법리, 즉 해고최후수단성원칙으로부터 도출된 것이기 때문이다. 해고의 최후수단성원칙은 입법화 여부와 상관없이 해석을 통해 당연히 인정되는 것이다. 그렇다면 변경해지제도 역시 해고최후수단성에서 파생된 것이므로 입법화 여부 그 자체는 큰 의미가 없다고 생각된다. 예컨대 독일의 경우도 변경해지제도가 처음부터 명문화되었던 것이 아니고, 해고최후수단성 원리에 따라 판례에서 인정되어 오던 중 사후적으로 입법화하게 된 것이다. 이러한 사실은 우리에게도 시사하는 바가 크다. 따라서 종료해고와 변경해지라는 개념 유형화는 여전히 의미를 가질 수 있다고 본다.

---

80) Berkowsky, Die Änderungskündigung, 2006, S.1ff.

81) 권혁, "독일변경해지제도에 관한 재검토", 『경영법률』 제19집 3호, 2009. 4, 561, 562면.

4. 요약 및 결론

해고는 여러 형태로 법적 분쟁에서 등장한다. 이러한 해고 형태들은 일정한 기준에 따라 유형화할 수 있다.

① 가장 먼저 고려되어야 할 것은 바로 일반해고와 징계해고의 구별이다. 결론부터 이야기한다면 일반해고와 징계해고는 그 본질이 다르다. 일반해고는 계약상 해지로서 해고의 전형적 모습이고, 징계해고는 계약상 해지와 그 법적 효과(결과)는 같지만 본질은 질서 위반에 따른 징계내용 중 하나이다. 일반해고는 '해고'이고 징계해고는 '징계수단'인 것이다. 그 행사의 목적도 달라서, 일반해고는 계약당사자의 일방적 해지권 행사로서 계약관계를 통한 의무로부터의 '해방'을 지향하지만, 징계해고는 과거 질서 위반사실에 대한 '비난과 제재'를 목적으로 한다.

② 다른 한편 해고예고기간의 요부를 기준으로 하여, 통상해고와 즉시해고로 나눌 수 있다. 해고예고기간을 전제로 하는 통상해고와 달리 즉시해고는 해고통지가 근로자에게 도달하는 즉시 그 법적 효과로서 근로관계가 소멸하게 되는 경우이다. 다만 여기에서 간과하지 말아야 할 것은 징계해고라고 하여 항상 즉시해고라고 볼 수는 없으며, 일반해고라고 하여 언제나 통상해고는 아니라는 점이다.

③ 해고사유는 행태상, 일신상, 경영상 사유로 제한하여 열거할 수 있다. 이러한 해고사유를 갖는 해고 가운데, 그 원인의 소재가 누구에게 있는가를 기준으로 하여 소위 특정해고와 불특정해고로 나눌 수

있다. 특정해고의 경우란 대체로 해고대상인 근로자 측에 해고사유가 있는 것이고, 불특정해고는 경영상의 어려움을 이유로 한 경영해고를 말한다. 불특정해고는 별도의 합리적 선발절차가 필요하며, 이러한 절차를 회피하거나 왜곡하는 경우 해고 정당성에 본질적 흠이 발생하게 된다는 특징이 있다.

④ 마지막으로 해고에 따른 법률효과를 기준으로 하여 종료해고와 변경해지로 해고를 유형화할 수 있다. 근로관계가 소멸한다는 것이 항상 종전의 근로계약관계 당사자가 변경된다는 것을 의미하는 것은 아니다. 다시 말하면 변경해지의 경우 종전의 근로관계는 소멸하더라도 여전히 근로관계 당사자의 변경은 없다. 단지 근로조건의 본질적인 변경이 발생하였을 뿐이다.

⑤ 결론컨대 현행 노동법제에서 해고와 관련된 규정체계는 그 중요성에 비해 세밀하지 못하다. 물론 해고법 분쟁이 매우 다양한 양상을 지니며 입법기술상 규정의 추상성과 간결성이 필요한 것은 사실이지만, 이러한 점을 고려하더라도 해고법체계를 보다 구체적으로 자세하게 규율하여 둘 필요가 있다. 비교법적 관점에서 볼 때, 독일의 경우는 별도의 해고단행법을 두고 있다. 입법정책론상 향후 중요한 과제로서 해고법제의 단행법 체계화를 고려하지 않을 수 없는 시점에 있다.

제 5 장

해고법 규율과 해고일반원칙

제 1 절　해고법 규율의 형식과 내용

제 2 절　해고의 일반원칙

제 3 절　해고예후원칙

제 4 절　요약 및 결론

제 5 장 해고법 규율과 해고일반원칙

제 1 절 해고법 규율의 형식과 내용

1. 해고규율의 '일반규정성'(Generalklausel)

1) 입법기술적 논쟁

일반적으로 현행 근로기준법 제23조는 해고의 '원칙' 규정이라고 한다. 우선 현행 근로기준법 제23조를 살펴보기로 하자.

> 근로기준법 제23조(해고 등의 제한)
> ① 사용자는 근로자에게 정당한 이유 없이 해고, 휴직, 정직, 전직, 감봉, 그 밖의 징벌(이하 "부당해고 등"이라 한다)을 하지 못한다.

해고는 근로자의 직장상실을 초래하는 가장 치명적인 조치이다. 해고로부터 근로자의 고용안정을 달성하는 것은 사회・경제적 약자인 근로자에 대하여 인간으로서의 존엄과 가치를 인정하고 나아가 인간다운 생활을 보장하기 위한 불가피한 헌법상의 요구이기도 하다.1) 문제는 해고보호에 관한 규율이 일반적이며 추상적이라는 데 있다. 동 규정에서 해고의 정당성 판단과 관련하여 '정당한 이유'가 있을 것을 명시하고 있을 뿐, 정작 '정당한 이유'가 구체적으로 무엇을 의미하는 것인지 또 그 이유 존부에 관한 판단을 위해 필요한 지표는 무엇인지에 관하여 근로기준법은 더 이상 아무런 구체적 규정을 두고 있지 않다.[2] 이는 보호의 대상인 근로자에게도 문제이지만, 사용자에게도 마찬가지로 문제가 아닐 수 없다. 왜냐하면 해고에 대하여는 매우 엄격한 노동법적 규제가 가해지는 것을 알면서도,[3] 규율 내용만 보아서는 자신의 해고권 행사의 정당성을 쉽게 판단하기가 어렵기 때문이다. 근로계약의 해지, 즉 해고는 정당한 사유가 있어야 하는데 무엇이 정당한 이유로 평가될 수 있을지는 아무도 쉽게 단정할 수 없다.[4]

2) 회의론과 긍정론

이렇게 해고보호법리의 내용과 그 한계가 보다 구체화되어야 할 필요가 있음에도 불구하고 해고정당성 판단에 관한 정당성 표지개념이 불확정개념(Unbestimmter Rechtsbegriff)이라는 것은 문제가 아닐 수 없다.[5] 왜냐하면 당해 표지 그 자체만으로 해고의 정당성에 관한

1) 서울행판 2008. 4. 3, 2007구합31560.
2) 김형배, 『노동법』, 2009, 549면; 임종률, 『노동법』, 2009, 514면. 사실 이러한 일반규정으로서의 입법방식은 독일의 경우도 마찬가지이다. 독일 해고보호법상에서도 해고의 유효성 판단에 대하여 '사회적 정당성'(Soziale Rechtsfertigung) 요건을 제시하고 있지만, 구체적으로 어떠한 경우에 이를 인정할 수 있는가 하는 것에 관하여는 아무런 규정을 두고 있지 않다(Preis, NZA 1997, S.1270).
3) 대판 1975. 12. 9, 75다1028.
4) 임종률, 『노동법』, 2009, 514면.
5) 독일은 현재 해고와 관련하여 별도의 단행법 체계를 취하고 있다. 이른바 해고보호법(Kündigungsschutzgesetz; KSchG)이 바로 그것이다. 종래 민법상 형평

구체적 사례에서 직접적인 실천력을 갖지는 못하기 때문이다.[6] 이는 해고의 정당성 판단 기준에 관한 모호성은 자칫 해고관련 분쟁을 '사또식' 재판으로 전락시킬 위험이 있다. 다시 말하면 해고의 정당성 판단 기준이 단지 '정당한 이유'라고만 규정되어 있으므로, 구체적인 해고분쟁에서 해고의 정당성 판단은 사실상 전적으로 법관의 재량범위에 놓이게 된다. 왜냐하면 규정이 일반규정화되어 있다는 것은 결국 해고와 관련한 법적 분쟁에서 법관의 역할이 매우 커지는 것을 의미하기 때문이다.[7] 같은 차원에서 독일 학계에서는 해고분쟁 특히 해고정당성 판단에 관한 문제를 마치 '로또'와 같다고 비유하기도 한다. 이 때문에 해고의 정당성 판단 기준과 그 내용 그리고 적용 범위 등이 입법을 통해 구체화될 필요가 있다는 주장은 매우 설득력 있다.[8]

하지만 이러한 비판에도 불구하고, 해고의 정당성 표지에 관한 일반규정성에 대하여는 다음과 같은 점이 고려되어야 한다. 즉 현실적으로 입법자가 해고의 정당성 표지를 일일이 구체적으로 열거하는 것이 입법기술상 불가능하다는 측면이 있다.[9] 왜냐하면 해고가 행하여

성(Billigkeit) 판단에 의존하여 오던 해고정당성에 대하여 별도의 단행 법률인 해고보호법(KSchG)을 둔 것은 1951년에 이르러서였다. 해고의 정당성과 관련하여서 동법은 이른바 '사회적 정당성(Soziale Rechtsfertigung)'이라는 표지를 제시하여 두고 있다(해고보호법 제1조 제1항). 사용자의 일방적 근로관계 해지는 사회적 정당성을 가진 경우에만 비로소 유효(Wirksam)하게 된다는 것이다. 하지만 사회적 정당성 개념 자체가 모호하며 추상적인 것이라는 점에서 현행 근로기준법상의 일반규정성 문제가 독일 해고법에서도 마찬가지로 등장한다.

6) Stahlhacke / Preis / Vossen, Kündigung und Kündigungsschutz im Arbeitsverhältnis, 7.Aufl., 2002, Rn.613.

7) MünchHbArb-Schwerdtner, 6. Aufl., 2007, §622 Anh. Rn.4.

8) Reuter, BAG-Festschr. 1979, S.407.

9) Rüthers, NJW 1998, S.1433; Preis, NZA 1997, S.1270. 이러한 점에서 당해 사회적 정당성이라는 표지는 법기술적 개념(Rechtstechnischer Begriff)이라 할 수

질 수 있는 경우의 수가 매우 다양하여서, 이를 일일이 사전에 열거하여 둔다는 것은 사실상 어렵기 때문이다. 결국 해고로부터 근로자의 직장생활을 엄격히 보호하는 것이 매우 중요하다는 것을 부정할 수 없다. 이를 위한 구체적 실천은 법관과 학계의 몫으로 넘겨져 있다고 볼 수 있으며 이는 불가피한 것이기도 하다.

2. 해고 관련 해석론의 발전

1) 법관의 역할 확대

앞서 지적한 바대로 해고보호법상의 규율형식에 비추어 볼 때, 해고가 정당한 것으로서 유효하게 실현될 수 있도록 하는 제반 전제요건의 구체화는 사실상 입법자가 학설과 판례에 맡겨두고 있다고 할 수 있다.[10] 이렇게 해고규율의 일반규정성은 필요적으로 법관의 해석재량과 학계의 연구를 심화시켰고, 이에 따라 많은 발전을 거듭하여 왔다. 특히 독일 해고법 영역에서는 그동안의 수많은 판례를 통해 무엇이 정당한 이유인가에 대하여 어느 정도 구체화되고 정형화되어 가고 있다고도 할 수 있다. 아울러 이러한 판례에 대한 거듭된 학문적 연구와 비판도 이어져 왔다.[11]

물론 정당한 이유의 유무는 개별적 사안에 따라 구체적으로 결정될 일이지만, 그 일반적 내용은 해당 근로자와 사용자 사이의 근로관계를 계속 유지할 수 없을 정도의 이유, 즉 해당 근로자와의 근로관

있다(BAGE 10. S.327). 이러한 입법태도에 대한 비판적 견해로는 Wank, RdA 1987, S.135ff.

10) Gamillscheg, Die Grundrechte im Arbeitsrecht, 1990, S.58.

11) 정진경, 부당해고와 형사처벌, 『노동법연구』, 2008, 228면.

계의 유지를 사용자에게 더 이상 기대할 수 없을 정도의 것으로 개념화되기에 이르렀다. 또한 근로자가 직장을 상실함으로써 받게 되는 손해와 근로관계를 종료시킴으로써 얻게 되는 사용자의 이익 사이의 이해형량이 이루어져야 한다고 보기에 이르렀다. 실상 이와 같은 해석에 의한 기준이 확립되어 있기는 하나 해고가 정당한가의 여부는 항상 개별적인 사례에 따라 구체적으로 판단되어야 한다.[12)]

2) 법관법(Richterrecht)을 통한 다양한 해고원칙의 발생

독일 학계와 판례는 오래전부터 해고보호법상에 규정된 해고의 정당성 판단 표지의 추상성과 일반성을 보완할 만한 다양한 해고원칙들을 발전시켜, 해고정당성 판단에 있어 그 판단지표를 보다 구체화하려는 노력을 하여 왔다.[13)] 특히 개별 해고의 특수성에 관계없이 모든 해고의 사례에서 준수되어야 할 해고일반원칙(Zentrale Kündigungsprinzipien)의 경우에 더욱 주목할 필요가 있다.[14)] 이러한 해고일반원칙으로는 우선 해고의 최후수단성의 원칙(Ultima-ratio-Prinzip)을 들 수 있다. 해고는 반드시 최후의 수단(Äußerstes Mittel)으로서만 행해져야 한다는 것으로서, 명문의 규정에는 이에 관한 언급이 없으나 종래 판례를

12) 정진경, "부당해고와 형사처벌", 『노동법연구』, 2008, 228면. 필자는 이 글에서 정당한 이유의 해석과 관련하여 어느 정도 의미와 내용의 전체적 윤곽이 형성되고 구체적 사안들에서의 판단이 어렵지 않게 되었다고 한다(정진경, "부당해고와 형사처벌", 『노동법연구』, 2008, 229면).

13) Schwerdtner, Brennpunkte des Arbeitsrechts 1998, S.213ff.

14) 여기에서 유의해야 할 점이 있다. 독일의 이러한 논의는 우리의 경우와는 약간의 차이가 있을 수 있다. 왜냐하면 독일은 징계해고의 경우를 인정하지 않기 때문이다. 그러므로 앞서 언급한 해고유형 가운데 독일은 소위 일반해고만을 인정하고 있다고 할 수 있다. 해고의 일반원칙이라고 한다면 바로 일반해고의 모든 경우에 적용되어야 할 해고원칙이라고 보아야 개념상 정확한 것이라고 하겠다.

통해 법관법으로서 발전되어 온 것이다.15) 또한 해고정당성 판단에 있어 해고에 따른 근로계약 당사자 간의 이익관계를 반드시 고려하도록 한 이른바 이익형량의 원칙(Interessenabwägungsprinzip) 역시 법관법을 통해 형성된 해고일반원칙에 해당된다.16) 즉 해고에 따른 이익이 근로자의 직장 상실에 따른 불이익보다 훨씬 더 크다고 판단되어야만 비로소 해고가 사회적 정당성을 갖게 된다는 것이다.

제 2 절 해고의 일반원칙: 독일 해고법상의 논의를 중심으로

1. 개 요

1) 해고의 정당성 판단에 관한 원칙

'해고의 일반원칙'이란 해고의 다양한 유형에 상관없이 모든 경우에 적용될 수 있고 또 적용되어야 하는 원리를 말하는 것이다. 앞서 설명한 바와 같이 이에 관하여 명문의 규정을 찾을 수는 없지만, 종래 독일의 경우는 법원의 판결을 통해 어느 정도 명확한 윤곽과 체계가 잡혀 있다. 그동안 독일 노동법원은 비록 명문으로 입법화되어 있지는 않았지만, 수많은 해고분쟁을 해결하는 과정에서 다양한 해고원칙들을 형성하고 체계화하여 왔다. 이른바 '법관법 형성'(Rechtfortbildung)을

15) BAG AP Nr. 70 zu §626 BGB mit Anm. G. Hueck; BAG DB 1985, S.1186; Wank, RdA 1987, S.129ff.

16) Rüthers, NJW 2002, S.1604.

통하여 해고일반원칙을 구축한 것이다.[17] 이렇게 형성된 다양한 해고원칙들은 해고일반규정을 보다 구체화하고 그 내용을 풍부하게 만드는 역할을 한다. 그래서 비록 해고법상에 명문의 규정으로 제시된 바는 없다 하여도, 해고분쟁을 해결하는 표지로서 해고원칙이 기능하며, 그러한 원칙에 반하면 해고의 정당성은 부인되고 만다.[18] 이렇게 법관법을 통해 형성된 다양한 원칙들 중에는 해고의 유형에 상관없이 모든 해고사안에 고려되어야 하는 것도 있다. 이를 두고 독일 해고법에서는 소위 '해고일반원칙'(Allgemeine Kündigungsprinzipien)이라고 한다. 이러한 해고일반원칙으로 평가되고 있는 것으로는 해고의 이익형량원칙(Interessenabwägungsprinzip)[19]과 해고의 최후수단성원칙(Ultima-ratio-Prinzip)[20] 그리고 해고의 예후원칙(Prognoseprinzip) 등이 제시되고 있다.[21] 우리의 경우는 그러한 체계성이 부족하지만 그래도 개별 사건을 통해 그때마다 그러한 원칙이 확인되곤 한다.

---

17) Schwerdtner, Brennpunkte des Arbeitsrechts 1998, S.213ff.

18) 이는 우리 법원의 경우에도 마찬가지라고 할 수 있다. 다만 우리의 경우는 아직 개별 사안에서 그러한 해고원칙들이 포괄적으로 고려되고 있는 것은 사실이지만, 아직 그러한 원칙들을 체계화하여 놓은 상태라고 보기에는 상당히 미흡한 상황이라고 하겠다.

19) 그 외에도 해고에 따른 이익이 근로자의 직장 상실에 따른 불이익보다 훨씬 더 크다고 판단되어야만 비로소 해고가 사회적 정당성을 갖게 된다고 하는 이른바 이익형량의 원칙도 판례를 통해 형성된 '해고일반원칙'이라고 할 수 있다(Stahlhacke / Preis / Vossen, Kündigung und Kündigungsschutz im Arbeitsverhältnis, Rn.619).

20) 해고의 '최후수단성원칙'은 해고의 정당성 판단에 있어 실질적으로 기능하게 되는데, 예컨대 해고를 단행함에 있어 당해 해고가 사용자에게 있어 최후적인 수단이었는가 하는 판단이 필요하다는 원리를 말한다(Wagner, NZA 1986, S.632ff; Wank, RdA 1987, S.129ff).

21) MünchHdbArbR / Berkowsky, Bd.II, §134, Rn.25.

2) 해고일반원칙의 '발견'

판례를 통해 구축된 해고원칙들은 열거적으로 확정되어 있는 것이라거나 혹은 미리 선험적으로 제시되어 있던 것이 아니라는 점에 유의할 필요가 있다. 오히려 해고원칙은 법관이나 학자에 의해 창조되는 것이 아니라, '발견'되는 것이라고 표현하는 것이 보다 정확하다.[22] 그러한 원칙들은 해고제도의 본질에 대한 이해가 높아 가면 갈수록 명확하게 드러나게 되기 때문이다. 그러므로 앞으로도 새로운 해고원리가 발견되고 제시될 가능성은 얼마든지 있다고 할 것이다.[23] 이는 기존의 해고원칙 이외에도 종래 해고의 정당성 판단과 관련하여 미처 인식하지 못하였거나 간과된 사정이 발견된 경우 언제라도 다양한 해고원칙이 법관법을 통해 새롭게 형성되고 발전될 수 있음을 의미한다.[24] 이하에서 설명하게 되는 이른바 해고예후원칙(解雇豫後原則; Prognoseprinzip)이 그 대표적인 경우이다. 이 원칙은 해고의 제도적 본질에 대한 새로운 인식을 통해 독일 해고법상 비교적 최근에야 인정된 해고원칙으로서, 특히 해고원인과 밀접하게 관련되어 있다. 앞으로도 어떠한 해고일반원칙이 '발견'될지는 모르는 상황이다. 해고법제에 대한 체계적 연구가 심화될수록 그러한 원칙의 발견이 용이하게 될 것이다.

---

22) 소위 '법의 발견'(Rechtsfindung).

23) 우리나라의 해고법상에서도—비록 독일과 같이 체계화되어 있지는 않지만—해고의 최후수단성이나 이익형량의 원칙에 대하여는 상당한 인식이 있으며, 법관들도 해고분쟁의 해결과정에서 이러한 원칙을 고려하고 있는 것으로 보인다.

24) 이에 대한 방법론적 평가에 대해 자세히는 Gentges, Prognoseprobleme im Kündigungsschutzrecht, 1995, S.56 이하 참고.

2. 해고최후수단성원칙(Ultima-ratio-Prinzip)

1) 개 념

해고의 최후수단성의 원칙이란 근로자에게 있어 직장을 상실케 하는 해고는 가능한 한 최후적으로만 행해질 수 있도록 노동법적 통제가 요구된다는 원칙을 말한다. 이를 달리 표현한다면, 근로자의 경제적 지위보장이라는 해고보호법리의 기본적 이념으로부터 도출되는 원칙이라고도 할 수 있다.25)

2) 직장보장원리와 해고의 최후수단성 이념의 제도화

(1) 직장보장원리의 이원성: 존속보호(Bestandsschutz)와 내용보호(Inhaltsschutz)

근로관계에서 직장보장이란 근로관계의 '존속의 보호'를 의미한다. 근로계약을 체결하여 직장을 얻었다는 것은 근로자에게 있어 특정한 근로조건하에서 자신의 노무를 제공할 기회가 생겼음을 의미한다. 근로자에 대한 직장보장원리는 그러한 근로관계가 가능한 견고하게 유지되도록 법제도적으로 보장하는 것이다. 이때 유지되도록 한다는 것은 일정한 근로조건을 내용으로 한 근로계약관계의 존속보장을 말한다. 즉 직장보장원리를 통해 유지되는 대상은 근로조건과 근로제공관계 그 자체로 나뉠 수 있다. 이러한 관점에서 직장보장원리는 두 가지 차원에서 보호의 실질을 가지게 되는데, 그 하나가 근로조건의 보

25) BAG AP Nr.70 zu §626BGB mit Anm.G.Hueck; BAG DB 1985, S.1186; Preis, Prinzipien des Kündigungsschutzrechts bei Arbeitsverhältnissen, 1987, S.294.

장이고, 다른 하나가 일자리 그 자체의 확보이다. 전자는 근로계약관계의 '내용보호'(Inhaltsschutz)를, 후자는 협의의 '일자리의 유지'(Bestandsschutz)를 말한다.[26)]

(2) 내용보호법리의 우선적 포기 가능성과 해고최후수단성원리

직장보호법리를 해고최후수단성원칙에 접목시켜 설명하면 다음과 같다.

해고는 근로관계의 지속이 기대하기 어렵다는 사실을 통해 정당화된다.[27)] 근로자의 직장보장원리 구현이 한계에 이르러 제대로 관철되기 어려운 경우에는 우선 내용보호에 따른 이익을 우선적으로 포기하도록 하여야 한다. 만약 이를 통해서도 직장보장이 유지되기 어려운 경우에 비로소 근로관계의 존속 그 자체에 대한 이익까지 포기하도록 하여야 한다. 이것이 해고의 최후수단성원리에 부합한 해석들이다.

(3) 예시: 독일 해고법상의 변경해고제도

독일 해고보호법 제1조 제2항에서 규정하고 있는 변경해고제도는 비록 종전의 근로조건하에서의 근로관계는 더 이상 지속할 수 없게 되었지만, 변경된 근로조건을 감수하더라도 근로관계를 지속하는 것이 가능하다면 이를 가능하도록 하기 위한 제도이다. 근로조건의 본질적 변경을 통한 근로관계 존속가능성을 간과하고 기존의 근로조건하에서 근로계약관계의 지속이 불가능하다는 점만을 근거로 하여 곧바로 해고를 단행하였다면, 즉 변경해고제도의 고려 없이 직접 해고

---

26) Wallner, NZA 2001, S.163.
27) 대판 1992. 4. 24, 91다17931.

한다면 이는 해고의 최후수단성원칙에 반한다. 독일 해고보호법상의 변경해고규정은 해고의 최후수단성원리를 보다 구체화한 것임을 알 수 있다.

(4) 입법적 과제

생계 수단과 인격실현의 장인 직장을 상실케 하는 가장 심대한 처분에 해당되는 해고가 반드시 최후의 수단으로서만 행사되어야 한다는 점에 대하여 부정될 수 없다.[28] 해고의 최후수단성원리에 기해 사용자는 근로자가 계약변경을 통해서라도 직장 그 자체는 유지하고자 한다는 의사를 확인할 의무가 있어야 하고, 근로자는 자신의 근로계속의지를 관철할 수 있는 권리가 보장되어야 한다.

3. 해고의 이익형량원칙(Interessenabwägungsprinzip)

1) 개 념

해고의 일반원칙으로 인정되고 있는 소위 '이익형량의 원칙'이란 사용자가 해고를 단행함에 따라 얻게 되는 비용 절감과 근로자가 자신의 직장을 상실하게 됨으로써 얻게 되는 사회적 부담 간에 이익형량이 필요하다는 것이다. 여기에서 가장 중요하게 고려되어야 하는 것은 사용자가 근로자를 해고한다 하여도 별다른 이익이 없음에도 불

28) BVerfG AP Nr.17 zu §23 KSchG 1969, unter B I 3a. 근로계약관계의 해지가 초래하게 될 불이익과 그 지배 법리에 관하여 자세히는 권혁, "근로기준법상의 해고예고제도와 민법상 해지기간제도와의 관계", 『경영법률』 제17집 제1호, 2006. 10, 794면 이하 참고.

구하고 해고를 단행할 수는 없도록 하는 데 이 원칙이 갖는 본질이 있다는 점이다.[29] 즉 회사경영에 도움이 되지는 않지만, 그렇다고 하여 회사 경영에 치명적인 불이익을 가하지도 않는다면, 이러한 경우에 해고는 이익형량의 원칙에 반하여 허용될 수 없게 되는 것이다.[30]

2) 제도적 의미

이익형량의 원칙은 고용유지와 해고가 사회적 의미를 가지는 것임을 분명히 보여주는 해고일반원칙이라고 할 수 있다. 해고가 '사회적으로' 정당화되기 위해서는 사용자가 계약당사자로서 도저히 해고를 하지 아니하면 안 되는 상황에 처해 있을 것을 담보하는 원칙이 바로 이익형량원칙이기 때문이다. 가능한 사용자 개인이 근로관계지속에 따른 불이익을 부담하되, 그러한 것이 경영자의 사유재산권에 대한 본질적 침해에 해당되는 경우에만 비로소 해고가 가능하도록 하는 것이다. 사용자의 계약적 부담이 사회적으로 발생하게 되는 불이익에 비해 현저히 큰 경우에는 해고보호의 범위를 유월한 것으로 보아야 하며, 따라서 해고는 정당하게 단행될 수 있게 된다.

---

29) Rüthers, NJW 2002, S.1604.
30) Rüthers, NJW 2002, S.1604.

4. 해고예후원칙[31)]

(1) 개 념

'해고예후원칙'(Prognoseprinzip)이라 함은 근로계약관계가 정당하게 종료하기 위하여는 앞으로 더 이상 근로계약관계를 유지할 수 없다는 판단이 반드시 전제요건으로서 존재하여야 한다는 원칙을 말한다.[32)] 다시 말하면 해고의 정당한 원인이라고 평가되기 위해서는 현재 근로계약관계의 장애사실이 발생하였다는 사실에 그치지 않고, 더 이상 근로계약관계가 지속되어서는 안 되며, 장차 종국적으로 종료되어야 하는가가 설명될 수 있어야 한다는 것이다.[33)] 해고예후원칙은 법관법을 통해 형성된 해고법상의 원칙[34)]으로서 이에 관한 명문의 근거규정은 없다.[35)]

이상에서 설명한 해고의 최후수단성원칙이나 이익형량의 원칙은 독일의 경우 확고한 법관법으로서 자리매김하고 있고, 우리 노동법학계나 실무에서도—비록 체계적인 연구를 동반하고 있지는 않지만—일반적으로 원용되고 있다. 하지만 이하에서 설명하게 되는 해고예후원칙은 아직 우리 노동법학계나 실무에서 전혀 알지 못하고 있다.

---

31) 이 원칙에 관하여 본 연구자는 이미 수차례 연구논문을 통해 학계에 소개한 바가 있다. 하지만 필자의 필력 부족으로 아직 그 실질이 충분히 전달되지 않은 것 같다. 사실 독일에서도—이하의 제3절에서 상세하게 다시 설명되지만—이 원칙이 학계에 주목을 받기까지 상당히 오래 걸렸다. 이러한 사실이 본 연구자에게 다소 위로가 된다.

32) Herschel, Festschr. G. Müller, 1981, S.202f. 이러한 해고예후원칙에 대하여 부정적인 견해도 있다. 이에 대하여는 Adam, NZA 1998, S.284ff.; Kraft, ZfA 1994, S.475.

33) Kittner / Däubler / Zwanziger, Kündigungsschutzrecht, 5.Aufl., Rn.390a.

34) Wank, RdA 1993, S.80ff.

35) Preis, NZA 1997, S.1076.

(2) 제도적 기능과 의미

해고예후의 원칙은 해고 특히 행태상 사유에 기한 해고가 근로자에 대한 비난이나 징계로서의 성격을 가지는 것은 아니라는 점이다. 본래 비난이란 이미 발생된 과거 사실에 대하여는 가능하지만, 장차 도래할 것으로 예측되는 사실에 대하여는 행해질 수는 없는 것이다. 예컨대 미래에 범죄를 저지를 것으로 예측되기 때문에 그 사람을 징벌할 수 없는 것과 마찬가지 이치이다. 다만, 우리나라의 경우는 특이하게 징계해고제도가 있다. 이러한 징계해고는 근로자의 근로의무위반 등의 사실에 근거하여 곧바로 단행되는 것이며, 징계(해고)사유는 미래에 전개될 일정한 상황에의 예측이 필요하지 않다. 이는 징계해고의 정당성 판단에 해고예후원칙이 적용되지 않는다는 것을 의미하며, 따라서 그 판단구조가 사실상 과형구조와 동일하다고 할 수 있다. 하지만 여기에서 염두에 두어야 하는 것은 징계해고는 단체질서유지를 위한 전형적인 '징계'수단으로서 감봉, 감급 등과 동일한 것이라는 점이다. 계약상 일방당사자에게 부여되는 해지권 행사와는 구별되어야 한다. 요컨대 행태상 사유에 기한 해고가 항상 징계해고인 것은 아니다.

결론컨대 해고예후원칙에 따라 법관은 해고의 정당성을 판단함에 있어 과연 해고사유가 그 속성상 이후 상당기간 동안 반복 또는 지속될 것인가 여부를 검토하여야 한다. 이를 통해 해고보호법리에도 불구하고 해고가 정당하게 단행될 수 있는 것은 과거 또는 현재 시점에서의 근로장애 사실이 발생하여서가 아니라, 그러한 사실이 반복 지속됨에 따라 유발될 사용자의 재산권의 본질적 침해를 미리 예방하여야 하기 때문이다. 그렇다면 설사 근로의무위반을 이유로 한 행태상 사유 해고라 하더라도 징계수단이라고 평가할 수는 없다. 결국 해고예후원칙은 해고제도가 본래 놓여 있어야 할 제자리를 찾게 해 준다. 이 원칙에 대하여 아직 우리 노동법학계나 실무에서 전혀 알지 못하고 있으므로, 이하에서 별도의 절로 두고 자세히 설명해 보기로 한다.

5. 수 결

현재 우리 해고법제상의 규율은 지나치게 단순하다. 해고라는 중요한 문제를 두고 단지 몇몇 조항만으로 해결을 기대하는 것은 처음부터 무모하기 짝이 없다. 굳이 독일이 해고법제와 관련하여 별도의 독립법제 형태를 취하고 있다는 점을 지적하지 않더라도 해고문제는 몇몇 규정만으로 해결할 수 있는 제도가 아니라는 점은 실무상의 중요성에 비추어 보더라도 이견이 있을 수 없다. 그동안 우리 노동 현실에서 성장 위주로만 관철되어 온 관성이 이러한 규율 현실을 만들어 낸 것이 아닌가 싶다. 입법기술상 어쩔 수 없는 면도 있지만, 해고법제와 관련한 보다 세부적인 규정을 입법화하는 것이 필요하다. 그나마 독립된 법률 규정을 두고 있는 독일의 경우도 해고소송은 말 그대로 로또와 같은 것이라 할 만큼 법관의 성향에 좌우되는 경향이 근데, 현재 우리와 같은 법제하에서라면 그것은 사또 재판과 하등 다를 것이 없다. 적어도 해고제도에 관한 단행법률체계가 갖추어지고, 아울러 그러한 전제하에서 해고 정당성 판단에서 필요한 해고의 지배원리를 법관법을 통해 찾아내고, 이를 체계화하는 노력이 뒤따라야 할 것이다. 이러한 전제요건하에서만이 독일의 해고일반원칙의 체계화가 우리에게도 빛을 발할 수 있게 된다. 알고 보면 우리 법원도 해고소송판결에서 독일의 일반원칙이라고 하는 것을 반영하고는 있지만, 그 것이 어떠한 원리와 내용으로 구성된 것인가라는 소위 체계화를 이루지 못하고 있을 뿐이다.

제 3 절 해고예후원칙(Prognoseprinzip)

1. 문제의 제기[36)]

법원은 노동실무에서 행해지는 여러 조치 가운데 직위해제에 관하여 통상의 징계와 개념상 구별하면서 그 근거를 다음과 같은 취지로 설명한 바 있다. 즉 '과거'의 근로자의 비위행위에 대하여 기업질서 유지를 목적으로 행해지는 징벌적 제재로서의 징계와 근로자가 '장래'에 있어서 계속 직무를 담당하게 될 경우 '예상'되는 업무상의 장애 등을 '예방'하기 위하여 일시적으로 당해 근로자에게 직위를 부여하지 아니하는 조치로서 직위해제는 다르다는 것이다.[37)] 요컨대 징계의 목적은 '과거 비위사실'에서, 직위해제의 목적은 '미래 예측되는 문제에 대한 예방목적'에서 찾아야 하는데, 미래 발생할 위험을 예방할 목적으로 조치하는 직위해제는 전형적인 '징계'조치와는 그 본질이 다르다는 것이다. 일정한 조치가 징계나 비난적 제재로서 실질을 가지자면 개념 필요적으로 그 비난의 대상인 비위 사실이 이미 과거에 발생하였어야 하기 때문이다.[38)]

---

36) 이하는 권혁, "해고의 예방조치성과 해고예후원칙", 법조, 2009. 4를 수정 보완한 것임을 밝혀 둔다.

37) 대판 2005. 11. 25, 2003두8210.

흥미로운 점은 노동실무상 해고원인 그러니까 해고를 정당화하는 근거도 과거 발생한 일정 사실에서 찾고 있다는 점이다. 해고는 그 사유에 따라 일신상의 사유에 기한 해고와 행태상 사유에 기한 해고 그 외에도 경영상 사유에 기한 해고로 나누어 볼 수 있다. 일신상 사유에 기한 해고에서는 해고의 정당성 근거를 이미 발생된 질병이나 장애사실에서 찾고, 경영해고는 현재의 열악한 경영상황에서 찾게 된다. 행태상 사유에 기한 해고도 마찬가지로 과거 근로자의 심대한 의무위반행위에서 구한다. 그렇다면 그중 행태상 사유에 기한 해고는 징계적 속성의 것으로 파악할 수밖에 없다. 해고정당성 근거를 과거 발생된 심대한 의무위반행위에서 찾게 됨으로써 발생되는 결과이다.[39] 왜냐하면 비난의 대상이란 과거의 사실일 뿐 미래 발생될 사실을 비난한다는 것은 논리상으로나 개념상으로 불가능하기 때문이다. 즉 미래에 발생될 것으로 예측되는 사실을 두고 징계할 수는 없는 것이다. 예컨대 "장차 당신이 무단결근을 '할' 것으로 '예상'되기 때문에 징계합니다"라는 것은 처음부터 불가능하다. 이렇게 징계와 같은 비난적 조치의 당부 판단에서는 과거 또는 현재의 객관적 사실의 존부가 가장 중요한 전제요건이 된다. 이러한 관점에서 보면 해고는 마치 강도를 저지른 범죄자에게 국가가 형벌을 가하는 것과 다르지 않다. 형벌이 정당하게 부과되는 것은 과거 강도행위사실이 있고, 이를 비난하기 위한 것이기 때문이다. 근로자의 과거 의무위반사실에서 해고의 정당화 근거를 곧바로 찾는 한 해고의 비난적 제재로서의 속성은 긍정할 수밖에 없다. 요컨대 "왜 그런 의무위반사실을 하였는가?" 하는 비난의 결과가 해고인 셈이다.

---

38) 대판 1996. 10. 29, 95누15926.

39) 대판 2008. 9. 11, 2007두10174.

강도를 한 자를 형법규정에 따라 '처벌'하는 것은 '강도를 행하였던 과거의 사실'이 있기 때문이다. 강도행위자가 앞으로 그런 범죄를 더 이상 저지르지 않을 것이라는 확신 따위는 형사벌 부과 여부를 판단하는 데에 중요하지 않다. 따라서 형사벌 규정은 '과거' 사실인 범죄에 대한 국가의 대응조치(Reaction)라고 말할 수 있다. 그렇기 때문에 형사재판에서 형사벌을 과하게 된 원인으로서 (과거의) 범죄사실의 유무를 가리는 일이 가장 중요하게 된다.

그렇다면 해고의 정당성을 가리는 해고분쟁에서 해고사유에 해당하는 사실의 존부가 가장 중요한 쟁점이 되어야 할까?

여기에서 다음과 같은 의문을 가지게 된다. 즉 해고제도의 본래적 목적이 과거 사실에 대한 비난이라기보다는 미래 발생될 것으로 예상되는 계약장애 위험에 대한 예방적 조치로 보아야 하는 것은 아닌지 하는 의문이 바로 그것이다. 이는 다시 말하면 해고제도를 전형적 징계조치와는 다르게, 오히려 직위해제와 유사하게 파악하여야 하는 것은 아닌가 하는 의문이 있다는 것이다. 만약 해고가 위와 같은 위험을 미리 예방하는 차원에서 허용되는 것이며, 그러한 한도에서 정당성을 인정받는 것이라고 한다면, 행태상 사유에 기한 해고는 더 이상 사용자의 근로자에 대한 '비난적' 징계조치라고 평가할 수 없게 된다. 다시 말하면 해고제도의 이론적 기초에 대하여 그 사유의 구별함이 없이 징계적 속성으로부터 벗어나게 할 수 있게 된다. 이와 관련하여 오늘날 독일 해고법상의 일반원칙으로 자리매김한 '해고예후원칙'(Prognoseprinzip)에 주목할 필요가 있다. 독일 해고법상의 해고예후원칙은 바로 해고의 제도적 목적을 새롭게 재정립하였고, 이러한 필요성이 현재 우리 노동법 학계와 실무에서도 매우 클 것으로 생각하기 때문이다. 아직 생소한 이 해고원칙에 대하여 우리 학계가 관심과 더불어 관련 이론을 깊이 고민해야 할 필요가 바로 여기에 있다.

다만 이하의 논의에서 전제되어야 할 것이 있다. 그것은 바로 징계해고제도에 관한 것이다. 실제로 우리 노동실무에서 해고의 가장 흔한 형태가 징계해고라고 할 수 있지만, 사실 징계수단으로 정직, 감봉, 견책 등 이외에 '해고'까지를 징계의 수단으로 삼는 것은 우리 노동법제의 특이한 현상이다.[40] 처음부터 징계수단으로 활용이 예정된 '징계해고'는 그 속성상 비난적 제재조치로서의 특성을 가지며 아울러 그 비난의 대상이 과거 근로자의 비위사실 그 자체가 된다는 점은 너무 당연한 것이다. 하지만 징계해고를 해고법 이론상의 원칙적 해고라고 볼 수는 없으며, 사용자라는 계약일방당사자의 계약상 해지권 행사와는 그 차원을 달리하는 것으로 보아야 한다. 그러므로 이하에서의 설명은 징계해고의 경우를 배제한 것임을 미리 전제하여 둔다.

이하에서는 주로 해고예후원칙의 내용과 그 이론적 근거 그리고 독일 해고법에서 해고일반원칙으로서 해고예후원칙이 형성·정착하게 되는 과정을 설명한다. 마지막으로 이에 덧붙여 이러한 해고예후원칙의 해고실무상의 기능을 기술하게 된다.

---

40) 예컨대 독일에서는 징계차원에서 회사가 근로자를 직장으로부터 축출하는 것까지 허용하지는 않는다. 다시 말하면 징계해고제도는 존재하지 않는다.

2. 해고'일반'원칙으로서 해고예후원칙

1) 해고예후원칙의 법이론적 근거

(1) 개 념

'해고예후원칙'(Prognoseprinzip)이란 근로관계의 지속을 어렵게 하는 장애사유 발생으로 해고가 정당화되기 위해서는 그 사유가 단지 '일회적'이거나 '단기간'에 그치는 것이어서는 안 되고, 장차 앞으로도 상당기간 반복되거나 지속될 것이 예상될 수 있는 것이어야 한다는 원칙을 말한다.[41] 해고예후원칙은 해고의 제도적 목적 그리고 해고의 정당화 근거사유와 밀접하게 관련되어 있는 해고일반원칙이라고 할 수 있다. 왜냐하면 해고예후원칙에 따르는 한, 흔히 해고'원인'은 장래에 전개될 사정을 가리키며, 따라서 그 속성상 '미래예측적' 성격의 '그 어떤 것'이어야 한다고 보아야 하기 때문이다. 요컨대 단지 일회적인 계약장애사실의 발생 그 자체가 곧바로 해고를 정당화시킬 수는 없게 된다.

이해를 돕기 위해 다음의 사례를 살펴보기로 한다.

> **사 례**
>
> A택시회사의 택시 운전사로서 근무하던 甲은 최근 알 수 없는 원인으로 말미암아 시력을 거의 상실하게 되었다. 이에 따라 사용자 乙은 甲에 대하여 일신상 사유를 이유로 해고를 단행하였다.

41) Kittner / Däubler / Zwanziger, Kündigungsschutzrecht, 5.Aufl., Rn.390a.

종래 앞의 사례가 발생되면 해고의 원인은 '질병발생(시력상실)'이라고 보고, 이를 일신상 사유에 기한 해고로 보아 해고의 정당성을 긍정하였다. 시력상실 사실의 발생은 실제로 택시운전사로서의 업무 적격성에 대한 중대한 흠결이 되기 때문이다.

하지만 해고예후원칙이 해고일반원칙으로 자리 잡고 있는 현대 독일 해고법에 따르면 이와 같은 사례에서 아직 해고의 정당성 판단을 쉽게 단정할 수 없게 된다. 해고원인에 대하여 해고예후원칙에 따른 평가가 여전히 요구되기 때문이다. 해고예후원칙에 따르면, 해고를 유발하게 한 장애사유, 즉 질병이 현재뿐만 아니라, 향후 상당한 기간 동안 지속·반복될 것인가에 대한 판단을 수반하는 것이어야 하는데, 아직 이에 대한 사실은 불명확하기 때문이다. 갑의 시력상실이 일시적 쇼크에 따른 것인지 혹은 획기적인 치료제가 개발된 상태라든지 하는 여러 가지 변수가 아직 고려되어 있지 않고 있는 상태에서 해고의 정당성을 속단하기는 어렵다고 할 수 있다.[42] 해고예후원칙은 바로 이러한 점을 지적하기 위한 원리이다. 그렇다면 이러한 해고예후원칙은 어떠한 법이론적 근거를 기반으로 하고 있을까?

(2) 해지의 장래효와 해지사유의 장래적 속성

(1) 계속적 계약관계의 속성과 해지

원칙적으로 지속적 급부를 목적으로 하는 계속적 계약관계에서는 그 계약당사자가 '해지권'의 행사를 통하여 계약관계를 소멸케 할 수 있다.[43] 해지는 종래 지속하여 온 계속적 계약관계를 '장래' 일정시

42) BAG AP Nr.26 zu §1 KSchG 1969 Krankheit.

43) 계속적 계약관계는 채권채무의 내용을 이루는 급부가 일정한 기간 동안 계속해서 행해진다는 점에서 일정 시점에서 급부가 이루어지는 일회적 계약관계와는 구

점에 소멸시키는 것을 말한다.[44] 해지제도는 장래에 향하여 더 이상 계약관계를 지속하고 싶지 않다는 계약당사자의 의도를 존중하기 위한 것이다.[45] 요컨대 계속적 계약관계는 상당기간 급부관계가 지속되는 것을 전제하므로, 양 당사자 간의 신뢰는 매우 중요하다. 만약 이러한 신뢰가 깨어지는 등의 사정이 발생하여 당사자 간의 관계 지속이 어렵게 되면, 해지권 행사는 원칙적으로 자유롭게 행해질 수 있어야 한다.

다만 예외적으로 그 해지권의 행사가 제한적으로만 허용되는 경우가 있다.[46] 그 대표적인 예가 바로 근로계약이나 혼인계약인데, 이때 그 제한은 주로 해지사유를 제한하는 방식으로 행해지게 된다. 즉 정당한 '해지사유'가 존재하는 경우에만 이를 허용하는 것이다. 예컨대 근로계약의 경우 사용자의 해지권 행사에는 정당한 해고사유가,[47] 혼인계약에 있어서는 이혼의 정당한 사유가 있어야만 해지권 행사가 가능하다.[48]

별된다(김형배, 『민법학강의』, 2009, 849면). 계속적 계약관계는 그 급부의 실현이 시간적 계속성을 갖는다는 특성을 가진다. 이러한 급부실현형태는 회귀적 급부와 계속적 급부로 대별될 수 있을 것이다(김형배, 『민법학강의』, 2009, 849면).

44) 김형배, 『민법학강의』, 2009, 1246면.

45) Herschel, FS. G. Müller, 1981, S.202.

46) 이렇게 계속적 계약관계의 당사자에게 자유로운 해지권 부여는 잘못이라는 인식은 이미 독일 나치시대로 거슬러 올라간다. 한때 독일은 나치주의적 사회공동체 이념에 따라, 계약의 소멸을 위한 해지권은 당사자의 주관적 판단에 따른 자유사항이 아니라 공동체의 이익관점에서 보아야 한다고 평가했기 때문이다(Rüthers, NJW 1998, S.1437).

47) 근로계약은 노동력 제공과 임금의 지급을 주된 급부 목적으로 한 전형적인 계속적 계약이며, 양 당사자는 해지권을 각각 가지는데, 근로자의 해지를 '사직'이라 하고, 사용자의 해지를 '해고'라고 한다. 특별히 사용자의 해지를 해고라고 칭하는 것은, 사용자의 해지권 행사는 근로자 보호 차원에서 그 행사를 매우 엄격하게 제한하고 있기 때문이다.

48) Thau, Anm., SAE 2002, S.109.

② '해지'사유의 개념적 속성

해지를 정당화하는 해지사유란 법이론상 '종래 지속되어 온 계약관계가 왜 장래에 더 이상 지속될 수 없는 것인가'를 설명해 주는 것이어야 한다. 다시 말하면 해지사유는 그 속성상 미래 발생하게 될 상황에 영향을 미치는 것이다. 따라서 계약상의 장애 사실이 그 속성상 일시적이거나 단편적인 것일 뿐, 지속되거나 반복되는 성질의 것이 아니라면, 해지를 정당화할 만한 사유로 보기는 어렵게 된다. 요컨대 과거 어떠한 사실이 발생하였는가 하는 점과 상관없이 향후에도 그러한 계약관계의 지속이 가능하다고 판단되면, 해지사유는 존재하지 않는 것으로 보아야 한다.

③ 근로관계 소멸의 정당화 사유로서 해고사유

이와 같은 관점에서 해고의 문제를 살펴볼 필요가 있다. 해고는 해지로서의 본질을 가진다. 사용자의 해지가 해고이다. 그러므로 해고통지는 사용자가 이제 더 이상 근로계약관계를 지속할 수 없다는 것을 나타내는 의사표시이고, 해고사유란 '왜 더 이상 근로계약관계를 지속할 수 없고 장래 일정시점에서 중단되어야 하는가'를 보여주는 근거가 되어야 한다. 즉 해고사유는 미래 발생하게 될 근로관계 장애사실의 지속이나 반복을 예상할 수 있도록 하는 것이어야 한다. 이러한 점에서 해고정당화 사유 역시도 개념상 미래관련적 속성을 지닌다고 할 수 있다. 단지 과거 심대한 계약장애사실이 발생하였다는 사실만으로 해고원인이 존재한다고 할 수는 없고, 그러한 사실이 앞으로 장래에도 반복되거나 지속되는 등 미래에 영향을 미치는 상황에 비로소 해고사유가 존재한다고 생각하게 된다.

결국 해고예후원칙은 이러한 해고사유의 미래관련성으로부터 기인한 것이라고 할 수 있다. 해고의 정당성 판단에서 해고의 정당한 이유가 존재하는가의 문제는 결국 과거에 어떠한 사실이 발생하였는가보다는 앞으로 향후 벌어지게 되는 근로관계 지속전망이 더 중요하기 때문이다.

사실 그동안 해고의 원인이 이러한 미래적 전망을 내포하는 개념이어야 한다는 것이 노동법학계에 뿌리내리는 것은 쉽지 않았다. 이를 이해하기 위해서는 무엇보다 어떠한 계기를 통해 이러한 해지사유의 미래관련적 속성을 확인하게 되었는지 그리고 이로부터 노동관계상의 문제 특히 해고사유와 연계되어 소위 해고예후원칙이 형성될 수 있었던 상황을 연혁적으로 검토해 보는 것이 필요하다.

2) 해고예후원칙의 연혁적 발전과정

(1) Herschel의 착안점

앞서 언급한 바대로 해고예후원칙은 해고일반원칙의 하나이지만,[49] 다른 해고원칙들에 비해 해고예후원칙은 비교적 최근이라고 할 수 있는 1980년 중반 이후에야 독일 해고법에서 받아들여졌다.[50] 하지만 해고예후원칙의 법이론적 단초가 발견된 것은 훨씬 이전인 1936년으로 거슬러 올라간다. 당시 판사였던 Herschel은 "해고의 정당성 판단에서 중요한 것은 계약장애 사실이 발생하였는가가 아니라, 장차에도 그러한 사실 때문에 계약관계가 지속될 수 없다고 볼 수 있겠는가 하는 점이다"라고 주장하였다. 하지만 이러한 주장은 지나치

49) Wank, RdA 1993, S.80ff.; Preis, NZA 1997, S.1076.
50) Rüthers, NJW 1998, S.1437.

게 앞서간 것으로서 당시로서는 주목받지 못하였다. 이러한 주장이 비로소 빛을 발한 것은 1980년대 후반에 이르러서였다.[51)]

당시 Herschel의 이러한 주장은 이혼사건 판결에서 착안한 것이었다. 당시 가사사건을 주로 다루고 있던 Herschel은 이혼의 정당성을 고민하면서 이혼을 정당화하는 것은 간통 등 혼인을 파탄에 이르게 한 사실이 있는가라기보다는 그러한 사실이 앞으로도 지속될 것인가가 중요한 것이 아닌가 하는 생각을 하였다. 왜냐하면 혼인관계는 그 계약적 본질상 지속성을 가지는데, 일회적 사유만으로 장차 종국적으로 지속성이 당연히 포기되어야 하는가 하는 점에 의문을 가졌기 때문이다. 다시 말하면 혼인을 통해 형성된 혼인공동체 관계는 지속적 관계이니만큼 그 즉시적 종료가 받아들여지기 위해서는 그 사유가 향후 지속적으로 공동체 관계 유지를 어렵게 하는 것이어야 한다고 본 것이다. 따라서 기대가능성 표지에 갈음하여 오히려 그는 "혼인관계가 더 이상 지속되도록 하는 것이 과연 가능한 것인가"에 대한 예측적 판단이 중요한 전제요건이라고 본 것이다.[52)]

Herschel의 생각은 여기에 그치지 않고 본격적으로 해지사유의 속성을 일반화하여 당시 근로계약관계의 (해지를 통한) 종료와 혼인계약관계의 (해지를 통한) 종료의 정당성 기준을 동일한 차원에서 파악하고자 시도하였다.[53)] 사실 혼인계약관계와 근로계약관계는 여러 가지 점에서 유사한 측면이 있다. 우선 첫 번째로는 혼인관계와 근로계약

---

51) 이때 결정적인 역할을 한 것은 자신의 박사학위논문(Preis, Prinzipien des Kündigungsrechts bei Arbeitsverhaltnissen, 1987(Köln), C.H.Beck)을 통해 이 원칙을 체계화한 Preis 교수와 이를 지지한 Berkowsky였다(Rüthers, NJW 1998, S.1437).

52) Herschel, FS für Nikisch, 1958, S.50.

53) Rüthers, NJW 1998, S.1437.

관계가 본질적으로 사회상 중요한 '인적 공동체'를 형성한다는 점에서 구조적인 공통성을 가진다.[54] 다른 하나는 이러한 인적 공동체가 상당한 기간 지속될 것이 예정되어 있고 또한 왠만하면 지속되도록 법률적 보호를 받는다는 공통점을 가진다. 이러한 두 가지 특성은 그러한 계약관계를 소멸시키는 사유(해지사유)가 어떠한 속성을 가져야 하는가와 관련하여서도 일맥상통할 수 있다는 것이다.[55] 부부라는 삶의 '공동체'(Lebensgemeinschaft)를 소멸케 하는 근거와 근로계약 공동체를 소멸케 하는 근거로서 해지사유는 앞으로 도저히 관계가 지속될 수 없다는 것을 보여주는 것이 되어야 하기 때문이다.[56]

(2) 학문적 체계화 과정

그러나 당시 Herschel의 주장은—그 자신도 스스로 인정하였듯이— 아무런 학문적 반향을 일으키지 못하였다. 당시 학계의 그러한 반응은 근본적으로 혼인관계라는 가족법적 차원의 문제를 재산법상 급부교환의 본질을 갖는 근로관계에 그대로 원용하는 것은 잘못이라고 보았다.[57] 나아가 인적 공동체 형성을 맥락으로 한 Herschel의 그러한

---

54) Herschel, FS für Nikisch, 1958, SS.49-62.

55) Herschel, FS für Nikisch, 1958, S.50. 이러한 점에서 우리 민법 제840조상에 열거된 이혼사유도 과거 일회적 사유가 아닌 미래지속성에 바탕하여 해석되어야 하지 않을까 한다. 즉 장차 혼인관계가 지속되도록 하는 것은 불가능하다는 예측이 기초되어야 한다. 특히 이러한 점은 동법 제840조 제6호에서 확인되는데, 동호에서는 '혼인을 계속하기 어려운 중대한 사유'라는 표현을 쓰고 있다.

56) Herschel, FS für Nikisch, 1958, S.50. 나아가 Herschel은 1981년 다른 논문에서 이를 보다 체계화하여, 종래 판례와 학계에서도 널리 통용되고 있던 '해고원인'(Kündigungsgrund)의 개념에 대해서 비판하기에 이른다. 해고원인과 해고동기가 그 체계적 지위를 달리함에도 불구하고 이를 혼용하고 있는 잘못을 저지르고 있다는 주장을 한 것이다(Herschel, FS für G. Müller, S.202).

57) Rüthers, NJW 1998, S.1437.

주장은 나치시대혼인법(NS-Ehegesetzes von 1938) 발효와 함께 민사법 전체에서 이루어진 연대 경향화에 지나치게 충실한 결과라는 비판이 뒤따르기도 하였다. 다시 말하면 나치시대에 가능한 개별 민사법 주체 상호 간을 연대적 공동체 관계로 묶으려는 시도가 있었고, 그 혼인관계도 예외가 아니었는데, 여기에 더 나아가 근로계약관계까지 인적 공동체관계로서 파악하는 것은 Herschel이 공동체적 연대의식에 학문적으로 매몰되어 발생된 이론적 결과물이라고 볼 수 있다는 것이다. 이러한 Herschel의 반복된 주장에도 불구하고 독일 노동법학계와 법원의 반응은 냉담하였다.

하지만 Herschel 판사의 그러한 주장은 새롭게 체계화되기에 이른다. 즉 종전에 학계에서 아무런 흔적을 찾을 수 없을 것같이 매몰되었던 그의 학문적 성과를 단초로 하여 Preis 교수는 근로계약관계의 본질에 기초하여 해고의 정당성 판단에 있어 예측적 요소가 요구됨을 설명하면서 학계의 주목을 얻을 수 있었다. 실제로 오늘날 독일 노동법 학계에서 해고예후원칙에 대하여 이를 반대하는 견해는 찾기가 어렵다.58) 독일 연방노동법원에서도 해고의 정당성을 판단함에 있어 일반원칙으로 일관되게 고려되고 있다.59) 이는 오늘날 해고원칙으로서 해고예후원칙의 지위를 말해주는 것이기도 하다.

3) 소결: 해고의 정당성 판단과정에 대한 재구성

앞서 지적한 바와 같이 해고예후원칙에 따르면, 해고를 유발시킨 사유 그러니까 해고원인은 단지 일회적 성격의 것인지 아니면 장차

58) Preis, NZA 1997, S.1076.

59) BAG AP Nr.53 zu §1 KSchG 1969 Betriebsbedingte Kündigung.

미래에도 반복·지속될 속성의 것인지가 매우 중요하다. 왜냐하면 사실상 해고의 정당성을 판가름하기 때문이다. 그런데 과거 일정한 사실이 발생하였는가 여부에 대한 판단은 상대적으로 용이하다. 단지 유무에 대한 확인만 있으면 족하기 때문이다. 그런데 문제는 향후 벌어질 상황에 대한 예측에 관하여는 판단이 쉽지 않다는 것이다. 해고예후원칙은 해고를 단행하는 사용자로 하여금, 장차에도 근로계약관계의 지속을 어렵게 하는 사유가 반복·지속될 것이라는 판단을 요구한다. 해고의 정당성 판단에는 단순한 미래 예측이 아니라 경영전문가로서 사용자의 상황 추이에 대한 전망, 즉 '예후'(Prognose)가 필요하다.[60] 요컨대 사용자는 해고통지를 발하는 시점에서 이미 이러한 예후판단을 완료하였어야 하는 것이다.[61]

예컨대 앞서 제시되었던 예시사례의 경우라면, 사용자 을은 해고예후판단을 위하여 우선 근로자 갑의 진료를 담당한 의사의 소견[62]에 귀를 기울이게 될 것이다. 즉 담당의사가 현재 갑의 시력상실 상태에 대하여 원인불명의 경우로서 앞으로도 그러한 상태가 지속될 것이라고 진단하고 있다면, 사용자는 그러한 근로관계 장애사유의 지속을 확신하게 될 것이다(해고예후판단). 그렇지 않고 갑의 시력상실이 극도의 스트레스에 따른 일시적 현상이라거나 수술요법을 통한 치료가 가

---

60) 필자가 굳이 '예후'(Prognose)라는 용어를 사용하는 이유는 단순한 예측과는 구별되어야 한다고 생각하기 때문이다. 즉 '과연 근로계약관계가 지속가능한가'에 대한 경영전문가로서 사용자의 예측은 마치 의사가 환자의 향후 병세 추이에 대한 예측, 즉 예후와 같은 것이다. 단순히 모든 일반인들이 미래에 대하여 추측하는 정도의 예측과는 차원을 달리하여야 한다.

61) Rüthers / Bakkar, Anm. BAG EzA §102 BetrVG 1972 Nr.63; BAG DB 1987, S.942; BAG NZA 1985, S.357.

62) 이 역시도 의사로서의 전문가적 예측이라는 점에서 예후판단이라고 표현할 수 있겠다. 하지만 의사의 예후판단은 적어도 노동법적으로는 아무런 의미가 없음은 물론이다.

능하여 일정기간 도과 시 시력회복이 가능하다고 의사에 의해 진단내려지면, 사용자가 쉽사리 해고원인의 미래반복지속성을 긍정할 수는 없을 것이다. 해고예후원칙에 따른다면, 이러한 해고예후판단을 전제하여서만 해고가 유효하게 단행될 수 있게 된다. 결국 해고가 단행되는 일련의 과정을 살펴보면, '① 질병의 발생→② 해고예후판단→③ 정당한 해고단행'의 순으로 요약될 수 있게 된다.[63]

요컨대 정리하면, 해고예후원칙은 법관으로 하여금 해고정당성 판단에서 근로관계장애 사유 그 자체의 유무보다는 그러한 사유가 앞으로 지속·반복될 것인가 여부를 고려하도록 요구하는 해고일반원칙이라고 할 수 있다. 이러한 해고예후원칙은 계속적 계약관계의 '해지 사유'가 갖는 본래적 속성으로부터 자연스럽게 도출된 것이라 할 수 있다. 마치 해고가 해지로서의 본질을 가지는 한, 해고원인이 해지사유로서 가져야 할 속성을 띠는 것은 당연한 것이다. 비록 근로계약관계상에 심대한 장애사유가 발생하였다고 하여 해고의 정당성을 쉽게 단정할 것이 아니라, 그것이 일회적이거나 우연적인 것인지 아니면 앞으로 반복·지속될 것인지를 살펴 신중하게 해고정당성 판단을 하여야 한다. 이것이 바로 해고예후원칙의 실천적 기능이라고 할 수 있으며, 오늘날 독일 해고법상에서는 일반원칙으로 받아들여지고 있다.[64]

---

63) 그래서 필자는 과거 논문을 통해 해고단행의 직접 원인은 해고예후판단이고, 해고예후판단의 근거는 일정한 계약장애사유라는 점에 착안하여, 해고의 직접적인 정당성 근거는 해고예후판단(장애사실의 지속판단)이므로 이를 해고원인(Grund)으로 보아야 하고, 장애발생사실(=시력상실)은 그러한 해고'원인'을 유발하게 된 '동기'(Motiv)라고 보아야 한다고 주장한 바 있었다(권혁, "해고, 해고원인, 해고동기", 『노동법학』, 2006. 6. 참고).

64) Hillebrecht, ZfA 1991, S.120; König, RdA 1969, S.15.

3. 해고예후원칙에 따른 해고유형별 해고원인

1) 일신상 사유에 기한 해고

사용자는 근로자에게 중대한 일신상의 사유가 존재하면 해고를 단행할 수 있다. 이때 일신상의 사유란 근로자의 업무적격성의 소멸을 의미한다. 그러한 예로는 근로자의 신체적 장애(예컨대 운전기사의 시력 상실 등)나 정신적 장애가 발생한 경우를 들 수 있다.[65] 해고예후의 원칙에 따라 당해 사유를 이유로 해고를 단행하는 경우에도 반드시 해고를 유발하게 된 그러한 사실이 앞으로 근로계약관계를 지속할 수 없다는 점을 분명히 근거지을 수 있어야 한다. 다시 말하면 일시적인 시력 장애의 발생으로 비록 현재 운전업무를 수행할 수 없더라도 합리적인 기간 내에 시력이 회복되어 업무를 수행할 수 있다면, 이러한 경우에 당해 근로자에 대한 해고는 정당하다고 볼 수 없다 할 것이다.

2) 행태상 사유에 기한 해고

사용자는 근로자의 행태상 사유에 기하여 정당하게 해고를 단행할 수 있다. 이때 행태상 사유라 함은 근로자가 근로계약상 의무를 위반한 제반 사실을 말한다. 하지만 계약의무를 위반한 사실 그 자체가 해고원인이 될 수는 없다. 그러한 사실이 존재한다는 것만으로는 종래 유효하게 지속되어 온 근로계약관계가—해고보호법리에도 불구하고—왜 앞으로 지속될 수 없는가에 대하여 충분한 설명이 될 수 없기 때문이다. 여기에 더하여 그러한 행태상 영역에 속하는 계약의무위반

65) Boewer, NZA 1988, S.678.

사실이 앞으로도 반복되거나 지속될 우려가 있는 경우에 비로소 행태상 사유에 기한 해고의 원인이 존재한다고 평가할 수 있을 것이다.[66] 따라서 근로자의 계약의무위반 사실이 매우 일회적이고 우연적인 상황으로부터 발생한 것이라면, 이러한 사정이 해고의 정당성 판단에서 고려되어야 한다.

사 례

베를린에서 지하철 운전을 담당하고 있던 갑은 1994년 12월 11일 음주를 한 상태에서 자신의 승용차를 운전하다가 약 오후 4시 10분경 교통사고를 유발하였다. 당시 갑의 혈중알코올농도는 2.73에 이르고 있었다. 이에 따라 갑은 벌금형에 처해지고, 운전면허증은 압수되었으며, 10개월간 신규운전면허교부자격이 상실되었다. 이러한 사실이 있자, 베를린 지하철 회사 측은 이를 이유로 하여 갑을 즉시 해고하였다.[67]

위 사례의 경우 우선 지하철 운전업무를 담당하는 근로자에게 있어 음주하지 않아야 한다는 것은 안전과 관련된 것이므로, 설사 자신의 개인 승용차를 운전하다가 사고를 낸 경우라도 사용자에 대하여 매우 중대한 신뢰를 훼손할 수 있는 계약의무위반에 해당된다고 볼 것이며, 이 점에 대하여 선세하기로 한다.[68] 그렇다면 갑에 대한 해고는 종래 해고법상 가상 선형적인 행태상 해고의 경우라고 할 수 있

66) BAG AP Nr.27 zu §1 KSchG 1969 Verhaltensbedingte Kündigung; Preis, Prinzipien des Kündigungsrechts bei Arbeitsverhältnissen, 1987, S.328ff.

67) BAG NZA 1997, S.1281.

68) 위 사건에서 원심(LAG Berlin, Urt. v. 11. 6. 1996-7 Sa 14/96)은 개인승용차를 운전하다가 낸 사고이므로, 이는 사적 영역에 해당하여 해고의 원인으로 삼을 수 없다는 취지로 판시하였었다. 이에 대해 연방노동법원이 원심을 파기한 바 있다.

다. 그런데 이때 연방노동법원은 갑에 대한 행태상 해고가 정당하지 않다고 판시하였다. 연방노동법원에 따르면, 지하철공사 사장 을의 행태상 사유에 기한 해고는 당연히 정당한 것으로 볼 수는 없다고 한다. 당해 해고가 정당하기 위해서는 반드시 갑의 음주운전과 같거나 유사한 계약의무위반 사실이 앞으로도 계속되거나 반복될 수 있다는 판단이 가능하여야 한다는 것이다. 예컨대 당시 갑은 25년간 동 지하철공사에서 근무하여 왔으며, 그동안 단 한 차례의 결근이나 지각 또는 지연운행 등 문제를 유발한 바 없고, 오히려 성실한 근무태도로 많은 신망을 받아 왔는바, 마침 음주운전을 한 그날은 갑의 부인이 가출을 하여 충격에 빠진 상황이었던 경우와, 이와 반대로 갑은 평소에도 음주가 잦고, 정시 운행 지침을 위반하는 사실이 발생한 바 있어서, 사용자인 을이 이미 수차례 사전경고나 주의를 한 사정이 존재하는 경우는 달리 취급되어야 한다. 양자의 경우가 모두 중대한 계약위반사실이 현재 존재하는 것은 동일하나, 전자의 경우는 앞으로 그러한 계약위반 사실이 반복되거나 지속될 가능성이 있다고 판단하기 어려운 반면, 후자의 경우는 그러한 위험이 긍정되어야 한다. 결국 전자와 같은 사정하에서 단지 음주운전사실이 발각되었다는 점 때문에 해고권을 단행하는 것은 해지권의 행사로서 본질을 갖는 해고의 측면에서 받아들이기 어렵다고 할 것이다. 위 사례에서 독일 연방노동법원은 지하철운전업무를 담당하고 있던 갑의 해고에 대하여 해고예후가 존재하지 않는다고 하여 행태상 해고의 정당성을 부인하였다. 다시 말하면 갑의 경우 앞으로 그러한 계약의무위반 사실이 지속되거나 반복될 예측적 가능성이 존재하지 않으므로, 해고를 정당화할 근거가 존재하지 않는다고 본 것이다.[69)]

---

69) BAG NZA 1997, S.1281.

하지만 해고예후원칙과 관련하여 학계에서 여전히 논란의 여지가 남아 있는 것이 바로 행태상 사유에 기한 해고유형과 관련하여서이다. 왜냐하면 행태상 사유에 기한 해고의 경우는 과거 의무위반 사실 그 자체에 대하여 인과적으로 직장의 상실이라는 결과를 부여시키는 것이라고도 할 수 있기 때문이다.[70] 하지만 1988년 이후부터 독일 판례는 행태상 사유에 기한 해고의 경우에 해고예후원칙을 적용하여야 한다는 입장을 견지하고 있으며,[71] 이는 오늘날 독일 학설의 지배적 견해이기도 하다.[72] 판단컨대 해고예후원칙은 행태상 사유에 기한 해고에서 오히려 보다 큰 실천적 의미를 갖는다고 보아야 할 것이다.

그 이전까지 계약의무위반 사실을 초래하였다면 이에 대한 책임을 스스로 부담하도록 하는 해고유형이 바로 행태상 사유에 기한 해고이므로, 행태상 사유에 기한 해고는 전형적으로 과실책임의 원칙에 기초하고 있다고 보았다.[73] 하지만 과거 행태사실이 아니라 장차 미래에 그러한 행태 사실이 발생될 위험이 존재하는가를 행태상 해고의 정당성 근거로 파악하여야 한다는 것이 해고예후원칙이다. 이렇게 장차 행태상 계약의무위반 사실이 반복되거나 지속될 위험을 막기 위해 해고가 단행된다고 볼 경우, 더 이상 행태상 해고는 징계적 성격을 가진다고 할 수 없게 된다.[74] 왜냐하면 징계라는 것은 본질적으로 과거 사실에 대한 현재의 평가와 대응을 의미하기 때문이다. 만약 행태상 해고를 이러한 구조로 파악하게 되면 범죄에 대하여 형벌을 가하

---

70) Adam, NZA 1998, S.284ff.; Rüthers, NJW 1998, S.1433ff.

71) BAG, NZA 1989, S.633.

72) Preis, DB 1988, S.1387; Wank, RdA 1993, S.83.

73) BAG AP Nr.2 zu §1 KSchG 1969 Verhaltensbedingte Kündigung; Adam, NZA 1998, S.284ff.; Rüthers, NJW 1998, S.1433ff.

74) Kraft, ZfA 1994, S.475.

예 시

과거 범죄행위 사실(절도사실) = 과거 행태상 계약위반행위 사실 = 과거 사실

↓

형벌(징벌) = 사용자의 행태상 해고 = 과거 사실에 대한 대응조치

는 구조와 동일하게 된다.[75] 하지만 해고예후원칙에 따를 경우에는 범죄와 형벌에 대한 구조와 행태상 사유에 기한 해고의 구조는 차원을 달리하게 된다.

형벌이나 해고는 과거 사실에 대한 국가 또는 사용자의 대응조치에 해당됨을 알 수 있다. 왜냐하면 절도범죄자가 앞으로도 범법행위를 저지를 것인가에 따라 형벌이 가해지는 것이 아니기 때문이다. 오로지 절도범죄에 대한 형벌이 가해지는 것은 과거에 범죄사실을 저질렀기 때문이다. 즉 형벌이 "왜 그러한 범죄를 저질렀는가?"에 대한 응보적 조치이듯이, 해고 역시 "왜 계약의무를 위반하였는가?"에 대

예 시

장차 행태상 계약위반행위가 지속되거나 반복될 위험(Prognose) = 미래의 위험

↓

사용자의 행태상 해고 = 미래위험에 대한 대응조치

75) Kraft, ZfA 1994, S.475.

한 응보적 조치가 된다.

만약 위와 같이 해고의 정당성을 현재 예측되는 근로자의 행태상 계약위반 사실의 반복과 지속에서 찾게 된다면, 해고라는 조치는 왜 과거에 그런 행위를 하였는가에 대한 비난이라고 할 수 없게 된다. 왜냐하면 과거 사실 그 자체의 존부가 중요한 것은 아니기 때문이다. 비난과 징계의 수단이기 위해서는 개념본질적으로 비난의 대상이 될 과거 사실이 존재하여야 하는 것이다. 결국 해고예후원칙에 따를 경우 행태상 해고는 더 이상 징계수단으로 평가될 수 없다. 일신상 사유로서 근로자에게 일정한 신체장애사실이 발생함으로써 해고를 단행하는 것은 근로자 측 영역에서 근로관계를 지속할 수 없도록 하는 원인이 존재하기 때문이지 과실책임원리가 개재된 것이 아님은 의문의 여지가 없다. 행태상 사유에 기한 해고의 경우에 특별히 달리 취급할 특별한 이유나 근거가 없다.[76] 만약 귀책사유에 기한 채무불이행의 차원에서 행태상 계약의무위반 사실이 있다면 민사법상 손해배상을 통해 구제되는 것으로 충분하다.[77] 이때 행태상 계약위반 사실의 지속이나 반복 위험에 대한 예측적 판단은 경고와 같은 사용자의

---

76) Dörner, NZA 1992, S.868. 다만 우리나라에서는 행태상 해고의 경우 대부분 징계해고로서 이루어진다. 독일의 경우는 아예 징계의 수단으로 해고가 인정되지는 않는다. 그러나 우리 근로기준법은 제23조에서 아예 여러 가지 징계 수단과 병렬하여 해고를 인정하고 있다. 동 규정에 따라 우리나라에서는 해고가 징계수단으로 활용될 수 있음을 알 수 있다. 이러한 징계해고의 경우라면 징계해고의 원인은 과거 발생된 일정한 사실이라고 할 수 있을 것이다. 징계이기 때문이다. 다만 징계해고는 사용자가 근로계약의 사적 당사자로서의 지위에서 도출되는 해지권으로서의 본질을 가지는 것이 아니라, 오히려 사용자라는 독특한 지위에서 인정되는 징계권의 일종으로 파악되어야 한다. 이러한 점에서 징계해고는 결코 해고의 일반적 모습으로 파악되어서는 안 된다고 생각한다.

77) 실제로 Kraft는 오늘날까지 해고예후원칙을 부정하면서 행태상 해고가 근로자의 비난적 행태에 따른 것인 한 해고가 근로자에 대한 비난적 수단으로 이해되는 것은 오히려 타당하다고 주장한다(Kraft, ZfA 1994, S.475).

사전적 조치를 통해 보다 분명하게 나타나게 된다. 예컨대 근로자의 근로계약상의 주·부수적 의무위반행위에 대하여 사용자가 이미 수차에 걸쳐 경고를 하는 등 사전 조치를 취한 바 있음에도 다시금 그러한 행태가 반복되는 경우라면 행태상 사유에 기한 해고를 정당화할 만한 사용자의 예후판단이 존재함을 쉽게 인정할 수 있게 될 것이다.[78] 오늘날 행태상 해고의 정당성 판단과 관련하여 독일 실무에서 사용자의 근로자에 대한 사전 경고조치의 여부가 매우 중요한 요소로서 고려되게 된 이유도 여기에 있다.[79]

3) 경영해고

(1) 내 용

경영해고에서 경영상 긴박한 필요성은 "현재 근로계약관계를 장차 더 이상 지속할 수 없는 경영 상태에 있으며, 앞으로도 상당기간 이러한 상태가 지속될 것"을 그 내용으로 하게 된다.[80] 결국 경영상 사유에 기한 해고는 장차에도 경영상의 어려움이 상당기간 지속될 것이라는 예측적 요소를 내포하게 되며, 이러한 사정을 기초로 해고통지가 도달한 시점에서 그 정당성이 사법적으로 판단되게 된다. 경영상 해고의 경우는 현재의 긴박한 경영상 사정에 비추어 장차 현재의 인력을 그대로 유지하는 것이 불가능할 것이라는 사용자의 부정적 예후가 존재하여야 비로소 정당한 것이 된다.[81]

---

78) Preis, NZA 1997, S.1077.
79) BAG AP Nr.3 zu §1 KSchG 1969 Abmahnung; Preis, DB 1990, S.630ff.
80) Preis, NZA 1997, S.1076.
81) Beckschulze, DB 1998, S.147.

판단컨대 우리 법제에서 입법자가 경영해고 이후 재고용의 가능성을 열어 놓은 이유는 경영상 해고의 원인이 갖는 특수성에서 찾아야 한다고 본다. 경영해고의 원인으로서 긴박한 경영상의 필요성은 사법적 심사가 적극적으로 이루어질 수 없으며 또한 그러한 상황적 전제요건은 그 충족 여부가 확정적이고 종국적일 수 없다. 다시 말하면 경영상 어려움이 현재 존재한다고 하여 그것이 언제까지나 지속되는 것은 아니다. 하지만 경영해고가 정당화되는 것은 적어도 상당한 기간 동안 그러한 경영상의 어려움이 지속될 것이라는 예측이 존재하고, 따라서 당분간 근로인력 규모를 현 상태대로 유지하는 것이 사실상 어렵다는 판단이 존재하게 된다. 결국 해고원인의 이러한 가변적 특수성은 그 위험을 사용자가 부담하여야 하는 것이다. 다만 여기에서 간과해서는 안 되는 것은 경영해고 이후 재고용이라는 체약강제가 인정된다 하여도, 그 인정범위는 보다 제한된 범위에서 이루어져야 한다는 점이다. 체약강제라는 예외적 법리가 경영해고의 모든 경우에 요구될 수 있을 만큼 일반적으로 활용될 수 있는 법리가 아니고, 단지 지극히 예외적인 경우에만 인정될 수 있는 법리이기 때문이다.

(2) 유형화 - 가변적 경영해고와 고정적 경영해고

해고의 정당성 판단에 기초가 된 사용자의 경영상 예측판단, 이른바 예후판단이 형성됨에 있어 경영상 해고는 이미 경영상 긴박한 사정이 존재하고 있었던 경우와 이러한 사정이 존재함 없이 단지 장차 발생될 경영상의 어려움에 대한 예측만으로 형성된 경우로 대별하여 볼 수 있다.[82] 후자는 통상 인력규모의 합리적 조정을 위한 경영해고

82) Meinel / Bauer, NZA 1999, S.577.

라고 하는 것이다.

① 고정적 예측(Stabilitätsprognose)에 기한 경영해고

해고사유에는 장차 더 이상 근로계약관계의 지속이 불가능하다는 사용자의 예측적 판단이 내재하게 된다. 그런데 사용자의 근로관계 지속에 대한 부정적 판단은 통상 과거 또는 현재에 발생된 심대한 계약상의 장애 '사실'로부터 형성되는 것이 일반적이다. 이러한 사실로부터 사용자는 더 이상 근로계약관계가 지속될 수 없을 것이라는 예측적 판단을 하게 되는 것이다. 이렇게 일정한 객관적 과거 사실에 기초하여 형성된 예측에 기초한 해고를 '고정적 예측에 기한 해고'라고 표현한다.

경영상 사유에 기한 해고의 단행 시점에서 이미 긴박한 경영상의 필요성이 인정되는 객관적 사정이 발생하였고, 이에 기초하여 장차에도 그러한 경영상의 사정이 지속될 것이라는 사용자의 예측이 형성되어 해고를 단행하였다면, 이러한 경영상 사유에 기한 해고는 바로 고정적 예측에 기한 해고로 유형화될 수 있을 것이다.[83)]

② 가변적 예측(Veränderungsprognose)에 기한 경영해고

이와는 달리 별도의 객관적 사정이 발생됨이 없이 단지 미래에 대한 예측만으로 해고가 정당하게 단행되는 경우도 있다. 이때 사용자의 예측판단을 근거지은 대상은 객관적 사실이 아니다. 객관적 사실로서 긴박한 경영사정의 발생이 없더라도 경영 어려움에 대한 합리적 예측이 있다면 경영해고를 정당하게 단행할 수 있는 것으로 본다.[84)]

---

83) Meinel / Bauer, NZA 1999, S.577.

이는 독일 판례의 입장이다.[85] 이러한 유형의 해고를 '가변적 예측에 기한 해고'라고 한다.[86]

(3) 재고용제도의 법제도화 가능성

① 사용자의 선택권 발생

우선 가변적 예측에 기한 해고의 경우는 사용자에게 유리한 선택의 재량이 인정된다. 왜냐하면 사용자는 예측된 사실관계가 실제로 발생될 때까지의 기간 동안 근로자를 먼저 해고할 것인가 혹은 그러한 사실의 실제 발생 시까지 기다렸다가 해고할 것인가를 스스로 결정할 수 있기 때문이다.[87] 이는 사용자에게 있어 상당한 재량의 폭이 인정되는 것이며, 이를 통해 사용자의 해고권은 사실상 확대된 것으로 볼 수 있다. 반대로 고정적 예측에 기한 해고의 경우에는 사용자에게 이와 같은 재량적 선택이 불가능하다. 이러한 점에서 고정적 예측에 기한 해고를 단행하는 사용자는 그와 같은 이익을 향유하지 못한다.[88]

---

84) Hoets, Die Verdachtskündigung, 2001, S.115.

85) 종래 근로자의 범법행위에 대한 혐의만으로도 해고가 정당하게 단행될 수 있다고 본 판결(BAG SAE 2002, S.106f.)이나 현재 업무수행은 가능하지만 장차 질병이 악화되어 업무수행이 불가능할 것이 예상되는 경우에도 해고를 정당하게 단행할 수 있다고 본 판결(BAG AP Nr.16 zu §1 KSchG 1969 Krankheit)에서 확인된다.

86) BAG NZA 1985, S.493; LAG Düsseldorf, NZA 1985, S.493. 이를 지지하는 견해로는 Preis, Prinzipien des Kündigungsrechts bei Arbeitsverhältnissen, 1987, S.330; Bram/Rühl, NZA 1990, S.754ff.; Wank, Anm. zu BAG SAE 1986, S.153.

87) Meinel / Bauer, NZA 1999, S.577.

88) Meinel / Bauer, NZA 1999, S.577.

② 해고판단시점의 조기화

이 밖에도 가변적 예측에 기한 해고를 인정하게 되면 사실상 해고판단시점이 지나치게 조기에 이루어지는 것은 아닌가 하는 의문이 발생될 수 있다. 왜냐하면 해고정당성 판단을 조금 늦게 행하게 되면 사후적 상황변경에 따라 애당초 무효로 선언될 수 있었던 것임에도 조기에 사법상 해고의 유효성을 판단함으로써 복잡한 문제가 발생한 것으로 볼 수도 있기 때문이다.[89] 보다 구체적인 직장보장질서 차원에서 해고의 정당성에 관한 별도의 고려가 필요하게 된다.

③ 재고용의무의 발생

앞서 설명한 바와 같이 기업의 긴박성에 대한 경영상의 판단은 그 목적적합성이나 필요성의 관점에서 사법적 심사가 매우 소극적으로 행해진다.[90] 이렇게 사용자의 경영상 판단을 존중함으로써 적어도 긴박한 경영상 필요성에 관한 사법적 판단은 다분히 사용자에게 보다 유리하게 이루어진다고 평가할 수 있다.

그런데 여기에 더 나아가 사용자가 별도의 구체적 사실로서 긴박한 경영상의 어려움에 기초함이 없이 단지 부정적 예측만으로 경영해고를 단행할 수 있다고 하는 것은 그만큼 사용자의 해고권이 확대되었음을 의미한다. 이렇게 해고권이 확대된 만큼 사용자는 경영상 해고를 정당화한 가변적 예측의 오류에 대한 위험을 스스로 부담하는 것이 옳다.[91] 이러한 한도에서 사용자는 정당한 해고를 단행한 이후라도 노동법적 개입을 스스로 감수하여야 한다고 볼 수 있다. 요컨대

---

89) Grunsky, ZfA 1977, S.170f.
90) Hromadka, ZfA 2002, S.388.
91) Meinel / Bauer, NZA 1999, S.580.

현재 긴박한 경영상의 어려움이 발생한 경우는 아니지만 이후 경영상 어려움이 지속될 것이 예측되어 합리적 인원조정 차원에서 경영상 해고를 단행한 경우에는, 이후 그러한 예측이 오류가 되면 이러한 사후적 상황은 노동법상 고려되어야 한다. 이것이 법적 안정성과 직장보장원리의 조화적 실현의 관점에서도 타당하다.[92]

4. 해고예후원칙의 노동법적 지위와 성격

1) 이데올로기적 중립성(Ideologische Neutralität)

해고예후원칙은 계약장애유발사실에 더하여 그러한 사실이 갖는 미래관련적 예측을 요구하는 것이다. 단지 일정한 사실이 발생하는 것만으로 충분하지 않고, 그러한 사실이 장차 근로계약관계의 지속에 부정적인 영향을 주는 것임이 아울러 해고정당성 판단에서 고려되어야 한다는 것이다. 여기에서 유념하여야 할 바는 해고예후원칙이 근로자의 직장보장원리와의 관계라는 관점에서 볼 때 해고보호법리의 강화를 지향하는 원칙은 아니라는 점이다. 다른 한편 사용자의 해지자유를 지향하는 가치를 실현하는 원칙도 또한 아니다. 단지 해고예후원칙은 해고의 본질이 해지로서의 실질을 가짐으로 인해 인정되는 원칙일 뿐이다.[93] 그러한 점에서 해고예후원칙은 최후수단성의 원칙과 달리 이념적으로 중립적인 특성을 갖는다.[94] 이러한 점은 다음과 같은 예시 사례에서 분명히 확인된다.

---

92) Meinel / Bauer, NZA 1999, S.580.
93) Wank, RdA 1993, S.80ff.
94) Preis, NZA 1997, S.1076.

사 례

약 400명 정도의 근로자가 상시 근로하는 유한회사의 경영협의회 간부로 일하고 있던 갑은 그동안 15회에 걸쳐 사용자 을로부터 지각과 회의 불출석 등 근무태도 불량에 대한 지적을 받아 왔다. 을은 갑과의 상담을 통해, 이후 또다시 지각 등 근무태도불량 행위가 나타나면 즉시 해고할 것임을 주지시키기에 이르렀다. 그런데 그러한 일이 있은 후 그 다음 주에 또다시 갑은 2회에 걸쳐 회사 출근시간을 지키지 못하고 지각을 하였다. 다만 1회는 수 분에 걸친 지각이었고, 2회째는 약 1시간 정도의 지각이었다. 이에 을은 갑을 즉시 해고하였다.[95)]

우선 해고예후원칙에 따를 경우 비록 개별적으로 그 하나하나의 계약장애 사실만으로는 해고를 단행할 만한 심대한 계약장애라고 평가할 수는 없지만, 그것이 반복되고 누적되어 앞으로 정상적이고 충실한 근로계약관계의 지속이 기대될 수 없다는 사용자의 예측적 판단이 이루어지면 해고는 정당하게 단행될 수 있게 된다.[96)] 위 예시사례에서 당시 원심은 그러한 사소한 행태상의 의무위반으로는 직장을 상실하게 할 정도의 중대한 사유에 속한다고 보기 어렵다고 보았다. 하지만 원심과 달리 독일 연방노동법원은 사용자의 즉시해지에 대하여 그 정당성을 긍정하였다. 그 이유는 객관적으로 드러난 사실로부터 장차 그러한 행태상 계약위반 사실이 지속·반복될 우려가 있고, 따라서 근로계약상의 의무가 온전하게 실행될 것이라는 예측이 불가능하기 때문이라고 하였다.[97)] 또한 비록 계약장애를 유발한 근로자의

95) BAG EzA §626 BGB n.F. Nr.116.
96) BAG EzA §626 BGB n.F. Nr.116.
97) 이 사건은 당시 언론에서도 화제를 불러일으켰는데, 당시 Rüthers 교수가 프랑크푸르트 알게마이네신문 1989년 8월 2일자 10면에 논평을 기고하기도 하였다.

행태가 일회적이고 우연한 것이더라도 해고예후원칙에 따라 해고는 정당화될 수도 있다. 왜냐하면 그러한 근로자의 행태가 사용자로 하여금 인격적 신뢰를 훼손하여 더 이상 근로계약관계의 정상적 지속을 불가능하게 하는 경우라고 판단되면, 이러한 경우에도 사용자의 부정적 예후판단이 존재한다고 보아야 하기 때문이다.[98] 예컨대 근로자가 모든 근로자들이 보는 앞에서 사용자를 폭행하였고 이에 따라 사용자의 명예가 심히 훼손되고, 그 밖에도 인격적 · 신체적 침해가 발생한 경우에 해고예후원칙에 따르더라도 해고는 정당화된다.[99] 결과적으로 해고예후원칙이 근로자의 해고보호에 기여하는 추가적인 강화원리가 아님은 분명해진다.

2) 예후판단에 대한 사법적 심사가능성

해고예후원칙이 해고의 일반원칙으로 인정된다고 할 때 해고의 정당성 판단에서 결정적인 역할을 수행하는 것은 사용자의 부정적 예후판단이다. 사실 사용자의 예후판단이란 주관적인 개연성 판단일 뿐이다. 따라서 사용자의 주관적 가치도 개입할 여지도 존재함을 부인할 수 없다. 사용자의 주관적 판단만으로 해고가 정당화되는 것은 사실상 해고권의 확대를 의미한다는 지적이 있다.[100] 예컨대 중대 근로자의 범법행위에 대한 혐의만으로도 해고가 정당하게 단행될 수 있다고 본 판결이나[101] 현재 업무수행은 가능하지만 장차 질병이 악화되어 업무수행이 불가능할 것이 예상되는 경우에도 해고를 정당하게 단행

98) Herschel, FS für G.Müller, 1981, S.203.
99) Herschel, FS für G.Müller, 1981, S.203.
100) Meinel / Bauer, NZA 1999, S.577.
101) BAG SAE 2002, S.106f.

할 수 있다고 본 판결,[102] 그리고 실제로 경영해고의 경우에 비록 현재 도산위기에 처한 정도의 경영위기상황이 아니더라도 사용자는 앞으로 초래될 경영상의 어려움에 기해서도 해고를 단행할 수 있다는 판결만 보더라도 이러한 지적은 일견 설득력이 있어 보인다.[103] 이에 대해 독일노동법원은 비록 주관적 판단에 불과하지만 반드시 그 진정성(Ernsthaftigkeit)을 갖추어야 비로소 해고법상 고려될 수 있다고 판시해 오고 있다.[104] 따라서 사용자의 단순한 부정적 추측이나 막연한 추단은 아직 해고법상 의미를 갖는 예후라 할 수 없다고 해야 할 것이다.[105] 또한 해고 당시 이미 다른 계속근로가능성이 존재하고 있다거나 또는 그러한 것이 기대되는 경우임에도 일정한 부정적 예후를 이유로 해고하였다면 이는 사용자의 예후가 진정성 요건을 흠결한 것이다. 이러한 경우 해고는 처음부터 무효다.[106] 이러한 예후의 진정성에 대한 입증은 사용자가 스스로 부담하게 된다.[107] 애당초 Herschel이 기대가능성이라는 계약당사자의 주관적 표지에 회의를 갖고, 오히려 객관적 관점에서의 이해관계성 표지로서 제시하고자 한 것이 바로 부정적 예측판단개념이다.[108] 따라서 해고의 자의적 행사 가능성을 염려하는 것은 지나친 것이 아닐 수 없다. 다만 해고예후가 개념상 개연적 판단일 수밖에 없으므로 결과적으로 진실할 것을 요구하는 것은 애당초 불가능하다. 이러한 점에서 향후 양상이 당초 예후와 달리

102) BAG AP Nr.16 zu §1 KSchG 1969 Krankheit.

103) Hoefs, Die Verdachtskündigung, 2001, S.115.

104) BAG BB 2001, 573; BAG AP Nr. 50 §1 KSchG 1969 Betriebsbedingte Kündigung.

105) BAG, NZA 1999, S.1731.

106) BAG DB 1995, S.979ff.; BAG BB 2001, S.573.

107) Herschel, FS für G.Müller, 1981, S.202, S.203.

108) Herschel, FS für G. Müller, 1981, S.202, S.203.

진행되어 발전되더라도 이는 불가피한 것으로서 비난되어야 할 것은 아니다.[109] 그러나 사용자의 예후판단의 진정성을 객관적이고 합리적으로 평가할 수 있는 구체적 표지를 마련하는 것은 여전히 해결되어야 할 과제라고 할 것이다.[110]

3) 우리 법원의 초기적 개념 정립

사실 우리에게 생소한 해고예후원칙은 실은 우리 판례에서도 고려되고 있는 것이다. 하지만 독일해고법과 다른 점이 있다면, 그것은 법이론적인 체계화가 되어 있지 못하다는 것이다. 다시 말하면 법원이 해고의 정당성을 판단함에 있어 대단히 포괄적이고 재량적인 판단을 하면서 다양한 법률쟁점과 원리를 종합적으로 고려하고 있지만, 해고정당성 판단에 요구되는 제반 원리를 체계적으로 구축하는 수고는 하지 아니하고 있는 것이다. 또한 해고일반원리는 사실 해고의 본래적 제도본질에서 나오는 것이므로 학설이나 판례를 통해 개발되는 것이라기보다는 처음부터 존재하는 원리인데 발견을 하지 못한 것이라고 할 수 있다. 해고예후원칙도 마찬가지다. 그동안 우리나라의 해고관련 분쟁에서 해고예후원칙에 대한 고려가 있었던 사건들을 예시적으로 간단히 살펴보기로 한다.

109) Nägele, BB 1998, S.1688.
110) Preis, DB 1988, S.1388.

(1) 음란교사사건

① 사건의 개요[111)]

서울 강서구에 있는 △△고등학교 교사인 A(47)씨는 2007년 3월 23일 밤 11시 55분께 서울 은평구 녹번동에 있는 한 음식점 앞길에서 마침 지나가던 여고생 등 8명이 지켜보는 가운데 바지 지퍼를 내리고 성기를 꺼내 자위행위를 했다. 이에 학생들이 경찰에 신고했고, 경찰관들이 현장에 도착했을 때 A씨는 성기를 꺼내 놓은 채로 바닥에 앉아 있었다. 경찰관들이 A씨에게 성기를 집어넣으라고 하면서 술에 취했으니 집에 들어가라고 설득했다. 하지만 A씨는 알았다고 하면서 옆에 있던 화물차 뒤에서 소변을 본 후 다시 성기를 꺼내놓은 채로 나와 자위행위를 했다. 결국 A씨는 공연히 음란한 행위를 한 혐의로 현행범으로 체포됐고, A씨의 이 같은 행위는 방송 및 전국 일간지를 통해 보도됐다. 학교 측은 2007년 6월 A씨가 검찰에서 약식 기소됐다는 이유로 해임했다. 하지만 이후 공연음란 혐의와 관련하여, 법원은 A가 당시 술에 취해 사물을 변별하거나 의사를 결정할 능력이 없는 심신상실의 상태에까지 이르렀다고는 보이지 않으나, 최소한 사물을 변별하거나 의사를 결정할 능력이 미약한 상태에는 있었던 것이 인정되고, 자신의 잘못을 반성하고 있는 점 등을 참작해, 벌금 50만 원에 대한 형의 선고를 유예하는 판결을 내렸다. 그러자 A는 "해임 사유인 공연음란행위는 심신미약 상태에서 행해진 것으로서 그에 관해 형의 선고를 유예하는 확정판결을 받는 등 정상에 참작할 점이 있고, 위 행위로 인한 사회적 물의는 원고의 의지와 무관하게 발생한 것인 점 등에 비추어 보면 해임은 징계양정이 과중해 부당

111) 로이슈 2008년 06월 24일자.

하다"며 행정소송을 냈다.

② 법원의 입장

이에 대해 서울행정법원 제4부는 최근 A가 교원소청심사위원회를 상대로 낸 해임처분취소소청심사결정취소 청구소송에서 A는 교과뿐 아니라 학생들의 생활까지 바르게 지도하고 모든 면에서 모범을 보임으로써 학생들로부터 존경과 신뢰를 받아야 할 고등학교 교사이므로, 원고의 행위는 비록 취중에 일어난 것이라 하더라도 교육적 견지에서 절대 용인될 수 없으며, 그와 같은 행위가 언론을 통해 널리 보도됨으로써 상당한 사회적 물의를 일으키고 학생·학부모들의 불신과 불안을 초래한 점 등을 감안하면 잘못은 매우 중하다고 보았다. 그러면서도 당시 A는 만취해 소변을 보다가 우발적으로 공연음란행위를 하게 된 점, A의 행위는 성폭행·성추행과 같은 무거운 파렴치범죄에 해당하지 않을 뿐만 아니라 속칭 '바바리맨'과 같은 변태적 노출성향의 발로라고 단정하기도 어렵고, 이 사건 해임 전까지 아무런 징계전력 없이 18년 동안 성실하게 근무하여 온 점 등을 종합적으로 고려하면, 음란행위를 이유로 교사의 직에서 완전히 박탈하는 것은 사회통념상 지나치게 무거운 처벌로 보이고, 그 대신 이번에 한해 원고를 해임보다 가벼운 징계로 처벌함으로써 다시 모범적인 교사로 근무할 기회를 주는 것이 상당하다고 보아, 징계가 부당하다고 판시하였다.

③ 해고법이론적 평가

위 사건은 해고의 정당성을 판단함에 있어 해고예후원칙을 고려한 전형적인 사건으로 보인다. 특히 A가 만취해 소변을 보다가 그러한 공연음란행위를 한 것은 우발적인 것이고 속칭 '바바리맨'과 같은 변태적 노출성향의 발로라고 단정하기도 어렵다고 판단한 것은, 그러한 비위행위가 앞으로는 더 이상 발생하지 아니할 것이라는 예후판단을 가리킨다고 할 수 있다. 나아가 그러한 행위와 관련하여 지난 18년 동안 아무런 징계전력이 없다는 점도 그러한 예후판단을 가능하게 한다. 따라서 이러한 예후판단을 통해 본다면 근로관계를 완전히 종료하도록 한다는 것은 정당하지 아니한 것으로 볼 수 있다.

이 사건은 본래 징계적 차원에서 행해진 해임조치에 대한 정당성 문제에 관한 것이다. 징계란 과거 일회적 사실에 대한 비난적 조치이다. 그 비난의 고저를 판단하는 요소로서 예후판단을 고려한 사건으로 보아야 한다. 왜냐하면 징계의 원인은 과거 발생한 일회적 사실 그 자체이기 때문이다. 하지만 일반 해고의 경우라면 해고의 원인은 문제를 유발한 비위사실이 앞으로도 반복, 지속될 것이라는 판단(예후판단) 그 자체가 된다. 따라서 이 사건을 일반해고사건 그러니까 행태상 사유에 기한 해고문제로 파악한다면 해고예후원칙에 따라 당해 해고가 무효라고 할 수 있겠지만, 위와 같이 징계해고사건에서라면 징계원인 자체가 과거 지향적 성격의 것이어야 한다는 점에서 해고예후원칙에 따라 해고정당성이 부인된 사건으로 보기는 어렵다. 이러한 사건에서 현재 우리 법원이 해고사건을 다룸에 있어 일반해고와 징계해고를 명확히 개념상 구별하지 아니하고 있으며, 이와 같은 이유에서 소위 해고예후원칙의 법이론적 체계화에도 실패하고 있는 것이 아닌가 하는 생각을 하게 된다. 이와 유사한 사건은 그 이전에도 찾아볼 수 있다.

(2) 포항MBC사건

① 사건개요

갑은 1982년 7월 26일부터 문화방송 산하 포항방송국의 시청료징수원으로 근무해 오던 중, 해당 방송국 기자임을 사칭하면서 타인을 강간, 협박하고 동인에게 상해를 가하였다는 혐의로 1990년 3월 3일 구속되었다. 이후 그와 같은 내용이 포항문화방송의 뉴스에 보도되자 문화방송공사는 인사위원회의 의결을 거쳐 1990년 3월 26일 갑의 위 비위가 피고공사가 규정하는 징계사유에 해당한다는 이유로 원고를 징계해임하였다. 다만 이때 소정의 징계절차를 거치지 아니하였다. 이에 대해 갑은 기자를 사칭하거나 강간하였다는 부분은 사실과 다르고, 단지 가벼운 상해 관련 사건으로는 약식 기소되어 통상 회부되었다가 대구지방법원에서 1991년 2월 8일 벌금 2,000,000원을 선고받아 확정되었다고 주장하였다. 그리고 공사의 시청료 징수업무처리규정 제93조 제1항 제4호는 징수원이 피고공사의 명예를 훼손하였거나 징수원의 품위를 오손한 경우를 징계사유로 하고 있고, 같은 제2항에는 징계의 종류로서 비위의 정도에 따라 견책, 감봉, 정직, 해임, 파면의 5가지를 열거하고 있는 바, 자신에 대한 징계해임은 지나치고 징계절차를 거치지 아니하였음을 이유로 징계해임은 무효라고 주장하였다.

② 법원의 입장

이에 대하여 법원은 갑의 비위내용이 그가 수행하는 업무와는 아무런 관계가 없는 사생활에 관한 것이어서 문화방송공사의 경영질서나 영업활동에 별다른 영향을 미치지 않는 점을 지적하고, 더불어 그 비위의 정도, 그로 인한 형사처벌의 결과, 그 밖에 갑이 수행하는 시청료징수업무의 성격, 갑이 회사에 입사한 이후 8년 이상 비교적 성실하게 근무하여 온 점 등에 비추어, 고용관계를 계속 유지하게 하는 것이 회사 입장에서도 현저히 부당하거나 불공정한 정도의 것은 아니라고 하였다. 따라서 갑의 그러한 비위사실만으로 징계해임한 것은 징계권을 남용한 것으로 보아야 한다고 판시한 바가 있다. 따라서 징계절차를 거치지 아니하였음을 논할 필요도 없이 징계해임은 무효라고 보았다.[112)]

③ 해고법이론적 평가

위 사건과 같은 해고분쟁에서 법원은 갑이 회사에 입사한 이후 8년 이상이나 성실하게 근무하여 온 점을 고려하여 있음을 알 수 있다. 상당한 장기간 동안 성실하게 업무에 종사하여 왔다는 것은 현재 발생된 비위행위가 일회적이며 우발적인 것이라는 판단을 가능하게 한다. 이는 다시 말하면 장차 이러한 비위행위가 반복되거나 지속되지 않을 것임을 예측하게 한다. 그렇다면 근로관계를 종국적으로 소멸케 하는 것은 타당하지 않다. 왜냐하면 근로관계의 지속을 법적으로 요구하더라도 사용자의 재산권에 대한 본질적 제한으로 보기 어렵기 때문이다. 즉 근로계약관계의 정상적인 지속이 기대가능한 경우라고 할 수 있다. 다만 이 사건에 관한 법원의 설시 내용에서 다소 애매하거나 보충적으로 분명히 하여야 할 바가 있다. 그것은 바로 징계로서 행하여진 해고와 계약상의 의무위반으로 인해 해고가 정당하게 단행되는 경우는 분명히 구별되어야 한다는 점이다. 해고예후원칙의

112) 대법원 1993. 9.24. 선고 93다21736.

핵심은 해고원인으로 평가되는 사실이 미래 관련성을 지녀 앞으로도 그러한 일이 벌어질 것이라는 예후여야 한다는 것인데 반해, 징계의 원인이란 과거에 발생된 사실로서의 개념, 다시 말하면 팩트 그 자체가 되기 때문이다. 앞서 지적한 바대로 개념논리상 징계나 비난의 대상이 되는 것은 반드시 과거 또는 현재 발생된 사실 그 자체이지 미래 예상되는 사실이 그 대상이 될 수는 없다. 만약 위 사건에서 징계로서의 해고 정당성이 다투어진 사건이라면, 사실 8년 이상 성실히 근무하여 왔다는 사실 그 자체는 중요한 사항이라고 보기 어렵다. 이는 마치 살인자를 살인죄로 처벌하여야 하는데 과거에는 성실히 살아왔다는 것이 살인죄 성립을 부인하는 근거가 될 수 없다는 점과 그 맥락을 같이한다.

위와 같은 사건에서는 사용자가 근로자의 근로의무위반(주·부수적 의무위반)을 이유로 일반해고를 단행한 것으로 보고, 그 일반해고의 정당성을 다투는 경우에는 해고예후원칙이 매우 중요한 의미를 가질 수 있음을 보여준다. 나아가 위 사건에서 징계로서 해고의 당부를 다투는 사건이라면 그 징계절차가 매우 중요하지만, 일반해고의 문제로 다툰다면—당사자 간의 별단의 절차에 관한 합의가 존재하지 아니하는 한—그 절차 경료의 문제는 그다지 중요하지 않다고 할 것이다.

4) 소 결

해고는 해지로서의 본질을 갖는다. 해지권을 행사하는 제도적 목적은 장차 계약적 구속력으로부터 벗어나도록 하는 데 있다. 타방 계약당사자를 비난하거나 징계하기 위한 것이 아니다. 이러한 목적은 손해배상을 통해 사법상 구현될 수 있을 뿐이다. 해고권의 행사를 사용자의 해지권 행사로 파악하는 한, 해고보호법리는 사용자의 해지권 행사의 제한법리를 의미한다. 그러한 제한은 원인제한방식을 통해 구현된다. 이때 해고원인으로서 해고를 정당화하는 근거는 왜 장차 근로계약관계가 더 이상 지속될 수 없는 것인가를 해명하는 것이어야 한다. 따라서 해고가 정당화될 수 있는 것은 종래 지속하여 온 근로계약관계가 더 이상 지속될 수 없다는 판단이 존재하기 때문이다. 이러한 판단은 미래 발생될 위험에 대한 개연성 판단이다. 해고예후원칙이란 해고가 정당화되기 위해서는 사용자의 부정적 예후판단이 존재하여야 한다는 것을 말한다. 해고예후원칙에 따를 경우 인신상 사유나 행태상 사유 그리고 경영상 사유는 각각 미래관련적 성질을 가지는 개념으로 해석되어야 한다. 따라서 예컨대 경영상 사유에 기한 해고에서 경영상 사유는 현재 긴박한 경영상의 어려움이라는 사실이 존재하는가 하는 것보다는 장차 그러한 어려움이 발생하거나 지속될 가능성이 있는가에 보다 중요한 의미를 두고 판단되어야 한다. 이러한 점은 특히 행태상 해고에서 중요한 의미를 갖는다. 왜냐하면 단지 과거 일정한 계약위반 사실만으로 해고가 정당화되지는 않기 때문이다. 그렇다면 행태상 해고는 형사벌이 가해지는 것과 같이 과거 사실에 대한 대응조치가 아니라고 할 것이다. 적어도 비난이나 징계의 대상이 되는 것은 반드시 과거 사실이다. 미래 사실에 대한 비난은 개념상 생각하기 어렵다. 따라서 해고예후원칙에 따를 경우 행태상 해고는 징계나 비난의 성격으로부터 해방된다.

해고예후원칙은 다른 해고원칙과 달리 이념적으로 가치중립적이다. 근로자의 직장보장강화 차원에서의 해고보호기능을 수행하거나 사용자의 영업의 자유 확대를 지향하는 원칙이 아니다.

5. 해고예후원칙에 대한 해고법상의 기능적 재평가

1) 해고의 제도적 기초 재확인

(1) 징계로서의 해고와의 구별

해고예후원칙에 따를 경우 해고단행의 가장 중요한 근거는 장래 발생될 재산권 침해의 사전적 예방이다. 과거 발생된 사실에 대하여 사용자가 행하는 비난적 제재나 평가에 따른 결과가 아니다. 이러한 점에서 해고예후원칙은 해고의 징계적 수단으로 이해되는 경향을 바로 잡았다고 할 수 있으며, 이는 특히 해고의 정당성 판단 구조가 미래 예방적 조치로서의 적격에 맞도록 체계화하였다. 해고의 정당성 판단이란 결국 근로계약의 장애사실이 발생하였는데, 그러한 사실이 반복 지속될 가능성이 있어 더 이상 근로계약관계를 지속하게 하는 것은 사용자의 재산권에 대한 본질적 침해를 초래할 것이라 판단되므로, 이를 예방하는 차원에서 해고가 허용되어야 하는가 여부를 의미하는 것이다.

이는 특히 행태상 사유에 기한 해고의 경우에 커다란 실천적 의미를 갖는다. 왜냐하면 종래 행태상 사유에 기한 해고는 흔히 근로자의 계약불이행적 사실이 발생하면 이러한 사실을 비난하는 차원에서 행하여지는 것으로 이해되어 왔기 때문이다.[113] 해고예후원칙을 통해 행태상 사유에 기한 해고는 이러한 누명으로부터 벗어나게 된 것이다.[114]

113) 실제로 Kraft는 오늘날까지 해고예후원칙을 부정하면서 행태상 해고가 근로자의 비난적 행태에 따른 것인 한 해고가 근로자에 대한 비난적 수단으로 이해되는 것은 오히려 타당하다고 주장한다(Kraft, ZfA 1994, S.475).

114) 사실 이러한 패러다임의 변화는 매우 충격적인 것이어서, 초기 독일 해고법학계에서도 행태상 해고에 과연 해고예후원칙이 그대로 관철될 수 있는 것인가

(2) 징계해고제도와의 관계

이러한 점에서 해고예후원칙은 해고의 제도적 본질을 분명히 하고 해고제도를 본래의 자리로 돌려 놓았다고 평가된다. 다만 우리나라의 해고법제하에서는 엄연히 해고를 사용자의 정당한 징계수단으로 인정하고 있다. 왜냐하면 현행 근로기준법 제23조에서 "사용자는 근로자에게 정당한 이유 없이 해고, 휴직, 정직, 전직, 감봉, 그 밖의 징벌을 하지 못한다"고 명시함으로써 해고가 징벌의 일종임을 분명히 하고 있기 때문이다. 그래서 징계해고가 가장 빈번하게 활용되고 있는 우리 노동법 현실에서 해고의 징벌적 성격을 부인한다는 것은 도저히 납득될 수 없을 수도 있다. 사실 그렇다. 우리나라와 같이 감봉이나 견책 그리고 정직 등 이외에 기업조직으로부터의 축출을 의미하는 소위 '징계로서의 해고'(징계해고)에는 해고예후원칙이 적용되지 않는다. 해고제도의 본래적 모습이 징계수단으로서의 해고는 아니다. 이는 해고법제가 매우 치밀하게 형성되고 분석되어 있는 독일 해고법에서 징계로서의 해고는 인정하지 않고 있음에서도 알 수 있다. 계약당사자인 사용자에게 계약적 구속과 계약적 부담으로부터 벗어날 수 있도록 해지권(해고권)을 인정하는 것이 해고의 본질이고, 이는 독일이나 한국의 해고법에서 서로 다를 수 없기 때문이다.

예컨대 전자의 경우와는 달리 후자의 경우는 공법상의 법리가 반드시 고려되어야 한다. 징계해고에서 절차적 정당성 차원에서 징계위원회의 개최 여부나 소명의 기회제공 등이 중요한 이유가 바로 여기

가 논란이 되었었다. 하지만 1988년 이후부터 독일 판례는 행태상 사유에 기한 해고의 경우에 해고예후원칙을 적용하여야 한다는 입장을 견지하고 있으며, 이는 오늘날 독일 학설의 지배적 견해이기도 하다(BAG, NZA 1989, S.633; Preis, DB 1988, S.1387; Wank, RdA 1993, S.83).

에 있다. 현재 우리나라에서는 행태상 해고의 경우 대부분 징계해고로서 이루어지는 것이 사실이다. 하지만 법이론적으로 행태상 사유에 기한 해고와 징계해고는 구별되어야 하고, 더 나아가 해고의 원칙적 모습은 계약당사자의 계약 해지권으로서의 해고라고 보아야 한다.[115] 또한 입법론적으로 징계수단으로서 정직, 감봉 등 이외에 굳이 해고를 포함시키는 것이 바람직한가 하는 점은 다분히 의문이다.

2) 행태상 사유에 기한 해고에 있어 '사전 경고' 제도의 정착

해고원인의 장래적 속성을 확인하고 해고예후원칙을 받아들임으로써 행태상 사유에 기한 해고를 징계적 성격으로부터 해방되도록 한 것은 노동실무상의 여러 가지 변화를 초래하였다. 특히 중요한 것은 경고제도의 활성화이다.

해고를 정당화하는 예후판단, 즉 행태상 계약위반 사실의 지속이나 반복 위험에 대한 예측적 판단은 과거 의무위반 사실에 대한 '경고' 등 사용자의 사전적 조치를 통해 이를 분명히 하여 둠으로써 이후 그러한 예후판단의 진정성을 입증하는 자료로 활용하게 되었다. 예컨대 근로자의 근로계약상의 주·부수적 의무위반 행위에 기초하여 해고를 단행하였을 경우 만약 사용자가 해고의 정당성을 주장하면서, 이미 수차에 걸쳐 그와 같은 근로계약의무 위반 행태에 대하여 경고하였던 사실을 입증하면, 법원은 사용자의 해고정당성을 근거지을 수 있는 해고사유의 반복지속성을 쉽게 납득하게 될 것이다.[116] 오늘날

115) 징계해고제도의 본질에 대한 연구는 매우 중요한 것이며, 이 점에 관하여는 이후 보다 심도 있는 연구를 기약하기로 한다.

116) Preis, NZA 1997, S.1077.

행태상 해고의 정당성 판단과 관련하여 독일 실무에서 사용자의 근로자에 대한 사전 경고조치의 여부를 매우 중요한 요소로서 고려하게 된 이유도 여기에 있다.117)

3) 경미한 계약상 의무위반의 '누적'에 대한 재평가

해고의 사유를 단지 일회적인 계약장애 사실에서만 찾는다면 이러한 경미한 의무위반 사안에서 해고는 어려울 수 있다. 왜냐하면 개별적 행위사실 하나하나는 해고를 단행할 만한 심대한 계약장애라고 평가할 수 없기 때문이다. 하지만 해고예후원칙에 따르면 행태상의 계약의무 위반 사실이 비록 해고에 이를 정도로 심대한 것은 아니라도 그러한 사실이 반복되고 누적되어 오면 해고의 원인으로 기능할 수 있다고 보게 된다. 독일 연방노동법원도 근로자의 사소한 잘못이나 계약위반 사실(지각)을 근거로 하여 해고를 정당하게 본 바가 있다.118) 왜냐하면 객관적으로 드러난 사실에 비추어 볼 때 그러한 계약이 지속·반복될 우려가 있고, 따라서 근로계약상의 의무가 온전하게 실행될 것이라는 예측이 불가능하다고 보았기 때문이다. 이는 해고예후원칙이 갖는 제도적 기능과 의미를 법원에서도 전적으로 수용하고 있음을 보여 주고 있다.

4) 즉시해고의 원인으로서 '신뢰'소멸

통상 우리 노동실무에서 비록 일회적이고 우연한 것이더라도 매우

117) BAG AP Nr.3 zu §1 KSchG 1969 Abmahnung; Preis, DB 1990, S.630ff.
118) BAG EzA §626 BGB n.F. Nr. 116.

중대한 계약의무 위반을 한 근로자에 대하여는 그러한 위반 행위에 기초하여 즉시해고를 단행하곤 한다. 예컨대 근로자가 모든 근로자들이 보는 앞에서 사용자를 폭행하였고, 이에 따라 사용자의 명예가 심히 훼손되고 그 밖에도 인격적 · 신체적 침해가 발생한 경우에는 즉시해고를 단행한다. 이렇게 근로자의 행태상의 의무 위반사실이 일회적이라고 평가되면 항상 해고는 정당하지 않다고 보는 것이 해고예후원칙에 부합하는 것일까? 결론부터 이야기하면 이는 옳은 지적이 아니며, 그러한 해고는 해고예후원칙에 따를 경우라도 정당화될 수 있다. 다만 해고를 근거지우는 원인에 대한 해석방식이 달라질 뿐이다.

근로자의 그러한 계약의무위반 사실이 매우 심대한 경우 사용자와의 관계에서 소위 인격적 신뢰관계를 본질적으로 훼손할 수 있고, 그러한 신뢰훼손에 대한 치유가 장차 불가능할 정도에 이를 수 있다. 그렇다면 사실상 근로계약관계가 앞으로 정상적으로 지속되는 것이 불가능하다고 봄이 옳다. 당사자 간의 인격적 신뢰관계가 본질적으로 훼손되었고, 그러한 훼손이 앞으로도 지속될 것이라는 예후가 존재하면 해고는 정당화될 수밖에 없다. 이러한 점에서 심대한 일회적 사유에 기한 즉시해고가 해고예후원칙에 기해서도 정당화될 수 있음을 알 수 있다.[119] 따라서 근로자의 폭행이나 명예훼손 등의 사실이 발생한 경우에는 해고예후원칙에 따르더라도 정당하게 해고를 단행할 수 있게 된다.[120]

5) 예후판단의 '오류위험'에 대한 보완장치 마련

해고원인의 미래예측적 성격을 긍정하고 이를 해고정당성 판단에

119) Herschel, FS für G.Müller, 1981, S.203.
120) Herschel, FS für G.Müller, 1981, S.203.

고려하는 이상, 그러한 해고원인에 대한 예측적 판단은 항상 오류의 위험을 내포하게 된다. 그런데 이러한 오류위험을 그냥 방관하게 되면 근로자에게는 여간 불이익한 것이 아니다. 자신의 직장을 잃는 결과를 가져오기 때문이다. 따라서 만약 사용자의 판단에 오류가 있다면 이는 사후적으로 교정될 필요가 있다. 이러한 측면은 주로 경영해고의 경우에 흔히 발견되며, 우리 해고법 체계 내에서도 이미 규율로 마련되어 있음을 볼 수 있다. 즉 이미 긴박한 경영상의 필요성이 인정되는 객관적 사정이 발생한 상태는 아니지만, 장차 경영해고를 단행하여야 할 상황이 초래할 것으로 예상되어 구조조정 차원에서 해고를 단행하는 경우가 있다.[121] 그런데 사후적으로 그러한 상황이 도래하지 아니하면 이때에는 경영해고근로자에 대한 대책 차원에서 보완이 필요하다.[122] 이러한 차원에서 독일연방노동법원은 판례를 통해 근로계약관계의 재형성, 즉 재고용청구권을 인정하고 있고 같은 차원에서 현행 근로기준법 제25조상의 우선적 재고용의무 규정을 바라보아야 한다. 중요한 것은 재고용을 통한 보완이 행태상 사유에 기한 해고에서도 마찬가지로 고려되어야 한다는 것이다. 예컨대 형사범죄혐의자로서, 1심에서 유죄를 선고받고 해고되었으나 3년 후 최종심에서 무죄를 선고받았다면 해고처분에 대한 사후적 보완책으로서 재고용이 고려되어야 한다.

---

121) BAG AP Nr.19 zu §1 KSchG; BAG NZA 1985, S.493. 이러한 경우를 가변적 예측에 기한 경영해고라고 한다. 이에 대하여 자세히는 권혁, "사후적 경영상황 변경에 따른 재고용청구권", 『노동법학』, 제24호, 2007. 6, 10면 이하 참고.

122) 종래 근로자의 범법행위에 대한 혐의만으로도 해고가 정당하게 단행될 수 있다고 본 판결(BAG SAE 2002, 106f.)이나 현재 업무수행은 가능하지만 장차 질병이 악화되어 업무수행이 불가능할 것이 예상되는 경우에도 해고를 정당하게 단행할 수 있다고 본 판결(BAG AP Nr.16 zu §1 KSchG 1969 Krankheit; BAG AP Nr.11 zu §1 KSchG 1969 Krankheit)에서 확인된다.

이상에서 살펴보았듯이, 해고예후원칙의 실천적 기능은 해고보호기능을 강화하는 측면도 있고, 다른 한편 사용자의 해고권을 보다 용이하게 하는 측면도 있다. 이러한 점에서 해고예후원칙은 근로자만을 위한 해고원칙으로서 해고의 최후수단성원칙과는 구별될 수 있다.[123) 요컨대 해고예후원칙은 이념적 측면에서 중립적인 것이며, 이는 해지권 제도의 속성에서 유래된 원칙이라는 점에 비추어 볼 때 당연한 것이라고도 할 수 있겠다.[124)]

제 4 절 요약 및 결론

1. 해고규율의 일반규정성과 법관법의 발전

① 해고규율은 본래 일반규정성을 가질 수밖에 없는 특성을 가진다. 해고의 정당성 판단과 관련하여 '정당한 이유'가 있을 것을 명시하고 있을 뿐, 정작 '정당한 이유'가 구체적으로 무엇을 의미하는 것인지 또 그 이유 존부에 관한 판단을 위해 필요한 지표는 무엇인지에 관하여 근로기준법은 아무런 구체적 규정을 두고 있지 않다. 이는 매우 다양할 수 있는 해고분쟁의 경우를 입법자가 일일이 모두 입법화하여 둘 수 없기 때문에 발생하는 불가피한 측면도 있다. 이처럼 일반규정성을 갖는 규범체계에서는 논리불가결하게 법관의 재량범위가 넓어진다. 요컨대 해고법 관련 분쟁에서 법관의 역할은 그 범위가 매

123) Preis, NZA 1997, S.1076.
124) Wank, RdA 1993, S.80ff.

우 넓다고 할 수 있는 이유가 바로 여기에 있다. 물론 이것은 법관이 함부로 해고법규정을 확대해석할 수 있다는 것은 아니다. 오히려 해고법제는 이러한 현상을 매우 엄격히 경계하여야 한다. 왜냐하면 해고법제는 엄연히 일반 민사규율의 수정이요, 예외이기 때문이다. 수정원리가 일반원리를 대신할 수는 없는 것이며, 따라서 수정원리는 입법화된 범위 내에서만 기능할 수 있을 뿐이라는 숙명을 타고 난 것이다.

② 다만 법관의 판결 속에서 일관되게 나타나는 해고의 다양한 원칙들이 발견·구축될 수 있는데 이것을 해고원칙이라고 한다. 이러한 해고원칙은 해고의 정당성 판단을 함에 있어 마땅히 고려되어야 하는 법관법의 일환이며, 해고제도의 본질을 체계적으로 분석하면서 발견되는 제도본래적 요구이다. 독일 해고법제에서 유심히 살펴야 할 것은 독일 해고법에서는 이러한 해고일반원칙들이 매우 체계적이며 논리적으로 구축되어 기능하고 있다는 점이다. 간간히 우리 판례에서도 이러한 원칙들이 알게 모르게 삽입되어 있지만, 해고의 체계화된 원칙으로까지 구성되지 못한 상태에 있다. 이러한 점에서 해고원칙의 고찰은 우리에게 시사하는 바가 크다. 독일 해고법에서는 소위 '해고일반원칙'이라고 하는데, 이러한 해고일반원칙으로 평가되고 있는 것으로는 해고의 이익형량원칙과 해고의 최후수단성원칙 그리고 해고의 예후원칙 등이 제시되고 있음은 앞서 살펴본 바와 같다. 여기에서 여전히 유념할 바는 이러한 원칙들은 창조되는 것이 아니라 발견되는 것이라는 점이다. 해고제도에 대한 미시적 분석이 이루어지면서 발견된 것이고, 나아가 앞으로도 발견될 해고원칙이 있을 수 있다.

2. 해고의 계약적 본질에 대한 재확인

① 해고는 해지로서의 본질을 갖는다. 해지권을 행사하는 제도적 목적은 장차 계약적 구속력으로부터 벗어나도록 하는 데 있다. 타방 계약당사자를 비난하거나 징계하기 위한 것이 아니다. 따라서 해고권의 행사 역시도 본질에 있어 이와 다를 수 없다. 이는 결국 해고권의 행사 근거, 즉 해고사유는 현재 상황에 대한 평가 이외에 미래에 닥쳐올 상황에 대한 예측을 내포하는 것이어야 함을 의미한다. 해고예후원칙은 바로 이러한 해고원인의 미래예측적 성격을 지적하고 확인하는 해고일반원칙이다. 해고예후원칙에 따를 때 사용자의 해고권 행사가 정당화될 수 있는 근거를 법이론상 구성하면, 해고사유가 특성상 반복·지속될 위험이 있는 것이어서 근로계약관계의 지속을 강제하면 자칫 사용자의 재산권에 대한 본질적 침해가 유발될 수 있다는 것이다.[125] 여기에 더하여 해고예후원칙을 통해 우리가 알 수 있는 것은 해고, 특히 행태상 사유에 기한 해고가 근로자에 대한 비난이나 징계로서의 성격을 가지는 것은 아니라는 점이다. 본래 비난이란 이미 발생된 과거 사실에 대하여는 가능하지만 장차 도래할 것으로 예측되는 사실에 대하여는 행해질 수는 없는 것이다. 예컨대 미래에 범죄를 저지를 것으로 예측되기 때문에 그 사람을 징벌할 수 없는 것과 마찬가지 이치이다.

② 다만, 우리나라의 경우는 특이하게 징계해고제도가 있다. 이러한 징계해고는 근로자의 근로의무 위반 등의 사실에 근거하여 곧바로

125) Oetker, ZIP 2000, S.649.

단행되는 것이며, 따라서 징계(해고)사유는 미래에 전개될 일정한 상황에의 예측이 필요하지 않다. 이는 징계해고의 정당성 판단에는 해고예후원칙이 적용되지 않는다는 것을 의미하며, 그 판단구조가 사실상 과형구조와 동일하다고 할 수 있다. 하지만 여기에서 염두에 두어야 하는 것은 징계해고는 단체질서유지를 위한 전형적인 '징계'수단으로서 감봉, 감급 등과 동일한 것이다. 계약상 일방당사자에게 부여되는 해지권 행사와는 구별되어야 한다. 요컨대 행태상 사유에 기한 해고가 항상 징계해고인 것은 아니다. 따라서 법관은 해고의 정당성을 판단함에 있어 과연 해고사유가 그 속성상 이후 상당기간동안 반복 또는 지속될 것인가의 여부를 검토하여야 한다. 이를 통해 해고보호법리에도 불구하고 해고가 정당하게 단행될 수 있는 것은 과거 또는 현재 시점에서의 근로장애 사실이 발생하여서가 아니라, 그러한 사실이 반복 지속됨에 따라 유발될 사용자의 재산권의 본질적 침해를 미리 예방하여야 하기 때문이다. 그렇다면 설사 근로의무위반을 이유로 한 행태상 사유 해고라 하더라도 징계수단이라고 평가할 수는 없다. 결국 해고예후원칙은 해고제도가 본래 놓여 있어야 할 제자리를 찾게 해 준다.

③ 오늘날 합리적 구조조정 차원에서의 경영해고문제를 흔히 논하곤 한다. 이것을 공격적 해고를 허용하여야 할 것인가의 의미로 이해해서는 안 된다. 왜냐하면 어떠한 경우에라도 해고보호원칙은 관철되어야 하기 때문이다. 오히려 합리적 구조조정 차원에서의 경영해고는 해고제도의 본질적 측면에서 허용될 수 있는 것으로 보아야 한다. 물론 대부분의 경영해고는 이미 경영상 긴박한 사정이 존재하는 상황에서 도산을 회피하기 위하여 단행된다. 하지만 항상 그러한 것은 아니

다. 경우에 따라서는 해고 시점에서 긴박한 경영상의 필요성이 존재하는 것은 아니지만, 장차 그러한 고도의 경영상의 어려움이 발생할 것이 예측되기 때문에 경영해고가 단행될 수도 있다. 이른바 인력규모의 합리적 조정을 위한 경영해고가 바로 그것이다.[126] 다만 이러한 합리적 구조조정의 이익은 사용자에게 있으므로 이에 대한 근로자의 보호책도 필요하다. 이를 법이론적으로 풀이해 보면 다음과 같다. 즉 합리적 구조조정 차원의 경영해고는 사용자의 입장에서 보면 해고권의 확장을 의미한다. 왜냐하면 사용자는 해고의 단행 여부에 대한 선택권을 가지며, 아울러 해고의 정당성 판단시점을 스스로 조기화하기 때문이다.[127] 이러한 유형의 경영해고라면 사용자에게 장차 경영사정의 변화로부터 발생되는 제반 위험을 스스로 부담하게 하는 것이 형평에 부합한다고 볼 수 있다. 이와 같이 자신이 예상했던 일정한 경영상황이 이후 오류로 판명되면 이에 대하여 그 위험을 스스로 부담하도록 하는 것이 타당하다. 그 위험을 부담한다는 것은 곧 해고 이전의 상태로 되돌리는 것을 말한다. 그렇다고 하여 이러한 위험부담이 예측의 오류 발생에 대하여 해고정당성 판단 자체의 흠이 있는 것으로 파악되어서는 안 된다.

이러한 고민 끝에 나온 것이 독일 해고법에서는 소위 재고용(Wiedereinstellung)의 문제이다. 다시 말하면 경영해고 이후 상황이 호전되면, 다시금 해고근로자를 재고용하여 근로관계를 재형성하는

---

126) 대판 1990. 1. 12, 88다카34094. 후자의 경우를 해고예후원칙의 관점에서 유형화한다면 이른바 '가변적 예측에 기한 경영해고'(Veränderungsprognosekündigung)라고 할 수 있다(권혁, "사후적 경영상황 변경에 따른 재고용청구권" 『노동법학』, 제24호, 2007. 6, 11면).

127) 이에 대하여 자세히는 권혁, "사후적 경영상황 변경에 따른 재고용청구권", 『노동법학』, 제24호, 2007. 6, 12면 이하 참고.

것이다.[128] 판단컨대 현행 근로기준법 제25조에서 경영해고 시 해고 근로자에 대한 재고용 규정도 같은 차원에서 이해되어야 할 것으로 생각된다.

---

128) 그러한 재고용이 인정되는 경우를 애당초 단행하였던 경영해고가 위법하고 따라서 무효의 경우라고 이해하는 견해도 있다(임종률, 『노동법』, 2009, 526, 527면). 이는 잘못이다. 왜냐하면 재고용이라는 개념은 종전의 근로계약관계 종료에는 아무런 흠이 없었음을 전제로 하는 것이기 때문이다. 재고용은 유효한 해고로 근로관계가 종료된 이후 계약관계를 재형성하는 것이다.

제 6 장

해고의 정당성 판단의 방식과 내용

제 1 절 사 실

제 2 절 해고의 형식적 요건 I

제 3 절 해고의 형식적 요건 II

제 4 절 해고의 실질적 정당성 요건

제 5 절 소 결

제6장 해고의 정당성 판단의 방식과 내용

제1절 서 설

해고의 정당성 판단은 크게 두 가지 측면에서 검토되어야 한다. 첫 번째로는 해고가 단행되게 된 원인의 적격성을 검토하는 것이다. 이는 통상 해고의 정당한 원인이 존재하는가 하는 문제로서 흔히 해고의 '실질적 정당성 판단'이라고도 한다.[1] 다른 하나는 해고의 형식적 요건 흠결 여부에 대한 판단문제이다.

1. 해고의 형식적 요건

사실 그 이전까지 해고의 '형식'에 관하여는 아무런 노동법상 규정을 둔 바가 없었다. 이는 현행 민법상의 고용계약 해지에 대하여서도 아무런 형식 요건을 명시해 두지 아니한 것과 맥락을 같이하였다.[2]

---

1) 사용자는 근로자에게 정당한 이유 없이 해고하지 못한다(근로기준법 제23조 제1항). 그동안 해고법 관련 논의에서 해고를 정당화할 만한 정당한 이유가 무엇일까 하는 것이 중심적 연구의 대상이 되어 왔다. 이에 관하여는 우리나라에서도 이미 많은 연구물이 축적되어 있다.

2) 우리 현행 민사법 원칙상 계속적 계약관계의 종료를 위한 해지의 의사표시는 별

하지만 2007년 7월 1일부로 시행된 현행 근로기준법에서는 근로자를 해고할 때 사용자로 하여금 해고사유와 해고시기를 반드시 서면으로 통지하도록 하고 있다(근로기준법 제27조 제1항). 해고의 서면요건은 해고 정당성 판단의 요건이 되도록 함으로써 소위 해고서면주의원칙을 새롭게 도입한 것이다. 이로써 해고제도는 정당한 해고사유의 존재라는 실체적 요건 판단과 더불어 이를 반드시 서면으로 단행하여야 한다는 형식적 요건을 충족하여야 한다.

사실 해고라는 것이 근로자는 물론 그 가족들의 생계 수단과 인격적 자아실현의 장을 일방적으로 박탈하는 가혹한 것임을 고려한다면, 이에 대한 보다 진지한 접근이 요구됨은 이론의 여지가 없어 보인다. 이러한 점에서 해고서면주의의 도입과 관련하여 새삼 그 필요성과 정당성을 설명할 필요는 없다. 하지만 여기에서 먼저 염두에 두어야 하는 것은 노동법상에 해고보호장치를 강화하고 추가하면 할수록 항상 정당하고 바람직하다고 평가할 수는 없다는 점이다.[3] 해고보호장치가 헌법상의 기본질서인 사유재산권보장과 조화되어야 하고, 기존의 근로자뿐만 아니라 구직자의 입장도 생각하여야 하며, 나아가 종래 놓여진 다양한 노동법적 제도장치와의 조직적 결합성도 고려하여야 하기 때문이다.

이러한 차원을 생각해보면, 해고서면주의원칙의 도입은 현행 근로기준법상의 다양한 제도와 맞물려 몇 가지 입법론적 문제점을 안고 있다.

도의 형식을 요하지 않는다. 그러므로 해지의 의사표시는 구두로 행하여지거나 서면 또는 팩스 등을 이용하여 행하여 질 수 있음은 물론이다.

3) Hergenröder, ZfA 2002, S.360. 이 논문에서 필자는 해고보호법제의 지나친 강화는 구직자의 구직기회를 감소시킨다는 점을 지적하기도 한다.

우선 (1) 입법방법론상의 문제로서 해고서면주의원칙을 근로기준법에 직접 규정하여 두는 것이 과연 옳은 것인가는 하는 의문이 있다. 현재와 같이 해고서면주의를 근로기준법에 명시하여 두고, 대신 고용관계와 관련한 해지는 우리 민법상에서 불요식주의원칙을 견지하고 있는 한, 서면주의원칙은 근로계약관계상의 해고에서만 요구되는 원칙으로 해석될 수밖에 없다. 그렇기 때문에 사용자의 해고는 서면으로 하여야 하고, 근로자의 사직은 서면으로 하여야 할 필요는 없다고 보게 된다. 물론 근로자의 자유로운 사직의사를 존중한다는 점에서는 일리가 있다고도 할 수 있지만, 사용자로서도 업무의 공백이나 신규채용 등 상당히 번거로운 일들이 연이어 발생하게 된다. 사실 이러한 현상은 계속적 계약관계상의 당사자에게 발생하는 보편적 현상이라고 할 수 있다. 계속적 계약관계에서는 상당한 기간 동안 그러한 관계가 지속될 것이라는 내재적 의미가 계약의 본질적 성격을 이루고, 이에 대하여 양 당사자가 신뢰를 갖고 있기 때문이다. 그러므로 계속적 계약관계의 해지는 매우 심각한 문제라고 할 수 있다. 이러한 관점에서 해고서면주의원칙에 대한 입법론상의 의문이 제기될 수 있다. 그 외에도 (2) 해고서면주의원칙을 근로기준법에 입법하면서 정작 해고예고제도규정을 손보지 않았다는 흠이 있다. 해고서면과 해고예고 간의 관계가 명확하지 아니하기 때문이다. 나아가 (3) 해고서면주의 원칙을 규정하면서 그 서면에 기재하여야 할 사항으로 해고원인까지 기재하도록 하고 있다는 점도 의문의 여지가 있다.

2. 해고의 실질적 요건

해고의 실질적 정당성 요건은 사용자가 해고를 정당하게 단행할 만한 사유가 존재하는가를 판단하는 과정에서 문제된다. 이를 '해고원인'이라고 주로 설명한다. 해고는 근로자에게 있어 가장 가혹한 조치이므로 해고원인으로서의 적격성이 인정되기 위해서는 매우 심대한 것이어야 함에는 의문이 있을 수 없다. 그래서 종래에는 해고원인에 대하여 근로자의 인신상 또는 행태상 그리고 경영상 영역에서 발생된 심대한 계약장애 사실을 의미한다고 이해하여 왔다.

그렇기 때문에 예컨대 근로자가 심대한 근로의무를 위반하였다는 사실이 발생하면 해고원인이 존재한다고 보아 왔다. 이때 해고원인은 객관적 사실(Tatsache)개념으로 파악될 수 있다. 왜냐하면 근로자가 심대한 근로의무를 위반하였다는 과거의 객관적 사실이 바로 해고원인이기 때문이다. 하지만 최근에 이러한 해고원인의 개념에 대하여 의문이 제기되어 왔다. 특히 앞서 설명한 해고일반원칙으로서의 해고예후원칙을 고려할 때 이러한 의문은 매우 설득력 있게 보인다. 해고원인이란 과거의 객관적 사실을 가리키는 것이 아니라, 근로계약관계상에 나타난 계약장애 사실의 지속 또는 반복 가능성 그 자체를 의미하는 것이라는 지적이다. 다시 말하면 앞으로 그러한 사실이 지속 또는 반복될 것이므로 더 이상 근로계약관계가 유지될 수 없게 되었으므로 해고가 정당한 것으로 평가될 수 있다는 것이다.

이러한 개념 변화의 시작은 다음과 같은 의문에서 시작되었다. 즉 근로계약상의 장애발생이라는 '과거' 사실만으로 종래 지속되어 온 근로계약관계가 '왜 향후 더 이상 지속될 수 없어야 하는가[4]를 충분히 설명할 수 있을까?' 하는 의문이 바로 그것이다. 사실 해고가 왜 정당한 것인가를 설명하는 것이 해고원인인데, 이러한 해고원인이 개념

4) Boewer, NZA 1988, S.678.

상 "왜 근로계약관계가 향후 정당하게 종료되어야 하는가"에 대한 근거를 제시하지 못한다면 이는 문제가 있다고 아니할 수 없는 것이다.[5)]

결국 해고의 원인을 과거 일정한 사실관계 그 자체에서 구하는 것은 해고법제도의 후진성을 보여주는 가장 단적인 증거이다. 과거 사실을 두고 해고라는 불이익을 부과하는 정당성 근거로 삼는 것은 마치 과거에 범죄를 저질렀기 때문에 형벌을 과하는 것과 구조상 동일하기 때문이다. 해고를 이렇게 징계수단적 구조 내에서 이해하고 파악하는 것은 구시대적인 산물이 아닐 수 없다. 해고란 근로계약관계가 더 이상 지속될 수 없다고 판단되는 상황에서 사용자가 그 계약관계로부터 해방되도록 하여 주는 해지권의 행사를 말하는 것일 뿐, 근로자를 징계하는 수단이 아니다. 해고제도를 계약법상의 해지제도라는 제자리에 두도록 하는 것이 해고법 체계에서 가장 시급하면서도 본질적인 과제라고 할 수 있다.

제 2 절 해고의 형식적 요건 I : 해고서면주의

1. 서 론

1) 종전의 문제점

현행 근기법 제23조 제1항에 따르면, 사용자는 근로자를 정당한 이유 없이 해고하지 못한다고 규정되어 있다. 이 규정은 해고보호법

5) Preis, Prinzipien des Kündigungsrechts bei Arbeitsverhältnissen, 1987, S.322ff.

리를 규율하는 원칙규정으로서, 그동안 사용자의 해고를 규제하는 역할을 담당하여 왔다. 이 때문에 해고를 할 만한 정당한 이유가 무엇인가를 찾는 것이야말로 해고법 연구의 가장 중요한 부분이 되어 왔던 것이 사실이다.[6] 이것이 이른바 해고원인 존부에 대한 실질적 정당성 판단 문제이다. 하지만 그동안 해고의 '형식' 요건에 관하여는 아무런 노동법상 규정을 둔 바가 없었다. 일반규정으로 돌아가 민법상의 고용계약 관련 규정에서도 그 해지와 관련한 어떠한 형식요건도 명시되어 있지 않다.[7] 따라서 그동안 해고와 관련하여서 그 형식은 자유이며 어떠한 제약도 없었음을 알 수 있다. 그런데 이러한 형식자유주의는 근로계약관계의 종료를 내용으로 하게 되는 해고에서 여러 가지 문제를 유발하게 되었다. 예컨대 종래 사업장에서 사용자가 일시적인 감정을 못 이겨 회사를 그만두라는 등의 발언이 이루어지는 경우나 2006년 3월 7일 주식회사 한국철도유통이 KTX 철도노조 여승무원들에게 휴대전화의 문자메시지를 통해 직위해제통지를 한 것이 언론에서 논란이 된 적이 있었지만, 이에 관하여 별단의 노동법적 규제는 불가능하였다. 생각해 보면 해고를 운운하는 상황이라면 사용자나 근로자 모두 매우 민감하고 흥분되어 있을 가능성이 높다. 이때 구두로라도 해고를 하겠다고 하였다면, 이러한 사용자의 의사표시로서 해고통지를 법률상 유효한 것으로 보아야 할 것인가는 쉽게 단정하기 어렵다. 단지 사용자 자신이 몹시 화가 났으며 근로자에 대한 질책성 발언에 불과하였다고 치부할 수도 있겠지만, 진정한 의미

6) 이에 관하여는 우리나라에서도 이미 많은 연구물이 축적되어 있다.

7) 우리 현행 민사법 원칙상 계속적 계약관계의 종료를 위한 해지의 의사표시는 별도의 형식을 요하지 않는다. 그러므로 해지의 의사표시는 구두로 행하여지거나 서면 또는 팩스 등을 이용하여 행해질 수 있음은 물론이다.

의 즉시해고처분이라고도 볼 수 있다. 근로자의 직장을 상실케 할 수도 있는 중요한 문제인데, 정작 그 의사표시의 사법적 의미가 처음부터 모호하다는 것은 여간 문제가 아니다.

2) 비교법적 검토

다른 유럽 선진국들에서 근로관계의 종료를 초래하는 해고의 경우에 이를 반드시 서면으로 하도록 하는 입법례는 흔히 발견된다. 특히 독일에서는 다른 계속적 계약관계에서와는 달리 특별히 근로계약관계의 종료를 초래하게 되는 해지(Kündigung)나 합의해지계약(Auflösungsvertrag) 등의 경우에는 그 의사표시를 반드시 서면으로 하도록 규율하여 두고 있다.[8] 따라서 해고통지는 형식적으로 반드시 서면으로 이루어져야 한다. 다만 이때 서면형식은 전자적 방식(Elektronische Form)을 통하여 행할 수는 없다. 해고통지를 구두나 기타 다른 방식으로 하는 경우에는 비록 종래 근로계약관계의 종료를 내용으로 하고 있더라도 당해 의사표시는 해고통지로서 애당초 유효하게 성립하지 않은 것이라 평가된다. 이러한 한도에서 독일 민법 제623조상의 서면형식성은 사후적인 해지 의사표시를 형성하는(konstitutiv) 요건에 해당된다.[9] 당해 규정을 해석함에 있어 유의해야 할 점은 당사자들이 합의를 통해 당해 해고서면요건성을 완화하기로 한 경우에도 이러한 합의는 무효라는 것이다. 다만 해고통지의 형식

8) 이외에도 직업훈련관련법 제15조에 따른 당사자 간의 해지(§§4, 15 Abs. 3 BBiG)나 선원법상의 관계에서도 그 예를 찾아볼 수 있다(§§62 Abs. 1, 78 Abs. 2 SeemannsG).

9) ErfK-Müller-Glöge, 5. Aufl., §623 BGB Rn. 19.

적 요건성을 보다 강화하는 차원에서의 합의는 존중된다. 이것이 독일 판례와 학계의 대체적인 입장이라고 할 수 있다.[10)]

3) 해고서면주의의 도입과 그 내용

이러한 문제가 빈발하던 차에 근로기준법의 개정이 이루어졌고, 2007년 7월 1일부터 시행되기 시작한 현행 근로기준법에서는 해고의 정당성을 근거지우는 새로운 형식적 요건을 제시하기에 이르렀다. 즉 근로자를 해고하는 경우에 사용자로 하여금 해고사유와 해고시기를 서면으로 통지하도록 하고(근기법 제27조 제1항), 이를 해고의 유효요건으로 새롭게 명시하여 두었다(근기법 제27조 제2항). 소위 해고서면주의원칙을 근로기준법 개정 과정에서 도입한 것이다. 해고서면형식에 반하는 해고통지는 무효가 된다. 이는 독일도 마찬가지이다. 따라서 그 법적 결과로서 근로계약관계의 종료가 초래되지 않게 됨은 물론이다.[11)]

이렇게 되면 이제는 적어도 사용자의 해고 존부에 대하여는 매우 명확하게 된 셈이다. 사실 해고라는 것이 근로자는 물론 그 가족들의 생계 수단과 인격적 자아 실현의 장을 일방적으로 박탈하는 가혹한 것임을 고려한다면, 이에 대한 보다 진지한 접근이 요구됨은 이론의 여지가 없어 보인다. 이러한 점에서 해고서면주의의 도입은 새삼 그

---

10) Ascheid / Preis / Schimdt-Preis, Kündigungsrecht, 2. Aufl., 2004, Rn. 11. 다만 일본에서는 원칙적으로 사용자가 해고하는 경우 특별한 요건을 필요로 하지 않는다. 따라서 사용자는 구두로든 서면으로든 형식에 상관없이 일방적으로 해고권을 행사할 수 있다.

11) LAG Düsseldorf EzA §125 BGB Nr. 2; Caspers, RdA 2001, S.28ff. 해고통지를 팩스로 한 경우에는 서면형식성 요건을 흠결한 것으로 보는 것이 독일 법원의 입장이다(BGH NJW-RR 1996, S.866).

필요성과 정당성을 설명할 필요는 없다. 하지만 이렇게 해고서면주의가 개정 근로기준법에 추가로 삽입되면서 종전의 여러 가지 해고제도와의 관련성이 해명되어야 하는 과제가 남게 되었다. 특히 근기법 제27조상의 해고서면이 어떠한 법이론적 본질을 가지는 것인지와 같은 문제를 검토함에 있어서는 총론적 차원에서 해고제도의 개념적 구조분석이 선행되어야 하며, 아울러 각론적 차원에서 종래 해고보호제도의 일환으로 오랫동안 유지되어 온 해고예고제도(근기법 제26조)와의 관계를 명확하게 할 필요가 있다.

2. 해고서면주의의 제도적 목적[12)]

1) 제도적 기능

2007년 7월 1일부터 시행된 개정 근로기준법에서는 해고의 의사표시에 대해 이를 반드시 서면으로 하도록 하였다. 해고통지는 형식적으로 반드시 서면으로 이루어져야 하며, 그렇지 않은 경우에 비록 근로계약관계의 종료를 내용으로 하고 있는 것이라 하여도 해고통지라는 의사표시는 애당초 유효하게 성립하지 않은 것이라 평가되어야 한다(근로기준법 제27조 제2항).[13)] 이러한 해고서면주의원칙은 통상 두 가지 노동법적 기능을 수행하는 것으로 평가된다. 소위 '입증기능'과 '숙려기능'이 바로 그것이다. 이에 대하여 살펴보면 다음과 같다.

12) 이하는 권혁, "해고서면주의", 『경영법률』, 2009. 7, 19집 4호를 주로 참고하여 수정 보완하였음.

13) 임종률, 『노동법』, 2008, 527면.

(1) 입증기능

우선 해고통지가 가지는 입증에서의 명료성과 용이성에 주목할 필요가 있다.[14] 만약 해고통지를 구두로 행할 경우 해고통지 그 자체의 존부가 우선 입증되어야 하는 번거로움이 있으며 그 외에도 제반 증거자료의 보관과 제시에 어려움이 발생하게 되기 때문이다. 해고통지를 서면으로 하도록 함으로써 당해 근로계약관계 종료와 관련하여 발생되는 제반 법률분쟁에서 그 당사자들은 여러 가지 증거사실에 대한 설명과 제시를 용이하게 할 수 있게 된다. 예컨대 일시적으로 화가 난 사용자가 구두로 "당신 내일부터 출근하지마"라고 하더라도, 이러한 구두의 표현은 해고통지로 볼 수 없음이 분명해졌다. 왜냐하면 서면형식을 갖추지 아니한 한 그러한 사용자의 언사는 감정적 표현일 뿐 해고통지는 아니기 때문이다. 만약 이러한 서면주의가 원칙으로 선언되어 있지 않다면, 사용자의 위와 같은 언사에 어떻게 대응해야 할지 여부가 애매할 수 있다. 해고통지로 보아야 할지 아니면 단지 화가 나서 한 말인지가 판단하기 어려워지기 때문이다.[15]

또한 사용자의 해고통지는 본질적으로 형성권의 행사이다. 이러한 점에서 지극히 신중한 판단을 통해 형성되어야 하며, 일단 그러한 판단을 통해 해고결정이 이루어지면 이러한 해고통지는 해고의 형성권적 특성을 고려할 때 종국적이며 명확한 것이어야 한다.[16]

---

14) Stahlhacke / Preis / Vossen, Kündigung und Kündigungsschutz im Arbeitsverhältnis, 8. Aufl., Rn.152.

15) Stahlhacke / Preis / Vossen, Kündigung und Kündigungsschutz im Arbeitsverhältnis, 8. Aufl., Rn.152.

16) Walker, Anm, zu BAG SAE1998, S.104.

(2) 숙려기능

다른 한편 해고서면주의는 숙려기능을 수행한다고 평가된다. 다시 말하면 해고통지의 서면형식성 요건은 사용자로 하여금 진정 해당 근로자와의 근로관계를 종료하는 것이 타당한가에 대하여 스스로 심사 숙고할 수 있는 기회를 제공하는 역할을 하는 것이다. 사실 인간이 자신의 고민을 서면으로 기재하게 되면 그러한 고민이 객관화되고, 그 문제의 본질이 보다 명확해지며, 그 해법을 찾는 데에도 훨씬 수월해지는 경향이 있다. 그렇지 않고 당사자 본인의 정신적 사고의 영역 안에 고민을 두게 되면 끊임없이 고민만 반복하는 악순환을 겪게 된다. 해고문제는 사용자에게 있어 매우 큰 고민이고 중요한 결단이다. 또한 해고문제는 통상 해당 근로자와의 인격적 신뢰관계가 훼손되었을 가능성을 높다. 이는 사용자가 인격적 고민을 하고 있으며, 아울러 이 때문에 흥분하고 있을 가능성이 높다. 이때 보다 현명하고 객관적이면서도 최종적인 판단을 위해서는 한 걸음 뒤로 물러나 보다 객관적인 자세를 갖도록 하는 것이 필요하다. 왜냐하면 근로자를 해고하는 데에는 향후 해당 업무를 수행할 신규근로자를 채용해야 하는 복잡한 문제가 남아있게 되고, 이를 업무에 직접 투입하기까지 업무상 또는 조직상 발생하게 되는 비용적 불이익도 스스로 감수해야 하기 때문이다. 나아가 근로자 본인은 물론 그 가족들의 생계기반을 상실케 하는 것이므로, 감정적 측면에서도 사용자는 상당한 부담을 질 수밖에 없다. 이 때문에 해고의 결단은 매우 신중하여야 한다. 해고서면주의의 기능은 바로 이를 실현하도록 도와주는 데 있다. 즉 해고서면주의는 사용자가 자신의 의사표시를 서면으로 작성하면서 일시적 감정과 흥분을 가라앉히고 신중하게 자신의 해고의사를 재삼 숙고

하도록 하는 데 그 제도적 목적이 있으며, 이러한 기능을 '숙려기능'이라고 한다.[17)]

2) 전자문서를 통한 해고 가능 여부

앞서 해고서면원칙의 유용한 기능적 의미를 살펴보았다. 해고가 가지는 사회적 심각성과 폐해를 고려할 때 해고를 단행하는 주체인 사용자에게 고도의 신중을 촉구하고, 아울러 법적 분쟁에 보다 분명한 입증자료를 남겨 두도록 하는 것은 매우 필요한 것이 아닐 수 없다. 이를 고려하면 사용자에게 별도의 서면 작성 요구가 커다란 부담이라고 보기는 어렵다. 실제로 사용자가 서면으로 작성하는 동안의 시간상 또는 기타 다른 측면에서의 비용 문제는 실제로 그다지 크다고 보기 어렵다. 비록 여러 가지 제반 의사소통 기술이 발전하였다고 하더라도 이와는 별도로 서면을 작성함으로써 표의자로서 사용자는 서면의 작성과정에서 자신의 의사표시 형성과 표시에 대한 결단을 스스로 재고할 수 있는 기회를 가지고 근로자로서는 확정적이고 최종적인 해고통지를 받아 봄으로써 자신의 향후계획을 분명히 할 수 있게 된다. 이러한 해고서면요건성의 기능들은 결국 궁극적으로는 법적 안정성에 기여하는 것이다.

따라서 간편한 전자문서(이메일)를 통한 해고서면성 판단은 부정적이라고 할 수 있다. 그 이유는 이메일을 사용자가 직접 작성하였을 것으로 볼 수도 있지만, 그렇지 않을 수도 있기 때문이다. 그리고 서면에의 기재 그 자체가 매우 중요한 의미가 있다고 생각한다. 따라서 서면으로 작성하고 이를 팩스로 보내는 일은 가능하리라 생각된다.

---

17) ErfK-Müller-Glöge, 5. Aufl., §623 BGB Rn. 3.

기재를 타이핑으로 하고 서명을 한 경우도 해고서면으로서의 적격성이 인정될 수 있다고 본다.

3. 근로자만을 위한 해고서면주의인가?

1) 문제의 소재

앞서 살펴본 서면주의원칙의 순기능으로서 입증기능과 숙려기능이 과연 사용자의 해고통지의 경우에만 의미 있는 것인가 하는 데 대한 의문이 있다. 다시 말하면 서면을 통한 입증기능과 숙려기능의 고도화가 반드시 사용자의 해고통지의 경우에만 필요한 것인가 하는 데에 의문이 있을 수 있다는 것이다. 어쩌면 신중에 신중을 더해야 하고, 보다 명확한 입증자료를 필요로 하는 것에는 근로자의 사직이나 합의해지의 경우도 마찬가지라고 보아야 하는 것은 아닌가 하는 생각을 하게 된다. 현행 노동법 체계에서 해고서면주의는 근로기준법에 규율되어 있다. 기본적으로 근로기준법은 근로자를 편면적으로 보호하기 위한 법체계이다. 따라서 해고서면주의는 애초에 해고로부터 근로자를 보호하기 위한 규정으로 기획된 것이라고 할 수 있다. 왜냐하면 현행법 체계 내에서도 해고의 경우에 대하여 특별히 근로기준법 제27조에서 규율하여 두고 있을 뿐이므로, 그 이외의 경우에는 일반법으로서의 민법규정에 따라 의사표시의 형식적 제한은 없다고 해석되어야 하기 때문이다. 하지만 이러한 법률체계는 그다지 적절한 것이라고 보기는 어렵다. 왜냐하면 서면주의에 따른 효용은 사실 해고의 경우에서만이 아니라, 계속적 계약관계이면서 동시에 인간적 신뢰관계인 근로관계를 갑작스럽고 일방적으로 소멸하는 상황에서 고려되어야 할 사항이기 때문이다. 요컨대 해고서면주의규정을 협의의 해고보호법리에 근거한 것으로만 볼 것인지 아니면 광의의 해고보호법리로서 소위 '해지완충의법리'[18]에 기초한 제도로서 파악할 것인지에 대한 분석이 필요하다. 만약 전자의 경우라면 당사자 간의 합의를 통한 근로관계 종료(이른바 합의해지)나 근로자 스스로 직장을 포기하는 사직의 경우는 근로기준법과 같은 노동법이 특별히 개입할 필요가 없음을 의미하는 것이다. 만약 후자라고 판단되면 현행 규정입법체계에 대한 개선이 요구된다고 보아야 한다.

2) 서면주의에 대한 재평가

(1) 근로계약 소멸에 따른 불이익의 최소화

근로계약은 통상 기간의 정함이 없이 '상당한 기간 동안' 기업이라는 긴밀한 공동체를 형성하는 '인격적 노무제공관계'이므로, 다른 채권 계약과는 상당히 다르다. 그만큼 근로계약관계는 체결하여 형성되기가 어려운 만큼 이를 소멸하게 하는 것 역시도 매우 신중하여야 한다. 일단 직장에 채용되면 통상 직장을 계속하여 다니게 되는 것도 그와 같은 이유에서이다. 그런데 근로계약관계의 양 당사자 간에 더 이상 계약관계를 유지하기 어려운 사정이 발생하면 이를 소멸케 할 수 있는 권리(해지권)가 양 당사자에게 주어져 있음은 물론이다. 문제는 이러한 해지권의 행사가 타방 당사자에게 미치는 악영향이다. 이를 사용자의 해지권 행사이든 근로자의 해지권 행사이든 마찬가지이다. 우선 해고의 경우에 근로자가 갑작스럽게 자신의 직장을 상실하

18) 이에 대하여 자세히는 제2장 제3절 참고.

게 되므로, 이에 따른 그와 그 가족들에게 미칠 사회적 영향은 매우 크다는 점은 분명하다. 다른 한편 간과해서는 안 되는 것은 근로자의 사직이 사용자 측에 초래하게 될 불이익도 크다는 점이다. 물론 사직의 경우에는 근로자가 더 나은 직장이나 혹은 자영업을 통해 보다 나은 수입을 기대하는 경우가 많을 것이므로 사회적인 부담은 해고에 비해 덜할 수 있다. 하지만 이는 언제나 그렇다고는 말할 수 없다. 근로자 스스로가 대책 없이 일시적 감정에 휘말려 사직서를 제출하는 경우가 없으란 법도 없다. 예컨대 업무가 많이 밀린 상황이거나 정시에 업무가 종료되어야 하는 상황에서 갑작스런 근로자의 사직은 사용자에게 있어 상당한 부담이 될 수 있다. 근로계약의 종료가 초래하게 될 계약적 또는 사회적 손실은 최소화할 필요가 있다.19)

(2) 사직에 있어 서면주의의 필요성

현행 노동법상 근로자에 대한 사용자의 해고에 대하여는 이를 서면으로 하도록 하는 명문의 규정을 두고 있으나, 근로자의 사직의 경우나 합의해지의 경우에 대하여는 아무런 규정을 두고 있지 않다. 그렇다고 하여 민법 규정에 따라 무형식주의로 하기에는 근로계약관계가 갖는 특성상 바람직하지 않다. 그 이유는 사직에 따른 사회적 부담을 최소화하려는 노력이 필요하기 때문이다. 이는 서면주의의 법기능 가운데 입증기능이나 숙려기능이 해고의 경우만이 아니라 사직의 경우에도 매우 중요하게 기능하여야 함을 의미한다. 예컨대 만약 근로자가 사용자의 태도나 발언에 화가 나서 "이따위 회사 그만두겠다"

19) Urban, Der Kündigungsschutz außerhalb des Kündigungsschutzgesetzes, 2001, S.39ff; Adomeit, Kündigung und Kündigungsschutz im Arbeitsverhältnis, 1962, S.48.

라고 발언하였다면, 그러한 발언을 들은 사용자로서는 근로자의 의사에 대한 진정성을 파악하기가 어려울 것이다. 그 발언의 진정성을 경솔하게 판단할 수는 없다. 그러다 보면 사용자로서는 업무수행의 곤란은 물론이고, 신규근로자의 채용준비에 나서야 할 것인지의 여부도 그 판단이 쉽지 않게 된다. 이때 사직을 서면으로 하도록 하는 형식적 제한이 있다면, 이에 관한 법률분쟁에서 입증의 어려움은 상당 부분 해소될 것이다. 다른 한편 근로자가 일시적인 감정이나 흥분된 상태로 사직을 하는 경우, 이러한 사직의 의사표시는 경솔한 것이라 아니할 수 없다. 이러한 의사표시는 매우 신중하게 이루어질 필요가 있다. 그러므로 사용자의 해고의 경우와 같이 이를 서면으로 직접 작성토록 함으로써 근로자에게 다시 한번 근로의 의사를 확인하도록 하는 것은 매우 중요한 일이 아닐 수 없다. 이러한 사실로부터 해고의 경우와 다름없이 고도의 법적 안정성과 명확성 요건이 사직의 경우에도 그대로 요구된다는 것을 알 수 있다.[20]

3) 현행법 체계상의 문제점과 소결 - 독일 해고법 체계를 중심으로

현재 우리 노동법상에서는 사직에 관한 별도의 형식요건을 제시하고 있지 않다. 단지 해고에 관한 규정을 근로기준법에 두고 있을 뿐이다. 이렇게 명문의 규정을 두고 있지 아니하면 민법상의 일반규정

---

20) 해고보호법리를 개념상 광의와 협의로 나누고, 근로계약의 본질적 특성으로부터 가능한 한 근로계약의 해지가 초래할 여러 가지 문제점을 최소화하도록 하여야 할 필요가 있음을 지적한 바가 있다. 즉 근로계약관계의 일방적 해지는 가능한 한 자제되어야 한다는 취지로서 이른바 광의의 해지제한법리를 '해지완충법리'라고 하였다(권혁, "근로기준법상의 해고예고제도와 민법상 해지기간제도와의 관계", 『경영법률』, 제17집 1호, 2006. 10, 795면 이하).

이 적용되게 될 것이다. 앞서 언급한 바와 같이 우리 민법에서는 고용계약의 해지와 관련하여 아무런 형식적 요건을 제시하고 있지 않다.[21] 따라서 근로자의 사직 의사표시에 대한 고도의 신중성을 촉구하는 역할을 하지 못하고 있는 셈이다. 하지만 우리 노동관계 현실에서 이미 근로자 측의 일방적 근로계약관계 해지의 경우, 즉 사직의 경우에 흔히 "사표를 쓴다"고 하여 사실상 서면주의가 일반화되어 있다. 이는 근로자가 일시적인 감정 때문에 신중한 판단 없이 해지를 단행하는 것을 사실상 방지하는 역할을 하고 있다. 입법상황과 현실이 상당히 괴리되어 있는 셈이다. 현재로선 이러한 점에 대하여 아무런 대책을 내놓고 있지 못하고 있다. 근본적으로 종래 우리 학계와 법원은 당사자 간의 합의를 통한 근로관계 종료(이른바 합의해지)나 근로자 스스로 직장을 포기하는 사직의 경우는 근로기준법과 같은 노동법이 특별히 개입할 필요가 없다고 본 것이다. 하지만 사직이나 합의해지의 의사표시에 대하여서도 서면형식주의가 관철될 수 있도록 하는 것이 타당하다. 이 서면주의 제도는 기본적으로 해지완충의 법리에 기초한 것이기 때문이다.

현행 근로기준법상의 해고서면주의규정(근기법 제27조)이 근로자의 사직의 경우나 합의해지의 경우에도 적용될 수 있도록 하는 입법적 보완이 필요하다면 그 방식을 어떻게 해야 할까? 우선 법률해석을 통한 적용(예컨대 유추적용 등)은 생각해 볼 수 있겠지만 이는 법이론상 불가능해 보인다. 왜냐하면 해고서면주의규정 자체가 근로자에 대한 사용자의 해고상황을 전제로 하고 있으며, 아울러 근로자 보호를 위한

21) 노동 실무에서 근로자가 사직하는 경우, 스스로 작성한 사직서를 제출하여 사실상 서면주의를 활용하고 있기는 하지만, 그렇다고 이것이 법률을 통해 정형화된 형식요건은 아니다.

법체계로서 근로기준법에 굳이 이를 규정하고 있다는 점 때문이다.

따라서 현재로선 별도로 사직서면주의를 새롭게 규율하는 것이 시급한 과제라고 할 수 있다. 그렇다면 어떠한 방식의 입법이 가능할까? 이러한 입법적 개선과 관련하여 방식이 문제될 수 있을 것인데, 생각건대 독일의 입법례를 참고할 만하다. 즉 독일은 근로계약의 해지통지(해고와 사직을 포함한 개념으로서)에 대하여는 이를 서면으로 하도록 하는 규정을 아예 민법에 규정하여 두고 있다.[22] 이러한 민법에 고용계약도 아닌 근로계약에 관한 사항을 규정한다는 것 자체가 특이해 보인다. 하지만 이렇게 민법에 규정을 두는 것은 매우 의미심장한 것이다. 왜냐하면 민법은 노동법의 경우와 달리 근로자는 물론 사용자의 이익을 모두 고려하는 일반민사법이기 때문이다. 이는 독일 해고법의 입법자가 해고든 근로자의 사직이든지 간에 고도의 신중성과 입증상의 명확성 확보가 마찬가지로 요구된다는 것을 입법론에서 충분히 반영하고 있었음을 보여 준다.

요컨대 해고서면주의라는 것이 근로자만을 위한 제도가 아니라, 계약 양당사자 모두의 이익을 고려한 제도라는 점을 독일 입법자들은 분명히 보여주고 있는 셈이다. 독일에서 이렇게 서면주의원칙을 민법에 규율하여 둔 것은 입법방식적 측면이나 규율체계와 이념의 측면에서 매우 효율적이라고 평가할 만하다.

---

22) 독일 민법 제623조.

4. 해고서면의 법이론적 본질과 해고예고와의 관계[23]

1) 문제의 소재

해고를 통한 근로관계 소멸과정에서 (i) 해고통지를 발한 시점, (ii) 해고통지가 도달한 시점, (iii) 해고예고기간 도과시점(=근로관계 소멸시점) 등이 존재한다. 사용자의 해고의사표시를 '해고통지'라 할 수 있다. 그런데 현행 근로기준법상 반드시 서면으로 하여야 하는 것은 '해고통지'라고 할 것이다. 그래야만 해고서면주의원칙의 입증기능이나 숙려기능이 제대로 기능하게 되기 때문이다. 요컨대 현행 근로기준법 제27조상의 서면주의는 해고통지의 서면형식 요건이라고 풀이할 수 있을 것이다. 그런데 이러한 해고통지는 현행 근로기준법 제26조상의 해고예고와 개념상 혼동을 가져올 수 있다. 즉 현행 근로기준법 제26조는 사용자가 근로자를 '해고'하고자 할 때에 적어도 30일 전에 해당 근로자에게 이를 '예고'하도록 하되, 다만 사용자가 이러한 사전 해고에 대한 예고를 하지 않은 경우에는 30일분 이상의 통상임금을 해당근로자에게 지급하도록 하고 있다. 그리하여 실무상 근로자를 해고하고자 할 때에는 징계해고의 경우이건 경영해고의 경우이건 원칙적으로 적어도 30일 이전에 그 예고를 하거나 30일분 이상의 통상임금을 이른바 해고예고수당으로서 지급하여야 한다.[24] 해고예고기간제도는 근로자가 해고를 통한 실직에 대비하여 새로운 직장을 구할 수 있는 시간적 여유를 마련하여 주되, 그 기간 동안 경제적인 도움을 사용자에게 받을 수 있도록 하는 역할을 한다고 본다.[25]

---

23) 이에 관하여 자세히는 권혁, "해고서면주의", 『경영법률』, 2009. 7 참고.
24) 사법연수원, 『해고와 임금』, 2008, 359면.

그래서 이러한 해고예고기간은 해지기간으로서의 법이론적 실질을 가진다고 한다.[26]

여기에서 드는 의문은 향후 근로관계의 종료를 미리 예고한다는 것과 근로관계의 종료의사표시를 일정한 기간(해지기간)의 유보하에 일방적으로 표시하는 것이 과연 다른 것일까 하는 점이다.

2) 논의의 내용

(1) **별개설**

현재 우리 노동법 실무와 현행 근로기준법의 규율형식에 비추어 보면 해고통지와 해고예고는 전혀 별개의 것으로 파악하고 있는 것으로 보인다. 그 이유는 무엇보다 현행 근로기준법의 규율방식에서 찾을 수 있다. 우선 해고통지서면주의는 근로기준법 제26조상에 그리고 해고예고와 관련하여서는 동법 제27조상에 별도로 규정하여 두고 있기 때문이다. 나아가 그 내용상으로도 해고통지와 관련하여서는 명시적으로 서면성을 선언하고 있지만, 해고예고와 관련하여서는 서면요건성 여부에 관하여 아무런 설명을 않고 있다. 해당 서면에 그 사유와 일시를 기재하도록 한 것도 마찬가지이다. 그리고 행정해석상에서도 종래 해고예고는 문서, 게시 또는 구두의 방법으로 할 수 있다고 하였다.[27] 해고금지기간 중에는 해고를 못하지만 미리 예고를 해 두었다가 해고금지기간 완료 즉시 해고하는 것은 가능하다고 봄으로써,

25) 박상필, 『한국노동법』, 1993, 207면.

26) 이렇게 해고예고의 절차를 거쳐 행하는 해고를 '통상해고'라고 칭하고 있다(사법연수원, 『해고와 임금』, 2008, 359면).

27) 반드시 해고되는 날을 명시하여야 하고 불확정 기한부나 조건부 예고는 효력이 없다(근기 01254-13736, 1988. 9. 7).

해고통지와 해고예고를 별개의 것으로 파악하고 있다.[28] 해고예고가 해고통지와 다른 것임이 보다 분명해진다.[29]

(2) 비판적 재검토－해지기간과 해고예고기간의 병렬적 보호가 필요한가

문제는 해고통지와 해고예고를 별개로 볼 경우, 해고예고를 해지기간으로서의 실질을 가지는 것으로 본다는 기존의 일반적 견해와 모순적 상황이 빚어진다. 즉 해지기간이란 해지의사표시의 도달시점 이후부터 기산되는 일정기간을 의미한다. 해고의 경우라면 해고통지가 도달하면 그 시점부터 해지기간이 기산되고 해지기간이 도과하면 근로관계는 종료하게 된다. 그런데 현재 우리 학계의 지배적 견해는 해고예고기간 30일을 해지기간으로서 파악하고 있다. 결국 해고통지와 해고예고를 별개로 보되, 해지기간제도도 동시에 고려한다면 다음과 같은 법이론적 결과로 도출될 수밖에 없다. 즉 (해고사유와 해고일시가 기재된) 해고통지서면이 근로자에게 도달하면 그 시점부터 해지기간이 기산된다. 이때 해지기간은 현행 민법 제620조상의 해지기간규정이 적용되어 1개월로 될 것이다. 다른 한편 해고통지 이전에 별도로 행하여지게 될 현행 근로기준법 제26조상의 '해고예고'제도를 통해 30일간의 해고유예기간이 추가로 부여된다. 이렇게 해석하지 아니하는 한 해고예고와 해고통지를 구별할 수가 없다. 하지만 이렇게 본다면 해고예고기간은 해지기간으로서가 아니라 우리 현행 근로기준법

28) 근기 01254-5080, 1987. 3. 30.

29) 또한 종래 학계에서 근로기준법상 해고금지기간 동안에 해고의 예고까지도 금지되어야 하는가 하는 논의가 있어 온 것도 해고통지와 해고예고가 별개의 것임을 전제한 논의임을 알 수 있다(이를 찬동하는 견해로는 김형배, 『노동법』, 2009, 555면. 이를 반대하는 견해로는 임종률, 『노동법』, 2008, 522면).

이 보장한 고유한 해고'예고기간'이라고밖에 평가할 수 없다. 과연 노동법의 입법자가 중복적인 해고유예기간의 보장을 의도하여 현재와 같은 규정을 만들었을까라는 의문에는 상당히 회의적이지 않을 수 없다. 일단 이러한 해석론을 뒷받침할 수 있는 이론적 근거가 없고, 아울러 다른 나라의 입법례에서도 그 유래를 찾을 수 없기 때문이다.

3) 평가 – 동일설

현행 근로기준법 제27조상의 서면은 무엇을 의미할까? 판단컨대 근로기준법 제27조상의 '서면'은 해고의 사유와 정확한 일시를 근로자 측에게 소명하는 차원에서의 '확인서면'으로 보아야 한다. 이미 예고를 통해 해지의사표시가 전달되었는데, 다시금 해지의사표시를 전달하는 해고통지로 보는 것은 논리상 모순이다. 현행 근로기준법상 '해고하다'에 관한 규율들은 사실상 해고통지를 할 수 있는가에 관한 의미로 파악하는 것이 옳다. 즉 근로기준법 제23조 제1항도 정당한 해고원인이 있으면 해고통지를 단행할 수 있다는 의미로 보아야 하고, 사용자의 해고시기를 일정한 경우 특별히 제한한 근로기준법 제23조 제2항도 산전·후 여성 근로자에 대하여는 90일간 보호휴가를 주고 휴업한 기간과 그 후 30일간 사용자가 해고통지를 할 수 없다는 것으로 파악하는 것이 옳다. 따라서 이때 해고할 수 없다는 것은—즉시해고통지이든 시간적 유예를 전제한 통상의 해고통지이든—'해고통지'를 하여서는 안 된다는 의미로 파악하여야 한다.[30] 이러한

30) 이렇게 해고금지기간을 별도로 규율하여 둔 것은 최소한 근로자가 노동력을 상실하고 있는 기간과 노동력을 회복하기에 필요한 기간 동안에는 근로자를 실직의 위협으로부터 절대적으로 보호하려는 데 그 본래적 입법취지가 있다(대판

관점에서 본다면 근로기준법 제25조 제1항상의 재고용의무의 존속기간산정에서 기산점은 해고통지가 근로자에게 도달한 시점으로 보아야 할 것이다.

4) 입법론적 개선 방안

입법론상 가장 바람직한 것은 아예 근로기준법 제27조상의 서면을 해고예고로 보도록 명시하는 것이다. 이렇게 되면 해고통지의 서면주의가—독일과 마찬가지로—일관되게 설명될 수 있고, 아울러 해지기간으로서 해고예고기간도 법이론적인 모순 없이 설명될 수 있기 때문이다. 따라서 해고통지서면주의를 현행 입법으로 명시한 이상 종래 해고의 예고는 문서, 게시 또는 구두의 방법으로 할 수 있다고 하는 행정해석(근기 01254-13736, 1988. 9. 7)은 신속하게 포기되어야 한다.

적어도 현재와 같은 규율체계에서 해고서면주의는 어떻게 이해해야 할까? 판단컨대 현행 입법 규정상의 용어에 충실하도록 해고예고(근로기준법 제26조)와 해고서면(근로기준법 제27조)을 각각 별개의 것으로 본다면, 해고예고는 해고통지로 파악하되 근기법 제27조상의 서면은 '해고의 원인'과 '정확한 일시'를 명시적으로 확인함으로써 근로자를 배려하기 위한 별도의 서면으로 보는 것이 옳다. 따라서 해고통지인 해고예고가 근로자에게 도달하면, 그 시점으로부터 30일이 도과하고 난 후 근로관계는 소멸하게 된다. 다만 근로관계가 소멸하기 이전에 사용자는 해고원인과 정확한 일시를 적은 서면을 근로자에

1991. 8. 27, 91누3321).

게 배부하도록 해야 할 것이다.

결론컨대 입법론적으로는 해고예고를 해고통지로 기재하는 것이 어떨까 한다. 그리고 해고예고서면에 근로관계의 명확한 종료의사와 해고원인 그리고 해고시점을 명시하도록 한다면 원래 입법자가 의도하였던 대로 해고통지서면주의와 해고예고제도를 통한 해지기간의 확보가 동시에 이루어질 수 있지 않을까 한다.[31]

5. 해고서면의 필요적 기재사항

1) 현행 규율 태도

근기법 제27조 제1항에는 해고사유와 해고시기를 서면에 반드시 기재하도록 되어 있다.[32] 요컨대 해고사유와 해고시기를 기재한 서면통지를 해고의 유효요건으로 하여 두고 있다. 그러므로 해고통지서면에는 (i) 사용자가 근로관계를 해지하겠다는 의사가 분명히 드러나도록 해야 함은 물론이고, 우리 현행 근로기준법 제27조는 이와 더불어 (ii) 해고의 사유가 무엇인지와 (iii) 근로관계의 종료시점을 반드시 명시하도록 하고 있다. 다만 여기에 명시적으로 언급되지는 아니하였지만 서면주의를 취하고 있는 이상, 그 서면의 작성 주체를 분명히 알 수 있도록 할 필요가 있다. 예컨대 독일의 경우 독일 민법 제126조 제1항에 따라 원칙상 법문에 서면형식을 요하는 경우에 우선 그 형식상 당해 서면에 반드시 표의자가 자신의 자필서명(Namensunterschrift)을 하거나

---

31) 근로기준법 제27조에 대하여 제1항을 "제26조에 따른 해고예고는 이를 서면으로 통지하여야 하며, 이러한 서면에는 해고사유와 해고시기를 기재하여야 한다"라고 문구를 조정하는 입법개선이 필요한 이유가 여기에 있다.

32) 임종률, 『노동법』, 2008, 527면.

공증된 표시(Handzeichen)를 해 두어야 한다고 명시하고 있다. 비록 이에 대하여 우리 법제에 명문의 규정을 둔 바는 없지만, 해석론상 서면이 갖는 개념에 비추어 그 작성자를 기재하여 두어야 하는 것은 의문이 없어 보인다. 다음으로 언급되어야 할 바는 해고서면의 내용이다. 우선 서면의 기재사항이 갖는 내용의 명료성이 확보되어야 한다. 서면에 나타난 의사표시가 어느 정도로 명료하여야 하는가 하는, 소위 '명료성(Deutlichkeit)' 논쟁이 있을 수 있다.[33] 이는 우리의 경우에도 마찬가지로 문제될 소지가 크다. 하지만 외국의 입법례와 가장 큰 차이를 보이는 것은 해고원인을 기재하도록 한 데에 있다. 여기에서 주된 관심의 대상이 되는 것은 과연 해고통지서면에 해고원인을 기재하도록 하는 것이 입법론상 타당한 것인가 하는 점이다.

2) 해고의사표시의 '명료성' 논쟁

해고의 통지는 본질적으로 상대방의 수령을 요하는 일방적인 형성권적 의사표시로서의 본질을 가진다.[34] 따라서 해고통지는 명료하여야 하며, 조건부 해고통지는 원칙상 고려될 수 없다.[35] 이때 '명료성'

---

33) 사실 해고사유를 기재하도록 한다는 우리의 입법방식은 독일 해고법과는 차이가 있다. 독일 해고법에서는 해고통지서를 교부하면서 해고사유를 반드시 기재하여야 하는 것은 아니다. 왜냐하면 해고사유는 해고무효 관련 소송을 진행하면서 확인되는 것으로 충분하다고 보기 때문이다. 다만 일본은 해고 근로자가 요구하는 경우에 한하여 사용자가 해고사유가 기재된 해고사유증명서를 지체 없이 교부하도록 의무화하여 두고 있다(菅野和夫,(이정 역), 『일본노동법』, 법문사, 2007, 440면).

34) Walker, Anm, zu BAG SAE 1998, S.104.

35) Hromadka/Maschmann, Arbeitsrecht I, 3. Aufl., 2005, S.337. 다만 의사표시의 법적 효력이 전적으로 의사표시 수령자(근로자)에 의해 좌우되는 이른바 수의조건(Potestativbedingung)인 경우에는 예외이다(BAG AP Nr.1 zu §626 BGB Bedingung).

이란 표의자인 사용자의 근로관계 종료의 의사가 의사수령자에게 명확하게 이해될 수 있을 만큼 명료하여야 함을 의미한다.[36] 요컨대 종래 지속하여 온 근로계약관계가 장차 일정한 시점을 기해 종료하게 된다는 내용이 근로자에게 인식되어야 하는 것이다.[37] 따라서 대체로 서면에는 근로계약관계의 종료일자와 대상 근로자의 성명 등이 기재되어야 한다. 이는 법적 안정성이라는 법일반의 본질적 요청에 따른 것이다. 문제는 여기에서 어느 정도의 명확성이 요구되는 것인지이다. 이에 대해 일반 사법관계에서 요식적 법률행위의 경우 표의자의 진정한 의사가 의사수령자에게 암시되어 인식될 수 있는 정도에 이르면 충분하다는 것이 종래 일반적인 독일 법원의 입장이다.[38] 이러한 입장은 우리 해고법에서도 그대로 적용될 수 있을 것으로 생각된다.

3) 해고원인의 기재 필요성 논쟁

(1) 내 용

다음으로 해고통지서면에 반드시 당해 해고의 원인을 기재하여야 할 것인가가 문제될 수 있다. 물론 해고는 근로기준법 제23조에 따라 반드시 정당한 이유가 있는 경우에만 이를 단행할 수 있도록 되어 있다. 따라서 해고원인은 사용자가 해고통지를 발하고, 그 통지가 근로자에게 도달하는 시점에서는 반드시 존재하여야 한다. 이렇게 본다면 해고원인의 기재 자체가 불가능하다거나 불필요하다고 보기는 어렵

36) Stahlhacke / Preis / Vossen, Kündigung und Kündigungsschutz im Arbeitsverhältnis, 8. Aufl., Rn.174.

37) BAG DB 1982, S.2577; Hromadka / Maschmann, Arbeitsrecht I, 3. Aufl., 2005, S.356.

38) BGH NJW 2000, S.1569ff.

다. 왜냐하면 근로자로서는 해고통지서면을 보고, 해고원인을 스스로 파악하고, 해고처분에 불복하는 경우에 대응할 수 있는 방안을 모색하게 되기 때문이다. 그만큼 근로자의 보호에 충실하게 된다.

(2) 비교법적 검토

① 독 일

그런데 흥미로운 사실은 독일 판례는 해고의 원인에 대한 명시적 기재가 해고의 유효성을 좌우하지는 않는다고 본다는 점이다.[39] 사실 독일은 해고와 관련하여 유럽 다른 선진제국에 비해서 매우 엄격한 것으로 알려져 있는 국가이다. 그럼에도 불구하고 해고통지서면에 해고원인을 기재하도록 요구하고 있지는 않다. 다만 독일 민법 제626조 제2항 3문에 따르면 계약 일방당사자가 계약관계를 즉시해지하고자 하는 경우에는 반드시 타방 당사자에게 그 원인을 통지하도록 하고 있다.[40] 그러나 이때 통지의무는 즉시해지 자체의 유효성을 좌우하는 요건은 아니다. 단지 이를 위반한 경우 원인 통지 위반에 따른 금전적 손해배상이 이루어지게 될 뿐이다.[41]

---

39) BAG AP §626 BGB Nr. 50, BAG AP §1 KSchG Nr. 55; BAG AP §1 KSchG Nr.56.

40) Stahlhacke / Preis / Vossen, Kündigung und Kündigungsschutz im Arbeitsverhältnis, 8. Aufl., Rn. 181.

41) Hromadka / Maschmann, Arbeitsrecht I, 3. Aufl., 2005, S.373. 이러한 채권법적 차원에서의 해고원인 통지의무는 임산부에 대한 해고(§9 Abs. 3 S. 2 MuSchG)나 직업훈련관계(§15 Abs. 3 BBiG)에도 마찬가지로 인정되며 집단법적으로 단체협약으로 그러한 의무를 합의로서 정한 경우에도 마찬가지라고 할 것이다(BAG AP Nr.55 zu §1 KSchG).

② 일 본

원칙적으로 일본은 해고통지에 대하여 서면주의를 채택하지 않고 있다. 다만 일본에서는 일정한 경우에 해고사유에 대한 서면통지를 받을 수 있다. 즉 일본 '노동기준법'(이하 '노기법'이라고 한다) 제22조 1항에 따라 근로자가 퇴직 시에 근로기간, 업무의 종류, 지위, 임금 또는 퇴직사유에 대한 증명서를 요구하는 경우에 사용자는 지체 없이 이를 교부하여야 한다. 특히 퇴직사유가 해고인 경우에는 근로자가 해고사유가 기재된 증명서를 청구할 수 있고, 근로자의 청구가 있는 경우에 사용자는 해고에 의해 근로관계가 종료된 사유가 기재된 서면을 반드시 교부하도록 의무화하고 있다.[42]

(3) 평 가

해고원인은 해고통지가 상대방에게 도달하는 시점에서의 객관적 사정을 통해 확인된다. 해고통지 이후에 발생된 일련의 사실은 해고의 사회적 정당성을 근거지우는 단서로 활용될 수 없다. 이때 해고통지 시점에서의 해고원인이 될 수 있는 사정은 당시 사용자에 의해 인식되었을 수도 있고 그렇지 않았을 수도 있다. 따라서 이론상 사용자의 해고단행 시점에서 비록 사용자가 인식하지 못하였지만 법원에 의해 해고의 정당한 원인으로 평가되는 사정이 존재할 수 있으며 그러한 사정을 기초로 해고는 사회적 정당성을 충족한 것이 될 수도 있다.[43] 이러한 점을 고려할 때 해고통지서면에 반드시 해고원인이 기

42) 사용자의 해고사유증명서 교부 의무화에 대한 1998년 개정 노기법의 내용에 관해서는 井上幸夫, 勞動條件の明示・退職時の證明, 季刊勞動法 第189号, 1998, 48頁 이하 참조.

43) Stahlhacke / Preis / Vossen, Kündigung und Kündigungsschutz im Arbeitsverhältnis, 8. Aufl., Rn. 186.

재되어야 한다고 주장하는 것은 애당초 무리가 아닐 수 없다. 설사 기재하였다고 하여도 반드시 그 기재된 원인에 사용자의 해고정당성 판단이 좌우되어야 하는 것은 아니다. 독일의 판례와 학설의 대체적인 견해가 해고의 원인에 대한 명시적 기재는 해고의 유효성을 좌우하지는 않는다고 하는 이유가 바로 여기에 있다.[44] 결국 해고의 원인에 대한 분쟁이 있다면 이는 해고소송을 통해 다툴 수 있을 뿐이며,[45] 따라서 해고원인은 원칙적으로 해고무효소송이 종료되기까지 사용자에 의해 제시될 수 있으면 족하다고 할 수 있다.[46]

우리의 경우에도 굳이 해고의 사유를 미리 기재하도록 하는 것은 필요하지 않다고 생각한다. 이는 해고를 단행하고자 하는 사용자에게 있어 상당한 부담이 됨은 물론, 궁극적으로 해고의 정당성을 판단하는 자는 법원이므로 그 원인을 찾고 그 원인의 사회적 상당성을 평가하여야 하는 자도 바로 법원이기 때문이다. 결국 경영전문가인 사용자를 사실상 법관이기를 바라는 것은 처음부터 잘못이라고 할 수 있다.

6. 결 론

① 우선 해고의 서면주의 도입과 관련하여서는 다음과 같은 점을 지적하고자 한다. 사용자의 해고는 다른 어떠한 유형의 계약관계에 있어서의 해지 또는 해제보다 신중하게 행하여져야 한다. 일시적인

44) BAG AP §1 KSchG Nr. 55; BAG AP §1 KSchG Nr. 56; Stahlhacke / Preis / Vossen, Kündigung und Kündigungsschutz im Arbeitsverhältnis, 8. Aufl., Rn. 179.

45) BAG AP §1 KSchG Nr. 55.

46) Hromadka / Maschmann, Arbeitsrecht I, 3. Aufl., 2005, S.358.

감정이나 구체적 사정하에서 임의로 행하여질 것은 결코 아니다. 이러한 점에서 비록 과도기적으로 다소간 혼란이 있을 수 있으나, 해고통지를 서면으로 하도록 하는 것은 매우 중요한 의미를 갖는다. 아울러 이러한 서면주의의 기능을 보다 분명히 하여 사직의 경우에도 그대로 관철될 수 있도록 하는 것이 타당하다. 근로계약과 같이 인격적 신뢰관계를 장기간 이어가야 하는 계약유형의 경우, 사용자는 물론이고 근로자 역시 자신의 해지권 행사를 매우 신중하게 해야 할 의무를 부담한다고 보아야 하기 때문이다. 해지권의 행사가 타방 당사자에게 미치게 될 부담이 매우 클 수 있고, 이를 사회적으로 최소화하여야 할 필요는 부인할 수 없다. 입법론상 독일과 마찬가지로 근로계약의 해지에 있어 서면주의를 민법에 규정하는 것을 고려할 필요가 있다고 생각된다.

② 다만 서면에 해고원인을 기재할 것인가에 대하여는 매우 신중한 입법자적 판단이 요청된다. 왜냐하면 해고원인을 기재하도록 하는 것은 해고분쟁에서 해고원인이 서면에 구속된다는 점에서 사용자에게 매우 큰 부담이 될 수 있기 때문이다. 물론 독일 해고법과 달리 우리 해고법 현실에서 해고가 주로 징계해고의 형식을 빌려 행하여진다는 점에서 달리 평가되어야 할 필요가 있는 것도 사실이다. 타방 당사자에 대한 비난적 성격을 갖는 징계에 대하여는 당연히 그 상대방이 자신에 대한 비난의 이유를 설명받아야 하기 때문이다. 이를 통해 상대방은 소명할 기회를 가지게 된다.

제 3 절 해고의 형식적 요건Ⅱ: 해고의 예고제도

1. 서 론

현행 근로기준법 제26조에는 해고예고제도를 규정하여 두고 있다. 즉 사용자는 근로자를 해고하고자 할 때에 적어도 30일 전에 해당 근로자에게 이를 예고하여야 한다. 다만 사용자가 이러한 사전 해고에 대한 예고를 하지 않은 경우에는 30일분 이상의 통상임금을 해당 근로자에게 지급하도록 하고 있다. 종래 이와 관련하여서는 주로 사용자가 해고예고의무를 해태한 경우의 해고효력이 문제되어 왔다. 요컨대 사용자의 해고가 노동법상 실체적 정당성은 충족하는 것이나 단지 절차적 요건으로서 해고예고를 단행하지 않은 흠을 가지고 있는 경우에 당해 해고를 사법상 무효로 보아야 할 것인지 아니면 해고 자체는 유효인 것으로 보고 단지 당해 의무 위반에 대한 금전적 보상을 하면 족한 것인지가 논의되어 온 것이다. 이는 결국 해고예고제도를 규정한 근로기준법 제26조를 강행규정으로 볼 것인가 아니면 단순한 단속규정으로 볼 것인가에 따라 그 결과를 달리하게 된다.

이 문제를 해명함에 있어서는 우선 당해 해고예고제도가 갖는 본질적 기능을 살피는 것이 중요하다. 그 기능이 강행적 해고보호기능에 해당하는 것인지 아니면 단지 사법일반 계약법상에 위치하는 것이냐에 따라 달리 판단되어야 하기 때문이다. 당해 기능을 추론해 냄에 있어서는 근로기준법 규율이 갖는 법체계적 지위를 염두에 두어야 한다.

근로기준법상 규율된 해고예고제도를 통해 전형적인 계속적 계약관계(Dauerschuldverhältnis)인[47] 근로계약관계가 일방적으로 종료되는 경우에 그 타방 당사자에게는 일정한 유예기간이 부여된다. 이러한 점에서 민법상 해지기간(Kündigungsfrist)제도로서의 외형을 갖는다. 이하에서는 우선 민사계약법 일반 제도로서 해지기간제도가 갖는 해고법상의 기능과 그 지배 법리를 살펴보고, 과연 해고예고제도를 민사법상의 해지기간제도와 동일한 것으로 볼 수 있는지를 검토해 본다. 이어서 만약 해고예고제도의 지배법리가 민사법상의 해지기간과 차원을 달리하는 강행적 해고보호법리상의 제도로 파악되어야 한다면 해고예고의 본질적인 제도의 의의는 어디에서 찾아야 할 것인지를 차례로 규명해 보기로 한다. 이를 위해 주로 근로계약관계 종료 시 해지기간에 대한 독일 민법(BGB)의 입법태도와 우리의 경우를 각각 대비하면서 설명하기로 한다.

2. 해고예고제도의 지배법리 - 해지완충의 법리

1) 해고의 예고와 사직의 예고

해지기간제도는 해지의 상대방으로 하여금 종래의 계약관계가 종료함으로 인해 새로운 상황의 변경에 대응할 수 있는 시간적 여유를 제공하는 데 그 제도적 목적이 있다.[48] 이러한 시간적 유예기간의 필요성은 근로계약관계에서 근로자는 물론 사용자에게도 인정된다. 예컨대 사용자가 해고를 단행하는 경우 근로자는 경제적 부담 없이 상당 기

---

47) Heuck / Nipperdey, Lehrbuch des Arbeitsrechts I., 7. Aufl., 1963, S.527; ErfK-Preis, §611 BGB, 3.Aufl., 2003, Rn.4.

48) Larenz, Lehrbuch des Schuldrechts Bd.II-HandBd.1 BT, 13. Aufl., 1986, S.331.

간 새로운 직장을 구할 수 있는 시간적 여유가 필요하다.[49] 다른 한편 근로자가 일방적으로 해지를 하는 경우 타방 당사자인 사용자에게도 시간적 여유가 필요하다. 적어도 해지기간 동안은 사용자가 근로자를 계속 고용하게 되므로 업무의 갑작스러운 중단은 일단 막으면서 신규 고용인력을 찾거나 아니면 새로운 기술 등의 도입을 모색하게 된다.[50]

이러한 점에서 해지기간제도는 해지에 따른 손실을 줄이기 위한 해지제한법리, 즉 전형적인 해지완충법리의 구현 수단으로서 평가된다.[51]

2) 독일의 입법태도

흥미로운 점은 해지기간에 관한 독일의 입법태도이다. 독일은 우리의 경우와 달리 고용계약상의 해지기간뿐만 아니라(독일민법 제621조) 근로계약상의 해지기간에 대해서까지도 사법 일반 규정인 민법에서 규율하여 두고 있다(독일민법 제623조).[52] 사실 해지기간제도가 갖는 주된 기능이 위에서 살펴본 유예기간 확보에 있는 것이라고 한다면 독일이 근로계약관계의 해지 시 해지기간에 대해 별도로 노동법상에 규정함이 없이 독일 민법 체계 속에 편입하여 규율하고 있는 것은 논리상 당연한 결과라 할 수 있다.[53] 왜냐하면 해지기간이 인정되는 기

---

49) 사용자는 근로자에 대해 자유로운 시간 활용 가능성을 부여하여야 한다 (Raab, RdA 2000, S 148 ff.). 박상필, 『한국노동법』, 1993, 207면; 강희원, "해고법의 체계를 위하여", 『노동법학』, 2000. 299면.

50) APS-Preis, 2000, §622 BGB, Rn.11; Buchner, NZA 1991, S.579; Gitter / Michalsky, Arbeitsrecht, 5.Aufl., 2001, S 171.

51) Hromadka, ZfA 2002, S.392.

52) 이에 관해 자세히는 ErfK / Müller-Glöge, 4.Aufl., §623 BGB Rn. 11; APS-Preis, 2.Aufl., §623 BGB Rn. 23; Hromadka, DB 2002, S.1323ff. 참고.

53) Trappe, Kündigung und Kündigungsschutz im Arbeitsrecht, 1964, S.23.

능을 계약관계가 갖는 본질적 특성으로서 지속성에서 찾는 이상 근로계약관계를 다른 계속적 계약관계와 달리 취급할 필요가 없기 때문이다. 그러한 한도에서 근로자의 해지와 사용자의 해고는 구별하여 별도로 취급할 필요가 없는 것이다. 이는 달리 표현한다면 독일의 경우 근로계약관계의 해지 시 그 해지기간을 민법에 규율하여 둠으로써 당해 해지기간제도의 기능을 해지완충법리의 구체적 실현수단으로 파악하고 있음을 의미한다고도 할 수 있다.

3) 법적 효과

독일 민법 제626조에 따르면 정당한 이유가 있는 경우에 한하여 해지기간을 고려함이 없이 즉시(fristlos) 근로계약관계가 종료될 수 있다고 규정하고 있다. 이때 정당한 이유가 존재하지 않음에도 불구하고 사용자가 즉시해지를 단행한 경우가 문제되는 데 종래 그 법적 효과와 관련하여 독일에서는 다음과 같이 이해하고 있다. 즉 독일의 대체적인 학설[54]과 판례[55]의 입장에 따르면 즉시해지의 의사표시가 정당한 이유 없이 행하여진 것이므로 일단 무효이지만 일반해지의 의사표시로서 유효하게 성립될 수 있는 제반 요건이 이미 충족되어 있는 경우라면 유효한 일반 기한부 해지로서 유효하게 전환될 수 있다고

---

54) Hueck-Nipperdey, Lehrbuch des Arbeitsrechts, 7.Aufl., Bd. 1 S.561; Stahlhacke/Preis/Vossen, Kündigung und Kündigungsschutz im Arbeitsverhältnis, 7. Aufl., 1999, Rn.338.

55) BAG NJW 1976, S.870; BAG NJW 1976, S.2367. 이와는 반대로 해지의 조건배타성(Bedingungsfeindlichkeit) 등 해지 시 요구되는 고도의 법적 안정성을 고려할 때 즉시해지의 경우에 무효행위전환법리를 고려하는 것은 잘못이라고 판시한 경우도 있었다(LAG Hamm BB 1982, S.2110). 그러나 동 판결은 이후 연방노동법원의 판결(BAG NZA 1985, S.288)을 통해 파기 환송되었다.

한다. 이러한 한도에서 사용자의 무효인 즉시해지는 일반 해지로서는 유효하게 되므로 당해 즉시해지 이후에 일정한 해지기간이 도과함으로써 유효하게 종래의 계약관계는 소멸하게 된다고 본다.

사적 당사자의 의사는 가능한 한 구체적으로 실현되어야 한다. 이것이 사적 자치라는 민사법질서 이상에 부합한다. 이른바 무효행위전환의 법리가 갖는 제도적 본질이 바로 여기에 있다.[56] 계약 당사자가 일정한 법적 결과를 의도하여 법률행위를 하였으나 그러한 법률행위가 무효인 경우에, 다른 형식의 법률행위를 통해서도 동일한 결과가 초래되고 그러한 대체행위가 유효한 법적 수단으로 인정된다면 이를 통해서 표의자가 의도한 법적 결과를 실현하도록 돕는 것이 사적 자치에 부합한다.[57]

독일 판례와 학설에서 무효인 즉시해지에 대해 이른바 무효행위전환의 법리가 고려될 수 있었던 것은 해지기간제도가 사법일반원칙에 기반을 두고 있는 해지의 완충법리수단이기 때문이다. 여기에서 염두에 두어야 하는 것은 사적 자치의 제한을 본질로 하는 해고보호법리의 영역에서는 사적 자치의 실현수단인 무효행위전환법리가 고려될 여지가 없다는 점이다.

3. 현행 근로기준법 제26조에 관한 종래의 논의

1) 개 요

우리의 경우 근로계약관계 해지에 있어 그 해지기간과 관련하여서

56) 이러한 점에서 무효행위전환법리는 사적 자치에 있어 중요한 부속물(ein wichtiges Requisit)에 해당된다고 한다(Herschel, Anm zu BAG ArbuR 1980, S.255ff.).
57) BGH DB 1977, S.995.

는 근로기준법에 규정하여 두고 있다. 근로기준법은 동법 제1조에서 명시하고 있는 것처럼 근로자의 보호와 국가경제의 균형적 발전을 목적으로 하는 법이다. 근로기준법상에서 규정하고 있는 근로조건은 최저의 강행적 기준이다(근로기준법 제3조). 이러한 점에서 우리의 입법자는 사용자가 해고하는 경우에 적용되어야 할 해지기간만을 특별히 근로기준법에 규율하고 있는 것이다. 즉 해고예고제도를 통해 보장되는 유예기간은 단지 근로자 보호를 위한 것일 뿐 사용자에게 인정되는 것은 아니다. 그럼에도 불구하고 종래 해고예고제도의 입법취지에 대해 대체로 다음과 같이 설명한다. 즉 해고예고기간을 통해 입법자는 근로자로 하여금 미리 새로운 직장을 구하는 등 직장 상실에 대비할 수 있는 시간적 여유를 가질 수 있도록 한 것이라 한다.[58] 그런데 이러한 해고예고기간의 제도적 기능이란 민사법 일반제도로서 해지기간의 전형적 기능에 다름 아니다. 이러한 한도에서 해고예고를 통한 유예기간 보장은 단지 해지완충법리에 따른 것일 뿐이다. 문제는 해고예고제도의 제도적 의의를 여기에서 찾는 한 해고예고기간이 준수되어야 하는 것은 비단 사용자의 근로계약관계 해지의 경우에만 국한된다고 보기 어렵다는 점이다. 이하에서 소개하는 해고예고제도 위반에 대한 법적 효과 논란은 사실 해고예고제도에 대한 우리의 규율태도와 그 기능적 의미 사이에서 법이론적 부조화가 발생하고 있는 데에 기인하는 것이라고 볼 수 있다.

58) 김형배, 『근로기준법』, 2002, 742면; 박상필, 『한국노동법』, 1993, 207면.

2) 견해의 대립

① 유효설

먼저 근로기준법 제26조 규정을 단순한 단속규정으로 이해하는 입장이 있다. 이는 종래 우리 판례의 전통적 입장으로서, 비록 해고예고제도가 근로기준법 제26조에 특별히 규정되어 있더라도 이 규정은 단지 행정적 필요성에 따라 규정된 단속규정으로서의 본질을 갖는다고 해석한다.[59] 이러한 입장에 서면 해고예고기간을 준수하지 않은 것 그 자체만으로는 해고의 사법적 효력을 부인할 수 없다고 보게 된다. 해고가 정당한 이유를 갖추고 있는 한 해고예고기간을 준수하였는지 여부는 해고의 정당성 자체에 아무런 영향을 주지 않기 때문이다. 또한 해고예고기간을 보장하여야 하는 이유가 근로자에게 근로계약관계 종료에 대비할 시간적 여유를 경제적 어려움 없이 제공하는 데에 있다면 이러한 제도의 흠결은 이후 금전적 청산을 통해 해소될 수 있으므로 해고정당성 그 자체를 부인할 것은 아니라고 보는 것이 타당하다고 한다.

그러나 이러한 입장은 입법자의 가치적 결단 차원에서 노동법상에 명문으로 규정한 제도를 법원이 지나치게 과소평가한 것이라는 비난을 면하기 어렵다. 왜냐하면 근로기준법상의 개별규정은 원칙적으로 사회적 약자인 근로자를 특별히 보호하기 위한 것으로서 강행규정으로서의 본질을 갖는다고 보아야 하기 때문이다. 적어도 근로기준법상에 입법자가 특별히 명문으로 규정을 두었다면 이는 당해 법규정을 구현하는 제도가 강행적으로 사회적 약자인 근로자를 보호하기 위한

59) 대판 1962. 3. 22, 4294, 민상 1301.

것으로 보아야 한다. 그러한 점에서 해고예고규정을 단지 단순한 단속규정으로 파악하는 것은 의문이 아닐 수 없다.

② 무효설

오늘날 학설의 지배적 입장은 해고예고제도를 해고의 효력발생을 위한 하나의 강행적 요건으로 파악한다. 따라서 해고예고의 절차를 흠결한 경우에는 당연히 해고의 효력도 부인한다. 이 견해는 해고예고제도가 특별히 근로기준법상에 규율되어 있는 이상 해고예고의무를 위반한 경우에는 근로기준법상 요구되는 해고의 절차적 정당성을 위반한 것으로서 당연히 사법상 효력도 부인하여야 하며, 이것이 입법자의 본래적 의도에 부합한다고 본다.[60)]

이러한 무효설의 입장은 해고예고제도를 특별히 근로기준법상에 별도로 규율하고 있는 우리의 입법태도를 고려하고 있다는 점에서는 타당하다. 그러나 이렇게 무효설을 주장하면서도 정작 해고예고제도의 제도적 기능과 관련하여서는 단지 해지완충법리 차원으로 파악하고 있는데, 이는 의문이 아닐 수 없다. 앞서 설명한 바와 같이 해지완충법리 차원의 규율과 제도는 민사법상의 일반 원칙인 신의칙에 기초한 것으로서 굳이 사용자의 해고에 국한하여 파악할 것은 아니기 때문이다. 그 밖에 우리 근로기준법상의 해고예고기간이 30일인데 민법상 고용계약에서 기간을 정하지 않은 경우에 양 당사자는 언제든지 계약의 해지를 통고할 수 있되, 해지의 효과로서 고용계약관계의 종료는 그러한 해지의 통고를 받은 날로부터 1월이 도과하여야 비로소 발생한다고 규정하고 있다(민법 제660조 1항). 근로계약에서 근로

60) 김형배, 『근로기준법』, 2002, 744면; 강희원, "해고법의 체계를 위하여", 『노동법학』, 2000. 8., 298면 이하.

자가 보장받을 수 있는 해지기간(30일)과 기간을 정하지 않은 고용계약의 당사자가 주장할 수 있는 해지기간(1월)은 사실상 같다고 할 수 있기 때문이다. 이러한 한도에서 근로계약관계라고 하여 특별히 장기의 해지기간을 인정한 것으로 보기도 또한 어렵다. 따라서 무효설의 입장은 여전히 해고예고제도가 특별히 근로기준법에 규정된 이유를 해명해야 하는 과제를 안고 있는 셈이다.

③ 상대적 무효설

최근에 유력한 견해로서 이른바 상대적 무효설이 제기된 바 있다.[61] 이 견해에 따르면 해고예고기간을 준수하지 않은 해고는 즉시해고로서 유효하게 근로계약관계를 중단시킬 수는 없지만 추후적으로라도 근로기준법 제26조상의 요건을 결과적으로 충족시키면 근로계약관계는 사실상 유효하게 발생된다고 한다.[62] 요컨대 해고예고기간을 준수함이 없이 행한 즉시해고는 무효이지만 이는 해지기간이 도과하거나 또는 해고예고수당을 지급하게 되면 유효한 해고로 전환될 수 있다고 본다. 이는 앞서 언급한 바대로 독일의 지배적 학설이며 판례의 입장이기도 하다.

그런데 이 견해를 평가함에 있어 간과하지 말아야 할 점은 독일에서의 해지제도에 대한 입법태도와 우리의 경우가 사뭇 다르다는 것이다. 우리의 경우는 앞서 설명한 바와 같이 해고예고제도가 민법이 아닌 근로기준법에 규정되어 있다. 즉 해고예고제도가 적용되어야 하는 것은 사용자의 해고일 뿐 근로자의 해지는 배제된다. 이는 해고예고

61) 하경효, "해고예고규정위반과 단체협약에 따른 노조와의 합의 없이 행한 징계면직의 효력", 『경영계』, 1994, 7, 56면.

62) 하경효, "해고예고규정위반과 단체협약에 따른 노조와의 합의 없이 행한 징계면직의 효력", 『경영계』, 1994, 7, 56면.

기간제도를 통해 사적 자치규율에 우선하는 특별한 노동법적 가치가 해고예고제도에 포함되어 있음을 보여 준다. 이때 특별한 노동법적 가치의 실현은 입법자가 강행적으로 의도한 것이다. 이러한 점을 고려할 때 근로기준법상의 해고예고제도 위반에 대하여 독일에서와 마찬가지로 사적 자치의 실질적 구현을 목적으로 하는 무효행위전환의 법리가 그대로 적용될 수 있는가는 여전히 의문이다.

3) 소 결

근로기준법은 원칙상 입법자가 편면적으로 근로자의 사회적 보호 필요성을 실현하기 위해 제정한 제반 강행규정을 그 내용으로 한다. 이러한 점은 우선 근로기준법 제26조상의 법문에서도 분명히 드러난다. 동조 제1문에서 입법자는 "…예고를 하여야 하고"라고 규정하고 있고 해고예고수당과 관련하여서도 "…을 지급하여야 한다"고 규정하여 두고 있다. 이는 해지기간과 관련하여 "…해지를 통고할 수 있다"[63] 라고 규정한 민법상의 규율방식과 사뭇 다르다. 또한 동조 단서에서 사용자의 정당한 즉시해고의 경우를 열거적으로 적시해 놓고 있다. 즉 천재·사변 기타 부득이한 사유로 사업계속이 불가능한 경우 또는 근로자가 고의로 사업에 막대한 지장을 초래하거나 재산상 손해를 끼친 경우로서 노동부령이 정하는 사유에 해당하는 경우에만 사용자는 즉시해고를 단행할 수 있도록 한 것이다.

판단컨대 해고예고기간을 준수하는 것 그 자체를 사용자의 해고에 대한 사회적 정당성 요구와 병행되는 절차적 기본 원칙으로 보아야 한다. 해고예고제도를 위반한 해고는 해고보호법리에 반하는 것으로

---

63) 예컨대 고용계약의 경우 민법 제660조 제1항, 임대차 계약의 경우 민법 제635조

서 무효로 보는 해고무효설의 입장이 타당하다. 다만 해고예고제도가 민법상의 해지기간제도와 동일한 기능적 의의를 가지며 또한 고용기간에서의 그것과 그 기간에 있어서도 큰 차이를 두고 있지 않으면서 굳이 입법자가 특별히—사용자의 해고만을 그 대상으로 하게 되는—근로기준법에 이를 규정하여 둔 이유는 여전히 해명되어야 한다. 이하에서는 강행적인 해고보호법리 차원의 해고예고기간 기능에 대하여 설명하고자 한다.

4. 해고예고수당의 법적 성질과 그 입법론적 평가

1) 학설의 대립

근로기준법 제26조는 사용자로 하여금 근로자에 대한 해고의 사전 예고의무를 이행하지 않으면 30일분 이상의 통상임금(이른바 '해고예고수당')을 해당 근로자에게 지급하도록 하고 있다. 이러한 해고예고수당의 법적 본질에 대하여는 종래 다음과 같은 두 가지 입장이 제시되어 온 바 있다.

(1) 예고기간갈음설

우선 근로기준법 제23조에 따라 정당한 이유하에 사용자가 해고를 단행한 이상 해고예고기간에 갈음하여 30일분 이상의 통상임금을 해당 근로자에게 지급하면 유효하게 근로계약관계가 종료될 수 있다는 입장이 있다.[64] 이에 따르면 사용자가 해고의 사실을 미리 근로자에

64) 이병태, 『최신노동법』, 1999, 611면.

게 예고하고 그 예고기간이 도과함으로써 근로계약관계가 종료함이 원칙이지만, 이와는 선택적으로 사용자가—해고기간의 도과를 기다림이 없이도—근로자에게 일정한 금원으로서 30일분 이상의 통상임금을 지급함으로써도 근로계약관계를 즉시 종료시킬 수 있게 된다. 따라서 일반해고를 단행할 것인지 아니면 해고예고수당지급부 즉시해고를 단행할 것인지는 전적으로 사용자의 선택에 달려 있다고 보게 된다.[65)]

(2) 예고의무위반수당설

이 견해에 따르면 해고예고기간을 준수하는 것 그 자체는 사용자의 해고에 대한 사회적 정당성 요구와 병행되는 절차적 기본 원칙이므로, 해고예고의무를 위반한 이상 해고예고수당이라는 금전을 지급한다고 하여 당해 해고가 다시 유효로 평가될 수는 없다고 한다.[66)] 오히려 해고예고수당규정은 해고예고의무의 불이행에 대한 비난 차원에서 인정되는 금원으로 파악하는 것이 옳다고 한다. 즉 해고예고수당은 해고예고의무에 갈음하는 것이 아니고, 오히려 당해 해고예고의무를 준수하도록 강제하기 위한 수단적 성격을 지닌다. 이러한 점에서 사실상 근로기준법 제110조 제1호의 벌칙규정과 그 성격을 같이 하는 것이라 평가한다.[67)] 나아가 해고예고절차를 준수하지 아니하여 근로자가 해고예고수당을 지급받은 이후에 당해 해고가 정당한 이유가 없이 행하여진 것으로서 무효로 판명된 경우라도 해고예고수당을 부당이득으로서 사용자에게 반환될 필요도 없게 된다. 왜냐하면

65) 이병태, 『최신노동법』, 1999, 611면.
66) 강희원, "해고법의 체계를 위하여", 『노동법학』, 2000. 8, 299면 이하.
67) 강희원, "해고법의 체계를 위하여", 『노동법학』, 2000. 8, 299면 이하.

해고예고절차 위반 그 자체로부터 인정되는 금원이기 때문이다. 요컨대 해고예고수당이라는 금원의 지급은 근로기준법상에서 사용자에게 부담지우고 있는 해고예고의무를 강제하기 위한 보완적 제도로 이해한다.[68]

2) 평 가

(1) 해고통지의 두 가지 정형의 제시

해고예고수당을 해지기간을 보장하기 위한 징계수단으로 이해하는 것은 제23조 규정과의 비례성 차원에서 설득력이 없어 보인다. 근로기준법에 따르면 사용자가 실체적 정당성을 흠결한 해고를 단행한 경우에 당해 해고가 무효로 됨은 물론이고, 이와 더불어 근로기준법 제107조의 벌칙을 적용받게 된다. 그런데 해고의 실체적 정당성은 갖추고 있으나 미리 이를 예고하지 않은 경우에 대해서는, 사용자에게 해고의 무효와 그에 따른 벌칙부과는 물론이고 이에 더하여 일정한 비난적 차원의 금원지급의무까지도 부담시키는 것은 규범내용의 비례성 측면에서 의문이 아닐 수 없다. 왜냐하면 사용자에 대한 비난의 강도는 절차로서 단지 예고를 하지 않은 경우보다는 실체적 정당성이 흠결된 해고를 단행한 경우가 더 커야 하기 때문이다. 이러한 점은 부당한 해고 시에 부과되는 벌칙의 내용이 해고예고를 이행하지 않은 경우의 그것보다 중하다는 점에서도 분명히 드러난다.[69]

---

68) 강희인, "해고법의 체계를 위하여", 『노동법학』, 2000. 8, 299면 이하.

69) 근로기준법 제30조 위반 시에는 5년 이하의 징역 또는 3,000만 원 이하의 벌금에 처해지나(근로기준법 제107조), 동법 제26조 위반에 대하여는 2년 이하의 징역 또는 1,000만 원 이하의 벌금에 처하게 된다(근로기준법 제110조).

판단컨대 해고예고수당규정은 사용자에게 별도의 기간을 유예함 없이 보다 신속하게 근로계약관계를 종료할 수 있도록 하는 가능성을 입법자가 특별히 열어주려 한 것으로 보아야 한다. 사실 그러한 법적 근거 없이는 해고보호법리상의 해고예고기간 준수라는 강행적 이익은 함부로 배제될 수 없기 때문이다. 요컨대 해고예고제도를 규정한 근로기준법 제26조 본문은 해고통지와 관련하여 해고예고부 해고통지와 해고예고수당지급부 해고통지라는 두 가지 정형적 형태를 제시하고 있으며 이는 입법자의 가치판단에 따른 것이라고 보아야 한다. 이러한 한도에서 어떠한 해고통지의 유형을 선택할 것인가는 사용자가 스스로 판단할 부분이다.

(2) 해고예고수당규정의 입법론적 평가

앞서 설명한 바와 같이 입법자는 근로기준법에 해고예고제도를 사용자에게 강제하면서도, 다른 한편 일정한 금원을 지급함으로써 해고예고의무를 회피할 수 있는 가능성을 열어 놓고 있다. 먼저 이러한 입법태도는 입법자의 고유한 입법정책적 판단에 따른 것이므로 그러한 입법자의 판단이 정당한 것인가는 애당초 문제될 여지가 없다. 다만 입법론적 차원에서 다음과 같은 지적은 가능하다. 입법자가 스스로 해고예고제도를 민법상의 해지기간과는 다른 차원에서의 엄격한 해고보호법리적 기능을 부여하기 위해 특별히 근로기준법에 규정하였으면서, 다른 한편 일정한 금전의 지급을 통해 해고예고기간에 갈음할 수 있도록 한 것은 모순적인 것이 아닐 수 없다. 그 이유는 다음과 같다. 해고예고기간제도를 통해 해고정당성 판단시점은 독일의 경우와 달리 일정기간 뒤로 유예되게 된다. 이러한 해고보호법리 차원에서의 고유한 기능은 금전지급을 통한 사법적 청산의 대상이 될 수 없다. 그런데 해고예고수당규정을 통해 사용자는 결과적으로 해고의 최종적 정당성 판단시점을 스스로 정할 수 있게 된 것이다.

판단컨대 근로기준법 제26조상의 해고예고제도규정은—해지완충법리적 제도로 파악하든지 아니면 해고보호법리상의 제도로 파악하든지 상관없이—입법론적 일관성이 유지될 수 있도록 입법론상 손질이 필요하다고 본다.

5. 소 결

현행 근로기준법 제26조의 해고의 예고제도는 여러모로 입법론적 개선이 필요하다.

① 첫 번째로는—앞서 설명한 바 있지만—해고예고가 곧 해고통지이므로, 해고예고는 반드시 서면으로 행하여져야 함을 근로기준법 규율에서 명시하여 둠으로써 개념적 명확성을 기할 필요가 있다.

② 두 번째로는 해고예고기간이 해지기간으로서의 실질을 가진다고 한다면, 본질적으로 해고보호법리에 따른 규율이 아니라 해지완충의 법리에 기한 제도이다. 따라서 해고예고에 따른 이익을 근로자가 향유할 필요가 있듯이 사용자 역시 근로자의 사직에 대한 법적 불안을 해지기간을 통해 보호받을 필요가 있다. 이 점에 관하여 현행 노동법 체계가 민사법 체계에서 아무런 대응을 하고 있지 않다. 독일의 경우 아예 노동법의 규율내상인 근로계약의 경우라도 해지기간과 관련하여서는 민법에 규정하여 둠으로써 법체계적 정합성을 과시하고 있다. 이러한 점은 우리가 참고할 필요가 있다.

③ 세 번째로는 해고예고기간의 탄력성이다. 현행 근로기준법에서는 해고예고기간을 단지 30일로 단일화하여 두고 있으나, 이는 기간 장단의 합리성 여부와는 별개로 해고예고기간이 가지는 법이론적 기초와 부합하지 않는다. 해지기간을 통해 유보되는 기간은 사실 계약 상대방에 대한 부수적 배려의무의 차원에서 보장되는 것이다. 그런데 이러한 배려의무는 구체적으로 계약 상대방이 어떠한 조건을 충족하고 있는가에 따라 매우 다양하게 발현될 수 있다. 요컨대 근로기간이 1월인지, 10년인지에 따라 상대방에 대한 배려의무의 강도와 장단은 달라야 한다. 이는 달리 표현한다면, 해고예고기간 역시 근로자의 업무내용이나 근속기간 등 다양한 요소를 감안하여 다양하게 부여될 수 있어야 한다는 것을 의미한다. 현행 근로기준법상의 규정에서 30일, 일반 규정인 민법에서 고용계약의 해지기간을 1월이라고 하고 있는데, 근로기준법이기 때문에 또는 근로계약이기 때문에 달리 취급될 수 있다는 점이 전혀 고려되어 있지 않다.

제 4 절 해고의 실질적 정당성 요건: 해고원인 개념의 새로운 변화를 중심으로

1. 서 론

1) 해고의 정당한 이유

해고는 정당한 이유 없이는 이를 행할 수 없다. 이 원칙을 통해 사용자는 자신의 해지권을 함부로 사용할 수 없게 된다. 그 이유는 근로자의 의사에 반하는 일방적인 직장상실의 위험으로부터 가능한 한 근로자를 보호하여야 하기 때문이다.[70] 이것이 해고보호법리의 가장 본질적인 내용이다. 결국 사용자의 해고권 행사 가능성을 좌우하는 결정적인 요소는 해고를 정당하게 단행할 만한 근거가 무엇인가 하는 것이고, 이것이 바로 '해고원인'이라고 칭할 수 있는 것이 된다. 그렇다면 결국 해고의 정당성에 관한 판단에서 해고원인을 찾는 작업이 가장 핵심사항이고, 이는 근로관계의 일방적 종료를 감수할 수밖에 없는 사유가 존재하는가에 관한 판단에 다름 아니다.

흥미로운 점은 해고에 관한 정당성 판단 문제가 노동법의 가장 중요한 문제영역임에도 불구하고, 정작 해고의 정당한 이유가 무엇인지에 대하여 종래 판례와 학설에 따른 구체적 판단 사실 이외에 노동법이 명시적으로 그 객관적 표지를 제시하고 있는 것은 없다는 점이다. 사실상 이에 관한 판단은 법관의 몫으로 남아 있는 셈이다. 그나마 독일 해고보호법에서는 해고의 3가지 유형을 규정하고 있다. 소위 근로자의 행태상 사유와 일신상의 사유 그리고 경영상의 사유에 기한 해고가 바로 그것이다. 요컨대 독일 해고보호법 제1조 제2항과 제3항에 따르면 사용자의 해고는 근로자의 행태상[71], 일신상[72] 혹은 긴박한 경영상 원인을 전제로 하여서만 비로소 유효하게 된다고 한다.[73] 이러한 법규정의 내용은 우리 학계와 법원에서 그대로 원용하여 사용하고 있다.

---

70) v. Stebut, Der soziale Schutz als Regelungsproblem des Vertragsrechts, 1982, S.128.

71) 이에 관해 자세히는 ErfK-Ascheid, §1 KSchG, 3. Aufl., 2003, Rn.286.

72) ErfK-Ascheid, §1 KSchG, 3. Aufl., 2003, Rn.169ff.

73) Stahlhacke / Preis / Vossen, Kündigung und Kündigungsschutz im Arbeitsverhältnis, 8. Aufl., Rn.611.

2) 새로운 쟁점: 해고원인의 가변적 속성

오늘날 해고원인론과 관련하여 언급하여야 할 점은 바로 해고원인의 개념 그 자체에 오해가 있다는 사실이다. 흔히 근로자가 '30일간의 무단결근'을 이유로 하여 해고를 단행한 경우를 노동실무에서 자주 보게 된다. 이때 해고의 원인은 30일간의 무단결근이라는 객관적 사실이다. 이렇게 종래 우리 학계와 법원은 해고원인 또는 해고사유의 개념을 객관적인 사실개념으로만 파악해 온 경향이 있다. 다시 말하면 해고원인이나 그 사유는 과거 또는 현재시점에서 찾을 수 있는 객관적이고 확정된 사실로서의 속성을 가진 어떤 것으로 보고 있다. 하지만 이는 해고의 법적 성격을 올바로 이해하지 못한 결과로서 대단히 잘못된 것이다. 요컨대 해고원인에 대하여 범죄혐의자의 가벌성을 정당화하는 범죄'사실'과 같은 객관적 사실개념으로 파악하는 것은 오늘날 현대 해고법이론과 실무에서 더 이상 타당하지 않다.

종래 우리는 해고원인으로서 해고를 정당화하는 것이란 그 속성상 과거의 객관적 사실 그 자체가 아니라 장차 펼쳐지게 될 근로관계지속에 대한 전망이라는 점을 간과하여 왔다. 요컨대 해고원인이 그 개념상 다분히 가치평가적 속성을 가진 것이었음을 깨닫게 된 것은 독일 해고법에서도 최근의 일이지만, 중대한 해고법의 변화로 받아들여지고 있다.

이렇게 해고원인개념을 가치평가적인 것으로 파악한다면, 해고원인은 객관적 불변사실이라기보다는 가변적 속성을 지니게 된다. 이러한 사실은 경영해고의 원인을 분석하면 쉽게 드러난다. 예컨대 경영상 사유에 기한 해고에서 해고원인은 기업의 경영상 어려움이다. 그런데 오늘날 시장이 글로벌화되고 급변하는 시장 경제상황을 고려할 때,

기업의 경영사정이란 사실 고정적이고 확정적이라기보다는 오히려 시간의 경과에 따라 급변할 수 있는 속성의 것이라 할 수 있다. 왜냐하면 예컨대 '지금 당장' 해고를 단행할 만큼 어려운 기업사정이 있지만, 1개월 후에 어찌될 것인지는 아무도 모르기 때문이다. 이러한 예는 소위 일신상 사유에 기한 해고의 유형에서도 쉽게 발견된다. 즉 근로자가 간염으로 체력이 약화되어 더 이상 업무수행이 어렵게 되면 사용자는 해고를 단행한다. 하지만 사용자의 해고통지 수령 이후 얼마 지나지 않아 특효약의 발견으로 해당 근로자의 간염이 완치될 가능성은 얼마든지 존재할 수 있기 때문에 해고통지 수령시점에서 해고의 정당성 판단을 곧바로 확정하여 판단하게 되면 곤란한 상황이 발생할 수 있다. 이처럼 해고원인의 개념적 가변성은 종래 우리가 알지 못했던 새로운 문제를 우리 노동법학계와 실무계에 던져 주고 있다. 그것은 바로 해고원인이 발생하여 사용자가 해고통지를 하였는데, 약간의 시간이 흘러 그 해고원인이 소멸하여 버린 경우에 그 해고를 과연 정당한 것으로 보아야 할 것인가이다. 나아가 과연 해당 근로자에 대하여 이미 행하여진 유효한 해고통지에 따라 근로자가 직장을 상실하는 것이 노동법상 타당한가에 관한 결단이 바로 그것이다.

이러한 문제를 해결함에 있어 관건은 결국 근로자의 직장보장이익과 사용자의 해고유효성에 대한 법적 안정성 간의 이익충돌을 어떻게 조화시키느냐 하는 데 달려 있다. 이시 우리 노동법학계와 법원에서 이에 대하여 묘책을 내놓고 있진 못하고 있다.

요약한다면, 과거 우리 해고법론에서 해고원인의 객관적 사실로서의 해고원인에 대한 개념 파악은 다음과 같은 문제점을 내포하고 있었음을 알 수 있다. 첫 번째로는 해고원인이 가변적인 속성을 가질 수 있다는 사실이 그동안 간과되어 왔다는 점을 지적할 수 있다. 해고원인은 예컨대 '3일간의 무단결근'과 불변의 객관적 사실만 있는 것은 아니다. 오히려 오늘날 주로 문제되는 해고유형에서 그 원인은 매우 가변적 속성을 지닌다. 예컨대 앞서 예로든 근로자의 질병(간염) 사례 이외에도 가장 흔한 경우로서 경영해고의 경우를 들 수 있다. 기업의 경영악화로 해고하는 경우 그러한 경영사정이란 본질적으로 시간의 경과에 따라 급격하게 변화될 수 있는 성질의 것이기 때문이다. 두 번째로는 해고의 파노라마적(다의적) 성격에 입각하여 개념의 미시적 분석에 소홀하였다는 점을 들 수 있다. 해고는 ① 해고통지를 발하고, ② 근로자에게 도달하며, ③ 해고예고기간이 시작 및 도과되고, ④ 비로소 근로관계가 소멸하게 되는 일련의 과정을 모두 포함하는 다의적 개념이다. 이렇듯 해고는 다양한 시점들을 거쳐 효력을 발생하게 하는 개념이므로, 해고원인의 가변성은 다양한 형태로 표면화될 수 있게 되는 것이다. 해고통지가 근로자에게 도달한 시점(②)에서는 경영사정이 매우 좋지 않았지만, 이후 해고예고기간이 도과하는 시점(④)에서는 경영사정이 갑작스럽게 좋아지게 된 것이다. 또한 마찬가지로 질병을 이유로 근로자를 일신상 사유에 기한 해고를 단행한 경우라도, ①시점에서는 근로자의 간염(질병)이 심각하였지만 ④시점에서는 특효약으로 완치되어 버린 경우가 얼마든지 있을 수 있다. 이러한 사례에서 해고의 유효성을 판단할 때에도 해고원인의 가변적 속성을 깊이 고려함이 없이 막연하게—종래와 같이—법관의 종합적 판단에 맡겨두는 것은 자칫 '사또식' 재판이 될 우려가 있다. 이러한 사또식 재판을 막기 위해서는 무엇보다 해고원인에 대한 미시적인 개념분석이 시급히 요구된다고 할 수 있다.

2. 해고원인의 미시적 개념 분석

1) 개 념

해지권의 행사는 더 이상 계약관계를 유지할 수 없는 경우에 그 계약적 구속력으로부터 벗어나기 위한 방법이다. 해고원인은 사용자가 근로계약관계를 더 이상 유지할 수 없다고 판단하게 된 이유를 말하는 것이다. 따라서 '해고원인'이란 근로계약관계 일방당사자인 사용자로 하여금 해고를 단행하게 하는 이유(Ursache)로 정의내릴 수 있을 것이다. 이러한 해고개념에 대하여 시각을 달리하여 다시 구성해 보면 다음과 같이 말할 수 있다. 즉 해고원인이 존재하기 때문에 이에 대한 대응조치로서 사용자는 해고권을 행사할 수밖에 없다고 할 수 있다. 요컨대 사용자 측에서 볼 때 해고권의 행사는 곧 해고원인이 존재함에 따른 자신의 대응수단인 셈이다. 하지만 해고정당성 판단은 사법의 몫이다. 사용자가 근로계약관계를 더 이상 유지할 수 없다고 판단한 사유가, 정작 법관의 입장에서 보면 이를 긍정하기 어려운 경우에 해고는 정당하지 않다고 평가하게 된다. 요컨대 사용자가 해지권을 단행하였을 때 이를 정당하다고 평가할 수 있게 되는 것은 해고의 원인이 존재하기 때문이다.[74] 이러한 이유 때문에 해고원인과 관련하여 해고원인을 제한적으로 열거해 두면 사용자는 여러모로 해고원인 존부에 대한 판단이 용이할 수 있다. 하지만 이러한 해고원인의 열거는 사실상 불가능하다 해고의 구체적 사례가 매우 다양할 수 있기 때문이다. 그래서 해고제한규율은 일반규정으로서 정당한 이유라

74) 물론 해고의 정당성 판단은 해고원인이 존재하는 것 외에도 해고보호법상의 명문규정과 법관법상의 다양한 해고원칙 등을 통해 이루어진다.

고만 규정하여 둔 것이다. 다만 독일 해고법의 경우는 해고원인을 세 가지 정도로 열거하여 두고 있다는 점에서, 우리 현행 근로기준법에 비하여 보다 구체적이라고 할 수 있다. 왜냐하면 열거된 세 가지 유형의 사유 이외에는 애당초 해고의 원인으로서 고려될 여지가 없게 되기 때문이다. 그 예로서 흔히 드는 것이 바로 정치적 사유이다. 즉 정치적 사정을 이유로 사용자는 정당하게 해고를 단행할 수 없다고 보아야 한다.[75)]

2) 해고원인의 유형과 사법적 평가

(1) 해고정당화 사유의 유형

종래 전통적으로 우리 법원과 학계는 독일 해고보호법제의 규정내용을 좇아 해고원인을 세 가지 정도로 열거하여 이해하고 있다. 그 첫 번째가 바로 근로자의 일신상 사유이고, 두 번째가 행태상의 사유 그리고 세 번째가 경영상의 사유이다. 이러한 사유가 근로계약관계를 더 이상 유지할 수 없도록 하는 원인(Vertragsstörungstatsachen)이 될 수 있다는 것이며, 이러한 세 가지 해고원인에 기초한 해고만이 정당하다고 평가받을 수 있다고 한다. 각각에 대하여 이미 해고의 유형을 설명하면서 간단히 언급한 바가 있기도 하다. 여기에서 다시금 살펴보면 다음과 같다.

---

75) 하지만 이러한 지적이 언제나 타당한가는 다분히 의문이 든다. 근로자의 정치적 소신이 해고사유라면 이는 근로자의 일신상 사유에 기한 해고가 될 수 있고, 근로자의 정치적 행위가 해고사유였다면 이는 행태상 사유에 기한 해고가 아닌가를 재검토해 볼 필요가 있기 때문이다. 요컨대 독일 해고보호법제에서 해고사유를 행태상 사유와 일신상의 사유 그리고 경영상의 사유로 제한하고는 있지만, 이것이 구체적인 열거로서 해고권을 제한하는 기능을 수행한다는 것은 납득하기 어렵다.

① 일신상 사유

근로자의 일신상 사유란 근로관계상의 업무를 수행함에 있어 근로자의 '업무적격성'이 상실되는 경우를 말한다. 다시 말하면 근로관계를 더 이상 지속할 수 없는 이유가 근로자에게 업무적격성을 상실하게 된 일정한 사유가 발생하였기 때문이며, 이러한 경우 이른바 일신상 해고사유가 존재하여 근로관계가 사용자에 의해 일방적으로 소멸하게 된다.

② 행태상 사유

행태상 사유에 기한 해고는 통상 근로자의 근로계약의무 위반을 이유로 한 해고를 말한다. 예컨대 출퇴근 시간을 준수하지 아니하였다거나 기업 비밀을 누설하는 등 근로자로서 근로계약상 요구된 제반 계약상의 의무를 이행하지 아니하는 경우에 이른바 행태상 사유가 문제된다. 그 외에도 근로자가 제3자에 대하여 행한 범법행위는 사용자에 대한 직접적인 의무위반을 한 것은 아니지만 이로 인해 근로자가 자신의 노무를 제공하는 데 영향을 일으킨다면 이는 해고사유가 될 수 있다. 또한 부정행위나 비윤리적인 행위도 원칙적으로 해고사유에 해당하는 것은 아니지만 업무의 성격이나 직무에 비추어 보아 회사의 명예 등을 손상시킨 경우에는 행태상 해고사유가 될 수 있다고 본다.[76] 예컨대 자동차판매회사의 영업사원이 다른 회사 차량을 판매하거나 자신의 판매실적을 이용하여 금전적인 이득을 취한 행위는 근로계약에 따른 영업사원의 본질적이고 기본적인 의무를 위배한 것으로서 사회통념상 사용자와 근로자 사이에 고용관계를 계속할 수 없을 정도로 근로자에게 책임 있는 사유가 있다고 보아야 하므로, 당해 근

76) 대판 1997. 4. 8, 96다33556.

로자에 대한 징계해고는 정당하다고 본 사례도 있다.[77] 근로자가 질병이나 부상 등이 있는 경우라도 그 자체가 문제되는 것이 아니라, 그로 인하여 근로자가 근무시간의 일부를 근무할 수 없게 된 경우에는 근무해태를 이유로 한 해고가 단행될 수 있다. 하지만 질병이나 부상에 따른 문제에 관하여 객관적인 소명자료를 제시하는 등 적당한 방법에 의하여 사용자 측의 사전 또는 사후 승인을 받으면 행태상 사유인 근무해태가 정당화된다.[78]

③ 경영상의 사유

경영해고는 긴박한 경영상의 필요성으로 인해 더 이상 종전의 인력 규모를 그대로 유지하는 것이 어려워 인력 조정 차원에서 단행하는 사용자의 해고를 말한다. 이러한 경영해고는 단순한 경영의 악화 이외에도 사업의 축소나 신기술의 도입 등 다양한 경영사정으로부터 유래할 수 있다. 다만 이러한 경우에도 함부로 해고통지를 발할 수 있는 것은 아니며, 근로기준법 제24조에 명시된 제반 요건을 충족하여야 한다. 즉 근로기준법에서는 긴박한 사유가 있어야 함은 당연하고 해고회피노력, 대상자 선정의 공정성, 50일 전에 통보의무, 성실한 협의의무를 이행하도록 하고 있다. 즉 경영해고가 정당하기 위하여는 첫째, 해고를 하지 아니하면 경영이 위태로울 정도의 급박한 경영상의 필요성이 존재하여야 하고, 둘째, 경영방침이나 작업방식의 합리화, 신규채용의 금지, 일시휴직 및 희망퇴직의 활용, 자산매각 등 해고 회피를 위한 노력을 다하였어야 하며, 셋째, 합리적이고 공정한 정리기준을 선정하여 이에 따라 해고 대상자를 선정하여야 하고 그 밖에도 해

77) 서울행판 2007.11. 8, 2006구합35336.
78) 대판 1992. 4. 24, 91다17931.

고에 앞서 노동조합이나 근로자 측과 성실한 협의를 거칠 것이 요구된다.[79] 그러므로 과연 이 사건 해고가 위에서 본 경영해고의 요건들을 갖추었는지를 살펴볼 필요가 있다. 이러한 경영해고는 근로자 측 영역에 해고의 사유가 존재하는 것이 아니라, 경영이라는 사용자 측 위험 영역에 해고사유가 존재한다는 점에서 그 특이성이 발견된다. 그래서 경영해고는 선의의 피해자인 근로자를 보호할 뿐만 아니라, 집단적으로 이루어지기 때문에 사회적으로 실업의 억제라는 측면이 고려되어야 하는 해고이기도 하다.

(2) 사유의 심대성

근로자의 일신상 또는 행태상 일정한 계약장애 사실이나 경영상 긴박한 사정과 같은 경영상의 계약장애 사실이 존재한다고 하여 곧바로 해고원인이 존재한다고 평가할 수는 없다. 왜냐하면 해고원인이라고 칭하기 위해서는 근로계약관계를 더 이상 유지할 수 없을 정도로 심각한 계약장애사유로서 평가될 수 있어야 하기 때문이다. 예컨대 단지 하루 정도의 무단 결근 사실이 발생한다고 하여 곧바로 해고원인으로서 행태상 사유가 존재한다고 평가할 수는 없는 것이다. 따라서 근로계약의 유지에 장애를 유발하였다고 평가되는 사유는 사용자로 하여금 반드시 근로계약관계의 지속을 기대 불가능하게 할 만큼(Unzumutbar) 매우 심각한 것으로서 평가될 수 있는 것이어야만 한다. 예컨대 병원 소속 의사가 병원차원에서 은밀히 계획된 의료시술실험 연구에 대한 세부 사실을 외부에 알려 당초 계획된 연구계획을 더 이상 진행할 수 없게 되었을 때,[80] 이와 관련하여 병원 소속 의사가 환자에게 진료에

---

79) 대판 1989. 5. 23, 87다카2132.

관련해 필요한 설명의무를 이행하지 않음으로 인해 의료사고가 발생함으로써 병원에 막대한 재산상 손실이 발생하였는바 이를 이유로 병원은 해당 의사를 해고하였다. 이때 법원은 의사로서 환자에 대한 설명의무위반은 의료업무상 매우 중대한 의무를 해태한 것으로서 해고에 이를 만큼 심각한 행태사실에 해당된다고 평가한 바 있다.[81] 먼저 근로자로서 의사가 비밀유지의무위반 행위를 한 사실이 있고 그 다음 그 사실이 매우 심대한 손해를 초래하였다면 이른바 해고의 행태상 원인이 존재한다고 판단하게 되는 것이다. 여기에서 흥미로운 점은, 사용자가 해고원인이라고 주장하는 사실의 존부를 입증하는 것은 비교적 용이한 반면 그러한 사실이 매우 심각한 것이어서 해고를 정당화할 만한 정도의 것이라는 것을 입증하기란 쉽지 않다는 것이다. 그러므로 해고분쟁에서 주로 법관이 치중하게 될 사항은 바로 이러한 심각성에 대한 판단이 될 것이다.[82]

3) 해고사유의 속성

(1) 해고원인 개념의 가변성

① 종래의 견해

종래 전통적인 해고관련 학계의 입장에 따르면 해고사유는 객관적 사실(Tatsachen)개념으로 이해되어 왔다. 다시 말하면 해고를 정당화하는 행태상 사유나 일신상 사유 그리고 경영상 사유는 개념본질적으로 '고정화' '객관적' 사실로 보았다. 요컨대 해고사유는 불가변적인

80) BAG AP Nr.142 zu §626 BGB.
81) BAG AP Nr.23 zu §1 KSchG 1969 Verhaltensbedingte Kündigung.
82) BAG AP Nr.2 zu §1 KSchG 1969 Sicherheitsbedenken.

계약장애 사실을 말한다고 보았다. 적어도 사용자가 해고를 단행하는 시점에서 보면 해고사유는 과거시점에서 존재하는 사실로서, 근로계약관계의 유지를 어렵게 하는 것을 가리키는 것이라고 할 수 있다. 예컨대 '15일간의 무단결근'이라는 해고사유는 과거에 발생한 객관적 사실이므로, 10년이 지나도 여전히 인정되어야 할 과거 '사실'이다. 이러한 경우에 사용자의 해고조치는 15일간의 무단 결근 사실발생에 따른 사용자의 대응책(Reaction)이 된다.[83)]

② 새로운 견해-해고원인의 개념적 속성에 대한 새로운 이해

해고의 원인을 항상 객관적인 사실개념으로만 이해하여 온 종래 노동실무와 학계의 관점에 대해, 해고원인의 가변적 속성을 실증적으로 제시함으로써 관점의 변화를 기대할 수 있게 되었다. 그동안 해고원인은 주로 근로자의 과거 근로의무위반 사실에서 주로 찾아 왔으므로, 마치 해고원인이라는 개념을 객관적 '사실'개념으로만 바라보는 경향이 있어 왔다. 하지만 오늘날 이러한 시각은 잘못이다. 특히 IMF 경제위기 사태 이래로 우리나라에서 가장 논란의 중심에 놓여 있는 해고유형은 바로 경영해고라 할 수 있는데, 이러한 경영상 사유에 기한 해고에서 해고원인은 매우 가변적인 개념이기 때문이다. 특히 시장이 글로벌화되고, 급변하는 시장 경제상황을 고려할 때, 기업의 경영사정은 시간의 경과에 따라 급변할 수 있는 속성을 가지고 있다. 따라서 이러한 해고원인을 가진 해고의 경우에 그 노동법적 정당성 판단은 매우 신중하여야 한다는 점에서 볼 때 노동실무상에서 보다 강조될 것으로 기대된다.

83) BAG AP Nr. 1 zu §1 KSchG 1969 Krankheit; Preis, DB 1988, S.1387.

(2) 해고원인의 미래관련성

① 해지의 사유가 갖는 장래효

원칙적으로 해지는 계약당사자에게 자유롭게 놓여져 있는 것이지만, 예외적으로 해지권의 행사가 제한되기도 한다. 대표적인 예가 바로 근로계약관계나 임대차계약관계에서의 사용자와 임대인의 해지권 행사이다. 대체로 이렇게 해지의 가능성을 제한하는 방식은 원인제한방식이다. 일정한 사유가 발생하게 되면, 비로소 해지권의 행사를 가능하게 하는 것이다. 사용자의 해고가 정당한 해고원인이 있을 때에만 행사가 가능하다는 것과 같은 맥락이다. 그렇다면 해지권의 행사를 가능하게 하는 원인은 어떠한 속성을 지니는 것일까? 이를 해명하는 데에는 해지권의 법이론적 본질을 정확하게 이해하여야 한다.

즉 해지의 의사표시는 종래 지속되어 온 계약관계를 '장래에 향해' 종료케 하려는 일방당사자의 형성적 의사표시를 말한다. 해지의 의사표시는 단지 종래 지속된 계약관계를 더 이상 지속하지 않겠다는 것을 내용으로 한다. 해지는 본질적으로 계약 성립이나 계약관계 지속 중에 발생한 계약적 흠을 치유하기 위한 것이 아니다.[84] 이러한 해지의 장래효를 통해 해지는 그 효력이 소급하여 발생되는 계약의 취소 등과 명확히 구별된다. 결국 해지권의 행사를 정당하게 하는 원인이란, 본질적으로 '왜 향후 일정한 시점 이후로 종래 지속하여온 계약관계를 소멸시켜야 하는가'를 명확하게 보여주는 사유여야 한다. 다시 말하면 해지사유는 과거에 일정한 사실이 발생하였다는 것만으로는 부족하다. 왜냐하면 향후 미래에 종래 계약관계가 지속될 수 없는 이유를 설명할 수 없기 때문이다. 해지의 의사표시가 유효한가의 판

84) Herschel, FS für G. Müller, S.202.

단이 종래 지속되어 온 계약관계상에서 발생된 과거 사실에 대한 평가만으로는 충분하지 않은 이유가 여기에 있다. 오히려 해지의 유효성 판단은 당해 계속적 계약관계의 향후 지속가능성에 대한 전망과 깊이 관련되어 있다고 할 수 있다.[85] 설명의 편이를 위하여 다음과 같은 예를 들어보기로 한다.

> **사 례**
>
> 임차인 갑이 임대인 을과 건물임대차 계약을 체결하였는데, 이후 해당 임대건물에서 살인사건이 발생한 바가 있다는 사실이 밝혀졌다.
>
> 1. 위와 같은 과거 사실은 애당초 임차인 갑의 의사표시상의 하자를 이유로 한 취소가 가능하도록 할 수는 있을지 모르지만, 임대차계약의 해지사유로 보기는 어렵다. 왜냐하면 해지사유로서 평가될 수 있기 위해서는 (1) 과거에 그러한 사실이 있었다는 것 이외에 (2) 현재는 물론 향후 미래에 계약관계가 지속될 수 없는 이유를 설명할 수 있는 것이어야 하기 때문이다.

결국 해지사유로서의 적격을 갖추기 위해서는 반드시 해당 사유가 미래관련성(Zukunftsbezogenheit)을 지녀야 한다.

② 해고 사유의 미래관련성

이러한 점은 근로계약관계의 경우에도 그대로 적용된다. 해고는 근로계약의 일방당사자인 사용자가 해지의 의사표시를 통해 기존의 근로계약관계를 장차 미래에 향하여 종료시키는 것을 말한다.[86] 종래 지속되어 온 근로계약이 장차 더 이상 계약목적을 올바로 실현할 수 없게 되었고, 따라서 그러한 계약관계가 지속될 경우 사실상 사용자

85) Hillebrecht, ZfA 1991, S.120; König, RdA 1969, S.15
86) v. Stebut, NJW 1985, S.296; Walker, Anm. zu BAG SAE 1998, S.104.

가 그에 따른 경제적 부담을 전적으로 부담하여야 하는 경우라면, 사용자는 해지를 통해 그러한 계약관계상의 부담에서 스스로 벗어날 수 있어야 함은 물론이다.[87)]

그런데 해고의 제도적 본질과 목적을 고려할 때 해고의 정당성은 장차 전개될 근로관계 향후 상황과 밀접하게 관련되어 있어야 한다. 즉 해고사유는 장차 일정 시점 이후부터는 해당 근로자와 근로계약관계를 지속할 수 없는 이유를 말하는 것이어야 한다. 다른 한편 사용자의 해고는 근로계약관계 지속 중에 발생된 계약 장애 사실과 같은 흠을 사후적으로 치유하기 위한 사용자의 대응조치가 아니다. 이른바 '해고의 미래관련성'이 바로 그것이다.[88)][89)] 이러한 개념은 예컨대 근로자에게 일신상의 해고사유가 발생하였다고 말하기 위해서는, 일신상의 사유로 업무적격성을 상실하였는데 그러한 업무적격성의 상실이 앞으로도 지속될 것이라는 것을 개념상 반드시 내포하여야 한다는 점에 유의하여야 한다.

③ 소 결

사용자의 해고가 정당화될 수 있는 것은 장차 계약장애가 반복 또는 지속될 위험(Wiederholungsgefahr)이 존재하기 때문이다. 이러한 위험을 사용자가 계속 부담하도록 하는 것은 사유재산권 보장원리에 본질적으로 반할 수 있다.[90)] 이것이 사용자로 하여금 해고를 정당하게 단행할 수 있도록 하는 이유이다.[91)] 이러한 관점에서 보면, 해고라는

87) BAG AP Nr.27 zu §1 KSchG 1969 Verhaltensbedingte Kündigung.
88) Preis, DB 1988, S.1388.
89) 이러한 점은 1995년 2월 21일자 연방헌법재판소의 판시내용(BVerfG NZA 1995, S.619ff.)에서도 확인된 바 있다.
90) BAG AP Nr.27 zu §1 KSchG 1969 Verhaltensbedingte Kündigung.

사용자의 수단은 근로관계 진행과정에서 향후 미래에 발생될 것으로 예측되는 근로계약의 장애와 그에 따른 손실발생 위험을 예방하기 위한 사용자의 대응적 수단이라고 할 수 있다.

사 례

사용자 갑은 만성간염환자로 판명된 근로자 을을 해고하였다. 이때 해고의 원인은 단지 근로자 을이 만성간염에 걸려서라고 보기는 어렵다. 오히려 만성간염에 걸린 근로자 을이 향후 업무를 정상직으로 수행할 수 없을 것임이 예상되고, 그렇게 되면 사용자에게 막대한 재산상 손실을 초래할 위험이 있기 때문이라고 해야 한다. 이렇게 본다면 사용자의 해고는 을이 만성간염에 걸려 그동안 사용자에게 부담시킨 손실의 양이 커서라기보다는 앞으로 부담시키게 될 경영적 손실이 클 것으로 예상되기 때문에 비로소 정당화되는 것이다. 그러므로 해고는 향후 발생될 손실에 대한 사용자의 예방적 대응조치인 셈이다.

해고의 예방적 대응조치성에 기인하여 해고의 정당성 판단으로서 해고원인의 존부는 과거에 일정한 계약장애 사실이 발생하였는가와 그 심대성에 대한 사후적 평가를 말하는 것이 아니라 미래 발생될 계약장애 위험과 그에 따른 손실위험에 대한 미래예상적 평가(Ex-ante-Beurteil)여야만 한다.[92]

---

91) Boewer, NZA 1999, S.1122; Preis, DB 1988, S.1387.
92) Stahlhacke / Preis / Vossen, Kündigung und Kündigungsschutz im Arbeitsverhältnis, 8. Aufl., Rn.614ff.

(3) 사용자의 부정적 예후판단

① 해고예후원칙(Prognoseprinzip)

앞서 해고원인은 개념상 미래관련적 본질을 가지므로, 불가변적인 객관적 사실로서 평가될 수는 없다고 지적한 바가 있다.[93] 오히려 중요한 것은, 장차 근로계약관계상의 계약목적이 더 이상 올바르게 실현될 수 없을 것이며 따라서 근로관계를 향후 일정시점에서 소멸시키는 것이 사유재산권보장 차원에서 옳다고 볼 수 있는가 하는 점이다. 해고의 정당성을 근거 짓는 해고원인은 바로 이러한 관점에서 개념구성되어야 한다. 그렇다면 결국 해고원인은 본질적으로 일정한 향후 전망적 성격을 가질 수밖에 없다. 요컨대 해고는 근로계약관계 지속에 대한 사용자의 부정적 예후판단(Negative Prognoseentscheidung)이 존재하여야 비로소 정당화될 수 있다. 예컨대 근로자가 질병에 걸려 해고가 단행된 경우에 그 해고가 정당한 것으로 평가되기 위하여는 반드시 '질병으로 인해 장차에도 지속적으로 근로자가 업무에 종사할 수 없어서 근로계약의 목적이 사실상 더 이상 실현될 수 없을 것'이라는 미래 전망으로서 예후가 요구된다.[94]

② 해고의 유형별 부정적 예후

해고의 유형을 행태상, 인신상 그리고 경영상 해고원인에 따라 나눈다고 할 때 각 해고유형에 따라 사용자의 구체적 예후판단 역시 각

---

93) BVerfG NZA 1995, 619ff; Stahlhacke / Preis / Vossen, Kündigung und Kündigungsschutz im Arbeitsverhältnis, 8. Aufl., Rn. 618.

94) BAG NZA 1999, S.1728; BAG NZA 1995, S.517; Bram / Rühl, NZA 1990, S.754; Mathern, NJW 1996, S.821. 앞서 필자는 이미 해고예후원칙(Prognoseprinzip)에 대하여 설명한 바가 있다.

각 내용을 달리하게 된다.[95] 우선 질병(Krankheit)[96]과 같이 인신상 계약장애 사유와 관련되는 경우 해고원인으로서의 예후는 당해 인신상에 속하는 계약장애 사실이 장차 근로계약관계의 목적을 실현할 수 없을 만큼 반복 또는 지속될 것을 그 내용으로 하게 될 것이다.[97] 경영상 해고의 경우는 현재의 긴박한 경영상 사정에 비추어 장차 현재의 인력을 그대로 유지하는 것이 불가능할 것이라는 사용자의 부정적 예후가 존재하여야 비로소 정당한 것이 된다.[98]

해고예후원칙과 관련하여 여전히 논란이 되고 있는 것은 행태상 사유에 기한 해고의 경우이다. 여전히 행태상 사유에 기한 해고의 경우에는 심대한 과거 의무위반 행태사실 그 자체로부터 해고정당성의 근거를 찾아야 한다는 견해가 있다.[99] 즉 행태상 원인에 기한 해고의 경우에는 해고 정당성 판단에 있어 미래관련적 예후판단이 요구되지 않는다는 것이다. 이에 대해 1988년 이후부터 독일 판례는 행태상 사유에 기한 해고의 경우에 해고예후원칙을 적용하여야 한다는 입장을 견지하고 있으며,[100] 이는 오늘날 독일 학설의 지배적 견해이기도 하다.[101] 이러한 관점에서 보면 사용자가 사전에 수차의 경고를 하는 등 예비적 조치를 취한 바 있는지 여부는 해고예후원칙과 관련하여

95) Stahlhacke / Preis / Vossen, Kündigung und Kündigungsschutz im Arbeitsverhältnis, 8. Aufl., Rn. 618.

96) 독일에서 인신상 사유에 기한 해고 분쟁 중 질병에 따른 경우가 대부분을 차지하며 거의 30퍼센트에 달하는 것으로 알려져 있다(Boewer, NZA 1988, S.678).

97) BAG AP Nr 27 zu §1 KSchG 1969 Verhaltensbedingte Kündigung; Preis, Prinzipien des Kündigungsrechts bei Arbeitsverhältnissen, 1987, S.328ff.

98) BAG BB 1987, S.2021; Beckschulze, DB 1998, S.147. 오늘날 경영상 해고는 해고예후원칙의 주된 적용대상이라고 평가된다.

99) Adam, NZA 1998, S.284ff.; Adam, ZTR 1999, S.113ff.; Rüthers, NJW 1998, S.1433ff.

100) BAG, NZA 1989, S.633.

101) Preis, DB 1988, S.1387; Wank, RdA 1993, S.83.

매우 중요한 의의가 있음을 알 수 있다.[102] 왜냐하면 해고의 원인을 사용자의 부정적 예후판단에서 찾는다고 할 때 그러한 부정적 예후판단의 진정성은 사용자의 사전적 조치를 통해 보다 분명히 드러날 수 있기 때문이다. 예컨대 근로자의 근로계약상의 주·부수적 의무 위반 행위에 대하여 사용자가 이미 수차에 걸쳐 경고를 하는 등 사전 조치를 취한 바 있음에도 다시금 그러한 행태가 반복되는 경우 사용자로서는 장차에도 이러한 계약장애 사실이 계속될 것이라는 예측을 보다 분명히 할 수 있게 된다.[103] 따라서 해고의 정당성 여부가 법정에서 다투어지는 경우에 사용자의 부정적 예후판단은 사전 조치를 수차에 걸쳐 취한 바 있다는 사실을 통해 보다 진실한 것으로 뒷받침될 수 있다. 오늘날 독일 판례[104]와 학설[105]에서 사전 경고(Abmahnung) 등의 조치 여부가 행태상 해고의 정당성 판단을 위한 필요적 판단 표지 차원에서 제도적으로 정착된 것은 해고예후원칙의 발전과 매우 밀접히 관련되어 있다.[106]

③ 부정적 예후의 발생 동기

해고의 정당화를 위해서는 근로관계 지속 불가능성에 대한 부정적 예후 판단이 중요하다. 이러한 판단을 위해서는 이미 과거에 발생된

---

102) BAG AP Nr.14 zu §626 BGB Verdacht strafbarer Handlungen; BAG AP Nr.137 zu §626 BGB Verdacht strafbarer Handlungen.

103) Preis, NZA 1997, S.1077.

104) BAG AP Nr.3 zu §1 KSchG 1969 Abmahnung.

105) Adam, NZA 1998, S.285; Preis, DB 1990, S.630ff.

106) 판례가 해고예후원칙을 행태상 해고에서 인정하기 전에는 행태상 해고에 있어 사전 경고 조치는 제도적으로 정착되지 않았다고 할 수 있다. 이와 관련하여 빵집 여종업원의 1마르크 상당의 빵 절도 행위와 관련하여 사전 경고 조치 없이도 해고가 가능하다는 종전 구 판례(BAG, NZA 1985, S.91ff.)에 대하여 이러한 차원에서 비판을 제기한 경우로는 Oetker, SAE 1985, S.177ff 참고.

객관적 사실이 매우 중요한 역할을 수행한다.107) 왜냐하면 이러한 과거 사실들은 미래 전개될 상황을 보다 정확하게 예측할 수 있도록 하는 자료가 되기 때문이다.108)

사 례

사용자 갑은 근로자 을을 해고하였다. 그 이유는 근로자 을이 무단 결근을 하였기 때문이고, 이러한 무단 결근을 앞으로도 지속, 반복할 가능성이 높기 때문이라고 한다. 이러한 예측적 판단이 가능한 이유는 이미 근로자 을이 수년 전부터 수차례에 걸쳐서 무단 결근을 반복하여 온 바가 있고, 이에 따라 경고를 받아 왔다는 사실이 존재하기 때문이다. 결국 과거 존재하여 온 계약장애의 사실들은 해고사유의 미래관련성을 보다 진실에 가깝게 만들어 주는 역할을 하게 된다.

하지만 이러한 객관적 사실이 항상 요구되는 것은 아니다. 이러한 점은 오늘날 특히 경영상 해고에 있어 몇몇 예외적인 경우를 통해 분명히 드러난다. 예컨대 최근 경영상 해고의 정당성을 판단함에 있어, 합리적 구조조정차원에서도 해고가 정당하다고 보고 있는 판례와 학계에 주목할 필요가 있다. 보통은 현재 경영상 긴박한 사정이 발생하였고 또한 그러한 사정으로부터 장차 앞으로도 그러한 경영상 어려움이 지속될 것이라고 판단되기 때문에 경영해고가 정당화된다. 하지만 반드시 이에 그치지 않고, 아직 경영상 긴박한 사정이 아직 도래하지 않은 경우라도 단지 장차 그러한 경영 악화 사정이 분명히 예상되는 경우라면 그것만으로도 사용자는 정당하게 경영상 해고를 단행할 수

107) HK-Dorndorf, §1 KSchG, 4.Aufl., 2001, Rn.214; Galperin, DB 1964, S.1115.
108) Preis, DB 1988, S.1387; Adam, NZA 1998, S.285; Meinel/Bauer, NZA 1999, S.576; Wank, RdA 1999, S.134.

있다. 이는 독일의 판례 입장이면서[109] 동시에 학설에서도 지지되고 있다.[110]

제5절 소 결

① 현행 근로기준법에서는 해고를 단행함에 있어 이를 반드시 서면으로 하도록 규정하여 두고 있다. 이렇게 해고를 서면으로 하도록 하는 입법례는 유럽선진국들 특히 독일에서도 발견된다. 대체로 해고서면주의원칙은 다음과 같은 두 가지 기능을 수행하는 것으로 평가된다. 우선 사용자에 대하여 고도의 신중성을 촉구하는 측면(숙려기능)과, 다른 한편 해고관련 분쟁에서의 입증상 용이성과 사실관계의 명확성을 도모하기 위한 기능이 바로 그것이다(입증기능). 종래 노동실무에서 사용자의 경솔하고 감정적인 해고처분이 이루어질 위험이 적지 아니하였다는 점을 감안해 보면 해고서면주의원칙을 새롭게 법률규정으로 받아들인 것 그 자체는 매우 의미 있는 것이라고 할 것이다. 다만 현행 근로기준법상의 해고서면주의규정은 몇 가지 입법상의 문제점을 내포하고 있다.

② 우선 해고서면주의의 법이념적 기초에 대한 이해가 부족하다. 즉 해고의 서면화 요구는 앞서 설명한 바와 같이 입증기능과 신중함

---

109) BAG AP Nr.53 zu §1 KSchG 1969 Betriebsbedingte Kündigung; BAG AP Nr.81 zu §1 KSchG 1969 Betriebsbedingte Kündigung.

110) Bram / Rühl, NZA 1990, S.754ff.; Wank, Anm. zu BAG SAE 1986, S.153.

을 촉구하는 것인데, 실은 이것이 항상 사용자에 의한 해고의 경우에 국한된 요구가 아니라는 점에 주목할 필요가 있다. 근로관계의 일방적 종료를 초래하는 주된 매개가 해고인 것은 사실이지만, 근로자의 사직에 의한 경우도 있다. 근로관계란 상당기간의 지속을 전제로 하고, 갑자기 그 당사자 일방이 근로관계로부터 이탈되면 불가피하게 여러 가지 불이익이 발생하게 되는 속성을 가진다. 예컨대 해고근로자로서는 실업의 고통이나 새로운 직장을 찾는 어려움을 겪어야 하고, 다른 한편 사용자의 입장에서 보면 근로자가 사직을 함으로써 해당업무의 운영 손실을 막기 위해 신속하게 새로운 근로자를 선발하여야함은 물론 더 나아가 해당 신규근로자를 직접 업무에 투입시킬 수 있을 정도로 훈련시켜야 하는 유무형의 비용을 소모하여야 하기 때문이다. 결과적으로 해고든 사직이든 양 당사자 모두에게 그 결정이 신중하여야 하고, 그러한 한도에서 서면요구는 당연한 것으로 보아야 한다. 그래서 독일의 경우는—가장 엄격한 해고법제를 가지고 있다고 평가되는 나라임에도 불구하고—사용자의 해고뿐만 아니라 근로자의 사직의사 역시 서면으로 기재하도록 요구하고 있다. 그런데 현행 우리 노동법제에서는 유독 사용자의 해고에 대하여만 규정을 두고 있다. 판단컨대 '해고'에 대한 서면주의가 아니라, 근로계약관계의 소멸을 가져오는 '해지'의 서면주의가 보다 타당한 입법방식이라고 할 것이다.

③ 또한 현행 근로기준법상의 해고서면주의는 해고예고제도와는 전혀 별개인 것처럼 규정해 놓고 있다. 그렇다면 자칫 실무상으로는 일단 해고예고를 구두로라도 단행하고, 이후 해고효과발생 시점 이전까지만 해고서면을 제시하면 되는 것으로 오해될 여지가 있다. 이러한

방식은 비교법적으로도 유례가 없는 입법방식임은 물론이고, 논리적으로도 타당하지 않다. 그 근거는 다음과 같다. 서면으로 단행하여야 할 사용자의 의사란, '특정 시점에서 근로관계가 종료될 것'이라는 것이다. 이러한 의사는 이미 해고예고를 통해 이루어진다. 또한 서면주의를 통해 사용자로 하여금 신중을 기하도록 촉구하고자 하는 대상은 바로 '근로계약관계를 종료하겠다'는 의사이다. 해고예고는 서면으로 하지 않아도 되고 해고통지는 서면으로 한다는 것은 타당하지 않다. 결국 해고예고는 해고서면을 가리키는 것으로 보아야 한다.

④ 마지막으로 현행법상에서는 해고서면에 정확한 일자 이외에 해고원인까지 기재하도록 요구하고 있다. 판단컨대 해고원인을 기재하도록 하는 것은 사용자에게 지나친 부담이 아닐 수 없다. 비교법적 차원에서 볼 때에도 해고원인을 해고서면에 기재하도록 의무화하는 나라는 거의 찾아보기 어렵다. 사실 해고 이후 근로자가 해고의 정당성을 법적으로 다투고자 할 때 비로소 사용자는 분쟁에 임하기 위해 여러 가지 정황증거나 사실을 찾아 동원하게 되고 근로자는 이를 방어하게 된다. 법관은 이러한 제반 사실 가운데 중요한 사실을 발췌하게 되는 것이다. 그러한 만약 미리 해고원인을 제시하도록 하는 것은, 이미 처음부터 사용자로 하여금 해고정당성에 대한 사법적 판단을 선행하도록 요구하는 것과 다름 아니다. 왜냐하면 사용자는 이후 해고분쟁에서 제시된 근거만을 동원할 수밖에 없기 때문이다. 예컨대 5일간의 무단결근을 원인으로 적시한 경우라면 이후 다른 원인이 발견되더라도 이를 제시할 수 없게 되는 모순이 발생하는 것이다. 여기에 더 나아가 해고원인의 기재를 요구하는 입법방식은, 과연 어느 정도의 명확성과 구체성을 지니는 해고원인이어야 하는가 하는 불필요하

거나 번거로운 법적 분쟁도 유발할 위험을 안고 있다. 판단컨대 독일의 경우와 같이 이후 해고분쟁에 나서서 양 당사자가 스스로 다투는 과정에서 해고원인이 명확하게 나타나도록 하거나 아니면 적어도 해고분쟁에 나설 태세에 놓인 근로자의 요구가 있는 경우에만 이를 명확히 제시하도록 하는 일본의 입법례를 볼 때 현행 근로기준법상의 해고서면주의 규정과 같이 해고통지시점에서 미리 해고원인을 서면으로 기재하도록 하는 것은 입법론상 의문의 여지가 있다.

⑤ 해고예고기간이 해지기간으로서의 실질을 가진다고 한다면, 본질적으로 해고보호법리에 따른 규율이 아니라 해지완충의 법리에 기한 제도이다. 따라서 이에 관한 규율을 민법에 통일적으로 규율하여 두는 것을 고려할 필요가 있다. 또한 현행 근로기준법에서는 해고예고기간을 단지 30일로 단일화하여 두고 있으나, 역시 근로자의 업무내용이나 근속기간 등 다양한 요소를 감안하여 다양하게 부여될 수 있어야 한다.

⑥ 요컨대 새로운 법제도를 도입하는 데에는 두 가지 점을 염두에 두어야 한다. 도입하게 될 제도의 본래적 의미와 기능을 법이념적·비교법적 관점에서 정확히 파악하여야 한다. 특히 해고법제에서는 근로자만을 위한 보호장치로서 의미를 가지는 제도와 근로계약이 갖는 계약적 특수성으로부터 비롯된 제도장치가 함께 있기 때문이다. 후자의 경우라면 근로계약의 양 당사자 모두에게 그 준수가 요구되는 것이라는 점에서 전자와는 차원을 달리한다. 현행 해고를 함에 있어 서면으로 하도록 하는 것이 그 대표적인 예다. 다른 하나는 새롭게 도입될 제도가 현행 법제 내의 다양한 제도적 장치들과 조화될 수 있는

가를 검토해야 한다. 그렇지 아니하면 자칫 새로운 제도가 기존의 다른 제도적 장치들과 개념상으로나 기능상으로 중첩되거나 모호해질 우려가 있기 때문이다. 예컨대 해고보호법제를 보다 엄격하게 만들기 위해 새로운 제도적 장치를 모색하는 것이 항상 타당한 것은 아니다. 사유재산권 보장과 경영권 보장이라는 본질적 질서도 존중되어야 하기 때문이다. 현행 노동법상 해고의 서면원칙이 입법론상 재검토가 필요한 이유가 바로 여기에 있다.

⑦ 종래 우리 학계와 법원은 해고원인 또는 해고 사유의 개념을 객관적인 사실개념으로만 파악해온 경향이 있다. 다시 말하면 해고원인이나 그 사유는 과거 또는 현재에 놓여져 있는 객관적이고 확정된 사실로서의 속성을 가진다고 본다. 예컨대 흔히 근로자가 '30일간 무단결근'한 것을 이유로 하여 해고를 단행한 경우를 노동실무에서 자주 보게 된다. 이때 해고원인은 30일간의 무단결근이 될 것이다. 개념상 30일간의 무단결근이라는 것은 불변의 객관적 사실이다. 그렇기 때문에 이 사실이 과거나 현재 존재한다는 점에 대하여는 그 어떤 수정이나 변경도 있을 수 없다. 하지만 이러한 해고원인에 대한 개념 이해는 오늘날 더 이상 유지되기 어렵다. 그 이유는 해고개념이 사실은 가변적인 속성을 가지는 것임이 드러났기 때문이다. 왜냐하면 만성질환을 앓아 그동안 업무에 종사할 수 없었던 근로자에 대하여 해고하였으나 이후 새로운 수술기법이 도입·적용되어 근로자가 완쾌된 경우와 같이 전혀 예상치 못한 상황이 생길 수도 있기 때문이다.[111] 이러한 점은 특히 경영상 사유에 기한 해고에서 중요하게 문

111) BAG AP Nr.22 zu §1 KSchG 1969 Krankheit.

제될 수 있다. 왜냐하면 경영사정이란 오늘날과 같은 글로벌시장상황에서 언제라도 급변할 수 있기 때문이다. 오늘 호경기였다가 다음달에 회사 사정이 극도로 좋지 않을 수도 있음은 흔히 우리 경영실무에서 목격되고 있다. 이처럼 해고를 정당화하는 원인 개념의 가변화가 되고 현대 새로운 해고원인개념이 갖는 특성이다.

⑧ 해고는 해지로서의 본질을 갖는다. 해지권을 행사하는 제도적 목적은 장차 계약적 구속력으로부터 벗어나도록 하는 데 있다. 근로계약관계의 지속을 강제하면 자칫 사용자의 재산권에 대한 본질적 침해를 유발할 수 있기 때문이다.112) 그러므로 해고제도는 타방 계약당사자를 비난하거나 징계하기 위한 것이 아니라 예방적 조치에 해당하는 것이다. 해고예후원칙은 사용자의 해고권 행사에 대하여 그 사유가 장차 미래에도 반복, 지속될 것이라는 것이 예상될 수 있어야 한다는 원칙이다. 그러므로 이에 따르면 해고의 정당성 판단에는 과거 발생된 계약장애 사실이 존재하는가 이외에 그 사실로부터 예측되는 미래 상황에 대한 평가가 필요하다. 결론컨대 법관은 해고의 정당성을 판단함에 있어 과연 해고사유가 그 속성상 이후 상당기간 동안 반복 또는 지속될 것인가 여부를 검토하여야 한다. 해고가 정당하게 단행될 수 있는 것은 과거 또는 현재 시점에서의 근로장애 사실이 발생하여서가 아니라, 그러한 사실이 반복 지속됨에 따라 유발될 사용자의 재산권의 본질적 침해를 미리 예방하여야 하기 때문이다.

⑨ 오늘날 경영상 사유에 기한 해고의 경우를 살펴보면, 소위 합리적 구조조정차원에서의 경영해고가 적당한 해고에 해당될 수 있는지

112) Oetker, ZIP 2000, S.649.

여부가 중요한 쟁점이다. 이에 대해 법원은 "여기서 긴박한 경영상의 필요라 함은 반드시 기업의 도산을 회피하기 위한 경우에 한정되지 아니하고, 인원삭감이 객관적으로 보아 합리성이 있다고 인정될 때에는 긴박한 경영상의 필요성이 있는 것으로 보아야 한다"고 하여 상당히 넓게 보고 있다.113) 사실 이는 법관의 재량을 통한 것이 아니다. 오히려 해고원인의 개념 자체에서 이미 이러한 가능성은 예정되어 있다. 왜냐하면 해고를 정당화하는 것은 해지사유로서의 적격을 가지는 것인데, 해지사유로서의 적격은 향후 미래에 근로관계상에 미칠 악영향이 주된 것이기 때문이다. 현재 또는 과거에 놓인 일정한 사실은 앞으로의 상황을 예측하는 데 도움을 주는 참고자료일 뿐이다. 결국 경영해고를 단행하면서 사용자 향후 기업 경영상황의 악화를 염려하여 행하는 합리적 구조조정차원의 경영해고는 당연히 허용될 수 있다고 보아야 한다. 하지만 여전히 남는 문제는 사용자의 그러한 예후적 판단을 어떻게 규제하고 진실성을 담보할 것인가 하는 점이다. 이러한 점을 종합하여 보면, 해고의 정당성 판단에 관하여 현대 해고법제는 커다란 전환기를 맞고 있다고 할 수 있다.

---

113) 대판 1997. 9. 5, 96누8031. 이 사건은 사업물량의 감소로 인한 경영난을 해소하기 위하여 해당 사업부의 업종을 폐지·전환하기로 함에 따라 잉여인력을 감축한 경우이다.

제 7 장

해고 정당성 판단시점론

제 1 절 해고요건의 충족 시점에 관한 논의

제 2 절 사후적 상황 변경에 대한 노동법적 보완책

제 7 장 해고 정당성 판단시점론

제 1 절 해고요건의 충족 시점에 관한 논의

1. 서 론

해고는 서면 요건 등 형식적 요건과 정당한 해고원인이 존재할 것이라는 실질적 요건을 모두 갖추었을 때 비로소 유효하다고 평가할 수 있다. 하지만 여기에서 간과해서는 안 될 것이 있다. 바로 어느 시점에서 그러한 요건이 충족되어야 하는 것인가의 문제이다. 이러한 문제가 발생되는 이유는 해고제도가 갖는 파노라마적 성격 때문이다. 즉 해고는 일련의 과정을 거쳐 그 효력을 발생시키게 된다. 이 때문에 다양한 시점에서의 상황을 모두 내포하는 다의적 개념이라고 할 수 있다. 요컨대 (i) 사용자가 해고의 의사표시를 형성하여 표시하고, (ii) 해고통지서면이 근로자에게 도달하며 (iii) 해고예고기간이 개시되고 (iv) 해고예고기간이 도과하는 시점에서 근로관계는 소멸하게 된다. 여기에 그치지 않고 해고의 유효성을 다투게 되면 (v) 소송과정에서의 변론종결시점까지도 해고유효성 판단의 한 과정이 된다. 이때 사용자의 해고가 '유효하다' 또는 '정당하다'고 하기 위해 필요한 형식적 그리고 실질적 전제요건들은 (i) 내지 (iv) 가운데 어느 시점을 기준으로 하여 그 존부가 평가되어야 할 것인가? 이것이 바로 해고의 정당성 판단시점에 관한 논쟁이다. 사실 이 논쟁은 해고통지라는 의사표시의 효력발생시점에 대하여 노동법이 아무런 규정을 두고 있지 아니하므로, 해고통지 역시 다른 의사표시와 동일하게 민사일반원칙에 따를 것인가 아니면 노동법상의 고유한 시점으로 할 것인가 하는 것이 핵심이었다. 현행 민법상의 원칙에 따르면, 의사표시의 효력발생 시점은 당해 의사표시가 도달한 시점이 된다. 따라서 당해 의사표시의 법적 유효성에 대한 판단이 이루어져야 한다면, 그 기준시점은 바로 의사표시가 상대방에게 도달한 시점에서의 객관적 사정에 기초하게 될 것이다. 해지의 의사표시도 마찬가지이다. 해지란 계속적 계약관계의 종료를 목적으로 한 일방당사자의 형성적 의사표시를 말한다. 이때 계속적 계약관계는 채권채무의 내용을 이루는 급부가 일정한 기간 동안 계속해서 행하여짐으로써, 급부의 실현이 시간적 계속성을 갖는다는 특성을 가진다.[1] 이에 반해 급부가 일정 시점에서 이루어지는 일회적 계약관계와는 개념상 구별된다. 우리 민법상 전형계약 중 소비대차, 사용대차 등 대차관계나 고용, 위임, 조합 등이 이에 해당된다.[2] 근로계약은 가장 전형적인 계속적 계약관계의 한 유형에 속한다. 노동법상 특별한 규정이 없는 상황에서 민사일반원칙에 따르게 되면 해고통지 역시 해고통지서면이 근로자에게 도달한 시점에서 효력을 발생하게 된다고 보아야 한다.

사실 너무나 당연해 보이고 또 법이론상 분쟁의 여지가 없어 보이는 이러한 해고정당성 판단시점에 관한 논쟁이 오늘날 보다 중요한

1) 곽윤직, 『채권각론』, 1994, 47면.
2) 곽윤직, 『채권각론』, 1994, 167면.

의미를 가지는 이유는 해고원인(해고의 실질적 요건)이 가지는 가변적인 속성과 예측적 성격 때문이다. 해고원인이 어느 시점에서는 존재하였다가 어느 시점에서는 소멸하여 존재하지 아니하는 상황이 발생할 수 있게 된 것이다.

사 례

사용자 갑은 2009년 4월 5일자에 근로자 을을 해고하기로 결심하였다. 그래서 동년 4월 6일 근로자 을에 대한 해고서면을 작성하였고, 같은 날 이를 근로자 을에게 발송하였다. 해고서면은 근로자 을에게 동년 4월 8일 도달하였고, 을은 이 서면을 읽었다. 그런데 동 서면에 따르면 근로자 을은 2009년 5월 30일 자로 근로관계를 소멸하게 된다고 되어 있었다. 그리고 그 원인은 근로자 을이 만성간염으로 더 이상 업무수행이 정상적으로 이루어질 수 없다는 것이었다. 이에 반발하여 근로자 을은 해고무효소송을 제기하였고, 이후 2009년 7월 30일 사실심변론이 종결되었다.

위와 같은 사실관계에서, 해고원인인 만성간염상태가 2009년 4월 5일과 6일 그리고 8일에는 존재하였으나, 정작 2009년 5월 30일자에는 특효약으로 인해 나았다거나, 2009년 7월 30일자에 특효약으로 간염이 완치된 경우가 발생될 수도 있다. 그런데 해고의 정당성 판단 기준시점을 일반민사법리에 따라 2009년 4월 8일(도달시점)로 보게 되면, 일단 해고는 종국적으로 유효한 것으로 평가받게 된다. 그렇다면 이후 5월 30일이나, 혹은 더 나아가 동년 7월 30일까지 발생된 사후적인 상황변화는 해고정당성 판단과 관련하여 전혀 고려될 수 없는 상황이 벌어지게 된다.

이러한 점 때문에 해고통지를 다른 민사 일반 의사표시와 동일하게 취급하는 것은 잘못이 아닌가 하는 견해가 등장하게 되었다. 해고통지는 근로자의 보호를 위해 매우 중요한 것이므로, 가능한 한 그 요건 심사를 엄격히 한다는 차원에서 효력발생시점을 가능한 한 뒤로 하여, 근로관계소멸시점이나 소송변론종결시점이 되어야 한다는 지적이 바로 그것이다. 이러한 견해는 노동법이 가지는 고유한 가치를 존중하여야 한다는 입장이라고 할 수 있다. 하지만 이러한 견해도 다음과 같은 흠이 있다. 즉 아무런 노동법적 규율 없이 해석만으로 해고통지의 효력발생시점을 새롭게 정하는 것은 타당하다고 쉽게 단정하기 어렵다. 결국 이러한 논쟁은 해고통지의 효력발생시점에 대한 입법적 미비가 명백한 입법자의 입법흠결인지, 아니면 의도적으로 입법자가 그러한 점까지 처음부터 해고보호할 의사는 없었던 것인지에 관한 문제로 이해된다. 이는 해고보호와 사용자의 경영의 자유 간의 긴장관계에 해당하는 문제이다.

아직 우리나라에서는 이러한 해고정당성 판단시점에 관한 논의가 거의 없었다. 해고의 파노라마적 개념성과 해고원인이 갖는 가변적 성격에 대하여 충분한 인식이 없어 왔기 때문이라고 판단된다. 하지만 이제는 해고라는 것이 해고통지라는 의사표시로부터 근로계약관계 소멸이라는 결과까지를 포괄하는 개념으로서, 보다 명확한 개념의 미시적 분석이 필요한 시점에 이르렀다. 이러한 분석을 바탕으로 하여야만 단행법으로서 해고법을 두고 있는 독일과 같이 해고관련 법제가 보다 정밀하게 규율될 수 있을 것이다.

본 장에서는 이렇게 가변적인 해고원인의 속성을 고려하여, 해고의 정당성에 관한 사법적 판단은 어느 시점에서의 상황을 기준으로 하여 이루어져야 하는 것인지를 설명하게 된다. 이를 통해 해고통지의 효력발생시점에 관한 입법흠결을 명백한 입법흠결로 볼 것인지 그렇지 않고 입법자가 의도적으로 입법하지 아니한 것인지를 판단하게 될 것이다. 더 나아가 일정기준 시점하에서의 사법적 판단이 이루어진 이후라도, 해고원인이 소멸하는 등 상황의 변화가 발생되면 근로자 해고보호 차원에서 어떠한 노동법적 대응이 필요할까에 대하여도 검토해 보기로 한다.[3)]

2. 논의의 대립

1) 해고의사표시도달설

먼저 해고의 의사표시에 대한 사회적 정당성 판단 시점은 민법 일반원칙에 따를 뿐 별도로 근로계약관계상의 해고와 달리 구별할 필요가 없다는 입장이 있다. 이러한 견해는 노동법의 입법자가 노동법상에 해고통지의 정당성 판단시점에 관하여 아무런 규정을 두지 않은 이상, 이는 입법자가 처음부터 해고에 대하여서도 민법의 일반원칙에 따르도록 한 것이라고 보아야 한다는 입장이라고 할 수 있다. 사실 이러한 견해는 해고에 대하여 노동법이 실질적, 형식적 요건을 충족하도록 엄격히 제한하여 두고 있는바, 이러한 제한만으로도 이미 노동법상 구현하고자 하는 사회법적 근로자보호 이념을 충분히 실현하고 있다고 본다.[4)] 다른 일반적 해지에 있어 자유가 보장되는 반면, 해고에 대하여는 이렇게 엄격히 제한하는 것만으로 충분하다는 것이다. 이러한 실질적, 형식적 요건의 충족 이외에 그 정당성 판단 시점에 관한 사항까지 별도의 입법적 결단규범 없이 해고보호법리와 연결

3) 해고의 정당성 판단 시점에 관한 논의는 권혁 · 윤석찬, “해고통지도달시점과 근로관계 종료시점 간의 시간적 격차에 따른 법이론적 문제점과 그 해결방안”, 『경영법률』 제18권 제4호, 2008, 361면 이하를 주로 참고하였음을 밝혀 둔다.
4) Buchner, NZA 1991, S.579.

시키는 것은 지나친 것으로 보아야 한다는 것이다. 사실 해고보호법 규율은 사용자의 해고자유를 제한함으로써 실현되는 것이고,—마치 전형적인 사회보장법적 규율과 같이—근로자의 직장안정책을 직접적인 규율의 대상으로 하는 것은 아니다. 따라서 이 견해에 따르면 해고의 실질적, 형식적 요건은 사용자의 해고자유를 제한하는 내용이면서, 그 제한의 한계이기도 하다는 것이다. 이러한 요건 충족을 요구함으로써 사용자의 해고자유를 제한하는 한, 그 이외의 사항에 대하여는 다른 계속적 계약관계의 경우와 달리 평가할 필요는 없다.[5] 해고의 정당성 판단시점에 대하여 도달주의를 원칙으로 하는 민사원리에 반하여 달리 정하여야 할 필요가 없음은 바로 이러한 차원에서 당연하다고 본다. 이러한 입장은 종래 확고한 독일판례의 입장이며[6] 아울러 현재 독일학설에서의 지배적 견해라고 할 수 있다.[7]

2) 해고정당성 판단의 고유시점설

이와는 달리 최근에 독일에서는 해고의 정당성 판단 시점을 민사법 일반원칙과 같이 의사표시 도달시점에서 행할 경우 이후 발생하는 사후적 변화를 고려할 수 없는 문제가 발생한다는 점에서 해고의 경우 이를 별도로 취급하여야 한다는 견해가 대두되고 있다. 실제로 직장보장원리가 갖는 의미를 고려할 때 해고의 정당성 판단 시점을 사실상 근로계약관계의 실질적 종료시점으로 연기함으로써 그 구체적 정당성을 보다 강화하는 것이 필요해 보이기도 하다. 이러한 경향은

5) Walker, Anm. zu SAE 1998, S.104.
6) BAG DB 1987, S.942; BAG AP Nr.39 zu §613 a BGB.
7) Berscheid, MDR 1998, S.1131.

실제로 해고의 유형이 다양화되면서 해고의 정당성 판단시점을 개별적으로 연기한 바 있는 판례에 영향 받은 점이 크다. 예컨대 해고의 주된 이유가 근로자의 심대한 질병과 그에 따른 향후 계약장애상태의 지속에 있다고 할 때 해고는 정당한 것으로 판단되나 이후 갑작스러운 특효약의 개발로 근로자가 완쾌되었다면 이를 고려할 여지는 남아있어야 하기 때문이다. 특히 이러한 필요성은 해지기간제도를 고려할 때 더욱 그러하다. 해고를 초래하게 한 일련의 제반 사정이 해고도달시점 이후, 그러나 아직 해지기간은 도달하지 않은 기간 동안에 상당한 변경이 발생할 수도 있기 때문이다.[8] 여전히 근로관계는 종료되지 않은 상황이어서 비록 해고에 대한 유효성이 판단되었다는 점에서 그대로 근로계약관계가 이후 발생한 상황의 변경을 고려하지 않는 채 종료되어야 한다는 것은 해고정당성 판단에 있어 지나치게 형식적인 것으로서 비판될 수 있기 때문이다. 이른바 해고판단의 형식화 위험에 대한 대응으로서 해고 정당성 판단 시점은 변경되어야 한다는 것이다. 이러한 제안은 다음의 두 가지 시점이 구체적으로 제시된 바 있다.

① 해지기간 도과시점설

우선 해고의 정당성은 해지기간 도과시점까지의 구체적 상황이 고려되어야 하고 해지기간이 도과한 이후의 상황은 더 이상 법적 의미가 없다는 견해가 유력하게 제기된 바 있다.[9] 이 견해는 해고의 의사표시가 도달한 이후에도 사실상 근로관계의 종료라는 법적 효력은 해지기간이 도과한 이후에야 발생하며 따라서 해지기간 동안에는 여전

---

8) LAG Hamm 26. 8. 2003 5(11) Sa 589 / 03, NZA RR 2004, S.76.
9) 이를 지지하는 견해로는 Frey, AuR 1955, S.142f.; Gamillscheg, AcP 164 (1964), S.393f.

히 근로계약관계가 존속하고 따라서 사용자와 해당근로자 간에는 여전히 주된 또는 부수적 의무를 부담하고 있다는 점에 주목하고 있다. 이러한 차원에서 해지기간 동안의 근로계약관계 역시 해고 이전의 근로계약관계와 전혀 다름이 없으며 따라서 해고보호법리가 배제될 이유가 없다는 것이다. 이러한 한도에서 해지기간은 사실상 해고보호법리의 구체적 실현을 위한 일정한 역할을 수행하게 된다.10) 요컨대 이 견해에 따르면 해지기간이 종료되기 전까지는 적어도 해고를 정당화하는 제반 사정이 해고정당성 판단과 관련하여서 그대로 고려되어야 한다. 해고정당성에 대한 최종적 판단은 해지기간 도과시점에서의 객관적 사정에 기초하여 이루어지게 된다. 그러한 한도에서 근로자의 직장보장이익은 보다 강화된다.11)

② 사실심 최후변론시점설

그 외에도 해고 소송 시 사실심 최후변론시점으로 늦추어져야 한다는 견해도 있다.12) 실제로 혐의에 따른 해고의 경우에 이와 같이 판결한 경우가 있다.13) 왜냐하면 혐의가 아직 객관적으로 확정된 사실이 아니라 오히려 향후 판단이 불확정한 사정인 경우이므로 가능한 한 사후적 변동을 고려하여 실체적 진실에 부합하도록 하는 것이 직장보장법리에 부합하기 때문이다. 이러한 관점에서 해고의 정당성은 사실심 최후변론 종결시점까지의 구체적 사정이 고려되어야 한다는

---

10) Oetker, ZIP 2000, S.646. 같은 취지에서 Preis, DB 1988, S.1393. 최근에 이러한 차원에서 해지기간의 의미를 재조명한 경우로는 Hergenröder, Anm. zum BAG EzA §1 KSchG Wiedereinstellungsanspruch Nr.3.

11) Oetker, ZIP 2000, S.646; Preis, DB 1988, S.1393.

12) Kaiser, ZfA 2000, S.209.

13) BAG NZA 1998, S.642; BAG AP Nr.8 zu §15 KSchG 1969 Nr.8 mit Anm. Meisel; BAG EzA §613a BGB Nr.80 mit Anm. Löwisch.

것이다. 예컨대 사용자가 단지 혐의를 이유로 해고한 경우나 건강상 해고의 경우에도[14] 사실상 사실심 최종구두변론종결시점까지의 사정이 해고의 유효성을 판단함에 있어 고려되어야 한다는 것이 판례의 입장이다. 물론 이러한 질병에 따른 해고의 경우에 예컨대 이후 새로운 수술을 받은 경우와 같이 당해 시점 이후에 발생한 사실 관계는 당해 해고와 인과관계하에서 고려될 수는 없다고 보아야 함은 물론이다.[15] 이는 근로자의 직장보장이익의 관점에서 볼 때 가장 구체적 정당성을 강조한 견해라 할 수 있다.

3. 소 결

1) 쟁점의 재정리

한번 유효는 영원한 유효다. 사법적 판단을 통해 유효한 의사표시로 판명된 이상, 그 유효성을 부인할 수는 없다. 해고통지에 대하여서도 마찬가지이다. 해고통지가 유효하다고 사법적으로 확인되면 이러한 유효성은 확정적인 것이다. '유효한 해고통지'란, 법적 효력을 가지는 해고통지라는 의미이므로 해고통지에 다른 법적 결과가 반드시 예정되어야 한다. 그래서 유효한 해고통지의 결과로서 근로관계의 소멸이 발생되는 것이다.

이러한 민사일반원리는 해고원인이 불가변적인 성질의 것이면 아무런 문제가 없다. 오늘날 해고원인이 어느 시점에 이르러서는 소멸하

---

14) BAG AP Nr.11 zu 1 KSchG 1969 Krankheit; BAG EzA §1 KSchG Krankheit Nr.16.

15) BAG AP Nr.11 zu 1 KSchG 1969 Krankheit.

게 되는 수가 있음을 인식하면서부터는 정당성 판단 기준 시점을 어디로 할 것인가는 민감한 쟁점이 될 수밖에 없다. 해고의 정당성을 판단하는 기준 시점이란, 해고의 유효성 요건의 존부가 심사되는 시점을 말하는데, 어느 시점에서 분명히 해고원인이 존재하여 당해 해고통지를 유효하다고 보았으나, 그 시점 이후에 해고원인이 소멸하면 참으로 곤란한 상황이 벌어지게 된다. 왜냐하면 해고원인이 없는데 유효한 해고통지에 따른 법적 효력(결과로서 근로관계소멸)은 발생되어야 하기 때문이다.

이 문제를 해결하는 기본적인 틀은, 법적 안정성에 따른 계약자유의 보장법리와 사회법적인 직장보장법리 간의 가치적 판단에서 구하게 된다. 이미 해고통지가 유효한 것으로 믿었던 사용자의 계약적 이익과, 근로자에 대한 해고보호이익 간의 긴장관계 속에서 이를 판단하여야 하는 것이다. 만약 전자의 이익을 우선하여 고려한다면, 해고정당성 판단 시점에 관한 입법적 불비는 입법자의 의도된 것이라고 보아야 한다. 그렇지 않고 후자의 이익을 우선하여 고려한다면, 해고정당성 판단 시점에 관하여 노동법상 별도의 규정을 두지 아니한 것은 명백한 입법흠결로서, 해석을 통해 채워져야 하는 부분이 된다.

2) 판 단

(1) 법관법 형성의 예외성

판단컨대 해고통지의 유효성 판단 시점에 관한 별도의 명문규정을 두지 아니한 것을 두고, 입법자의 명백한 입법흠결로 평가하기는 어렵다. 그 이유는 다음과 같다. 그 첫 번째 이유는 입법흠결은 그리 쉽게 긍정할 수 있는 성질의 것이 아니라는 점에서 찾아야 한다. 물론

"모든 입법은 완전할 수 없다(Unvollständigkeit)". 따라서 모든 규율에는 입법상의 흠결이 존재할 수밖에 없다.[16] 하지만 이러한 입법적 흠결이 입법자가 전혀 예상하지 못한 사정으로서 만약 입법자가 예상하였거나 할 수 있었다면 당연히 그에 대한 입법을 하였을 것으로 판단되는 것인 경우—즉 '진정 입법흠결 사항의 경우에만'—비로소 그러한 흠결은 실제 재판에서 법관법을 통해 보완될 수 있을 뿐이다.[17] 함부로 법관이 입법흠결을 선언하고 그 흠결을 채우기 위한 법관법을 만들 경우 사실상 법관은 손쉽게 '입법기능'까지 떠맡게 될 위험이 있기 때문이다. 이것이 삼권분립원칙에 반한다는 것은 의문의 여지가 없다. 이러한 점을 염두에 두고, 해고정당성 판단시점에 관한 논의를 다시 살펴보기로 한다.

(2) 판단 근거

① '법정직장보장'(Gesetzlicher Bestandsschutz)원리

해고보호법리는 계약자유원칙에 대한 본질적인 예외이므로, 해고보호법리를 구현하는 방식과 범위 그리고 내용은 노동법상 일일이 열거되어 있어야 한다.[18] 왜냐하면 그러한 개별 규정을 통해 그 예외의

---

16) Larenz에 의하면 입법흠결이 없는 이른바 이상적인 법규범이 되기 위하여는 다음과 같은 세가지 전제요건이 충족되어야 한다. 즉 먼저 적용될 규범이 언제나 명백한 한 가지 의미로서 해석되어야 한다. 당해 규정을 어떻게 해석할 것인가의 의문이 발생하면 안 되며, 법원의 판단이 요구되는 사안에서 법규는 그 입법 취지에 그치지 않고 그 의미까지도 당해 사안의 적용에 의문이 없어야 한다고 한다. 마지막으로 개별 규범의 의미가 법규정 전체와의 관계에서 달리 해석될 여지가 없어야 한다는 것이다(Larenz, NJW 1965, S.1).

17) Bydlinski, Juristische Methodenlehre und Rechtsbegriff, 1982, S.473f.; Larenz, Methodenlehre der Rechtswissenschaft, S.354ff.

18) Preis, Prinzipien des Kündigungsrechts bei Arbeitsverhältnissen, 1987, S.1.

정당성이 긍정되기 때문이다. 이러한 개별적 정당성 부여 없이 함부로 계약자유원칙을 제한한다면 이는 민사일반원리를 부인하는 것이나 다름없다. 이렇게 본다면, 해고에 대비한 근로자의 직장보장이익은 해고보호관련 명문규율을 통해서만 실현되도록 체계화되어 있음을 알 수 있다.[19] 다시 말하면 근로자의 직장보장이 사회적 약자보호 차원에서 바람직하지만, 그렇다고 하여 무제한적으로 직장보장이익을 우선할 경우 계약자유원리와 사유재산권 보장이라는 기본적인 체제 이념을 무너뜨릴 수 있다. 그러므로 그 예외의 인정은 반드시 입법자의 결단인 법률을 통해서만 인정되는 것이다. 해고관련 규정이 갖는 의미는 바로 여기에 있다. 해고로부터 근로자를 보호하는 일체의 내용과 방식이 해당 규정에 적시되어 있는 것이다. 이러한 차원에서 독일의 경우 단행법률로서 해고보호법을 규정해 놓고 있으며, 이러한 법체계가 독일 기본법상의 직장보장원리(Art.12 GG)를 규범적으로 구체화한 것으로서 평가되는 이유가 바로 여기에 있다.[20] 아울러 이는 해당 규율이 근로자에 대한 해고보호의 내용이면서 동시에 한계임을 의미하는 것이다.[21] 이 때문에 해고보호법리는 이른바 '법정직장보장'(Gesetzlicher Bestandsschutz)원리로 일컬어지기도 한다. 이는 우리 근로기준법상의 해고법 규율에도 그대로 적용된다. 우리 헌법이 사유재산권 보장원리를 기본적 체제원리로 정하여 두고 있기 때문이다.

법정직장보장원리에 근거한 해고보호법 규율은 단지 근로계약관계상의 해고에 대한 근로자의 직장보장원리 차원에서의 보호한계를 명시한 것이므로 매우 엄격하게 해석되고 적용되어야 한다. 해고보호규

19) Löwisch, Arbeitsrecht, 6.Aufl., 2002, §25 Rn. 1300ff.
20) Rüthers, NJW 2002, S.1605.
21) Hromadka, ZfA 2002, S.392.

율의 내용을 함부로 확대 적용하는 것은 허용될 수 없다.[22] 이러한 점을 고려할 때 해고의 정당성 판단 시점과 관련하여 입법자가 별도의 규정을 규율하여 두고 있지 않은 것은 매우 중요한 의미가 있다. 즉 해고의 정당성과 관련해 적어도 그 판단 시점과 관련하여서는 입법자가 사법 일반의 의사표시 원칙과 달리 취급할 필요가 없다고 판단하였다고 보아야 하는 것이다.

② 해지기간의 '해지완충법리성'

기본적으로 해고통지의 유효성 판단 시점에 관한 논의가 불거져 나온 이유는 해지기간 동안의 상황변화 위험 때문이다. 다시 말하면 사용자의 해고통지와 해고의 효과로서 근로계약관계의 종료에 시점적 차이가 발생하는 것은 제도적으로 해지기간을 두고 있기 때문이다. 그런데 여기에서 간과되어서는 안 되는 것은 해지기간을 유보하여 둔 것은 해지완충의 법리에 기초하고 있다는 점이다. 즉 해지기간 제도를 두고 있는 것은, 계속적 급부를 내용으로 하는 계약관계에서 계약관계의 특성상 인정된 것으로서 양 계약당사자 모두를 위한 것이다. 요컨대 해지기간제도는 근로자의 편면적 보호를 위한 해고보호법리의 연장 선상에 놓여 있지 않다. 해지기간을 둠으로써 발생되는 문제 역시도 같은 관점에서 바라보아야 한다. 그렇지 않고 만약 해지기간제도로부터 발생되는 시점적 유예를 두고 근로계약관계의 경우에 특별히 당해 의사표시의 정당성 판단 시점을 달리하게 되면 사실상 근로계약관계에서 해지기간제도가 근로자의 편면적 보호를 위한 제도로서 평가될 수밖에 없게 된다. 논리상 해지기간을 유보한 것은 해

22) Mummenhoff, SAE 1985, S.302ff.

지완충의 법리에 기초한 것이므로, 해지기간 동안 발생되는 일체의 문제 역시 같은 차원에서 바라보아야 한다. 해지완충의 법리가 민사 일반규정에 기반한 것이므로, 해지기간과 관련하여 발생된 문제 역시 노동법상 별도의 명문의 규정이 없는 한, 민법을 통해 해결되어야 한다. 이렇게 본다면 노동법의 입법자가 해고관련 규정에 해고통지유효성 판단시점을 별도로 정하여두지 아니한 것은 법이론상 매우 논리적 결과라고도 평가할 수 있게 된다.

③ 형성권의 법적 명확성 요구

마지막으로 해고의 의사표시는 종래 지속되어 온 계속적 계약관계를 장래에 향하여 종료시키기 위하여 행하는 해지의 의사표시로서 형성적 효력을 갖는다. 사법 원칙상 형성권의 행사와 그 유효성의 판단은 매우 신속하고 명확해야 한다. 왜냐하면 형성권 행사가 일방적인 법률관계 변동을 초래하므로 표의자는 물론 그 상대방은 가능한 한 신속하게 법률관계를 확정하여야 자신의 계약자유원칙을 완전히 회복할 수 있기 때문이다. 사용자로서는 해고 이후에 해고에 대한 정당성을 판단받게 된다. 이때 해고의 정당성 판단에 상당한 시간이 요하는 경우 사실상 사용자로서는 해고의 의사표시 이후에도 자신의 계약상 자유를 상당기간 회복하지 못하며 근로자로서도 불명확한 법적 상태에 놓이게 되는 문제가 발생된다. 따라서 형성권으로서 해지와 그 본질을 같이하는 해고의 의사표시의 유효성 판단에 있어서는 매우 고도의 법적 안정성과 명확성이 요구된다. 따라서 별도의 규정이 없는 한 이를 따로 취급하여 판단할 수는 없다.

이러한 세 가지 이유에서 해고정당성의 판단 시점과 관련하여 이를 다른 계약관계상의 의사표시와 달리 취급하는 것은 법제도와의 조화적 측면에서나 법적 안정성의 측면에서 설득력이 없다. 따라서 해고의 정당성 판단은 일반 민사법 원칙에 따라 사용자의 해고의사표시가 해당 근로자에게 도달한 시점에서 이루어져야 한다.[23] 물론 해고의 유효성이 문제되는 사례에 있어 그 사유가 특수하여 그 유효성 판단 시점이 가능한 한 늦춰져야 하는 구체적 사정이 존재하는 예외적인 경우에 판례가 해고소송의 변론종결시점으로 그 정당성 판단 시점을 보는 것은 지지될 수 있다. 그러나 이를 원칙적인 것으로서 일반화하는 것은 무리이다.

그러나 여전히 문제로 남는 것은 해고의 정당성 판단 이후에 발생되는 본질적 사정 변화에 대한 법적 평가이다. 비록 해고의 정당성 판단이 이루어진 이후이지만 근로계약관계가 여전히 지속되고 있는 상황에서 근로자의 직장보장이익에 부합하는 사정의 변경이 발생된 경우 이를 고려하여야 하는 것이 독일기본법상의 직장보장원칙에 부합하는 것이 아닌가 하는 의문이 남기 때문이다.

제 2 절 사후적 상황 변경에 대한 노동법적 보완책

1. 서 설

사용자가 해고의 의사표시, 즉 해고통지가 근로자에게 도달하는 시점을 기준으로 하여 볼 때 정당한 해고원인이 있는 것으로 평가되었다면 사법상 유효하다고 할 수 있다. 따라서 그 법적 효과로서—해고

23) Boewer, NZA 1999, S.1123f.; Oetker, ZIP 2000, S.649.

예고기간이 도과하는 시점에서—근로계약관계는 소멸하게 된다.[24] 앞서 해고의 정당성 판단 시점에 대하여는 민법 원칙에 따르는 것이 옳다고 본 바가 있다. 이는 적어도 해고통지 도달시점을 기준으로 해고통지의 유효성을 살피고, 일단 유효하다고 평가되면 근로관계의 소멸은 반드시 발생하게 된다는 데에는 의문의 여지가 없다.

그런데 문제는 해고가 유효한 것으로 판명된 시점 이후에, 예컨대 해고예고기간 중에 해고의 원인으로 평가된 사정이 소멸되는 등 본질적인 변화가 발생된 경우에도 근로자의 직장을 상실케 하는 것이 과연 노동법적 관점에서 타당한가 하는 데 있다. 이때 해고원인에 대한 '본질적' 변화라 함은 해지기간 도과시점에서 평가되었더라면 당연히 해고가 무효화되었을 정도의 변화를 말한다.[25] 사실 이러한 문제는 오늘날 특히 경영상 해고에서 주로 나타난다. 해고사유로서 경영상황이란 본래 사실 상당한 변화의 가능성이 내재하고 있다. 따라서 해고시점에서는 경영상 긴박한 사정이 존재하였으나 이후 예상치 못한 경영 상태 호전으로 오히려 근로자를 더 고용해야 하는 상황으로 발전되는 경우가 흔히 예상될 수 있기 때문이다.[26]

결국 해고정당성 판단시점을 해고통지 도달시점으로 함으로써, 간혹 근로관계가 소멸하는 시점에서는 더 이상 해고원인이 존재하지 않

---

24) Meinel / Bauer, NZA 1999, S.575.

25) 원래 이러한 문제는 이른바 혐의를 이유로 해고하였고 그 해고를 정당하다고 판결하였으나 이후 당해 혐의가 애당초 무혐의였던 것으로 판명된 경우 해고 근로자에 대한 보호의 문제에서 비롯된 것이다(BGH, NJW 1956, 1513; BAG, NJW 1957, S.764; BAG, NJW 1960, S.1685). 그러나 오늘날에는 주로 경영상 이유로 인한 해고에서 문제되고 있다(Raab, RdA 2000, S.153).

26) Beckschulze, DB 1998, S.420. 예컨대 경영상 해고를 단행하던 시점에서는 건설경기가 장기 불황이어서 경영상태가 매우 안 좋았던 시멘트 회사가 갑작스러운 대규모 폭풍 피해가 발생하였고 그 피해복구가 대대적으로 이루어지면서 시멘트 주문이 갑자기 증가한 경우 등이 있을 수 있다.

는데도 해고통지의 법적 효과(직장상실)는 그대로 발생하여야 하는 문제가 발생한 것이다. 이러한 문제를 두고 처음부터 어쩔 수 없는 것이라는 입장과 노동법상 근로자 보호차원에서 이 문제를 해결하여야 한다는 입장이 있을 수 있을 것이다. 여기에서는 이러한 논의를 자세히 살펴보고, 만약 이 문제를 해결하기 위해 생각할 수 있는 법적 방식이 있다면 어떤 것을 고려할 수 있을까에 대하여 살펴보기로 한다.

2. 논의의 법학 방법론적 전제

1) 입법자적 판단의 모호성

해고의 정당성 판단 이후에 발생하는 일련의 사정 변경에 대해 이를 적어도 법적으로 고려하여야 할 것인가에 대해 종래 독일 해고법체계 내에서 아무런 규율된 바가 없다.[27] 즉 해고 정당성 판단 이후의 사후적 변화에 대한 법적 고려 필요성이 존재하는가의 판단은 다른 한편 법관법을 통한 제도형성이 허용되어야 하는가의 판단에 다름 아니다. 해고의 정당성 판단 이후에 발생되는 사정의 변경을 고려할 것인가에 대해 규율된 바 없으므로 이러한 경우에 법관법을 통한 제도형성이 고려될 수 있다. 이러한 법원의 입법흠결 시 법관법 형성의 권한은 이미 오래전부터 인정되어 온 것이지만 이러한 법관법을 통해 사안의 해결방법을 찾는 것은 당연히 매우 예외적으로 엄격한 전제요건하에서 인정되어야 함은 사법과 입법을 분리한 본래적 목적에 비추어 의심의 여지가 없다.[28]

---

27) Fischer, ZfA 2002, S.228.

28) Larenz, Methodenlehre der Rechtswissenschaft, 5. Aufl., 1983, S.351; Preis,

2) 법관법 형성의 전제요건

이를 위해서는 다음과 같은 점이 반드시 고려되어야 한다. 원칙상 모든 법률분쟁은 명문의 규정에서 그 해결수단을 찾아야 하나 법규범이 모든 경우를 일일이 예정하여 규율할 수는 없다. 그러한 측면에서 법규범은 처음부터 불완전성(Unvollständigkeit der Regelung)을 내포하고 있다.[29] 이러한 규범흠결에 대해 법원은 비록 명문의 규정이 없더라도 사물의 본질적 평가를 통해 일정한 법형성을 할 수 있다. 이것이 이른바 법원의 정당한 법관법이다. 이는 법원의 법발견행위이다. 문제는 이러한 법발견이 입법(Rechtssetzung)이어서는 안 된다는 점이다. 이러한 점에서 재고용청구권의 창설은 단지 법원의 권한 범위에 속하는 사항으로서 사물의 본질적 평가를 통해 요구되는 법발견(Rechtsfindung)이어야 한다.[30] 요컨대 법관법 형성은 일정한 법적 분쟁을 예상하여 입법자가 그에 대응하는 법적 의사를 명문의 규정으로 나타내지 아니하여 법관으로서는 법규정으로부터 그 해결 방법을 찾을 수 없는 경우에 비로소 고려된다.[31] 이러한 경우를 이른바 '명백한 입법흠결(Planwidrige Regelungslücke)'이 존재한다고 한다.[32]

이때 주의해야 할 것은 원칙적으로 개별규정이나 규범을 목적적합성(Zweckmäßigkeit)이나 필요성(Erfordernis)의 차원에서 평가하고 판단하는 것은 오로지 입법자의 영역에 속한다는 점이다.[33] 따라서 법정책

RdA 1989, S.335.

29) Müller, JuS 1980, S.635; Preis, RdA 1989, S.334; Rüthers, FS Für E. Wolf, 1985, S.578.

30) Nikolai / Noack, ZfA 2000, S.89.

31) Larenz, NJW 1965, S.1.

32) Canaris, Die Feststellung von Lücken im Gesetz, 1964, S. 39; Wank, RdA 1987, S.150ff.

적 차원에서의 흠결(Rechtspolitischer Fehler)과 입법흠결(Regelungslücke)을 혼동하여서는 안 된다.[34]

결국 해고의 정당성 판단 이후에 발생되는 사후적 사정 변경에 대한 고려여부에 대한 논의는 기본권 차원에서 보장되고 있는 직장보장원리가 해고의 정당성 판단을 통해 충분히 실현된 것인가의 판단의 문제로서 입법자의 태도에 대한 가치판단으로 요약될 수 있다. 만약 그러한 입법적 흠결이 단지 법정책적 흠결에 불과하며 입법자가 의도적으로 이를 입법하지 않은 것이라면(gesetzgeberbewusste Nichtregelung) 법적 고려의 필요성은 부인되어야 한다.[35] 반대로 헌법상의 직장보장원리에 비추어 사후적인 사정 변경에 대한 법적 고려가 사실상 요구됨에도 입법자가 이를 예상치 못하여 입법을 흠결[36]한 것으로 판단되면 법관법 형성을 통한 제도 형성이 가능하게 된다.

3. 논의의 대립

1) 법윤리적 고려설

먼저 해고의 정당성이 해고도달 시점에서 판단되었는바 그 사회적 정당성이 인정되면 이후 발생하는 일련의 사정은 법윤리적(Rechtsmoralisch) 또는 법감정적(Rechtsgefühl) 차원에서 고려될 수 있을지언정 법적 차원에서 고려될 대상은 아니라는 견해가 있다.[37] 이러한 견해는 현행

---

33) Larenz, Methodenlehre der Rechtswissenschaft, 5. Aufl., 1983, S.410ff.

34) Wank, RdA 1987, S.151.

35) 이러한 경우를 부진정입법흠결(Unplanwidrige Regelungslücke=Gesetzgeberbewusste Nichtregelung)이라 한다.

36) 법관법 형성의 필요적 전제요건은 바로 이러한 진정입법흠결(Gesetzgeberplanwidrige Regelungslücke)이다.

독일 노동법상의 규율에서 이러한 결과에 대비하여 규율된 규정은 존재하지 않으며 적어도 독일 해고보호법상의 규율의 대상은 해고의 정당성 판단에 국한된 것으로서 해고의 정당성 판단 이후의 문제에 대해 이를 알지 못한다는 데 주된 근거를 두고 있다.[38] 이렇게 해고정당성 판단 이후의 문제에 대해 입법자가 아무런 규정을 두고 있지 않은 것은 사실상 다음과 같은 입법자의 의사를 보여준다고 한다.[39] 즉 해고보호규정의 목적은 근로자의 직장보장 그 자체에 있는 것이 아니고 부당한 직장상실로부터 근로자를 보호한다는 데 그 본래적 목적이 있다고 보아야 한다는 것이다.[40] 다른 한편 이는 그러한 한도에서 직장보장원리의 실현은 합리적으로 제한되는 것이다. 그러한 범위를 넘는 영역에서 사용자는 자신의 계약자유는 향유할 수 있어야 함을 의미하게 된다.[41] 따라서 입법자가 이러한 사후적 변경 문제 대해 아무런 규정을 두고 있지 않은 것은 사실상 법적 안정성과 직장보장이라는 구체적 정당성이라는 두 가지 이익을 합리적으로 형량한 결과로서 이른바 입법자의 합리적 가치판단에 따른 것으로 볼 수 있다고 한다.[42] 즉 입법자의 의사에 따르면 특정 해고판단시점이 정하여져 있는 이상 그 이후의 변화에 따른 구체적 정당성 이익은 법적 안정성으로부터의 법적 이익에 우선되어서는 안 된다는 것이라 한다. 따라서 사용자는 해고의 유효판단 이후에는 반드시 자신의 계약자유를 회복

---

37) BAG AP Nr.6 zu §1 KSchG 1969 Wiedereinstellung mit Anm. Otto; BAG AP Nr.39 zu §613 a BGB; Berscheid, MDR 1998, S.1131.

38) Fischer, ZfA 2002, S.228; Boewer, NZA 2000, S.1128.

39) Boewer, NZA 2000, S.1128.

40) Zwanziger, BB 1997, S.43.

41) Oetker, ZIP 2000, S.649.

42) Stahlhacke / Preis / Vossen, Kündigung und Kündigungsschutz im Arbeitsverhältnis, 8. Aufl., 2002, S.399ff.

하게 되는 것이다.[43] 결국 입법자의 가치판단에 대한 변화를 의미하는 다른 특별한 명문의 규정이 존재하지 않는 이상 해고 이후의 사정 변경을 법적으로 고려하는 것은 타당하지 않으며 이를 법관법으로 형성하는 것은 사실상 입법에 해당되는 것이고 따라서 마땅히 부인되어야 한다는 입장이다.[44]

2) 법적 고려설

이와는 달리 사후적 사정 변경은 해고의 정당성 판단과 무관하게 여전히 법적 고려의 대상이 되어야 한다는 견해가 있다.[45] 비록 근로자에 대한 해고의 정당성 판단은 이루어졌지만 해고의 종료는 상당한 시점 이후에야 발생한다. 근로자에 대한 해고의 정당성의 근거가 되는 일정한 사정이 근로계약관계가 여전히 유지되고 있는 해지기간 도중에 본질적으로 변경되어 근로자의 계속근로가 가능함에도 불구하고, 해고의 정당성 판단 결과만으로 이유로 직장을 잃어야만 한다는 것은 직장보장원리에 비추어 매우 형식적인 판단이 아닐 수 없다는 입장에 기초한 것이다.[46] 헌법상 지향되는 직장보장원리의 본래적 의미는 해고 그 자체로부터 근로자를 가능한 한 보호하도록 함에 있는 것이 아니다. 오히려 근로자 자신은 물론 그 가족들의 생계 원천인 직장을 가능한 한 지속적으로 확보할 수 있도록 하는 데 그 목적이 있다. 즉 직장보장원리는 근로자의 사용자에 대한 일방적 해고 그 자

---

43) Bram / Rühl, NZA 1990, S.753.
44) Nikolai / Noack, ZfA 2000, S.92, Wank, RdA 1987, S.151.
45) Raab, RdA 2000, S.149.
46) Raab, RdA 2000, S.149.

체가 아니라 직장의 상실로부터 보호하는 데 실질이 있는 것이다.[47)] 특히 사후적 변경으로 발생되는 직장의 상실이라는 근로자의 불이익은 매우 심대한 반면 사용자의 입장에서 누리는 법적 안정성으로부터의 이익은 상대적으로 그다지 크지 않다는 점을 지적하기도 한다.[48)] 이러한 관점에서 해고의 유효성 판단 그 자체가 근로자의 직장보호이익을 사회법적으로 모두 실현한 것으로 볼 수는 없다.[49)] 따라서 이에 대한 입법상의 흠결은 진정입법흠결의 경우로서 법관법을 통한 입법흠결의 해소가 요구된다고 보아야 한다고 한다. 이는 현재 독일에서 일관된 판례의 입장[50)]이며 학설의 지배적 입장[51)]이기도 하다.

3) 평 가

판단컨대 직장보장원리의 실질적 의미가 직장 자체 상실로부터의 보호이지 해고 자체의 보호가 아니므로 직장보장원리에 기초하여 볼 때 정당한 해고 이후에도 여전히 고려되어야 할 해고법적 문제가 존재함을 부인할 수는 없다는 지적은 타당한 것이라 할 수 있다. 해고의 통지가 사회적 정당성을 갖고 있다는 사법적 평가가 해고보호법의 제반 규정을 통해 평가되어야 하지만 그러한 해고보호법이 근로자의 직장보장원리를 흠결 없이 실현하는 규정이 아니고, 단지 한정된 범주 내에서의 직장보장원리의 실현을 내용으로 한 것이므로[52)] 해고의

47) BAG 27. 2. 1997, EzA §1 KSchG Wiedereinstellungsanspruch Nr.1.

48) Gitter / Michalsky, Arbeitsrecht, 5. Aufl., 2001, S.171.

49) BAG 27. 2. 1997, EzA §1 KSchG Wiedereinstellungsanspruch Nr.1.

50) BAG EzA §1 KSchG Wiedereinstellunganspruch Nr.1.

51) Hambitzer, NJW 1985, S.2239ff.; Nägele, BB 1998, S.1686ff.; Meinel / Bauer, NZA 1999, 575ff.

52) 이러한 점은 해고보호법의 적용 대상이 아닌 근로자가 존재하지만 그러한 근로

정당성 판단이 항상 근로자의 직장상실을 정당화할 수 있는 것은 아니라고 보아야 한다. 해고를 근거 짓는 유일한 근거로서 해고원인이 정작 근로계약관계를 종료하게 되는 시점에서는 더 이상 존재하지 않게 되었음에도 직장 상실의 결과를 용인해야 한다면 이는 사실상 직장보장원리를 형해화하는 결과를 낳게 된다. 이러한 한도에서 해고의 정당성 판단 이후라도 사후적인 본질적 사정 변경에 대하여는 법적 고려가 요구된다고 보아야 한다.

4. 사후적 해고원인 탈락에 대한 법적 고려수단

1) 문제의 소재

예후 오류의 교정 필요성이 인정된다고 할 때 과연 그 교정수단이 이른바 유효한 해고와 어떻게 조화될 수 있는가 하는 것은 여전히 의문이 아닐 수 없다. 이와 관련하여 독일 해고법에서는 종래 대체로 3가지의 법적 가능성이 논의된 바 있다. 그 하나가 소급하여 해고의 유효성을 부인하는 방법이고, 다른 하나는 이른바 해고의 잠정적 유효성을 인정하자는 것이다. 나머지 하나가 이른바 새로운 청구권을 법관법을 통해 창설하는 것이다. 이를 평가함에 있어 유의해야 할 것은 앞서 논의한 대로 일단 해고의 정당성 판단은 해고의사표시 도달시점에서 이루어졌으므로 사후적 고려수단은 종전 해고의 유효성과 조화될 수 있어야 한다는 점이다. 즉 해고의 유효성이 전제된 법적 고려여야 한다는 점이다.[53] 각각의 견해에 대하여 설명하고 평가하기

자가 직장보장원리의 이익보호 대상이 아니라고 할 수는 없다는 점에서 분명하게 드러난다.

로 한다.

2) 논 의

(1) 소급적 해고 무효설

① 내 용

먼저 일단 유효하게 판단된 해고를 사후적으로 소급하여 무효화하려는 견해가 있을 수 있다. 즉 해고의 사후적 원인이 탈락하는 경우에는 사실상 해고가 원인 없는 근로관계의 소멸을 초래하는 것이 되므로 이를 막기 위해 소급하여 해고를 무효로 하는 것이 타당하다는 입장에서 비롯된다.[54] 이러한 견해는 법이론적 차원에서 볼 때 별도의 법관법적 수단을 필요로 하지 않고 그 방식이 명료하다는 점에서 그 장점이 있다.

② 문제점

먼저 해고의 유효성을 소급하여 무효로 한다는 견해에 대하여는 다음과 같은 점에서 동의하기 어렵다. 사법상 유효성 판단은 확정적인 것이어서 사후적인 교정은 고려되지 않는다. 이것은 적어도 법적 안정성과 법적 명확성이라는 법 일반 원칙의 가장 본질적 부분이다.[55] 따라서 사법상 유효성 판단 그 자체에 흠이 있는 경우 이외에 그러한 유효성 판단을 소급하여 무효로 하는 것은 법적 안정성과 법적 명확성의 본질적 침해가 된다. 이는 그 대상이 형성권인 경우에

53) Mummenhoff, JuS 1987, S.895; v. Stein, RdA 1991, S.87.
54) Adam, ZTR 1999, S.114f.
55) Boewer, NZA 2000, S.1125.

더욱 그러하다. 왜냐하면 형성적 효력은 이른바 일방적 권리로서 가능한 한 빨리 당해 불분명한 법률상태를 명확하게 할 정당한 법적 이익이 존재하는 경우에 비로소 인정되기 때문이다.[56] 일단 해고로 판명된 해고를 사후적 관계에 기해 불명확한 상태로 만드는 것은 형성권의 본질적 내용에 반한다.[57] 요컨대 해고는 일단 해고로 판명된 이상 언제나 유효한 것이다.[58] 이러한 고도의 법적 안정성과 법적 명확성의 요구 때문에 형성권으로서의 해지는 조건배타적 성격을 갖는다.[59] 이는 해고의 경우에도 같다. 따라서 해지기간 도과시점이나 해고소송 최종변론 종결시점에서 그 유효성을 판단하도록 하는 것은 형성권으로서 해지의 조건배타성을 간과하였다는 비판을 면하기 어렵다. 왜냐하면 해고를 통해 사용자는 법률관계를 일방적으로 변동시키되 해고의 정당성 판단이 일정 시점까지 연기되는 경우와 같이 조건적(예컨대 '해고의사표시 후 일정시점에도 사회적 정당성을 유지하게 되면'과 같이)이면 의사표시 수령자로서의 근로자는 타방 계약당사자의 일방적 의사표시에 의해 불확정된 법률관계하에 놓이게 되기 때문이다. 이러한 형성권의 조건배타성은 민사법 일반의 원칙이므로 명문의 규정이 없는 한 특히 사회적 약자인 근로자의 입장에서 유리하다고 하여 이를 부인할 것은 아니라고 할 것이다.[60]

---

56) Boemke, Schuldvertrag und Arbeitsverhältnis, 1999, §9, S.372ff.

57) Boewer, NZA 2000, S.1125.

58) 이와 관련하여 이른바 임대차계약관계에서 마찬가지로 지적한 견해로는 v. Stebut, NJW 1985, S.292.

59) Belling, RdA 1996, S.237; Nicolai/Noack, ZfA 2000, S.89f.; Adam, ZTR 1999, S.114.

60) Kaiser, ZfA 2000, S.211f.

(2) 해고의 잠정적(vorläufige) 유효설

① 내 용

일정한 몇몇 해고의 경우에는 그 해고의 유효성을 단지 잠정적(vorläufig)인 것으로 봄으로써 해고의 최종적 유효성은 해고소송과정에서 그 해고당시에 예측할 수 없었던 변화를 함께 고려하여 결정되어야 한다는 견해가 최근에 유력하게 주장된 바 있다.[61] 이를 통해 사용자에게는 해고가 유효하게 판단된 이후라도 그 사후적 변화를 고려할 의무가 여전히 있게 된다.[62] 이때 이른바 형성권의 조건배타성의 침해여부가 문제될 수 있으나 이 견해에 따르면 이러한 형성권의 경우에도 예외적으로 일정한 수의조건의 경우 허용될 수 있다는 점에서,[63] 잠정적 해고의 유효성을 인정하는 데 문제가 없다고 한다. 즉 잠정적 해고에서 잠정조건으로서 수의조건은 해고 판단 이후에 새로운 변화가 도래한 것을 내용으로 한다. 이는 제3자나 해고한 사용자의 의사에 의존하는 것이 아니다. 나아가 이러한 변화를 해고에서 고려할 것인가 여부는 사실상 해고근로자의 의사에 의존하는 것이므로 실제로 법률관계의 불명확성을 초래하지 않는다는 것이다.[64] 따라서 사실상 해고근로자에게는 법적 불안정성에 따른 불이익이 발생하지 않으며 따라서 이러한 해제조건부 해고 이론은 형성권의 조건배타성을 침해하는 것이 아니라 한다.[65]

61) Gentges, Prognoseprobleme im Kündigungsschutzrecht, 1995, S.378ff.
62) Belling, RdA 1996, S.237.
63) BAG 27. 6. 1968, AP §626 BGB Bedingung Nr.1; Stahlhacke / Preis / Vossen, Kündigung und Kündigungsschutz im Arbeitsverhältnis, 8.Aufl., 2002, §1 KSchG, Rn.249.
64) BAG NJW 1975, 1531; Bleistein, Kündigung und Kündigungsschutz im Arbeitsverhältnis, 2.Aufl., 1978, S.39.

② 평 가

잠정적 해고 유효성주장은 이른바 법이론상 허용되는 수의계약의 내용을 그 법적 수익자의 차원에서 오해하고 있다는 점에서 타당하다고 할 수 없다. 재고용 시에 법적 안정성에 따른 이익을 누리는 측은 근로자가 아닌 사용자 측이다. 만약 해고의 유효성이 해지기간 동안의 해고원인의 지속에 좌우되어야 할 경우 사용자는 이른바 법적 불명확성 상태라는 불이익을 부담하게 된다. 이것은 이른바 형성권으로서 해고의 조건배타성에 반하는 것이고[66] 따라서 재고용은 그러한 한도에서 사용자의 계약의 자유를 과도하게 침해하는 것이 된다. 따라서 그러한 해제조건부 조건의 첨부는 허용될 수 없다. 아울러 잠정적 유효를 주장한 견해가 당연히 설득력이 없음은 물론이다. 그 밖에도 이러한 잠정적 해고유효성설은 이른바 이중근로관계(Doppelarbeitsverhältnis)의 형성 위험을 간과하고 있는 문제도 있다.[67] 즉 그러한 조건이 사후적으로 충족되어 해고가 무효로 된 경우에 만약 이미 근로자가 새로운 직장을 구하였다면 사실상 이중근로관계가 형성되는 문제를 안게 된다.[68]

(3) 해고사후교정수단의 창설

① 내 용

마지막으로 사후적인 해고원인의 탈락이 문제되는 경우 별도의 사

65) Stahlhacke / Preis / Vossen, Kündigung und Kündigungsschutz im Arbeitsverhältnis, 8.Aufl., 2002, §1 KSchG, Rn. 248.

66) Kaiser, ZfA 2000, S.211.

67) Kaiser, ZfA 2000, S.212.

68) v. Stebut, Der soziale Schutz als Regelungsproblem des Vertragsrechts, 1982, S.89f.

후 교정 수단을 법관법을 통해 창설하는 방식이 고려될 수 있다. 이는 종래 판례의 일관된 입장으로서 오늘날 학설은 이를 일반적으로 지지하고 있다. 이와 관련하여 판례는 종래 근로자에게 해고의 정당성 판단 이후에 새로이 재고용을 사용자에게 요구할 수 있는 권리를 인정하고 있다.69) 이를 이른바 재고용청구권(Wiedereinstellungsanspruch)이라 한다. 이러한 재고용청구권이 명문에 규정된 바 없이 법관법을 통해 인정되어 온 것은 1950년대 이후에서부터이다. 1950년대는 전후 독일이 전쟁에 대한 패전 이후 전쟁 유발의 책임을 부담하면서 이의 일환으로 독일 나치체제에 협력한 사람들에 대한 법적 청산이 문제되던 시점이었다. 이른바 나치체제에 동조하였던 나치주의자는 형사적 범죄행위자로 분류되었다. 이때 사용자가 자신의 근로자가 나치체제에 동조한 혐의를 받고 당국으로부터 조사를 받고 있음을 이유로 당해 근로자를 해고한 사건이 자주 있었다. 그런데 해고의 정당성을 근거 짓던 나치혐의사실이 이후 전혀 근거 없는 것으로 판명나면서 해고근로자들이 해고의 무효를 주장하게 된 것이다. 이때 법원은 해고원인이었던 혐의가 사후적으로 소멸한 것이므로 해고근로자의 구제가 요구되며 이를 위해 근로자에게 종전 사용자에 대한 재고용을 요구할 수 있도록 한 것이 그 시초이다.70)

② 평 가

사후교정수단창설의 입장은 기존의 사법적 평가를 존중하면서도

---

69) Beckschulz, DB 1998, S.417; Boewer, NZA 1999, S.1121; Langenbucher, ZfA 1999, S.299ff.

70) BGH NJW 1956, S.1513; BAG DB 1957, S.192; BAG, NJW 1960, S.1685; Boewer, NZA 1999, S.1122.

그 법적 결과를 합리적으로 교정한다는 점에서 매우 지지할 만하다. 즉 해고통지의 유효성에 대한 사법적 판단을 존중함으로써 법적 안정성에 대한 침해가 없으며, 대신 사후적인 변화에 따라 근로자 직장보장에 기여할 수 있다는 점에서는 노동법적 정당성도 인정될 수 있기 때문이다. 다만 이러한 사후교정 수단을 새롭게 창설해낸다는 것은 별도의 명문규정을 바탕으로 하지 아니하고 있다는 근본적인 흠이 있다. 결국 법관법을 통해 이러한 권리를 창설하게 되므로, 그 정당성에 대한 보다 엄격한 검토가 요구된다고 할 것이다.

3) 소 결

앞서 다양한 견해를 살펴보고, 그 견해의 문제점에 대해서도 간단히 살펴보았다. 판단컨대 이러한 사후적인 해고정당성 판단에 대한 교정수단은 종전의 해고가 최종적으로 유효한 해고로서 애당초 해고의 유효성 자체에 영향을 주어서는 안 된다는 전제적 요구를 법리적 모순 없이 충족시키기 위한 불가피한 수단으로서 인정되어야 한다고 본다. 이때 재고용은 단지 해고의 유효성을 전제로 하고 단지 이를 사후적으로 알맞게 다시금 재단(Anpassung)하는 의미에서의 법적 요구에서 창설된 것이다.[71] 요컨대 재고용청구권은 해고의 정당성 판단에 대한 관계에서 이른바 사후적인 경제적 차원에서의 보조적 교정수단의 의미를 갖는다고 보아야 한다.[72] 이를 통해 다른 한편 직장보장원리의 형해화를 막게 된다.[73]

---

71) Mummenhoff, JuS 1987, S.895.

72) Raab, RdA 2000, S.148.

73) 결론적으로 같은 취지로는 Boemke, Schuldvertrag und Arbeitsverhältnis, 1999,

5. 결 론

① 독일에서 해고의 유효성 판단은 해고보호법상의 규정을 통해서만 구체화된다. 해고보호법상의 적용 범위는 그러한 한도에서 매우 엄격하게 구획되어야 한다. 해고통지의 정당성 판단 시점과 관련하여 명문의 규정을 두고 있지 않은 이상 그 판단 시점은 민법상의 원칙 규정에 따를 수밖에 없으며 그러한 한도에서 입법자는 해고보호법리의 실현범위를 제한하고 있다고 볼 수 있다. 따라서 해고의 정당성 판단 시점은 해고의 의사표시가 도달한 시점에서 이루어진다. 그 시점 이후의 사정은 적어도 해고의 정당성 또는 유효성과 관련하여서는 아무런 의미가 없다.

② 비록 유효한 해고의 통지가 이루어진 경우라 하여도 이는 해고보호법상의 직장보장원리에 대한 평가에 불과하므로 비록 유효한 해고를 통해서라도 사실상 직장보장원리의 형해화를 초래하는 사정이 사후적으로 발생하면 이는 법적 고려대상이 되어야 한다. 이러한 사정에 대한 고려 수단으로서 종래 독일에서는 해고통지를 받은 근로자에게 재고용의 가능성을 열어주고 있다. 즉 해고의 유효성은 여전히 인정하면서 다만 사후적 직장보장원리의 실현을 위해 재고용의 가능성을 인정한 것이다. 이러한 재고용청구권은 독일 노동법상 아무런 법적 근거를 찾을 수 없다. 단지 판례를 통해 형성된 법관법의 하나이다. 이러한 이유에서 독일 해고법상에서는 당해 재고용청구권 관련 소송이 사실상 해고(소송)와 어떤 관련성하에 놓여야 하는지 또는 그

---

§9, S.367.

밖에도 실제 소송상의 실현을 위해서는 소송에 필요한 제한 절차나 소의 종류와 청구내용 그리고 제소기한 등이 명확히 제시되어야 하는 바, 이는 여전히 논의의 대상으로 남아 있다.

제 8 장

기업의 합리적 구조조정과 경영해고

제 1 절 경영상의 필요성과 노동유연화

제 2 절 소극적 사법심사를 통한 경영판단의 자유보장과 그에 따른 위험문제

제 3 절 평가 및 입법론적 개선필요성

제 8 장 기업의 합리적 구조조정과 경영해고

제 1 절 경영상의 필요성과 노동유연화

1. 서 론

오늘날 기업은 급변하는 경영환경하의 세계 시장에서 경쟁하고 있다. 이 때문에 종래 노동법의 입법자가 알지 못하는 다양한 형태의 고용방식이 등장하고 있으며, 기업의 생존을 위한 구조조정이 상시적으로 발생하고 있다. 기업의 구조조정이란, 기업의 노무 현황을 기업경영상태에 맞게 슬림화하고 최적화하는 것을 말한다. 그런데 기업의 노무 현황은 기업의 경영전망과 상태에 따라 변경되어야 하는데, 오늘날 기업경영상태는 매우 급변하고 있다. 따라서 종래 해고보호법리의 적용을 지나치게 경직적으로 이해하게 되면 오늘날 이러한 기업구조조정은 사실상 불가능해진다. 왜냐하면 현재의 인력사용 상태를 합리적으로 배치전환을 시도할 수는 있을지언정, 본질적으로 인력사용규모를 축소하는 것은 오로지 해고의 형식을 빌려야 하므로 매우 어렵기 때문이다. 이때 사용되는 해고형태가 바로 경영해고이다. 경영해고는 통상 대량으로 근로자를 해고하는 형태를 지니며, 기업경영상태를 이유로 한다는 점에서 기업구조조정제도와 맞닿아 있는 특수성이 있다. 1970년대 이래 한국 경제는 고도성장과정에 있었으므로 사실 경영해고제도에 대한 중요성을 알지 못해 왔다. 늘 인력이 부족한 상황에서 굳이 해고제도를 이용한 구조조정은 매우 이례적인 것일 수밖에 없었기 때문이다. 우리나라에서는 종래 해고하면, 징계해고가 떠오르는 것은 바로 이러한 시대상황을 겪어 왔기 때문이라고 판단된다. 하지만 오늘날 해고문제의 중심에는 경영해고가 자리 잡고 있다. 아마도 1997년 IMF 경제위기를 경험하면서 기업의 생존적 구조조정 과정에서 경영해고문제를 직접 체험하였던 것이 계기가 된 것으로 보인다. 최근 2008년 이래로 전 세계적인 기업경영침체로 다시금 대규모 경영해고 한파가 몰아치고 있다. 경영해고는 기업의 노무인력체계를 기본적으로 변경할 수 있는 방식으로서의 지위에 있으며, 이 때문에 오늘날 해고제도와 기업경쟁력과의 관계를 분명히 밝히는 매개체로서의 역할을 하고 있다고도 할 수 있다. 핵심쟁점은 결국 경영해고제도가 이미 닥친 기업의 경영위기를 극복하기 위한 생존방식으로서만 기능하는 것인지 아니면 앞으로 닥칠 기업경영의 어려움을 미리 예방하는 차원에서도 허용될 수 있을 것인지에 놓여 있다. 소위 합리적 구조조정차원에서의 해고문제가 바로 그것이다. 만약 이를 허용한다면 전통적인 해고보호법리의 기능적 의미를 어떻게 온전하게 구현해 내도록 할 것인지도 고민하여야 한다. 다시 말하면 남용될 수도 있는 경영해고문제를 해소할 수 있는 보조적인 해고법장치를 마련하거나 보완하는 것이 필요하다. 본 장에서의 논의는 바로 이러한 문제를 해명하기 위한 것이다.

2. 기업경영상의 어려움과 직장보장이익 간의 관계

1) 경영해고제도의 의의

경영해고는 긴박한 경영상의 필요성 때문에 근로자를 해고하는 경우이다. 통상 기업의 비용 부분 가운데 가장 큰 것이 인력운용비용이므로 이를 줄여 기업을 최적화하는 것은 매우 중요하다. 기업의 사정이 매우 어렵다는 것은 유휴인력이 존재한다는 것이므로 이를 수정하는 것이 필요하다. 하지만 해고보호법리에 따른 노동법상의 보호법제하에서는 사용자는 함부로 근로자를 해고할 수가 없다. 기업이 더 이상 기존의 노무인력 수준을 감당할 수 없는 경우에만 비로소 해고의 가능성을 허여하고 있는 것이다. 여기에서 기본적으로 염두에 두어야 하는 것은, 경영해고가 그나마 기업 회생을 통해 실업(해고)을 최소한도로 줄이려는 노력의 일환이라는 점이다. 비록 다수의 근로자가 경영해고를 통해 직장을 잃지만, 그 자체가 목적이라기보다는 장차 기업이 회생하여 다시금 많은 근로자를 고용하는 것을 기대하는 차원에서 정당화되는 것이다. 간단히 말하면, 기업이 경영상의 어려움에도 불구하고 구조조정을 거부하여 파산함으로써 모든 근로자가 실업상태에 놓이는 것보다는, 다수이긴 하지만 일부가 경영해고되고 남은 근로자를 통해 다시금 기업이 회생하기를 기대하는 것이다.

2) 경영해고의 법이론적 특수성

(1) 책임성과 불이익의 불일치

① 경영위험과 해고

경영상 사유에 기한 해고는 기업의 경영상 어려움을 이유로 하여 근로자를 해고하는 경우이다. 그런데 경영상의 어려움은 주로 사용자 측의 영역에 속한 사정이라고 할 수 있다. 이러한 점에서 일신상의 사유에 기한 해고나 행태상의 사유에 기한 해고와는 기본적으로 구별된다. 종래 이와 관련하여 경영해고는 책임성과 불이익이 불일치하는 경우로 파악하여 왔다. 즉 법률의 규정에 의한 특별한 근거 또는 단독행위 등이 아닌 법률관계는 권리와 의무 또는 책임이 서로 결합되어 있기 때문에 그것의 해제 또는 소멸에서도 책임과 불이익은 서로 합치하는 것이 일반적인 법의 원리이다.[1] 그런데 사용자가 경영상의 이유로 근로관계를 일방적으로 종료시키는 경영상 해고는 특별한 사정이 없는 한 해고의 원인이 되는 긴박한 경영상 사유의 발생에 대해 귀책사유가 근로자에게 있지 아니하다.[2] 따라서 경영상의 해고는 법의 일반원칙에서 볼 때 인정되지 아니하거나 아주 예외적인 모습이다.[3]

---

1) 박수근, “경영상 해고에서 합리적이고 공정한 선정기준”, 『노동법연구』 2003 하반기 제15호, 201면.
2) 박수근, “경영상 해고에서 합리적이고 공정한 선정기준”, 『노동법연구』 2003 하반기 제15호, 201면.
3) 박수근 교수는 이러한 경영상의 해고를 법률상 제도로 인정하게 되면 가장 피해를 보는 것은 해고될 근로자이기 때문에 이를 보호할 필요성이 제기된다고 하였다. 따라서 근로관계에서의 책임성과 불이익이 일치하지 않는 점을 조정하고 완화하기 위한 것이 해고자의 선정을 위한 합리성과 공정성 그리고 선정기준에 관한 협의를 필요로 하는 주된 이유라고 한다(박수근, “경영상 해고에서 합리적이

② 사용자에 대한 비난가능성?

사실 경영해고의 경우 해고의 원인이 사용자의 경영영역에 존재하는 것이라고는 하지만, 이것이 곧 사용자에 대한 비난가능성을 의미하는 것은 아니다. 사용자가 경영전문가로서의 역량을 발휘하여 좋지 않은 성과가 나타난 것에 대하여 법적으로 일정한 책임을 묻거나 의무를 부담시킬 수 있는 것으로 보기는 어렵다. 경영자 스스로가 경영이 악화되도록 바란다는 것은 상상하기 어렵기 때문이다. 나아가 기업의 경영에는 원천적으로 위험이 내재하고 있어서 경영자가 아무런 개인적인 이익을 취할 의도 없이 선의에 기하여 가능한 범위 내에서 수집된 정보를 바탕으로 기업의 이익에 합치된다는 믿음을 가지고 신중하게 결정을 내렸다 하더라도 그 예측이 빗나가 기업에 손해가 발생하는 경우가 있을 수 있는바 …(중략)… 제반 사정에 비추어 자기 또는 제3자가 재산상 이익을 취득한다는 인식과 본인에게 손해를 가한다는 인식(미필적 인식을 포함)하의 의도적 행위임이 인정되는 경우에 한해 배임죄의 고의를 인정하는 엄격한 해석기준은 유지되어 할 것이고, 그러한 인식이 없는데 단순히 본인에게 손해가 발생하였다는 결과만으로 책임을 묻거나 주의의무를 소홀히 한 과실이 있다는 이유로 책임을 물을 수는 없다.4)

(2) 대량해고로서의 속성

경영해고는 통상 '대량해고'(Massenkündigung)로서 단행된다.5) 경

고 공정한 선정기준", 『노동법연구』 2003 하반기 제15호, 201면).

4) 대판 2004. 7. 22, 2002도4229.

5) 이러한 개념적 특수성으로 인하여 발생되는 여러 가지 문제에 대하여 자세히는 권혁, "독일 해고보호법의 2003년 개정내용과 시사점", 『법학연구』(부산대), 2007. 8, 1325면 이하 참고.

영상의 어려움을 이유로 해고하는 경우에 그 대상자는 특정 개별 근로자에 그치지 않고 당해 사업부나 사업장 근로자 전부 또는 일부에서 정해지는 것이 일반적이기 때문이다. 물론 개념적으로 경영해고가 항상 대량해고를 의미하는 것은 아니다. 경영해고는 당연히 다수의 근로자를 해고하여야 한다는 것을 개념상 내포하지는 않기 때문이다. 따라서 1인의 근로자를 해고하는 경우에라도 그 원인이 경영상 긴박한 사유라고 한다면, 경영해고가 단행된 것으로 평가하여야 한다.[6] 물론 다수의 근로자를 대상으로 하는 경영해고가 사회법적으로 보다 큰 관심의 대상이 되는 것은 물론이다.[7]

3) 소 결

경영해고는 근로자에게 직접적인 책임이 없이 해고라는 불이익이 가해진다는 점에서 매우 엄격하게 단행되어야 하는 속성을 지닌다. 더 나아가 다른 해고유형과 달리 다수의 근로자를 해고한다는 점에서 사회적 불이익의 강도 역시 매우 크다고 할 수 있다. 경영해고제도에 대한 엄격한 노동법적 규제가 필요한 이유다. 하지만 그렇다고 하여 경영해고제도를 항상 근로자에 대한 위해적 제도로 파악하는 것은 잘못이다. 왜냐하면 경영해고제도는 궁극적으로는 근로자에게 직장을 보장하여 주기 위해 허용되는 해고제도이기 때문이다. 다시 말하면

6) 권혁, "독일 해고보호법의 2003년 개정내용과 시사점", 『법학연구』(부산대), 2007. 8. 1325면 이하 참고.

7) 다른 한편 대량해고를 단행하는 목적은, 인력의 유연성을 확보함으로써 다음과 같은 순기능적 순환구조를 달성하기 위한 데에 있다. 즉 인력유연화를 통해 생산효율을 높이고, 그에 따른 이윤 향상으로 다시금 고용을 확대하며, 고용확대는 궁극적으로 국가재정의 안정과 사회보장제도의 확장으로 이어지게 된다는 것이다.

경영해고를 단행하지 아니하면 기업이 도산하고, 기업이 도산하면 사실상 모든 근로자의 직장상실이 되고 만다. 적어도 경영해고가 정당화될 수 있는 이유는 바로 여기에서 찾아야 한다. 또한 기업의 합리적 구조조정을 통해 기업이 살아난다는 것은 그만큼 근로자의 일자리가 늘어나는 것인 동시에, 기존의 근로자에게는 근로조건이 향상되는 것을 의미한다. 경영해고제도를 통해 이러한 결과가 도출될 수 있다면 경영해고를 반드시 나쁜 제도로만 치부할 수는 없는 노릇이다. 그러므로 경영해고제도 그 자체를 노동법적으로 기피하는 것보다는 경영해고제도의 본래적 취지와 목적이 잘 살아날 수 있도록 노동법적 제도를 형성해 나가는 것이 중요하다. 무작정 경영해고가 단행될 수 있는 정당성 범위를 좁히고 엄격히만 하는 것이 타당할 수 없는 이유가 바로 여기에 있다. 마찬가지로 경영해고는 남용되어서는 안 된다. 그래서 경영해고의 가능성을 무제한적 자유영역으로 파악할 수도 없다. 이것이 경영해고제도에 대한 정당성 판단이 어려운 이유이기도 하다.

3. 경영해고의 정당성 요건

1) 개 요

경영해고는 다음과 같은 요건이 충족되는 것을 전제로 유효하게 단행된다. i) 긴박한 경영상의 필요가 있어야 하고, ii) 해고회피노력을 다해야 한다. 그 외에도 iii) 합리적이고 공정한 기준에 따라 해고대상자를 선정해야 하고, iv) 해고회피노력과 해고대상자선발기준에 관하여 근로자대표와 성실하게 협의하여야 한다. 마지막으로 v) 일정 규모 이상의 인원을 해고하고자 할 때에는 노동부장관에게 신고해야 한다고 규정하고 있다.

2) 요건 1: 긴박한 경영상의 필요성 요건

(1) 내 용

사용자는 긴박한 경영상의 필요에 기하여 근로계약관계를 일방적으로 해지 즉 해고할 수 있다.[8] 긴박한 경영상의 필요성이란, 기업경영사정에 비추어 기존의 인력을 그대로 유지하도록 사용자에게 요구하는 것이 사실상 불가능한 경우를 말한다. 사용자로 하여금 자신의 재산권 보호를 위하여 해고의 가능성을 열어주어야 하는 경우에 경영해고는 정당하다고 평가되는 것이다. 여기에서 중요한 것은 긴박한 경영상의 필요성이 어떠한 연유로 발생되었는가 하는 점은 그다지 중요하지 않다는 것이다. 또한 그러한 긴박한 경영상의 필요성이 기업 내적 요인에 기해 발생된 것인지, 아니면 기업 외적 요인으로 인해 발생한 것인지의 여부는 고려의 대상이 아니다.[9] 중요한 것은 단지 현재 근로계약관계를 더 이상 유지하기 어려운 심각한 경영상의 어려움이 존재한다는 사실이다.[10] 독일 법원의 경우는 기업 내외적 요인 가운데에서도 기업조직의 구조적 또는 기술적 합리화가 해당 기업에서 매우 중요하게 요청되며, 그러한 합리화 조치가 불가피하게 관철되어야 하는 상황이 소위 경영상의 필요성이 존재하는 경우에 해당될 수 있다고 보았다. 즉 그러한 이유에서 경영상 사유에 기한 해고 가능성은 긍정된다고 본 것이다.[11]

---

8) BAG EzA §1 KSchG Betriebsbedingte Kündigung Nr.84.
9) KR-Etzel, §1 KSchG, 6. Aufl., 2002, Rn.533.
10) Rüthers, NJW 2002, 1601(1604).

(2) 해고원인의 예측성

이미 해고예후원칙에서 살펴보았듯이 경영해고의 해고원인인 긴박한 경영상의 필요성은 사실개념으로 파악해서는 안 된다. 즉 경영상 현재 어려움이 존재한다는 사실 그 자체만으로는 경영해고의 정당한 원인이 존재한다고 평가하기 어렵다. 오히려 중요한 것은 다음과 같은 사실이다. 즉 경영상 해고에서 경영상 긴박한 필요성은, "현재 근로계약관계를 장차 더 이상 지속할 수 없는 경영 상태에 있으며, 앞으로도 상당기간 이러한 상태가 지속될 것"이 예측되는 경우에 긍정된다.[12] 이렇게 해고원인을 사실개념으로 보아서는 안 되는 이유는 해고원인은 항상 가변적인 속성을 지니기 때문이다. 특히 경영해고의 경우에는 더욱 그러하다. 예컨대 현재 경영상 막대한 손해가 났지만 조만간 대형 호재가 기다리고 있으며 현재 기업 상황이 어느 정도 그 기간까지는 버틸 수 있다고 판단되면, 현재의 사정만으로 해고를 정당하게 단행할 수는 없다. 이렇게 현재 발생된 경영상의 어려움이 일시적인 것에 불과하다고 판단된다면 사용자는 해고가 아니라 단지 휴업을 단행하여야 하는 것이다. 그럼에도 불구하고 사용자가 경영해고를 단행한다면 이는 해고의 일반원칙인 해고의 최후수단성원칙을 위반한 것이 되며, 따라서 당해 해고는 무효가 될 것이다.

결국 경영상 사유에 기한 해고는 장차에도 경영상의 어려움이 상당기간 지속될 것이라는 예측적인 요소를 내포하게 될 수밖에 없다.[13]

---

11) BAG EzA §1 KSchG Betriebsbedingte Kündigung Nr.15; BAG EzA §1 KSchG Betriebsbedingte Kündigung Nr.65; Buchner DB 1984, S.504ff.; Schaub NZA 1987, S.217ff.

12) Preis, NZA 1997, S.1076.

13) BAG BB 1997, S.1953.

그렇기 때문에 긴박한 경영상의 필요성은 반드시 기업의 도산을 회피하기 위한 경우에 한정되지 아니하고, 장래에 올 수도 있는 위기에 미리 대처하기 위하여 인원삭감이 필요한 경우도 포함한다고 할 수 있는 것이다.

(3) 사법심사의 소극성

종래 경영상 긴박한 사유에 기한 해고의 필요성에 대한 사용자의 판단에 대한 사법적 심사는 매우 소극적인 방식으로 이루어져 왔다. 즉 종래 독일 학설과 판례는 대체로 '사용자의 경영적 판단'을 존중하되, 사법적 심사는 오로지 그러한 사용자의 경영상의 판단이 명백하게 상당성에 반하거나, 자의성 또는 불합리성에 대한 범위로 그 판단이 제한되므로,[14] 그 목적적합성이나 필요성의 관점에서의 판단이 이루어져서는 안 된다고 보았다.[15] 왜냐하면 경영상 필요성은 경영자가 경영자로서의 고유한 안목을 통해 가지고 판단할 것이지, 법관이 적극적으로 목적적합성까지 함부로 판단할 것은 아니기 때문이다.[16] 여기에 더하여 상법학에서 언급되는 경영판단의 원칙이 있다.[17]

경영판단의 원칙이란 기업의 경영자가 충분한 정보에 근거해 이해관계 없이, 그리고 성실히 회사의 이익에 합치한다는 믿음을 갖고 회사의 경영에 관한 판단을 한 경우에는 결과적으로 회사에 대해 손해를 초래했더라도 그러한 판단을 한 기업의 경영자에 대해 책임을 묻

---

14) BAG AP Nr.16 zu §1 BetrVG 1972; BAG AP Nr.103 zu §1 KSchG 1969 Betriebsbedingte Kündigung; Preis, NZA 1995, S.243.

15) Hromadka, ZfA 2002, S.388.

16) BAG AP Nr.42 zu §1 KSchG 1969 Betriebsbedingte Kündigung; Hergenröder, ZfA 2002, S.381.

17) 대판 2002. 6. 14, 2001다52407.

지 않는다는 원칙을 말한다.[18] 경영판단 원칙의 인정 근거로는 여러 가지가 제시되고 있지만 결국 경영판단의 원칙을 인정하는 근본적인 이유는 법적 판단과 기업 경영자의 경영판단은 상이하다는 데 있다.[19] 요컨대 경영상 요구에 대한 긴급한 필요성 여부의 판단은 사용자의 경영판단에 맡겨진다.[20] 왜냐하면 사용자에게는 기업경영상 가장 합리적으로 요구되는 고용인원수준을 스스로 판단하고 그에 따른 조정을 할 수 있는 권한이 있기 때문이다.[21]

(4) 소 결

판단컨대 경영해고의 정당성에 관한 사법적 심사의 문제는 다른 해고의 경우와 매우 다른 각도에서 보아야 한다. 가장 근본적인 이유는 해고원인의 특수성에 있다. 경영상의 어려움을 이유로 하기 때문이다. 경영상태에 대한 정확한 진단은 사실 경영자로서 사용자가 가장 전문가이다. 법관이 이를 대신할 수는 없다. 기본적으로 기업 경영상태에 대한 평가에 대하여는 사법적 심사의 한계를 스스로 인정하여야 한다.

경영해고의 정당성을 판단함에 있어 경영상태에 대한 사법적 심사를 사실상 포기한다는 것은 해고문제에 대한 사법적 심사를 포기하는 것을 의미하지 않는다. 이하에서 설명하는 바와 같이 합리적 대상자 선정의 문제나, 재고용의 문제에서 소극적인 사법심사 가능성에 대한 문제를 보완하게 될 것이기 때문이다.

---

18) 이상돈, "경영실패와 경영진의 형사책임", 『법조』, 2003. 5, 88면 이하.
19) 이상돈, "경영실패와 경영진의 형사책임", 『법조』, 2003. 5, 88면 이하.
20) KR-Etzel, §1 KSchG, 6.Aufl., 2002, Rn.540.
21) Hergenröder, ZfA 2002, S.377.

3) 요건 2: 사전해고회피의무

해고회피의무란, 사용자는 경영해고에 이르기 이전에 다른 해소방법이 있다면 이를 먼저 조치하도록 하여야 한다는 것을 말한다. 사용자가 경영해고에 이를 정도로 경영사정이 악화되기 이전에 잡셰어링이나 휴업 등 미리 여러 가지 조치를 취하였는가가 경영해고의 정당성 판단 기준이라고 한다. 따라서 해고를 피하기 위한 노력을 다하여야 한다는 것은 경영방침이나 작업방식의 합리화, 신규채용의 금지, 일시휴직 및 희망퇴직의 활용 및 전근 등 사용자가 해고범위를 최소화하기 위하여 가능한 모든 조치를 취하는 것을 의미한다고 할 수 있다.[22] 이때 해고회피조치의 방법과 정도는 확정적·고정적인 것이 아니라 당해 사용자의 경영위기의 정도, 경영해고를 실시하여야 하는 경영상의 이유, 사업의 내용과 규모, 직급별 인원상황 등에 따라 달라질 수 있음은 물론이다.[23]

4) 요건 3: 합리적 대상자 기준을 통한 해고대상자 선발

현행 근로기준법 제24조 제2항에서는 불특정 다수의 근로자들 가운데 경영해고대상자를 선정하는 기준으로서 이른바 '합리성과 공정성'을 제시하고 있다. 사실 합리적이고 공정한 기준은 경영해고의 특수한 상황을 고려하여, 기업이익과 근로자의 직장보장이익을 조화적으로 반영하고, 나아가 근로자 상호 간의 이익도 조정할 수 있는 것이어야 한다.[24]

---

22) 대판 1992. 12. 22, 92다14779; 대판 1999. 4. 27, 99두202.
23) 대판 2002. 7. 9, 2001다29452 참조.

(1) 사회적 보호필요성론

이러한 합리적이고 공정한 기준을 어떻게 구체화할 수 있을 것인가에 대하여 종래 두 가지 정도의 견해로 대별하여 볼 수 있다. 우선 첫 번째가 이른바 '사회적 선발기준'론이다. 이 법리에 따르면, 경영해고의 대상자 선정기준은 기본적으로 사회적 보호필요성 정도가 된다. 그 결과 사회적 보호필요성이 가장 큰 근로자를 우선적으로 보호하여 직장을 유지하도록 하는 것이 바로 이러한 입장이다.[25] 이러한 사회적 선발기준으로는 근로자의 근속연수와 근로자의 연령 그리고 그 부양의무부담정도 외에도 신체적 장애 여부가 제시될 수 있을 것이다.[26] 이러한 사회적 선발방식에 따르게 되면, 근속연수와 연령은 많을수록 재취업의 곤란성 때문에 우선적인 사회적 보호대상자가 되며,[27] 그 외에도 재취업에 어려움을 초래할 수 있는 신체적 장애자나 부양가족이 많은 경우 우선적으로 해고대상에서 제외되게 된다.[28] 이러한 사회적 보호필요성의 관점에서 경영해고대상자 선발기준을 정하고자 하는 것은 유럽선진국의 입장이라고 할 수 있다.[29]

---

24) 김형배, 『노동법』, 2009, 575면.

25) 이는 독일 해고법상의 지배적 견해이면서 판례의 입장이기도 하다(Dorndorf, ZfA 1989, S.367ff). 다만 예외적으로 사업체에서 특별한 필요성에 따라 요청되는 근로자의 경우에는 예외적으로 그러한 선발에서 제외될 수 있다.

26) KR-Etzel, 6. Aufl., 2002, §1 KSchG, Rn.644.

27) 근속연수의 경우 장기간 근로한 근로자의 경우 자신이 계속고용될 것이라는 데에 대한 신뢰가 높고, 나아가 당사자 간의 배려의무와 충실의무의 정도가 높다는 측면도 부수적으로 고려될 수 있다(Dorndorf, ZfA1989, S.369).

28) 부양가족이 많은 근로자일수록 사회적 보호필요성이 크다. 직장이 다수의 부양가족 전체의 생계와 직결되기 때문이다(KR-Etzel, §1 KSchG, 6. Aufl., 2002, Rn.649ff.).

29) 예컨대 독일은 이러한 사회적 선발기준에 대하여 해고보호법 제1조 제3항에서 명문으로 이를 규정하여 두고 있다. 또한 프랑스 노동법전(L.321-1-1조 I)에 따

(2) 객관적 기준론

대체로 우리 학계는 경영해고 대상자의 선정기준과 관련하여, 근로자의 사회적 보호필요성과 관련한 사항과 사용자의 경영적 필요성에 기여할 수 있는 사항을 모두 고려할 수 있다고 본다.30) 다만 양자의 요소 가운데 어떠한 점에 보다 중점을 두고 있는가에 대하여 약간의 견해차이가 보인다. 우선 판례의 입장은 사용자 측의 경영상 필요성에 보다 많은 의미를 부여하고 있는 것으로 보인다. 즉 경영해고 대상자의 선정기준은 사용자가 상당한 재량을 가지고 결정할 수 있어야 하며, 이때 사용자는 사회적 보호필요성 측면보다 기업의 이익을 우선적으로 고려할 수 있다는 것이다. 즉 근로자의 근속연수나 연령 등과 같이 근로자의 사회적 보호필요성 차원에서의 기준도 취할 수 있으나 사용자가 근무성적이나 상벌관계, 경력이나 기능의 숙련도를 고려하는 것 역시 그러한 지표가 객관적인 이상 가능하다는 것이다. 나아가 최근에는 인사고과에 의한 근무성적이나 업무능력만을 기준으로 한 해고도 정당한 것으로 본 바가 있다.31) 이러한 판례의 입장은 경영해고의 본질상 타당하며, 지지될 수 있다는 견해도 있다.32) 즉 경영상 이유에 의한 해고의 본질이 기업의 생존과 경쟁력을 확보하기 위하여 단행되는 조치라는 점을 고려할 때, 경쟁을 도외시하는 사회적 보호필요성을 고려토록 하는 것은 잘못이라는 것이다. 이러한 관

르면, 사용자가 근로자 대표와 협의하여 해고기준을 정함에 있어, 가족부양, 근속기간 그리고 채취업을 곤란하게 하는 사회적 특성(예컨대 고령자나 장애인 등)을 가진 경우로 하고 있다고 한다(김형배, 『노동법』, 2009, 576면). 이는 사실상 독일해고법제와 일맥상통하는 것이다.

30) 김형배, 『노동법』, 2009, 574, 575면.

31) 대판 2001. 1. 16, 2000두1454.

32) 김형배, 『노동법』, 2009, 575면 이하.

점에서 기업의 존립과 경쟁력을 감안하여 기업의 경영상 특수사정도 해고대상자 선발에 있어서 유연하게 판단해야 한다고 한다.[33)]

(3) 비교법적 검토

① 독 일

독일의 경우 경영상 해고 대상자 선정에 있어서는 사회적 관점에 따른 기준을 준수하지 않으면 해고 그 자체가 무효로 된다.[34)] 이러한 규율은 강행규정으로서 개별 당사자 간의 합의나 단체협약상의 합의를 통해 배제되거나 변경될 수도 없도록 하고 있다.[35)] 2003년 해고법 개정으로 이른바 사회적 선발 원칙의 구체적 기준으로 근로자의 근로연수와 근로자의 연령 그리고 그 부양의무의 열거와 함께 신체적 장애가 추가되었다.[36)] 구체적으로 근로연수의 경우는 근로연수가 보다 길면 길수록 당해 근로자의 계속근로가능성은 높다고 할 수 있다. 왜냐하면 당사자 자신이 그러한 계속고용에 대한 신뢰가 높으며 이러한 당사자의 신뢰는 마땅히 보호되어야 하기 때문이다.[37)] 또한 근속연수가 길면 당사자 간의 배려의무의 강도도 강화되므로 보다 높은

33) 김형배, 『노동법』, 2009, 573면 이하.
34) Hromadka, ZfA 2002, S.388.
35) KR-Etzel, 6. Aufl., 2002, §1 KSchG, Rn.633.
36) 이러한 입법형식적 변화는 사회적 관점이 구체화된 기준을 명확하게 제시함으로써 사용자에게 보다 분명한 예측가능성을 주고, 이에 따라 불필요한 시간적·비용적 소모를 최소화하려는 데 그 목적이 있다. 다만 새롭게 열거된 이른바 기본표지들을 각각 어떠한 가치적 비중을 두어 경영해고 대상자를 구체적으로 정할 것인가에 대하여는 여전히 명시하여 두고 있지 않다. 이와 관련하여 최근 독일 연방노동법원이 근로자의 근속연수에 대해 다른 표지에 비하여 반드시 우선적이며 상대적으로 고도의 가치를 부여할 필요가 존재하는 것은 아니라는 점을 분명히 한 바가 있다(BAG NZA 2003, S.791).
37) KR-Etzel, 6. Aufl., 2002, §1 KSchG, Rn.645.

직장보장이익이 요청된다.[38] 연령의 경우에도 근로자의 연령이 많을수록 근로자의 사회적 보호필요성은 커진다고 할 수 있다.[39] 연령이 많으면 근로관계 형성의 탄력성(Flexibilität)은 경직된다. 왜냐하면 고연령의 근로자일수록, 해고가 되면 이후에 새로운 직장에의 재취업이 어려워지기 때문이다.[40] 이렇게 근로관계의 재형성이 어렵게 되면 사회적으로는 장기실업 등의 위험을 부담하게 된다. 따라서 사회적 손실완화의 관점에서 볼 때, 연령이 많은 근로자일수록 사회적 보호 필요성의 정도가 높다고 할 수 있다. 부양의무도 사회적 보호필요성의 정도를 판단하는 중요한 요소가 됨은 물론이다. 즉 특정 근로자의 부양가족 수가 많거나 하여 부양의무의 정도가 높은 경우에는 직장상실에 따른 사회적 부담은 더욱 커진다. 왜냐하면 그 부양가족 전체에 대한 생계가 사회적 부조로써 해결되어야 하기 때문이다. 따라서 사회적 손실완화의 법리에 따라 부양의무가 정도가 높은 근로자일수록, 경영상 해고의 대상자 선발로부터 우선적으로 배제되어야 한다.[41] 그 밖에 근로자에게 중증 장애가 있는 경우에도 사회적 선발기준으로 고려되어야 한다. 결국 사회적 관점에 기하여 해고대상자를 정한다는 것은 사회적 보호 필요성이 큰 근로자를 우선하여 보호함으로써 사회 전체적가 가장 적은 사회적 부담을 지게 되는 것이다.[42]

---

38) Dorndorf, ZfA 1989, S.367.

39) BAG EzA §1 KSchG Soziale Auswahl Nr.21; KR-Etzel, 6. Aufl., 2002, §1 KSchG, Rn.647.

40) Dorndorf, ZfA 1989, S.368; 같은 취지의 판결로는 BAG AP Nr.12 zu §1 KSchG 1969 Betriebsbedingte Kündigung.

41) KR-Etzel, §1 KSchG, 6. Aufl., 2002, Rn.649ff.

42) 예컨대 부양가족인 없는 근로자가 직장을 상실한 경우보다는 부양가족이 5명인 근로자가 직장을 잃는 경우가 사회적 부담이 더 커진다. 왜냐하면 근로자 자신을 포함하여 6명의 생계가 사실상 사회보장제도를 통해서만 유지될 수밖에 없어지기 때문이다.

② 영 국

대상자 선발과 관련하여 영국의 경우 경영상 해고의 대상자 선발과 관련하여 이른바 사회적 선발원칙의 적용에 대해 해고법규상 매우 소극적인 모습이다. 즉 사용자는 해고대상자 선발에 있어서 상당한 재량을 가진다.[43] 즉 사용자는 자신이 해고대상자 선발에 대한 기준을 정할 수 있으며 이러한 선발기준의 적용이 대상자 선발에 있어 대체로 설득력이 있다고 판단되면 해고 대상자 선발에 있어 정당성은 긍정된다는 데 그 특징을 찾을 수 있다.[44]

(4) 입법론적 평가

기업경영상태에 대한 사법적 심사가 매우 소극적으로 이루어질 수 없는 이상, 해고대상자 선정의 문제는 매우 밀도 있고 적극적으로 행하여질 필요가 있다. 경영해고가 다수의 근로자를 해고하는 등 사회적으로 매우 중대한 것임에도 불구하고 사법적인 개입을 속수무책으로 둘 수는 없기 때문이다. 따라서 중요한 것은 "왜 하필 내가 해고되어야 하는가?"를 가장 합리적으로 설명할 수 있도록 하는 데 있다. 경영해고는 자칫 노사만이 아니라 노노 간의 갈등구조를 가지게 되므로 해고 대상자 선정의 문제가 중요할 수밖에 없다.

현행 우리 근로기준법 제24조에서는 이에 관하여 아무런 규정을 명확히 하고 있지 않다. 경영상태에 대한 사법적 심사가 어려운 만큼 실제 경영해고와 관련한 법적 분쟁에서 그 대상자 선정의 문제가 가장 핵심쟁점이 될 수밖에 없는데, 정작 이에 관하여 입법자가 모호한

43) Zachert, Beendigungstatbestände im internationalen Vergleich(Hrsg. Birk / Sadowski), Nomos, 2004, S.15.

44) Reber / Noack, EuroAS 1999, S.158ff.

태도로서, 단지 합리적인 기준이라고만 하여 두는 것은 바람직하지 않다. 따라서 이에 관하여 보다 분명한 지표를 제시하여 두는 입법적 개선이 요구된다고 할 것이다.

판단컨대 경영해고 대상자의 선정기준 문제는 사법적 심사가 가능하도록 할 만큼 객관적이어야 한다. 사회적 보호필요성이나 객관적 기준설 모두 그러한 점에서 보면 다들 찬동할 만한 견해이다. 다만 우려되는 것은, 업무 능력이나 근무평정 등의 사항이 객관적이라고 할 수 있지만 그것이 갖는 실질적인 의미는 다분히 주관적일 수 있다. 이러한 점을 감안하여 본다면 사회적 보호필요성을 보다 강조한 기준 설정이 가장 합리적인 것이 아닐까 생각한다. 다만 영국의 입법례나 독일의 노동법 개혁 과정에서 나타나듯이, 경영해고의 경우에 사용자에게 상당한 재량을 부여함으로써 기업경쟁력 확보에 도움이 되도록 한다는 점을 주목하여야 한다. 특히 독일은 다시금 해고대상자 선발에 있어 그 사회적 선발기준을 구체적으로 열거하는 입법방식으로 돌아가는 개혁을 하면서도, 사용자의 대상자 해고 선발에 있어 근로자의 급부능력을 상당부분 고려할 수 있도록 함으로써 사실상 기업의 경영적 이익을 보다 많이 고려할 수 있도록 노동법을 개정하였다. 또한 단체협약이나 기타 경영협약 차원에서 정한 대상자 선발 기준을 우선하여 고려할 수 있도록 하는 규정을 신설하였다. 이는 경영상 해고가 통상 매우 긴박한 경영상태를 전제로 하여 비로소 인정되는 것이므로 기업의 이익을 보다 우선하여 고려될 필요가 있다는 경영자 측의 요구가 반영된 것으로 평가된다. 아울러 종래 지나치게 고정적이고 비탄력적인 개념으로서 사회적 선발원칙을 보다 완화한 것이라 할 수 있다.

5) 요건 4: 근로자 측과의 협의의무

(1) 내 용

사용자가 경영해고를 정당하게 단행하기 위해서는 해고를 피하기 위한 조치 등과 해고의 기준 설정 등에 관하여 근로자 대표와 성실하게 협의하여야만 한다. 협의란, 자기 의견을 상대방에게 설명하고 상대방의 의견을 듣거나 질문에 답변하면서 일련의 의견을 교환하는 것을 말한다.[45] 이를 위해 사용자는 근로자 대표에게 경영해고를 하려는 날로부터 50일 전까지 이러한 사실에 대하여 통보하고, 성실하게 협의를 하여야 한다(근로기준법 제24조 제3항). 이때 근로자 대표란, 해당 사업 또는 사업장에 근로자의 과반수로 조직된 노동조합이 있으면 그 노동조합, 그러한 노동조합이 없으면 근로자의 과반수를 대표하는 자를 말한다.

(2) 필요적 요건성

종전 판례는 만약 근로자들을 대표할 만한 노동조합이나 그 밖의 근로자 집단도 없고 취업규칙에도 그러한 협의조항이 없는 등 특별한 사정이 있는 때에는 사용자가 근로자 측과 사전협의절차를 거치지 않았다 하여 경영해고 자체가 무효로 되는 것은 아니라는 입장을 취하였다.[46] 앞서 언급한 바대로 원래 경영해고의 4요건론은 판례를 통해 형성되어 오던 것을 입법화한 결과이다. 적어도 오늘날 현행노동법 체계 내에 명시되어 있는 규정에 비추어 보면 이러한 판례의 입장

45) 임종률, 『노동법』, 2009, 525면.
46) 대판 1992. 11. 10, 91다19463.

은 더 이상 지지하기 어렵다. 우선 모든 사업장에 적어도 근로자 대표는 존재한다.[47] 그러므로 근로자 대표가 없는 경우는 없으며, 취업규칙에의 협의조항 유무도 또한 문제되지 않는다. 왜냐하면 이미 근로기준법에 이러한 협의의무를 강행규정으로 명시하여 둔 상태이기 때문이다. 따라서 현행법 체계상에서 보면 이러한 사전 협의의무는 필요적 요건으로서, 이를 흠결하면 경영해고 자체는 무효로 보는 것이 옳다.[48]

4. 경영해고에 있어 해고관련 분쟁의 소모성과 분쟁의 예방 필요성

1) 경영해고관련 분쟁의 특성

(1) 동일한 분쟁의 '동시 다발성'

경영해고는 통상 대량해고로서의 속성을 갖는다. 인신상 또는 행태상 사유에 기한 해고가 개별 근로자를 대상으로 하여 이루어지는 해고인 반면 경영상 해고는 동일한 원인, 즉 긴박한 경영상의 필요성을 이유로 하여 다수의 근로자가 해고된다.[49] 문제는 해고근로자 중에서 누구라도 해고의 유효성에 대한 분쟁이 발생하게 되면, 필연적으로 다수의 개별 근로자들이 이해관계를 같이하게 된다. 결국 사용자는 불가피하게 동일한 내용의 해고소송을 수차에 걸쳐 감내하여야 한다.

47) 임종률, 『노동법』, 2009, 525면.
48) 같은 입장으로는 임종률, 『노동법』, 2009, 525면; 박종희, "경영해고 관련 판례의 최근 동향–긴박한 경영상 필요요건과 근로자대표와의 협의요건을 중심으로–", 『사법질서의 변동과 현대화』(김형배 교수 고희기념논문집), 2004, 534면 이하.
49) Quecke, RdA 2004, S.98.

이에 일일이 대응하는 것은 경영상 긴박한 사정에 있는 사용자로서는 매우 난처한 경우가 아닐 수 없다. 또한 오늘날과 같이 경영 사정이 급변하는 현실에서 이러한 해고문제가 소송으로 이어질 경우 사용자로서는 자신의 경영판단에 따른 기업운용이 사실상 어렵게 되는 결과가 초래된다.

(2) 경영해고분쟁의 '입증 곤란성'

경영해고는 다른 한편 근로자가 스스로 해당 해고가 무효라고 쉽게 단정하여 소송에 임하기가 쉽지 않다. 소송에 임한다 하더라도 승패를 쉽게 단정하기도 어렵다. 그 이유는 가장 근본적으로는 소송자료나 정보가 주로 사용자 쪽에 치우쳐 있다는 데 있다. 경영해고의 경우 그 원인이 사용자 측 경영영역에 속한 것이기 때문이다. 경영상 긴박한 사정에 기한 해고의 단행에서 경영사정에 대한 정보는 사실 근로자로서는 매우 접근하기 어렵다. 경영상 해고에 있어 사용자의 경영자적 판단의 주된 내용으로는 기업의 영업목적(Unternehmensziel)이나 생산물(Produkt) 또는 영업장소(Betriebsort)나 사업장 규모(Betriebsgröße) 그리고 기업인력의 구조조정(Betriebsorganisation)이나 근로자의 고용규모(Zahl der Arbeitnehmer) 등을 들 수 있다.[50] 이런 경영적 판단은 앞서 설명한 바와 같이 사용자의 자유로운 판단에 맡겨질 수밖에 없고, 따라서 경영상 해고에서 긴박한 경영상의 사정에 대한 사용자의 경영판단에 대하여는 법원의 실질적이고 합목적적 사법심사는 사실상 불가능하다. 사용자의 경영자 입장에서의 판단에 대한 사법적 심사 가능성은 단지 당해 경영판단이 명백히 자의적인 경우인가에 대한 판단

50) Berkowsky, Die betriebsbedingte Kündigung, S.29.

이 가능할 뿐이다.[51] 이러한 점을 고려할 때 경영상 해고 자체를 무효로 주장하여 사법적 심사를 구하는 것은 근로자 측으로서도 상당한 부담이 아닐 수 없다. 왜냐하면 그러한 모호성에도 불구하고, 많은 비용과 시간을 투입하여야만 하기 때문이다.

(3) 소결: 경영해고분쟁의 사전 예방 필요성

경영해고는 일단 동일한 원인으로 다수의 근로자가 자신의 직장을 상실하게 되므로, 그중 어느 하나라도 해고관련 분쟁을 유발하거나 해고분쟁에서 승리하면 동시다발적으로 동일한 소송이 연이어 발생될 여지가 크다. 이는 사용자에게 있어서는 매우 큰 부담이 아닐 수 없다. 왜냐하면 동일한 원인으로 수인과 해고관련 법적 분쟁을 진행하여야 하기 때문이다. 그에 따른 비용적 부담도 매우 클 것이다. 다른 한편 경영해고분쟁이 매우 막대한 위험을 안고 있는 것이기는 하지만, 좀처럼 그 분쟁에 나서는 것 또한 쉽지 않은 특성이 있다는 것도 앞서 살펴보았다. 결국 이러한 경영해고분쟁의 특수성 때문에 경영해고와 관련한 법적 분쟁은 사실상 사법판단을 기다리기 전에 사전적으로 그러한 분쟁이 발생되지 않도록 하는 것이 필요하다. 오늘날

---

51) 이를 이른바 자의성심사(Willkürlichkeitskontroll)라고 한다. 이러한 사법적 심사의 자제는 경영상황에 대한 판단이란 본질적으로 사법적 지표를 통해 계량화되거나 평가될 것은 아니며 이러한 점에서 법관이 경영자일 수는 없다는 법적 인식에 기초한 것이다. 이러한 한도에서 법원은 이를 목적부합성(Zweckmäßigkeit) 차원에서 평가할 권한 자체가 존재하지 않는다고 본다. 이는 독일연방노동법원의 일관된 입장(BAG AP Nr. 42 zu §2 KSchG 1969)이며 학계에서도 일반적으로 지지되고 있다(Hergenröder, ZfA 2002, S.377; Walker, ZfA 2004, S.520ff.). 사실 법원의 이런 판단 배경에는 사용자가 스스로 경영상 해가 되는 조치를 취하는 것은 기대되기 어렵다는 경험칙상의 추정이 자리하고 있기도 하다(BAG DB 2002, S.2276; Bitter, DB 1999, S.1216).

과 같은 급변하는 기업경영상황에서 경영해고분쟁을 사전적으로 매듭지울 수 있도록 하는 해고법적 제도의 마련은 매우 필요하고 긴요한 것이라고 할 수 있다. 이와 관련하여 최근 독일 해고법제의 개혁 차원에서 신설된 보상청구권 제도에 주목할 필요가 있다.

2) 독일 해고법상의 보상청구권(Abfindungsanspruch)제도

(1) 제도 연혁과 내용

2004년 1월 1일부로 노동시장 개혁을 위한 새로운 해고보호법이 실시되면서, 새롭게 해고보호법 제1조 a를 신설하였다. 이 규정에 따르면 경영상 긴박한 사정에 따라 해고된 근로자에 대해 선택적으로 해고무효소송 이외에 이른바 보상청구권을 행사할 수 있도록 하였다.52)

즉 근로자가 경영상 긴박한 사정으로 해고된 이후에도 별도로 해고소송기한인 3주 동안 소를 제기하지 않은 경우 해지기간이 도과함과 동시에 종전 사용자에 대하여 보상 청구권을 행사할 수 있도록 한 것이다. 이때 보상 청구권은 해고무효에 따른 근로계약관계 존속여부에 대해 더 이상 소를 통해 다투지 않겠다는 것을 전제로 금전적 보상을 요구하는 것을 말한다.53) 이로써 사용자는 해고에 관한 법적 분쟁 가능성으로부터 보다 쉽게 이탈되며 따라서 기업의 향후 노무관리에 대한 경영판단에 있어 자유롭고 보다 안정적 지위를 향유할 수 있게 된다.54) 이러한 보상청구권은 긴박한 경영상의 필요성에 기해 사용자가 해고를 단행하였고 이에 직장을 잃게 되는 근로자의 경우에만

52) Quecke, RdA 2004, S.94.
53) APS-Ascheid, §1 a KSchG Rn.2.
54) APS-Ascheid, §1 a KSchG Rn.3.

비로소 해고보호법 제1조의 a에서 인정된다. 만약 근로자가 인신상 또는 행태상 사유에 기해 해고된 경우에는 애당초 해고보상청구권이 인정될 여지가 없다.

(2) 보상청구권의 개념과 속성

새로이 신설된 보상청구권은 두 가지 점에서 명확한 개념적 특성을 가지고 있다. 그 하나는 보상(Abfindung)을 내용으로 한다는 점이고 다른 하나는 일방적 청구권적인 성질을 가지고 있다는 점이다.

원래 독일 해고법상 보상협의는 사용자에 의해 일방적으로 '해고'가 단행된 경우에 미리 사용자가 근로자에게 경제적 보상을 해 줌으로써 사적 당사자 차원에서 해고와 관련한 법적 분쟁이 사법적 차원으로 다루어지지 않도록 미리 예방하는 데 제도적 본질이 있다. 그런데 독일은 새로 해고보호법을 개정하면서 해고에 부수한 보상협의의 가능성을 청구권화하였다. 다시 말하면 일정한 전제요건하에서 해고근로자에게 보상가능성을 권리로서 인정해 놓은 것이다. 이를 청구권화함으로써 해고 이후에도 종래 당사자 간의 합의를 필요로 하였던 보상 부분을 타방 당사자의 의사와 상관없이 실행할 수 있게 되었다.[55]

3) 입법정책적 제안가능성

독일 해고법제의 개혁에서 나타난 보상청구권은 경영해고가 갖는 특수한 성격에 기반한 것으로서, 우리에게도 매우 중요한 의미를 가질 수 있을 것으로 생각된다. 왜냐하면 이 제도는 결국 근로자로 하여금

---

55) Quecke, RdA 2004, S.94.

해고분쟁을 사법적 기관을 통해 다투는 방법 이외에도 스스로 이에 갈음하여 선택적으로 경제적이고 금전적 지급과 같은 보상(Abfindung)을 실현할 수 있도록 하고, 대신 사용자도 불필요한 법적 분쟁에 휘말릴 필요가 없도록 해주기 때문이다.[56] 현재 우리 경영해고 관련 규율에서 이에 관한 입법정책적 고려가 필요하다고 생각된다. 왜냐하면 법적 분쟁의 해소에 있어 가장 좋은 것은, 아예 법적 분쟁이 발생하지 않도록 미리 예방하거나 당사자가 자체적으로 분쟁을 해결하는 것이기 때문이다. 현행 우리 근로기준법상의 해고관련 규정은 적어도 이러한 예방적 기능에는 충실하지 못한 경향이 있음을 부인하기는 어렵다.

5. 소 결

1) 경영해고의 제도적 기능에 대한 재평가

경영해고제도는 종래 귀책사유 없는 근로자를 다수 해고함으로써 실업의 상태에 놓이게 하는 제도로서 각인되어 있다. 하지만 여기에서 분명히 하여야 할 점은, 왜 해고를 하여야 하는가에 대한 고민이다. 요컨대 경영해고는 기업의 도산을 막음으로써 '모든' 근로자의 '실업'을 막기 위한 조치로서 이해되어야 한다. 이때 누구의 잘못으로 그러

56) Bauer / Preis / Schunder, NZA 2003, S.705. 이러한 한도에서 근로자는 선택권(Wahlrecht)을 향유한다. 다만 이러한 보상청구권의 법적 인정이 종래 당사자 간의 보상협의가능성을 부인하는 것은 아니다. 즉 여전히 개별당사자 간에는 보상 협의의 가능성이 남겨져 있다. 다만 이하에서 설명하는 바와 같이 보상청구권 형성의 전제요건상 보상협의의 가능성은 시간적 제한이 없는 반면 보상청구권 행사를 통한 보상관계 형성은 시간적 제한이 가해진다는 점에서 구별될 수 있다.

한 경영상의 어려움이 발생하였는가를 규명하고, 그 책임을 묻는 차원에서 경영해고제도를 바라보아서는 안 된다.

2) 합리적 구조조정 차원에서의 경영해고의 정당성

현재 우리 법원은 경영해고의 요건 중 긴박한 경영상의 필요라 함은 반드시 기업의 도산을 회피하기 위한 경우에 한정되지 아니하고, 장래에 올 수도 있는 위기에 미리 대처하기 위하여 인원삭감이 필요한 경우도 포함된다고 한다.[57] 이러한 입장에 대하여 경영해고의 인정 범위를 지나치게 늘렸다는 점에서 비판할 수도 있겠지만, 이는 경영해고의 원인이 갖는 본질적 특성에 비추어 보면 법이론상 당연히 긍정될 수 있는 것이다. 왜냐하면 기본적으로 경영해고의 정당성은 현재 놓여진 상황만으로 족하지 않고, 오히려 중요한 것은 앞으로 어떠한 상황이 벌어질 것인가에 놓여 있기 때문이다. 장차 경영상태가 매우 악화될 것이 예측되는 경우에는 현재 시점에서 경영해고의 원인 상태에 놓여 있다고 보아야 한다. 이것이 바로 앞서 해고일반원칙에서 설명한 해고예후원칙이다.

3) 경영해고에 대한 사법적 심사

경영해고의 가장 본질적인 전제요건은 긴박한 경영상의 어려움이다. 하지만 이 요건에 대하여 사법적 심사는 매우 소극적일 수밖에 없다. 왜냐하면 경영판단은 판사가 할 수 있는 것이 아니기 때문이다.

57) 대판 2002. 7. 9. 2001다29452.

사용자의 경영조치가 명백하게 자의적이거나 권리남용적인 것이 아닌 한 사용자의 경영판단의 목적적 합리성이나 타당성에 관하여는 법원이 함부로 판단할 수 있는 성질의 것이 아니다. 이러한 점에 비추어 본다면 경영해고는 사실상 사용자에게 엄청나게 큰 재량이 놓여 있는 영역이다. 그런데 아이러니하게도 경영해고는 근로자에게 있어서는 가장 크게 사회적인 불이익을 유발하는 제도이다.

경영해고에서 정작 중요한 사법적 쟁점은 누구를 해고의 대상자로 삼는가의 문제이다. 어떠한 근로자가 해고라는 불이익을 감수해야 하는가를 합리적으로 설명해 주는 근거로서 선발지표가 만들어져야 하는 것이다. 이 점에 대하여는 보다 적극적인 사법적 개입이 필요하고 또한 가능하다고 보인다.

4) 대상자선정기준에 관한 입법의 필요성

결국 현행 근로기준법상의 경영해고 규율에서, 여전히 개선되어야 할 바는 경영상태에 대한 사법적 심사의 한계를 분명히 할 수 있도록 규정에 명시하고, 나아가 합리적 대상자 선발 기준과 관련하여서도 입법자가 보다 명확하게 그 기준을 제시하여 두는 것이 바람직한 입법태도이다. 이때 독일 해고보호법의 입법례를 참고하여, 사회적 보호필요성에 부합하는 기준을 제시하는 것을 고려할 필요가 있다. 이러한 기준으로 독일 해고보호법에서는 근로자의 부양가족의 수, 연령, 근속연수 그리고 장애 여부를 제시하여 두고 있다. 다만 독일의 개혁에서 보았듯이, 경영해고는 긴박한 경영상태를 전제로 하여 비로소 인정되는 것이므로 기업의 이익을 보다 우선하여 고려될 필요가 있으며, 따라서 고정적이고 비탄력적인 개념으로서 사회적 보호필요성 차원으로만 고집할 것은 아니며 보다 유연한 태도가 반영될 수 있도록 하는 명시적 규정이 필요하다고 생각된다.

5) 분쟁 예방기능 강화 제도 마련필요성

경영해고관련 분쟁은 대량해고로서의 속성 때문에 불가피하게 동일한 내용의 다수 해고소송을 형성하게 되는데, 사용자로 하여금 여기에 일일이 대응하도록 하는 것은, 경영상 긴박한 사정에 있는 점 등을 고려할 때 매우 난처한 경우가 아닐 수 없다. 나아가 경영해고는 분쟁 속에서 그 해고의 유·무효를 단정하기 어렵다. 정보의 접근력이나 사용자 측의 경영판단적 속성 때문이다. 이러한 이유 때문에 경영해고와 관련한 법적 분쟁은 사실상 사법판단을 기다리기 전에 사전적에 그러한 분쟁이 발생되지 않도록 하는 것이 필요하다. 그리하여 근로자로 하여금 해고분쟁을 사법적 기관을 통해 다투는 방법이외에도 스스로 이에 갈음하여 선택적으로 경제적이고 금전적 지급과 같은 보상(Abfindung)을 실현할 수 있도록 하고, 대신 사용자도 불필요한 법적 분쟁에 휘말릴 필요가 없도록 하는 제도가 마련되어야 한다. 앞서 지적한 대로 법적 분쟁의 해소에 있어 가장 좋은 것은 아예 법적 분쟁이 발생하지 않도록 미리 예방하거나 당사자가 자체적으로 분쟁을 해결하는 것이기 때문이다.

제2절 소극적 사법심사를 통한 경영판단의 자유보장과 그에 따른 위험문제

1. 서 설

경영해고는 경영상의 어려움을 그 주된 정당성 근거로 한다. 그런데 경영상의 어려움이 있는가 하는 것은 그 제도적 본질상 사법적 심사의 대상이 되지 못한다. 기본적으로 법관은 경영자일 수는 없기 때문이다. 경영해고는 다수의 근로자에 대하여 그 직장을 상실케 하는 것이므로 그 사회적 부담이 매우 큰 제도인데, 정작 그에 대한 사법적 통제는 매우 어려운 제도로서 특성을 갖는다. 그렇다고 하여 무작정 경영해고의 정당성 판단에 대하여 적극적인 사법적 개입을 가능하게 할 수도 없다. 여기에서 경영해고제도의 이러한 특성을 사회법적으로 보완할 수 있는 장치의 마련이 요구된다. 요컨대 경영해고에 있어 경영상 어려움에 대한 사용자의 자유로운 판단을 최대한 보장하여 주되 그러한 판단이 갖는 법률 효과를 사후적으로 교정할 수 있는 장치를 마련하여 둠으로써, 사용자의 경영적 판단의 자유와 근로자의 직장보장이익을 소화시키는 것이 필요하다. 이와 관련하여 주목할 만한 것이 바로 현행 근로기준법 제25조상의 재고용제도이다. 최근 노사관계 선진화 차원에서의 근로기준법이 개정되면서, 새롭게 근로기준법 제25조에서는 사용자의 재고용의무를 명시적으로 인정하고 있다. 이 규정에 따르면 사용자는 경영상 긴박한 필요성에 기해 해고를 단행한 이후, 3년 이내에 해고된 근로자가 담당하였던 업무와 동일한 업무에 근로자를 채용하고자 하고, 또한 해고근로자가 원하는 경우에, 당해 해고근로자를 우선 재고용하여야 한다. 사실상 사용자에게 법적 '의무'를 부담지우고 있다.[58] 이는 달리 표현하면, 사용자가 경영해고 이후에 채용을 할 때 종전에 해고된 근로자를 우선하여 고용하여야 한다는 것을 의미한다. 재고용제도는 현행 입법방식에 기초하여 볼 때 몇 가지 의문스러운 점이 있다. 첫 번째로는 재고용제도의 인정 근거가 불명확하다는 점이다. 두 번째로는 재고용의무가 인정되어야 하는 범위가 지나치게 확대되어 있는 것 아닌가 하는 점에 관한 것이다. 이하에서 차례로 살펴보기로 한다.

2. 재고용의무의 개념과 그 법이론적 근거[59]

1) 개 념

현행 근로기준법 제25조에 따라 사용자는 경영상 긴박한 필요성에 기해 해고를 단행한 이후, 3년 이내에 해고된 근로자가 담당하였던 업무와 동일한 업무에 근로자를 채용하고자 하고, 또한 해고근로자가

58) 사실 재고용관련 규정은 1998년 근로기준법 개정에서 신설되었다. 당시에는 사용자로 하여금 경영해고 근로자를 우선적으로 재고용하도록 '노력'하여야 한다고 규정하고 있었다. '노력하여야 한다'는 법규정 문구를 두고 과연 경영해고 근로자에 대한 우선적 재고용제도의 규범적 실효성에 의문이 제기되었던 바 있다. 실제로 경영해고를 단행한 이후에, 종래 해고근로자들이 담당하였던 업무 이외의 업무부문에서 신규근로자를 채용하였는데, 이에 대해 경영해고 근로자들이 재고용노력의무의 위반을 이유로 다툰 사건에서 법원은 종래 경영해고된 근로자들의 취업의사를 확인하지 아니하고 채용한 것만을 두고 근로기준법 제31조의 2 제1항에서 규정한 재고용노력의무 위반으로 보기는 어렵다고 판시한 바가 있다(서울 고판 2000. 9. 22, 99누14593).

59) 이에 관하여는 권혁, "사후적 경영상황 변경에 따른 재고용청구권: 독일에서의 논의를 중심으로", 『노동법학』 제24호, 2007. 6, 1면 이하를 주로 참고하여 수정, 보완하였음.

원하는 경우에, 당해 해고근로자를 우선 재고용하여야 한다. 이러한 우선적 재고용제도는 다음과 같은 개념적 특수성을 가진다.

(1) 해고유효성판단에 대한 '보완장치성'

재고용의무와 관련하여 가장 우선적으로 언급되어야 하는 것은, 재고용의무라는 것이 기본적으로 근로계약의 형성을 목적으로 한다는 점이다. 해고보호법리는 기본적으로 이미 형성되어 지속하여 온 근로관계가 소멸되지 않도록 하는 데 그 본질이 있다. 하지만 재고용의무란 이미 소멸된 근로관계가 다시 형성될 수 있도록 하는 데 그 본질이 있는 것이다. 여기에서 반드시 개념상 주목하여야 할 부분이 있다. 바로 재고용의 문제는 정당하고 유효한 경영해고가 단행된 이후에 비로소 발생하는 것이라는 점이다. 일단 해고의 정당성을 평가하는 시점에서 해고가 유효하다면 이러한 유효성은 확정적인 사법적 평가이다. 따라서 사후적으로 그 사법적 평가가 본질적으로 변경될 수는 없다. 일부 학자는 재고용의 의미를 긴급한 경영상의 필요가 없었다는 것, 즉 애당초 단행하였던 경영해고가 위법 · 무효라는 것을 의미한다고 지적[60]하고 있으나, 이는 명백히 잘못된 지적이다. 재고용이라는 개념은 종전의 근로계약관계 종료에는 아무런 흠이 없었음을 전제로 하는 것이다. 단지 이후 발생된 사정을 사후적으로 고려함으로써, 해고근로자에게 일정한 보완장치를 제공하는 것이다.

(2) 체약강제의 '예외성'

사실 소멸된 당사자 간의 계약관계를 재형성하도록 한다는 것은 사

---

60) 임종률, 『노동법』, 2009, 526면 이하.

법이론상 매우 이례적인 것이 아닐 수 없다. 왜냐하면 계약체결을 통한 계약관계 형성은 사실 전적으로 당사자 자유에 맡겨져야 할 문제이기 때문이다. 만약 계약체결을 통한 관계 형성을 법률을 통해 도모하게 된다면 이는 사실상 계약체결의 자유를 침해하는 것이 된다. 현행 근로기준법상의 재고용의무 규정이 새삼 특이한 것으로 평가되는 이유는, 기존의 근로자를 직장상실로부터 보호하겠다는 차원의 것이 아니라, 기왕에 직장을 잃은 해고근로자에게 직장을 마련하여 주도록 하는 방식의 노동법 규정이기 때문이다. 오랫동안 우리 노동법 학계와 실무계에서 기존의 근로관계가 가능한 한 지속되고 유지되도록 하는 소위 해고보호법리는 쉽게 납득될 수 있지만, 이미 정당한 해고가 이루어진 이후에 다시금 해고근로자를 보호하겠다는 시도는 매우 생소한 것이 아닐 수 없다. 노동법을 통해 근로계약당사자 간에는 민법상의 계약자유의 원칙이 일정하게 수정되고, 그 수정의 정도는 특히 계약해지의 자유 측면에서 가장 높게 된다. 해고보호법리가 바로 그것이다. 하지만 그러한 해지자유와는 달리, 계약을 체결할 것인가의 여부나 그 상대방을 누구로 할 것인가에 대한 부분은 사용자의 자유로서 견고하게 보장되어야 한다.[61] 재고용의무는 바로 이러한 계약체결의 자유를 수정하여 제한하는 것이다. 재고용의무규정의 법이론적 근거가 해명해되어야 할 필요성이 바로 여기에 있는 것이다.

---

61) Boemke, NJW 1993, S.2083. 근로기준법 등과 같이 개별적 근로계약관계법은 그 적용대상을 근로계약관계의 타방 당사자인 근로자가 되므로, 그러한 계약체결 이전의 상황에 대하여는 원칙으로 노동법상의 개입이 이루어지지는 않는다. 다만, 우리 근로기준법 제17조는 근로계약의 체결에 있어 그 근로조건에 관하여 이를 명시하도록 하고 있는바, 이는 근로계약 체결과정에서의 방식에 관한 예외적인 노동법적 개입에 해당된다고 할 수 있다.

2) 재고용의무의 정당성 근거

(1) 기존의 논의

정당한 경영해고가 단행된 이후에도 사용자가 재고용의 의무를 부담하여야 한다면 그 이유는 무엇일까? 이렇게 현행법상의 재고용의무 규정은 어떠한 법이론적 정당성에 근거하고 있는가에 대하여 논의된 적이 있었다. 우선 경영해고의 경우 해고의 원인이 사용자의 경영영역에 존재하기 때문이라는 지적이 있다. 경영악화 등 경영사정을 이유로 근로자를 해고한 만큼, 경영사정이 좋아졌다면 재고용의무도 부담하는 것이 형평에 부합하며, 이를 거절하는 것은 권리남용이라는 것이다. 하지만 경영해고의 원인이 무엇이든 간에 해고의 정당성을 인정할 수 있는 상황에서 행하여진 해고의 유효성을 조건부로 파악하는 것은 잘못이다. 해고 시점에서 당해 해고가 유효하면 되는 것이지, 사용자로 하여금 해고 이후에도 상당 기간 해고 정당성을 담보하도록 요구하는 것은 지나친 것이며, 아울러 우리 노동법제 어디에도 이에 관한 근거규율이 없다. 다른 한편 기업의 사회적 책임론을 제기하는 견해가 있다.[62] 경영해고를 단행한 사용자는 기업의 사회적 책임 차원에서 해고근로자를 재고용할 의무를 부담한다는 것이다.[63] 하지만 이윤을 바탕으로 하여 적극적으로 기업의 사회에 기여하는 역할을 촉구하는 차원에서의 사회적 책임은 긍정될 수 있겠지만, 경영상 어려움으로 기업회생차원에서 경영해고를 하였다는 점으로부터는 아무런 사회적 책임의 문제가 발생할 여지는 찾기 어렵다. 노동법을 통한 근로

62) 조용만, "경영상 해고의 규제와 한계", 『노동법학』 제14호, 2002. 7, 153면.
63) 조용만, "경영상 해고의 규제와 한계", 『노동법학』 제14호, 2002. 7, 153면.

자의 사회적 보호 방식은, 적어도 현재 노동법체계하에서는 개별적 근로법을 통한 최소한의 근로조건 보장과 집단적 협약관계법 질서를 통한 근로조건의 개선이 있을 뿐이다.

(2) 평 가

판단컨대 그 해답은 바로 해고일반원칙인 해고예후원칙에서 찾아야 한다. 경영해고가 정당하게 단행될 수 있었던 것은, 현재와 같은 경영어려움이 앞으로도 지속되거나 반복될 것이라는 일련의 예측, 해고예후가 존재하였기 때문이다. 문제는 그러한 예후는 성격상 항상 오류의 위험을 내포하게 된다는 데 있다. 즉 해고당시에는 앞으로의 경영상황에 대하여 매우 부정적인 예견이 있었지만, 막상 현실에 닥쳐서 보니 상황이 전혀 다르게 진행되어 갈 수도 있는 것이다. 그래서 경영상 긴박한 사정에 기해 해고를 단행하는 경우에는, 비록 당해 해고가 정당한 것으로 평가되었더라도, 이후 예상치 못한 경영 사정의 변화로 회사의 경영상태가 다시 정상화되는 경우는 흔히 발생될 수 있다. 입법자는 이러한 상황에서 적어도 기왕에 행하여진 경영해고의 유효성 자체를 부인할 수는 없겠지만, 경영사정이 좋아진 시점에서 해고근로자에게 다시금 직장을 제공하도록 하는 배려적 조치는 가능할 수 있다고 본 것이다.

요컨대 사용자에게 예측의 가능성을 부여하고, 해고를 정당하게 단행할 수 있도록 하는 대신, 그 예측(예후)의 오류에 대한 위험도 스스로 부담하도록 하는 것이 타당하기 때문이다.[64] 재고용의무는 바로

64) 이러한 점은 이미 독일 학자에 의해서도 지적된 바 있다(Otto, FS Für Kraft, 1998, S.456ff.).

이러한 관점에서 바라보아야 한다. 결국 해고원인의 이러한 가변적 특수성은 그 위험을 사용자가 부담하여야 하는 것이다. 그리하여 경영적 판단에 대한 사법적 심사를 배제함으로써, 사용자에게 보다 많은 경영적 자유를 보장하는 대신, 그러한 경영판단의 오류에 대한 위험을 스스로 부담하도록 함으로써, 소위 형평의 법리에 충실하도록 하는 의미를 지닌다.

3) 소 결

현행 근로기준법상 재고용의무의 법이론적 근거를 사용자의 예후판단 오류에 대한 교정수단으로 이해하는 한, 일응 다음과 같은 점도 아울러 고려해 보아야 한다. 그것은 바로 오로지 경영해고의 경우에만 재고용의 문제가 발생하게 되는가 하는 점이다. 앞서 언급한 바대로 해고예후원칙은 모든 해고유형에서 적용되는 해고일반원칙으로 받아들여지고 있다. 그 이유는 해고의 정당성 근거를 과거 일회적 사정에만 충실하게 판단하는 것은 잘못이기 때문이다. 행태상 사유에 기한 해고라 하더라도, 그러한 계약의무위반행태가 앞으로도 지속되거나 반복될 위험이 존재하는가 하는 예후적 판단이 요구된다. 다른 한편 질병해고와 같이 일신상 사유에 기한 해고라 하더라도 마찬가지이다. 질병이 만성이거나 앞으로 반복적으로 발병할 것이 예상되는 경우에만 해고가 정당화될 수 있기 때문이다. 이러한 논리대로라면 실은, 경영해고만이 아니라 일신상 사유에 기한 해고나 행태상 사유에 기한 해고의 경우에도 예후의 오류문제는 그대로 발생될 수 있다고 보아야 한다. 만성인 줄 알았던 질병이 갑작스러운 특효약의 개발로 완전 치유되는 상황이 벌어졌다면, 해고 자체는 유효하다고 판단하였던 터라 하더라도, 사후적으로 해고근로자에 대한 보상책이 필요하게 된다. 재고용의 문제가 다른 해고유형에 전용될 수 있는 가능성이 바로 여기에 있다.[65)]

3. 재고용의무제도의 노동정책적 장단점

1) 노동정책적 장점

(1) 사용자 측의 입장

재고용의무제도는 사용자에게 있어 매우 효율적인 제도이다. 우선 사용자는 완전히 신규로 채용되는 근로자에 비하여 실제 업무 투입의 과정을 간소화하고, 관련 비용을 줄일 수 있게 된다. 왜냐하면 해당 근로자가 이미 해당 업무를 수행한 바가 있기 때문이다. 그리고 해당 업무에 필요한 제반 기술이나 숙련성을 이미 갖추고 있는 경우라고

---

65) 실제로 독일 해고법상에서 재고용의무가 판례를 통해 최초로 인정된 것은 경영해고의 경우가 아니었다. 1950년대 말 혐의해고 근로자에 대한 재고용을 인정한 사례에서 찾을 수 있다. 당시 나치활동에 협력하였다는 제반 혐의를 이유로 사용자는 다수의 근로자를 해고하였다. 그러한 해고에 대하여 당시 법원은 정당한 해고로 사법적 판단을 하였다. 그런데 사후적으로 나치에 협력하였다는 혐의를 받은 근로자에 대하여 형사상 무혐의 판결이 내려지면서 문제가 발생되었다. 즉 당시 해고를 단행할 해고사유가 사후적으로 존재하지 않게 되었지만, 당시 해고는 사법적으로 유효하게 평가되고, 정당하게 근로관계가 종료되었기 때문이다. 다시 말하면 종전 근로계약관계의 해고에 따른 종료는 아무런 흠이 없었던 것이다. 그런데 당시의 혐의해고 근로자들이 해고의 원인이었던 혐의가 아무런 근거가 없었던 것임을 이유로 해고무효소송을 제기함으로써 법원은 종래 알지 못하였던 난감한 상황에 빠지게 된 것이다. 이에 대하여 법원은 해고가 무효는 아니지만, 종래의 사용자를 상대로 근로관계의 재형성을 요구할 수 있는 권리가 있다고 판단함으로써 종전 근로자에게 이른바 재고용청구권(Wiedereinstellungsanspruch)을 인정하였던 것이다.

할 수 있다.

(2) 근로자 측의 입장

재고용제도는 근로자에게 있어 매우 중요한 의미를 가진다. 왜냐하면 해고근로자로서 완전히 새로운 직장을 구한다는 것이 쉽지 아니하며 일단 직장을 구하게 되더라도 해당 직장에서 여러 가지 적응과정과 기간을 거쳐야 하는 번거로움이 있을 수밖에 없기 때문이다. 하지만 종전의 직장에 재고용되면, 사실상 그러한 번거로운 절차와 비용은 줄일 수 있게 된다.

2) 노동이론적 단점

(1) 구직자와 근로자의 이해 대립관계성

노동법은 근로자를 보호하는 데 그 본래적 목적성이 있다. 그런데 취업한 기존 근로자만을 배타적으로 보호하다 보면, 실업상태이거나 또는 불완전한 고용상태에 있는 이른바 잠재적 근로자인 구직자의 보호를 간과하는 문제가 발생된다.[66] 동일한 노동을 제공하면서도 임금이 낮은 비정규 근로자의 정규근로자로의 전환을 노동조합이 진정으로 원할 이유가 없다고 할 수 있는 것도 이러한 맥락에 기한 것이다.[67] 이러한 점은 종래 노동법체계가 이미 취업한 근로자를 대상으

66) 취업근로자를 insider라 하고, 구직자 또는 취업희망자를 Outsider라고 한다면 이들 양자의 이익을 조화적으로 도모하는 거시적 관점의 노동법이 요청된다고도 할 수 있다. 이러한 배타적 이기주의와 이에 기인 이해대립적 갈등은 정규근로자와 비정규근로자 사이에도 존재한다. 정규직 근로자들이 비정규직 근로자들의 근로조건 개선에 소극적인 경우가 흔히 있다고 한다(김형배, 『노동법』, 2009, 27면 이하).

로 한 보호에만 목적 지향적으로 충실하여 왔고, 실업상태이거나 또는 불완전한 고용상태에 있는 이른바 잠재적 근로자인 구직자의 보호에는 관심을 기울이지 않음으로써 발생한 결과이다. 결국 노동력의 제공을 통해 생계의 기반 재원을 획득하는 노무제공자의 보호란 보다 거시적 관점에서 파악할 필요가 있다. 왜냐하면 노동법이 취업한 근로자에게만 보호막이 되고, 구직자에 대하여는 진입장벽(Marktzutrittsschranke)으로 파악되어서는 안 되기 때문이다.[68)]

만약 근로자가 정당한 경영해고 이후에도 재고용청구권을 통해서 다시금 원래의 직장에 복귀할 수 있다면 이른바 근로자의 직장보장이익은 그러한 한도에서 시간적으로 확장되는 것임은 부인할 수 없다. 이는 종전 근로자의 직장보장원리라는 측면에서는 긍정적이다. 하지만 이러한 근로자의 직장보장이익의 확장은 다른 한편으로는 직장을 구하고 있는 구직자에게 일정한 부담이 된다. 사실 기업의 채용기회는 이미 해고된 근로자뿐만 아니라 기존의 취업희망자에게도 매우 중요하다. 그런데 항상 경영해고근로자를 우선한다면 새로운 직장을 구하는 구직자로서는 취업기회의 축소를 감수하여야 한다.[69)] 이러한 점에서 재고용의무의 법이론적 문제의 지평은 단지 해고를 단행하였던 사용자와 종전의 근로자 사이의 관계에 그치지 않고, 이미 해고된 근로자와 다른 직장을 구하고 있는 구직자 간의 대립되는 이해관계도 함께 고려되어야 한다.[70)] 이러한 논리에 따른다면 경영해고로 직장을 잃은 근로자에 대하여 채용에 있어 우선권을 부여하는 것은 일반 구직

---

67) 김형배, 『노동법』, 2009, 28면 이하.

68) Hergenröder, ZfA 2002, S.360.

69) Papier, RdA 2000, S.4; Reuter, RdA 1978, S.344.

70) Dorndorf, Beschäftigungseffekte des Arbeitsrecht und ihre juristische Rechtfertigung, Ökonomie und Gesellschaft, 1999, S. 284ff.

자의 입장에서 본다면 매우 심각한 구직기회의 축소가 아닐 수 없다.

요컨대 재고용의무는 구직자의 직장기회보장이라는 차원에서도 검토될 필요가 있다. 재고용의무는 종전 해고근로자를 일반 타 구직자에 비해 우대하는 것인데, 과연 그러한 우대적 조치가 어떠한 근거와 한계에서 정당화될 수 있는 것인지는 여전히 해명되어야 할 부분이다.[71)]

(2) 체약강제의 예외성

재고용은 계약형성을 강제하는 경우이다. 이를 소위 체약강제라고 한다. 이러한 체약강제는 계약자유의 본질적 제한으로서, 반드시 계약체결에 있어 그 일방당사자가 사실상 (준)독점적인 지위(Monopol-oder Quasi-Monopolstellung)에 놓여 있다고 평가될 수 있어야만 예외적으로 인정된다.[72)] 따라서 재고용은 매우 예외적인 경우에만 인정되는 것으로 보아야 한다. 하지만 현행 근로기준법상의 규정만으로 보면 이러한 예외적 상황성에 관하여 충분히 설명되어 있지 않다. 단지 기간적 제한을 두고 있을 뿐이다. 판단컨대 법관법을 통해 재고용이 인정될 수 있는 경우를 보다 분명히 입법화하여 두는 것이 필요하다.

3) 소 결

재고용제도와 관련하여 염두에 두어야 하는 것은 재고용의무제도는 계약자유원칙에 대한 본질적인 제한으로서, 시극히 '엄격한 전제조건하에서 예외적으로만' 인정되어야 한다는 것이다.[73)] 현재 우리나

71) Hergenröder, ZfA 2002, S.360; Oetker, RdA 1997, S.21.
72) Gentges, Prognoseprobleme im Kündigungsschutzrscht, 1995, SS.356, 357.
73) Gentges, Prognoseprobleme im Kündigungsschutzrscht, 1995, S.356.

라에서는 근로기준법에 이에 관한 명문규정을 두고 있지만, 비교법적 관점에서 볼 때에도 이러한 재고용의무제도는 거의 유례를 찾아보기 어려운 이유가 바로 여기에 있다. 다만 우리가 참고할 수 있는 경우로는 독일의 경우를 들 수 있을 것이다. 독일 해고법에서는 우선적 재고용의무제도에 대하여 명문의 규정을 두고 있지는 않다. 다만 판례를 통해 법관법으로서 그 원리와 내용이 형성되어 있을 뿐이다. 적어도 이러한 재고용제도가 입법화된 것은 우리나라 근로기준법이 거의 유일한 예라고 생각된다. 이 제도의 운용을 위한 규정 해석에 있어 신중해야 하는 이유이기도 하다. 이러한 차원에서 재고용의무의 인정범위에 관하여 이하에서 자세히 살펴보기로 한다.

4. 재고용의무제도의 인정범위

현행 재고용의무규정에서는 근로자를 해고한 날로부터 3년 이내에 근로자를 채용하는 경우, 종전의 해고근로자를 재고용하도록 하고 있다. 이러한 기간적 제한은 직전 근로기준법 제31조의 2에서 2년 동안의 노력의무로 규정하고 있다가, 금번 개정을 통하여 의무화함과 동시에 3년으로 1년을 늘린 것이다. 그 외에도 재고용의무가 인정되기 위해서는 근로자가 해고 당시 담당하였던 업무와 같은 업무 영역에서 채용이 가능한 상황이어야 한다.

1) 요건 I: "가변적 예측(Veränderungsprognose)에 기한 경영해고가 행하여졌을 것"

(1) 고정적 경영예측과 가변적 경영예측

해고사유란 장차 더 이상 근로계약관계의 지속이 불가능하다는 사용자의 예측적 판단을 가능하게 하는 사유를 말한다. 만약 이러한 사유가 과거의 사실로부터 기초한 사용자의 예측에 해당하는 경우, 이러한 해고는 '고정적 예측에 기한 해고'라고 표현하여야 함은 앞서 이미 설명한 바가 있다.

경영상 사유에 기한 해고의 단행 시점에서 이미 긴박한 경영상의 필요성이 인정되는 객관적 사정이 발생하였고, 이에 기초하여 장차에도 그러한 경영상의 사정이 지속될 것이라는 사용자의 예측이 형성되어 해고를 단행하였다면, 이러한 경영상 사유에 기한 해고는 바로 고정적 예측에 기한 해고로 유형화될 수 있을 것이다.[74]

이와는 달리 별도의 객관적 사정이 발생됨이 없이 단지 미래에 대한 예측만으로 해고가 정당하게 단행되는 경우도 있다. 이때 사용자의 예측판단을 근거 지운 대상은 객관적 사실이 아니다. 객관적 사정에 기초함이 없이 해고를 단행할 수 있다는 것은 지나친 해고권의 확대로서 허용되어서는 안 된다는 견해도 있으나,[75] 오늘날 독일의 지배적 견해는 객관적 사실로서 일정한 해고사유가 발생함이 없이도, 단지 예측만으로도 해고를 정당하게 단행할 수 있는 것으로 본다.[76] 이는 독일 판례의 입장이기도 하다.[77] 이러한 유형의 해고를 '가변적 예측

74) Meinel / Bauer, NZA 1999, S.577.

75) Adam, ZTR 1999, S.113f.; Raab, ZfA 2000, S.151.

76) Hoefs, Die Verdachtskündigung, 2001, S.115.

에 기한 해고'라고 한다.

왜냐하면 오늘날에는, 아직 객관적 사정으로서 경영상의 어려움이 아직 발생하지는 않았으나 장차 발생할 것이 예상되는 경우, 이른바 합리적인 구조조정 차원에서도 경영상 사유에 기한 해고가 정당하게 단행될 수 있는 것으로 보기 때문이다.[78)]

(2) 경영해고에서의 사용자 해고권의 확대

우선 가변적 예측에 기한 해고의 경우는 사용자에게 유리한 선택의 재량이 인정된다. 왜냐하면 사용자는 예측된 사실관계가 실제로 발생될 때까지의 기간 동안 근로자를 먼저 해고할 것인가 혹은 그러한 사실의 실제 발생 시까지 기다렸다가 해고할 것인가를 스스로 결정할 수 있기 때문이다.[79)] 이는 사용자에게 있어 상당한 재량의 폭이 인정되는 것이며, 이를 통해 사용자의 해고권은 사실상 확대된 것으로 볼 수 있다. 반대로 고정적 예측에 기한 해고의 경우에는 사용자에게 이와 같은 재량적 선택이 불가능하다. 이러한 점에서 고정적 예측에 기한 해고를 단행하는 사용자는 그와 같은 이익을 향유하지 못한다.[80)]

---

77) 종래 근로자의 범법행위에 대한 혐의만으로도 해고가 정당하게 단행될 수 있다고 본 판결(BAG SAE 2002, 106f.)이나, 현재 업무수행은 가능하지만 장차 질병이 악화되어 업무수행이 불가능할 것이 예상되는 경우에도 해고를 정당하게 단행할 수 있다고 본 판결(BAG AP Nr.16 zu §1 KSchG 1969 Krankheit; BAG AP Nr.11 zu §1 KSchG 1969 Krankheit)에서 확인된다.

78) BAG NZA 1985, S.493; LAG Düsseldorf, NZA 1985, S.493. 이를 지지하는 견해로는 Preis, Prinzipien des Kündigungsrechts bei Arbeitsverhältnissen, 1987, S.330; Bram / Rühl, NZA 1990, S.754ff.

79) Meinel / Bauer, NZA 1999, S.577.

80) Meinel / Bauer, NZA 1999, S.577.

이 밖에도 가변적 예측에 기한 해고를 인정하게 되면 사실상 해고판단시점이 지나치게 조기에 이루어지는 것은 아닌가 하는 의문이 발생될 수 있다. 왜냐하면 해고정당성 판단을 조금 늦게 행하게 되면 사후적 상황변경에 따라 애당초 무효로 선언될 수 있었던 것임에도 조기에 사법상 해고의 유효성을 판단함으로써 복잡한 문제가 발생한 것으로 볼 수도 있기 때문이다.[81] 보다 구체적인 직장보장질서 차원에서 해고의 정당성에 관한 별도의 고려가 필요하게 된다.

(3) 가변적 경영예측에 기한 해고와 재고용

앞서 설명한 바와 같이 기업의 긴박성에 대한 경영상의 판단은 그 목적적합성이나 필요성의 관점에서 사법적 심사가 매우 소극적으로 행해진다.[82] 이렇게 사용자의 경영상 판단을 존중함으로써 적어도 긴박한 경영상 필요성에 관한 사법적 판단은 다분히 사용자에게 보다 유리하게 이루어진다고 평가할 수 있다.

그런데 여기에 더 나아가 사용자가 별도의 구체적 사실로서 긴박한 경영상의 어려움에 기초함이 없이 단지 부정적 예측만으로 경영해고를 단행할 수 있다고 하는 것은 그만큼 사용자의 해고권이 확대되었음을 의미한다. 이렇게 소위 가변적 예측에 기한 경영해고의 경우에는 사용자의 해고권이 확대된 만큼 사용자는 경영상 해고를 정당화한 예측의 오류에 대한 위험을 스스로 부담하는 것이 옳고, 따라서 이러한 경우에 재고용을 인정하는 것은 타당하다.[83] 하지만 이미 경

81) Grunsky, ZfA 1977, S.170f.; Joachim, AuR 1964, S.38, Walker, Anm. zu BAG SAE 1998, S.105.

82) Hromadka, ZfA 2002, S.388.

83) Meinel / Bauer, NZA 1999, S.580.

영해고 시점에서 매우 급박한 경영사정이 존재하는 경우로서 파산을 회피하기 위한 차원의 경영해고인 경우에는 그 이후에 재고용을 인정하는 것이 과연 옳은 것인가는 의문이 아닐 수 없다. 왜냐하면 특정 시점에서 해고의 유효성 판단이 일단 행하여지면, 그 판단 이후에는 당사자에게 고도의 법적 안정성과 명확성이 충족되어야 하기 때문이다. 근로자에 대한 사회적 보호필요성이 이러한 한도에서는 법적 안정성에 대한 요구를 능가할 수 없다.[84] 결국 재고용의 문제는 발생하지 아니하며 근로관계는 종료하게 되고, 사용자는 신규근로자를 새로 고용할 수 있다고 보아야 한다.

요컨대 재고용은 경영해고 가운데 가변적 예측에 기한 경우에만 인정되며, 이때 재고용에 따른 노동법적 개입에 대하여 사용자는 정당한 해고를 단행한 이후라도 스스로 감수하여야 한다. 현재 긴박한 경영상의 어려움이 발생한 경우는 아니지만, 이후 경영상 어려움이 지속될 것이 예측되어 합리적 인원조정 차원에서 경영상 해고를 단행한 경우에는, 이후 그러한 예측이 오류가 되면 이러한 사후적 상황은 노동법상 고려되어야 한다. 이것이 법적 안정성과 직장보장원리의 조화적 실현의 관점에서도 타당하다.[85] 판단컨대 현행 근로기준법 제25조에서 경영해고 근로자의 재고용의무는, 합리적 인력조정 차원에서 유효하게 단행된 경영해고의 경우에 비로소 고려될 수 있는 것이라고 보아야 한다.

---

84) Berscheid, MDR 1998, S.1131; Ziemann, MDR 1999, S.717.

85) Meinel / Bauer, NZA 1999, S.580.

2) 요건 II: "경영해고 이후 3년이 도과하지 아니하였을 것"

(1) 재고용의무의 존속기간으로서 '3년'

현행 규정에서와 같이 경영해고가 단행된 이후 3년 동안 구직자에 비해 종전 근로자를 우선적으로 채용되도록 하는 것은, 상당히 의문이 아닐 수 없다. 왜냐하면 적어도 3년이라는 기간이 도과하는 정도에 이르렀다면, 사실상 구직자와 종전 해고근로자를 구별하는 합리적 이유를 찾기가 어렵기 때문이다. 이러한 점에서 현행 근로기준법 제25조상의 우선적 재고용의무 규정은 구직자의 구직기회를 고려하지 않은 입법론적 흠을 안고 있다.

근로자의 직장보장원리는 노동관계에서 매우 중요한 사회국가적 지향점이요, 핵심이다. 하지만 직장보장원리나 해고보호원리의 일방적 확대만이 바람직한 것은 아니다. 특히 직장보장원리 또는 해고보호법리가 구직자의 시장진입을 방해하는 장벽이 되어서는 안 된다.[86] 과연 근로계약관계가 해고를 통해 종료된 이후 무려 3년간이나 종래의 근로계약관계가 다시 형성될 수 있도록 한다면, 사용자의 여후효적 배려의무가 그 기간 동안 존속한다고 보기 어려우며, 또한 존속한다 하더라도 종래의 근로계약관계를 재형성할 만큼 고도의 정도를 가지는 것이라고 판단하기 어렵다. 이러한 점에서 해당 규정은 단지 법정책적 차원에서 이루어진 입법자의 판단이라는 설명 이외에, 법이론적 설명이 어려워지는 흠이 있다.

---

86) Hergenröder, ZfA 2002, S.360. 실제로 독일에서는 통독 이후 지속되어 온 실업문제에 대하여 이러한 비판적 시각이 제시된 바가 있으며, 2003년 해고보호법의 개정도 이러한 점을 염두에 두고 단행된 것이다. 이에 대하여는 권혁, "독일 해고보호법의 2003년 개정내용과 시사점", 『법학연구』(부산대), 2007. 8. 참고

(2) 입법기술적 문제점

재고용의무를 인정하는 법이론적 근거를 사용자와의 여후효적 계약관계성에서 찾는다면, 그러한 여후효의 지속기간과 강도를 고려할 때, 개별 해고근로자에 대한 재고용의무의 인정범위는 매우 다양할 수 있음은 앞서 설명한 바 있다. 그런데 우리 현행법 규정은 획일적으로 3년이라는 기간을 두고 있을 따름이다. 이는 구체적인 타당성을 기하는 데 한계가 있다고 생각된다. 적어도 입법론적으로는 종료된 근로계약관계의 존속기간이나, 그 업무 내용 등을 구체적으로 고려할 수 있도록 하는 방식을 취하는 것이 바람직해 보인다. 왜냐하면 근속연수나 업무의 성질 등에 따라서 사용자의 배려의무 강도가 다르며, 이는 여후효의 강도와 지속기간에서 차이가 유발되기 때문이다. 판단컨대 재고용의무를 인정하게 되는 시간적 범위는 근속연수 등을 고려하여 차별적으로 인정하여 두는 것이 바람직하다고 생각된다.

더 나아가 현행 근로기준법에서 재고용을 인정하는 기간으로서 3년은 지나치게 길다. 비록 입법자의 정책적 판단에 따라 근로자의 직장보장이익과 법적 안정성이라는 양 이익 간의 형량이 이루어진 결과가 해당 규정이라고 할 것이지만, 그럼에도 불구하고 3년이라는 기간은 지나치게 장기가 아닌가 하는 의문이 있다. 3년이라는 기간 동안 여후효적 차원에서의 의무관계를 근거 지을 수도 없는 등 매우 정책적이며 즉흥적인 느낌을 줄 뿐이다. 입법론적 개선이 요구되는 바다.

3) 기본권 간의 실질적 조화(Praktische Konkordanz)의 원리를 통한 해결방안

이는 구직자의 직업선택의 자유와 근로자의 직장보장이익 간 기본권적 충돌상황(Grundrechtskonflikt)이 발생한 것으로 볼 수 있다. 이러한 기본권 충돌의 문제는 개별 기본권이 보장하는 이익의 크기(Größe)를 단순히 형량하여, 하나의 기본권을 완전히 배제하여서는 안 된다. 다시 말하면 양 기본권 간의 이익형량을 통해 특정한 기본권만을 관철하게 하고, 다른 기본권적 이익을 부인하는 것은 잘못이다. 이에 대해 오늘날에는 충돌하는 기본권적 이익을 상호 조화적으로 고려하여 양 기본권적 이익 모두가 함께 최대한도로 보장되도록 하여야 한다고 본다.[87] 요컨대 재고용청구권과 관련하여 근로자의 직장보장이익, 그리고 구직자의 직업의 자유와의 충돌문제는 이른바 기본권 조화적 해석(Praktischen Konkordanz)을 통해 해결되어야 한다. 그 구체적 해결방식이 바로 재고용이라고 할 수 있다.

5. 소 결

① 계약의 체결은 원칙적으로 당사자의 자유이다. 하지만 예외적으로 계약체결이 강제되는 경우가 있다. 이러한 체약강제는 계약의 일방당사자의 독점적 지위에서 나오는 불이익을 예방하기 위한 것으로서, 매우 예외적으로 인정되어야 한다. 그리하여 체약강제는 명문의 규정이 존재하거나, 법관법을 통해 인정되는 경우에 국한된다. 현행 근로기준법 제25조상의 재고용의무는 노동법상 명문으로 인정되는 체

87) Hergenröderders., ZfA 2002, S.381; Oetker, ZIP 2000, S.646.

약강제라 할 수 있다.

② 계약당사자는 일단 당해 계약관계가 해제 또는 해지되어 종료하면 더 이상 계약적 구속을 사후적으로 걱정해서는 안 된다. 이는 법률관계의 대원칙으로서 법적 안정성의 요구에 따른 것이다. 하지만 경영해고의 경우에는 사용자가 스스로 경영사정에 대한 독점적인 판단여지를 향유하며, 이에 따른 근로계약 지속가능성에 대하여서도 예측적으로 판단하게 된다. 이는 경영해고의 경우 그 해고의 원인이 경영영역에 속하여 있기 때문이다. 이는 다른 한편 근로자에 대하여 일정한 신뢰를 주게 된다. 즉 경영상 어려움 때문에 해고하는 것이며 다른 이유(예컨대 행태상 사유나 징계적 차원에서의 사유)로 해고하는 것은 아니라는 것이 그것이다. 그러므로 경영상 사유가 존재하지 않으면 근로자로서는 해고될 이유가 전혀 존재하지 않는 것이다. 그러므로 사용자는 경영상 해고를 단행한 이후에라도, 경영상 어려움이 발생하지 아니하면 재고용을 하여야 한다. 이는 사용자의 법적 안정성에 대한 요구에 우월한 것이라 할 수 있다.

③ 현행 재고용의무 규정은 구직자의 이익을 지나치게 고려하지 않았다. 따라서 비록 명문의 규정은 있으나, 이에 관한 입법론적 정당성은 의문이 아닐 수 없다. 현행법에서 3년의 시간적 제한을 규정하여 두고 있으나 이 규정은 획일적인 기준이라는 점에서 설득력이 없다. 나아가 지나치게 장기간 동안 해고근로자와 구직자를 구별하여 두는 것으로 평가하지 않을 수 없다.

제 3 절 평가 및 입법론적 개선필요성

1. 경영상의 사유에 기한 해고제도

① 경영해고제도에서 우선 간과해서는 안 되는 것은 제도적 기본이념이다. 경영해고제도는 기업의 도산을 막음으로써 '모든' 근로자의 '실업'을 막기 위한 조치로서 그 지위가 분명히 될 필요가 있다. 앞서 언급하였듯이 누구의 잘못으로 그러한 경영상의 어려움이 발생하였는가를 규명하고, 그 책임을 묻는 차원에서 경영해고제도를 바라보아서는 안 된다.

② 또한 경영해고의 정당성 근거로서 경영상태는 적극적인 사법적 판단의 대상이 아니라는 점도 분명히 할 필요가 있다. 왜냐하면 경영판단은 판사가 할 수 있는 것이 아니기 때문이다. 사용자의 경영조치가 명백하게 자의적이거나 권리남용적인 것이 아닌 한 사용자의 경영판단의 목적적 합리성이나 타당성에 관하여는 법원이 함부로 판단할 수 있는 성질의 것이 아니다.

③ 경영해고의 원인으로서 긴박한 경영상의 필요성을 해석함에 있어서는, 해고제도의 본질로부터 도출되는 해고예후원칙에 따라야 한다. 따라서 현재 우리 법원은 경영해고의 요건 중 긴박한 경영상의 필요라 함은 반드시 기업의 도산을 회피하기 위한 경우에 한정되지 아니하고, 장래에 올 수도 있는 위기에 미리 대처하기 위하여 인원삭감이 필요한 경우도 포함된다고 하는 입장[88]은 해고예후원칙에 비추

어 보면 매우 당연한 논리적 결과이다. 다만 이렇듯 사용자의 해고권 범위가 확대되는 점을 감안하여, 해고대상자의 선정기준이나 그 외 경제적인 사후 보상책에 관한 제도화가 필요하다.

④ 해고대상자 선정기준은 객관적이어야 한다. 그렇지 아니하면 앞서 다양한 사용자의 경영판단 존중 사항 등에 따라 사실상 경영해고는 사용자의 자유로운 재량영역으로 전락할 수 있기 때문이다. 다만 기업 회생이 그 주된 목적이므로, 사용자의 이익을 고려한 기준 선택 그 자체는 막을 수 없으나, 그 역시 합리적이고 객관적인 지표여야 한다. 그래야만 사법적 개입이 가능할 수 있기 때문이다. 분명한 점은 독일의 개혁에서 보았듯이, 경영해고는 긴박한 경영상태를 전제로 하여 비로소 인정되는 것이므로 기업의 이익을 보다 우선하여 고려할 필요가 있으며, 따라서 고정적이고 비탄력적인 개념으로서 사회적 보호필요성 차원으로만 고집할 것은 아니며 보다 유연한 태도가 반영될 수 있도록 하는 명시적 규정이 필요하다고 생각된다.

⑤ 경영해고관련 분쟁은 사실상 사법판단을 기다리기 전에 사전적으로 그러한 분쟁이 발생되지 않도록 하는 것이 필요하다. 그리하여 근로자로 하여금 해고분쟁을 사법적 기관을 통해 다투는 방법 이외에도 스스로 이에 갈음하여 선택적으로 경제적이고 금전적 지급과 같은 보상(Abfindung)을 실현할 수 있도록 하고, 대신 사용자도 불필요한 법적 분쟁에 휘말릴 필요가 없도록 하는 제도가 마련되어야 한다. 앞서 지적한 바대로 법적 분쟁의 해소에 있어 가장 좋은 것은, 아예 법적 분쟁이 발생하지 않도록 미리 예방하거나 당사자가 자체적으로 분

---

88) 대판 2002. 7. 9, 2001다29452.

쟁을 해결하는 것이기 때문이다.

2. 재고용의무제도

① 경영해고에서 사용자의 해고권이 확대됨에 따라 근로자는 상당한 위험을 부담하게 된다. 특히 경영 상태에 대한 미래 예측이 항상 오류로 판명날 위험에 처하게 되는바, 이에 대한 법적 구제책이 필요한데, 그것이 바로 재고용의무제도이다. 재고용의무제도는 근로자와 사용자 모두에게 도움이 될 수 있다. 왜냐하면 종전에 이미 해당 기업에서 해당업무를 수행하였던 바가 있으므로, 별도의 준비나 비용의 소비 없이도 직접 업무에 투입할 수 있게 되기 때문이다.

② 다만 여기에서 반드시 전제되어야 하는 것이 있다. 재고용제도는 기본적으로 계약체결의 자유에 대한 본질적 제한이 되므로, 그 범위는 매우 제한적이어야 한다는 사실이다. 체약을 강제한다는 것은 매우 이례적인 사회법적 현상이기 때문이다. 하지만 현행 근로기준법에서는 이에 관하여 비교적 충분한 입법적 대응이 되어 있다고 보기 어렵다. 특히 재고용을 인정할 수 있는 기간을 해고 이후 3년으로 하여 둔 것은 매우 장기간이어서, 재고용의무를 근거 지을 수 있는 법이론적 근거가 충분하지 못한 입법상의 문제가 있다. 입법정책적으로는 존속기간이나 업무 수행 내용에 따라 재고용의 인정 범위를 다양화하는 방안을 고려할 수 있다고 생각한다. 예컨대 해당 기업에 수십 년 근무하여 온 근로자라면, 경영해고가 단행된 시점 이후라도 상당히 장기간 동안에라도 그 상황의 변화를 고려하여 재고용을 인정할 수 있어야 한다. 반면 단기간 근로한 근로자에게는 그렇게 장기간의

재고용 가능성을 허용할 필요는 없다고 본다. 입법론적으로 한번쯤 고려해 볼 만하다.

결론적으로 정리하면 다음과 같다. 경영해고의 정당성을 근거 짓는 경영상황은 그 판단이 매우 경영전문적인 것이어서 함부로 사법적 평가를 할 수가 없다. 아울러 경영상황은 매우 가변적일 수 있다. 이러한 근본적인 문제를 해결하는 데에는 보다 체계적인 대응책 마련이 필요하다. 우선 경영상의 어려움이 존재하는가에 대한 판단은 사용자의 경영적 판단에 맡겨두도록 하여야 한다. 적어도 경영사정에 관하여 사용자의 전문성을 부인할 수는 없기 때문이다. 하지만 그렇다고 하여 경영해고가 함부로 남발되어서는 안 된다. 이를 위해 해고가 갖는 종국적 확정성을 법이론적으로 교정할 필요가 있다. 왜냐하면 급변할 수 있는 경영상황에서 사용자의 판단을 전적으로 신뢰하여 주는 대신, 그의 판단이 오류를 범하였을 경우에는 그 오류를 수정할 수 있는 가능성을 법제도적으로 보장하여 주는 것이다. 적어도 그러한 오류교정수단 보장에 따른 경영자의 부담은 스스로 감수하여야 하며, 감수할 수 있다. 왜냐하면 그만큼 사용자의 경영적 판단을 보장해 주었기 때문에 발생한 부담이기 때문이다. 그 부담의 핵심이 바로 경영해고 이후 사용자의 근로자에 대한 재고용의무이다. 다만 재고용에 따른 경영적 부담은 지나쳐서는 안 된다. 자칫하면 경영상의 자유 보장에 따른 보완장치로서가 아니라, 아예 처음부터 사용자의 해고권을 봉쇄하는 장치로서 기능할 위험을 내포하기 때문이다. 이 때문에 재고용의무는 합리적 범위에서 일정한 전제조건을 충족하는 경우에 인정될 필요가 있다. 이러한 관점에서 현행 제도에 대한 입법론적 재검토가 필요하다.

제 9 장

근로조건 변경의 유연화와 변경해고제도

제 1 절 근로조건 변경의 유연화와 고용안정
제 2 절 변경해고의 개념적 의의와 기능
제 3 절 변경해고제도의 법이론적 체계와 구성
제 4 절 소 결

제 9 장　근로조건 변경의 유연화와 변경해고제도

제 1 절　근로조건 변경의 유연화와 고용안정

1. 서 론

근로조건의 변경은 해고문제와도 밀접하게 관련되어 있다.[1] 왜냐하면 경영환경에 따라서 기존의 근로조건을 유지하는 것이 사실상 어려운데, 근로조건을 하향변경하고자 하여도 그것이 매우 어렵게 되어 있으면 결국 사용자에게 남는 것은 경영해고를 단행하는 방법 밖에는 없기 때문이다. 경영해고 이후 새로운 채용을 통해 근로조건을 사실상 변경하는 효과를 의도할 수밖에 없는데, 이러한 우회방법은 사용자로서도 많은 부담이 된다. 왜냐하면 기존의 근로관계를 종료함에 있어 금품의 청산이나 기타 노동법적 문제점을 해소해야 하고, 다른 한편 새로운 근로자를 채용하는 경우에라도 해당 업무에 직접 투입하기까지는 많은 유·무형의 비용이 투하되어야 하기 때문이다. 결국 유연한 근로조건의 변경가능성을 확보하는 것이야말로 기업경쟁력

---

1) 菅野和夫(이정 역), 『고용사회와 노동법』, 2001, 328면, 329면.

강화에 매우 중요한 의미를 가진다고 할 수 있다. 이러한 점에서 근로조건의 유연한 변경가능성이 매우 중요한 고용안정수단이 되며, 이러한 한도에서 해고법과 밀접한 관련성을 지니는 영역이라 할 것이다. 이하에서는 현행 노동법 체계하에서 근로조건의 변경방식을 검토하여 보고, 현재 우리나라에서는 활용되고 있지 않지만 독일 해고보호법상에서 명문으로 인정되고 있는 변경해고제도에 대하여 입법론적 측면에서 살펴보기로 한다.

2. 근로조건 변경의 비탄력성

1) 근로조건 변경의 제한적 수단

사실 근로조건의 본질적 변경, 특히 불이익한 변경은 단순한 계약당사자 간의 합의를 통해서 실현될 수 없다. 이러한 근로조건의 변경은 통상 단체협약을 통하거나 또는 취업규칙의 변경을 통해서만이 가능하다. 특히 문제되는 것은 종래보다 불리한 근로조건을 형성하는 경우이다.

(1) 단체협약의 체결을 통한 근로조건의 불이익 변경

먼저 단체협약을 통한 변경은 노동조합과 사용자 간의 긴장관계를 통한 합의도출을 전제하게 된다. 이때 단체협약에서 종래보다 불리한 근로조건의 형성에 대한 합의도 가능한가에 대한 논란이 있다. 일본 법원은 '노동조합은 본래 조합원의 임금 기타 노동조건의 개선을 목적으로 하고 있기 때문에 조합원에 대하여 현행 임금이나 기타 근로조건을 불이익하게 변경하는 협정을 사용자와 체결할 경우에는, 개개의 조합원으로부터 별도의 수권을 받아야만 한다'고 판시하기도 하였다.[2] 하지만 菅野교수가 적절하게 지적하고 있듯이, 단체교섭은 상호 양보에 의한 타협의 과정이고 단체협약은 그 결과물이다.[3] 대등한 당사자로서 노동조합과 사용자가 스스로 타협을 한 결과물에 대하여서는 스스로 계약적 구속력을 부담하지 아니하면 안 된다. 여기에 별도의 개별적 수권을 요하는 것은 지나친 것이 아닐 수 없다.[4] 하지만 여기에 더하여 언급되어야 할 점은 처음부터 그러한 타협이 쉽지가 않다는 것이다. 다시 말하면 노동조합이 순순히 사용자의 경영사정에 대한 이해를 바탕으로 하여 근로조건의 하향변경을 동의한다는 것은 그리 쉬운 일이 아니다. 이렇게 쟁점에 대하여 상호 간에 타협이 도출되기 어려운 경우, 현행 근로3권 질서에서는 소위 단체행동권(쟁의행위)을 보장하고 있는바, 그렇잖아도 기업경영사정이 좋지 않아 근로조건의 하향조정을 주장하고 있는 상황에서 단체행동권의 행사까지 이른다면 여러모로 좋지 않은 상황이 될 수밖에 없다. 여기에 문제가 있다. 결과적으로 단체협약을 통하여 근로조건이 순순히 하향조정되지 아니할 경우 기업경영사정의 악화는 불가피하고, 그렇게 되면 자연스럽게 구조조정이라는 문제가 등장할 수밖에 없다. 기업구조조정은 결국 근로자의 해고, 즉 고용조정을 의미하는 것이 된다. 근로조건의 변경이 갖는 고용안정정책과의 관련성이 드러나는 대목이다.

2) 大阪地決 1978. 3. 1. 勞判298號, 73面(菅野和夫(이정 역), 『고용사회와 노동법』, 2001, 331면 주64) 재인용).
3) 菅野和夫(이정 역), 『고용사회와 노동법』, 2001, 331면.
4) 같은 취지로는 菅野和夫(이정 역), 『고용사회와 노동법』, 2001, 331면.

(2) 취업규칙의 변경을 통한 근로조건의 불이익 변경

그 이외에 근로조건의 변경은 취업규칙을 통해서 이루어질 수 있다. 물론 이러한 근로조건은 기본적으로 취업규칙에 미리 정하여 놓은 상태의 것이어야 한다. 하지만 현행법상 취업규칙의 변경, 특히 그 불이익 변경의 경우는 매우 엄격한 전제요건하에서만 허용된다. 이를 취업규칙의 불이익 변경의 법리(근로기준법 제94조 제1항 단서)라고 하는데, 이에 따라야만 취업규칙상의 근로조건을 불이익하게 변경할 수 있게 된다. 즉 이에 따르면 근로조건의 불이익한 변경에 대하여 개별 당사자 간의 합의에 따르지 않고, 근로자 측의 집단적 동의방식을 취하도록 한 것은[5] 개별 노사당사자 간에는 계약적 대등성을 담보할 수 없다는 점을 고려한 결과이다. 만약 이러한 집단적 합의가 도출될 수 없는 상황이 되면, 사용자로서는 근로조건의 변경을 관철하기 위한 방법으로 해고를 단행하는 수밖에 없다. 근로조건의 당사자인 해당 근로자의 개별적 의사가 고려될 수 있는 여지는 처음부터 봉쇄되어 있다.

2) 근로조건의 변경과 노동유연화와의 관계 - 특히 퇴직금제도를 중심으로

(1) 퇴직금제도의 개념

수십 년간 퇴직금은 서민 근로자의 노후 생활자금 역할을 해왔다. 하지만 급속한 고령화, 경제 및 고용사정의 변동성 확대 등 사회·경제적 환경이 크게 변하면서 퇴직금제도가 스스로 한계를 맞이하게 되

5) 대판 1990. 12. 7, 90다카19647; 대판 1993. 1. 26, 92다49324.

었다. 따라서 오늘날 선진국에서는 퇴직금제도를 대체하는 퇴직연금제도에 주목하고 있는 실정이다. 원래 퇴직금제도는 제2차 세계대전 이전에 대기업 근로자들에게 지급되던 퇴직수당제도에서 출발하였다고 한다. 이러한 제도는 근로자의 퇴직 이후 또는 노후에 대한 생활보장 및 근속장려 그리고 공로보상을 위한 것이었다.[6] 다시 말하면, 일차적으로 노후에 근로자 자신의 생계유지를 위한 것이면서 아울러 한 기업에 가능한 한 오랜 기간 근무하도록 하는 원동력이 되는 동시에, 궁극적으로는 해당 기업에의 근속에 대한 공로적 보상성격을 가지는 것이다. 그런데 이러한 장기 근속에의 장려와 보상시스템은 자칫 노동력의 고령화와 산업구조의 전환에 따른 노동력의 원활한 이동을 어렵게 만들 수 있다. 나아가 사용자에게 있어 상당한 재정적 부담으로 이어져 고용안정을 해치는 주된 근로조건으로 파악될 수 있다. 왜냐하면 퇴직금제도는 근로자에 있어 이해관계가 절실한 사항이므로 이에 대한 불리한 변경은 실제로 커다란 저항을 가져올 가능성이 높기 때문이다.

(2) 노동유연화 시대의 고용안정을 위한 퇴직금제도의 정비필요성

일본의 학자는 퇴직금제도에 대하여 다음과 같이 전망하고 있다.[7]

> "앞으로 장기고용시스템이 대폭적으로 수정되는 가운데 퇴직금제도에 대한 수정도 예외일 수 없다. 근로자의 고령화가 진행되면서 상당수의 퇴직금제도가 기업연금제도로 전환되고 있으며, 이러한 경향은 앞으로 더욱

6) 菅野和夫(이정 역), 『고용사회와 노동법』, 2001, 165, 166면.
7) 菅野和夫(이정 역), 『고용사회와 노동법』, 2001, 166면.

진행되리라 예상된다. 그리고 노동시장이 어느 정도 유동화되리라는 것을 예측한다면, 기업퇴직연금을 확보하도록 정비하는 것이 중요한 과제가 될 것이다. 또한 이와는 달리 40대에 퇴직금이 피크가 되도록 하여 이를 노후 보장이 아니라 전직자금으로 하게 함과 동시에 60대까지 근속한 자에 대해서는 퇴직금이 공적 연금으로 전환되도록 하거나 또는 공적 연금에 대한 보완책으로 퇴직금을 산정한다는 제언 등 장기고용시스템에 대한 변화를 시도하는 방안[8]이 제시되고 있다."

위와 같은 지적은 근로자의 근로조건 가운데 오늘날 가장 민감한 영역인 퇴직금제도에 대한 전망으로서 매우 설득력이 있다. 왜냐하면 퇴직금제도는 통상 사용자로 하여금 상당한 자금을 확보하도록 하므로 큰 부담이 아닐 수 없기 때문이다. 대개 많은 근로조건 불이익 변경 사례는 퇴직금 지급방식을 종전에 비해 불이익하게 변경하는 과정에서 그 당부를 다투는 사건이 많은 것도 이 때문이다.

노동유연화의 맥락에서 해고보호제도가 긴밀하게 관련되어 있다는 것은, 곧 근로조건의 유연한 변경가능성을 열어 놓는 것과도 연결된다. 이 중 퇴직금제도의 정비야말로 가장 필요하고 긴급한 대목이 아닐 수 없다. 노동의 유연화가 가능하기 위해서는 근로자의 전직이 활성화될 수 있어야 하는데, 퇴직금제도는 근로자 자신은 물론 사용자에게도 부담이 아닐 수 없다. 예컨대 근로자는 퇴직금 혜택을 받지 못하거나 최소한도로만 받게 되고, 사용자로서는 그나마도 상당한 자금이 퇴직금으로 수시 지급되면 경영에 적지 않은 타격을 받을 수도 있기 때문이다. 다른 한편 정작 기업이 파산하게 되면 노후 생계 수

8) 關西生産性本部, 日本型雇用の 方向－新時代の 長期安定雇用を(菅野和夫(이정 역), 『고용사회와 노동법』, 2001, 166면 재인용).

단인 퇴직금을 수령할 수 없게 될 위험에 처하게 되는데, 실제로 2008년 파산신청기업(특히 중소기업)은 전년 대비 150% 증가했고 퇴직금 총체불액은 2,835억 원가량이며 퇴직금 체불 근로자수는 28만여 명으로 집계됐다는 통계는 그러한 위험이 현실로 나타날 수 있음을 보여주고 있다.

따라서 이러한 문제의 대안으로—菅野교수가 적절히 지적한 바와 같이—근로조건의 변경을 유연화하고, 그 가운데 퇴직금제도를 정비하는 것이 노동유연화와 고용안정의 측면에서 필요하다. 선진국에서는 이미 근로자들의 노후소득을 실질적으로 보장하기 위한 퇴직연금제도가 보편화됐고, 이를 공적 연금제도와 결합해 더욱 다층적 노후소득 보장제도를 구축하는 중이라고 한다.[9] 요컨대 종래 임금후불적 성격의 퇴직금제도를 사실상 사회보장적 제도 차원에서 퇴직연금제도로 완전히 대체하는 입법적 정비는 장기적 안목에서 고려될 만하다고 생각된다.

3. 소 결

비록 이것이 계약적 대등성이 없는 근로자 측을 보호하기 위한 것이라 하여도 지나치게 경직적인 것이라는 비판이 가능하다. 왜냐하면 근로자도 근로조건의 변경을 감수해서라도 직장을 유지하고자 하는 의사가 있을 수 있기 때문이다. 이는 사용자로서도 굳이 근로관계를 단행하지 않고 기존의 근로자를 활용하는 것이 효율적일 수 있다. 예컨대 사용자가 경영상의 어려움으로 인사행정업무담당자를 줄여야 하

9) 이에 관하여 http://www.mt.co.kr/view/mtview.php?type=1&no=2009062915292472127&outlink=1

는 상황에서, 해당 근로자들에게 보험영업직 근로자가 부족하므로 업무내용의 변경을 실현하기 위해서는 근로자 측의 집단적 동의가 요구되기 때문이다. 만약 근로자가 이러한 업무내용변경을 감수해서라도 직장을 유지하고자 함에도 불구하고, 그러한 의사와 상관없이 구조적으로 경영해고를 단행할 수밖에 없다면 이는 지나치다고 할 것이다. 과연 해고를 하도록 하는 것이 결과적으로 근로자를 보호하기 위한 것일까 하는 데 의문이 생길 수밖에 없다. 물론 사용자의 경우는 해당 기업의 문화와 업무 흐름을 이미 접한 기존의 근로자를 활용하게 되므로, 신규근로자에게 필요한 적응기간을 줄일 수 있는 이익도 기대할 수 있게 된다.

제 2 절 변경해고의 개념적 의의와 기능[10)]

1. 변경해고의 개념과 연구의 필요성

'변경해고'(Änderungskündigung)란, 사용자가 근로자를 해고해야만 하는 상황에서, 근로자가 만약 근로내용의 본질적인 변경이 이루어지는 경우라도 근로관계의 지속을 원한다면 그렇게 될 수 있음을 고지하도록 하는 독일 해고법상의 제도이다. 이 제도를 통해 해고근로자가 비록 근로조건의 본질적 변경이 있더라도 종전 사용자와 근로계약관계를 유지하고자 한다면, 변경된 근로조건하에서 근로관계는 지속

10) 독일 해고법상의 변경해고와 관련한 이하의 내용은 주로 권혁, "독일변경해고제도에 관한 재검토", 『경영법률』 제19집 3호, 2009. 4를 수정 · 보완한 것임.

되게 된다.[11)]

사실 독일 해고법상의 변경해고제도는 이미 몇 차례 우리 노동법제하에서 도입이 검토된 바가 있었고,[12)] 몇 차례에 걸쳐 관련 연구가 행하여 진 바도 있다.[13)] 그럼에도 필자가 또 다시 독일 변경해고제도에 대하여 소개하고자 하는 것은, 비록 명문의 규정이 없더라도 해고보호의 일반법리로부터 변경해고제도가 활용될 수 있지 않은지, 만약 그렇다면 변경해고 그 자체의 법체계적 구조 그리고 그 결과 나타나게 되는 법적 결과에 대한 설명이 보다 세밀하게 이루어져야 한다고 느꼈기 때문이다. 특히 지난 10년 전부터 변경해고제도의 활용이 급격히 늘고 있고, 이러한 경향에 따라 오늘날 독일에서도 변경해고제도에 대해 이론적, 실무적으로 재조명되어 지고 있다.[14)] 이러한 사실은 독일이 경제의 어려움을 근로조건의 유지·향상보다는 '일자리' 그 자체의 유지와 창출을 통해 극복하려는 노력을 보여 주고 있다는 점에서 주목할 필요가 있다.[15)] 이는 다분히 우리의 현실과 유사하기 때문이다.

---

11) Berkowsky, Die Änderungskündigung, 2006, S.1ff.

12) 특히 2003년에 노사관계선진화연구위원회는 노동관계 선진화 사업의 일환으로 '유보부 승낙제도를 전제로 한 변경해고제도의 도입'을 장기적 연구과제로 제안하였던 바 있었다.

13) 이승욱, "독일의 변경해고제도", 『노동법학』, 2001, 225면 이하; 정기남, "변경해고", 『노동법학』, 2007. 1면 이하.

14) Berkowsky, NZA-RR 2003, S.449.

15) Benecke, NZA 2005, S.1902.

2. 변경해고의 지배 원리로서 '해고최후수단성원칙' (ultima-ratio-Prinzip)

1) 근로조건 변경의 경직성 해소 필요성

사실 근로조건의 본질적 변경, 특히 불이익한 변경은 단순한 계약 당사자 간의 합의를 통해서 실현될 수 없다. 이러한 근로조건의 변경은 통상 단체협약을 통하거나 또는 취업규칙상의 근로조건인 경우, 취업규칙 불이익 변경의 법리(근로기준법 제94조 제1항 단서)에 따라야만 가능하게 된다. 이렇게 근로조건의 불이익한 변경에 대하여 개별 당사자 간의 합의가 아니라 집단적 동의방식을 취하도록 한 것은,[16)] 개별 노사당사자 간에는 계약적 대등성을 담보할 수 없다는 점을 고려한 결과이다. 만약 이러한 집단적 합의가 도출될 수 없는 상황이 되면 근로조건의 변경을 관철하기 위한 방법은 사용자로서는 해고를 단행하는 수밖에 없다. 근로조건의 당사자인 해당 근로자의 개별적 의사가 고려될 수 있는 여지는 처음부터 봉쇄되어 있다.

비록 이것이 계약적 대등성이 없는 근로자 측을 보호하기 위한 것이라 하여도, 지나치게 경직적인 것이라는 비판이 가능하다. 왜냐하면 근로자도 근로조건의 변경을 감수해서라도 직장을 유지하고자 하는 의사가 있을 수 있기 때문이다. 사용자로서도 굳이 해고를 단행하지 않고, 기존의 근로자를 활용하는 것이 효율적일 수 있다. 예컨대 사용자가 경영상의 어려움으로 인사행정업무담당자를 줄여야 하는 상황에서, 해당 근로자들에게 보험영업직 근로자가 부족하므로 업무내용의 변경을 실현하기 위해서는 근로자 측의 집단적 동의가 요구되기

---

16) 대판 1990. 12. 7, 90다카19647; 대판 1993. 1. 26, 92다49324.

때문이다. 만약 근로자가 이러한 업무내용변경을 감수해서라도 직장을 유지하고자 함에도 불구하고, 그러한 의사와 상관없이 구조적으로 경영해고를 단행할 수밖에 없다면 이는 지나치다고 할 것이다. 과연 해고를 하도록 하는 것이 결과적으로 근로자를 보호하기 위한 것일까 하는 데 의문이 생길 수밖에 없다. 물론 사용자의 경우는 해당 기업의 문화와 업무 흐름을 이미 접한 기존의 근로자를 활용하게 되므로, 신규근로자에게 필요한 적응기간을 줄일 수 있는 이익도 기대할 수 있게 된다. 2007년 1월 근로기준법 개정에서 변경해고제도는 도입되지 못했지만, 이러한 근로조건 변경의 경직성을 완화하기 위한 수단으로서 이미 몇 차례 우리 노동법제하에서 도입이 검토된 바가 있었다.[17] 하지만 최근 근로기준법 개정에서는 변경해고제도의 도입이 이루어지지 아니하였다. 그렇다면 변경해고제도가 입법적인 근거를 가지지 못한 이상, 현행 노동법관계에서 활용되거나 고려될 수는 없는 것일까? 이하에서는 해고법의 일반원칙인 해고최후수단성원리를 재조명하여 봄으로써, 이러한 의문의 해명을 시도해 보고자 한다.

2) 해고의 '최후수단성원칙'

해고에 관하여 현행 근로기준법은 제23조 제1항에서 '정당한 이유' 하에서만 해고를 단행할 수 있도록 하고 있다. 이 규정은 현행법상 해고제한 규정 전체에 대하여 총칙 내지 기본원칙으로서의 의미를 가지고 있다고 한다.[18] 하지만 정당한 이유가 무엇을 의미하는지에 관

17) 특히 2003년에 노사관계선진화연구위원회는 노동관계 선진화 사업의 일환으로 '유보부 승낙제도를 전제로 한 변경해고제도의 도입'을 장기적 연구과제로 제안하였던 바 있었다.

하여는 구체적으로 적시하여 놓고 있지 않다. 다만, 긴박한 경영상의 사유에 기한 해고에 대하여는 그 정당성 판단기준 등을 별도의 명문 규정을 통해 구체화하여 놓고 있을 따름이다. 사실 해고의 정당성을 판단함에 요구되는 복잡하고 다양한 표지와 판단기준 등은 사실상 학설과 판례에 맡겨두고 있는 셈이다.[19] 이는 독일 해고법의 경우에도 마찬가지이다. 독일 해고보호법에서는 해고의 유형으로서 행태상의 사유, 일신상의 사유 그리고 경영상 사유에 기한 해고를 열거하여 두고 있다는 점이 차이라면 차이이다.[20] 하지만 우리 노동법 실무와 학계에서 해고의 사유를 기준으로 하여 해고의 유형을 위와 같이 세 분류로 유형화하는 것은 일반적으로 받아들여지고 있다.[21] 그 외에도 우리 학계에서나 판례에서 체계화하여 두고 있지는 않지만, 해고의 정당성을 판단함에 이어 요구되는 원칙이 있다. 대표적으로 해고의 최후수단성원칙을 들 수 있다.[22] 이 원칙에 따라 근로관계의 종료를 초래하는 해고는 언제나 최후적 수단으로서만 고려되어야 한다. 따라서 사용자가 근로계약관계의 지속이 더 이상 기대될 수 없을 만큼의 상황에 처해 졌을 경우에 비로소 유효하게 단행될 수 있게 된다.[23] 우

18) 임종률, 『노동법』, 2008, 506면
19) 권혁, "해고, 해고원인, 해고동기", 『노동법학』, 2006. 6, 285면.
20) 강희원, "해고법의 체계를 위하여", 『노동법학』, 2000. 8, 297면.
21) 대판1990. 11. 23, 90다카21589.
22) 그 외에 이익형량의 원칙(Interessenabwägungsprinzip)도 있다. 이익형량의 원칙이란, 사용자가 일방적으로 행한 해고로부터 초래되는 근로계약 당사자 간의 이익관계형성을 해고의 정당성 판단 시에 반드시 고려하도록 하는 원칙을 말한다. 즉 해고에 따라 얻어지는 사용자의 이익이 근로자의 직장 상실에 따른 불이익보다 심대하게 상회하는 것이어야 비로소 해고가 사회적 정당성을 충족하게 된다. 이에 관해 자세히는 Stahlhacke / Preis / Vossen, Kündigung und Küdnigungsschutz im Arbeitsverhältnis, 7. Aufl., S.305 ff.
23) 학계나 실무에서 해고의 '정당한 이유'를 설명하면서 "사회통념상 근로계약을 계속할 수 없을 정도로 근로자에게 책임이 있는 사유가 있거나 부득이한 경영상

리의 경우는 물론 독일 해고법 체계 내에서도 이 원칙에 대하여 별도의 명문규정으로 확인된 바는 없으나, 오랫동안 판례와 학계에서 확립되어 왔으며, 일반적으로 받아들여지고 있다.[24] 이러한 점은 우리의 경우에도 마찬가지라고 할 것이다.[25] 현행 근로기준법에서 해고의 최후수단성원칙을 확인할 수 있는 규정도 있다. 예컨대 경영해고에 있어 해고회피노력의무규정은 전형적으로 해고의 최후수단성원칙을 구현한 규정으로 볼 수 있다.

3) 최후수단성원칙의 법기능적 의미

(1) 직장보장원리의 '내용보호'(Inhaltsschutz)와 '존속보호'(Bestandsschutz)

근로자에 대한 직장보장원리는 그러한 근로관계가 가능한 한 견고하게 유지되도록 법제도적으로 보장하는 것이다. 이때 유지되고 보장하고자 하는 대상은 바로 '일정한 근로조건을 내용으로 하는' 근로계약관계이다. 그러므로 직장보장원리를 통해 보장되어야 할 대상은 두 가지 즉 (i)근로조건내용과 (ii)근로제공계약관계로 나누어 살펴보아야 한다. 달리 표현하면, 직장보장원리는 근로조건의 보장과 일자리 그 자체의 확보를 실현하기 위한 원리를 말하는 것이다. 전자는 근로계약관계의 '내용보호'(Inhaltsschutz)를, 후자는 협의의 '일자리의 유지'(혹

의 필요가 있는 경우를 말한다"고 한다(대판 1992. 4. 24, 91다17931). 근로계약이 지속될 수 없다거나 부득이한 필요가 있다는 것은 비록 명료하지는 않지만, 이미 해고의 최후수단성을 고려한 것이라 할 수 있다.

24) BAG, NZA 1989, S.464; Rüthers, NJW 2002, S.1603; Wagner, NZA 1986, S.632ff;; Wank, RdA 1987, S.129ff.

25) 독일 해고법에서는 학계에서 개별 해고의 특수성에 관계없이 모든 해고의 사례에서 준수되어야 할 이른바 해고일반원칙들을 추출하여 본격적으로 체계화하여 두고 있다. 이는 향후 우리 노동법학계의 중요한 과제이기도 하다.

은 '존속보호')(Bestandsschutz)를 말한다.

먼저 직장보장원리 중 내용보호 차원에서 사용자는 근로자와의 개별적 합의를 통해 근로조건의 변경을 도모할 수 없게 된다.[26] 그 이유는 근로자와 사용자 간의 개별적 합의는 계약적 당사자 대등성이 확보되어 있지 아니하여, 진정한 합의로서 존중될 수 없기 때문이다.[27] 존속이익 즉 일자리 유지에 따른 이익이란, 생계의 수단이면서 인격실현의 장인 근로제공관계 그 자체의 존속이익을 말한다.

(2) 최후수단성원리의 '단계적' 구현

직장보호법리가 이렇게 내용보호와 존속보호로 구성되어 있다면, 직장보장원리를 실질적으로 구현하는 데에도 단계적인 접근이 필요하게 된다. 해고의 정당성 근거는 해고최후수단성원칙에 접목시켜 설명되어야 한다.

해고는 근로관계의 지속이 기대하기 어렵다는 사실을 통해 정당화된다.[28] 이때 종래 지속하여 온 근로관계의 계속이 어렵다거나 그 중단이 불가피하다는 것은 두 가지 측면에서 검토되어야 한다.

우선 종래 근로계약관계상의 근로조건을 유지하는 상황에서의 근로관계 지속이 어렵다는 것이고, 다른 한편 설사 근로조건이 그대로

---

26) 후술하는 바와 같이 현행 근로기준법 제94조에서는 취업규칙의 불이익 변경에 관하여 '집단적' 동의방식을 통해 이러한 내용보호법리를 관철하고 있다. 즉 취업규칙의 내용을 근로자 측에 불이익하게 변경코자 하는 경우 근로자 개개인의 동의가 아니라 근로자 과반수로 조직된 노동조합이 있는 경우에는 그 노동조합의 동의를, 그러한 노동조합이 없는 경우에는 근로자 과반수의 동의를 얻도록 하되, 이때 근로자 과반수는 집단적 동의를 의미하게 된다. 진정한 근로자 측 의사가 발현되고 실현될 수 있도록 하기 위함이다(임종률, 『노동법』, 2008, 344면).

27) Preis, Münchener Handbuch Arbeitsrecht Bd.1 2.Aufl., 2000, §6 Rn.2.

28) 대판 1992. 4. 24, 91다17931.

유지되지 않는 경우라도 근로관계의 지속이 불가능하다는 평가가 바로 그것이다. 근로자의 직장보장원리 구현이 한계에 이르러 제대로 관철되기 어려운 경우에는 우선 내용보호에 따른 이익을 포기하도록 하고, 이를 통해서도 직장보장이 유지되기 어려운 경우에 비로소 존속이익까지 포기하게 된다. 해고가 최후수단성원리에 부합하여 정당하게 단행되기 위해서는 직장보장원리 가운데 우선 내용보호를 포기하고, 그것도 어려우면 비로소 존속보호를 포기하도록 하여야 한다.

4) 최후수단성원칙 위반의 법적 효과

독일 해고보호법 제1조 제2항에서 규정하고 있는 변경해고제도는 해고의 통지에 새로운 근로조건하에서의 근로관계 형성의사가 더해진 것이다.[29] 이는 비록 종전의 근로조건하에서의 근로관계는 더 이상 지속할 수 없게 되었지만, 변경된 근로조건을 감수하더라도 근로관계를 지속하는 것이 가능하다면, 근로관계의 소멸이라는 극단적 결과는 배제하도록 하기 위한 것이다. 이는 직장보장원리 중 내용보호를 우선적으로 포기하고, 최후적으로 존속보호를 포기케 하는 해고최후수단성 법리에 비추어 볼 때 당연히 인정되어야 하는 바다. 만약 근로조건의 본질적 변경을 통한 근로관계 존속가능성을 간과하고, 기존의 근로조건하에서 근로계약관계의 지속이 불가능하다는 섬단을 근거로 하여 곧바로 해고를 단행하였다면, 이는 해고의 최후수단성원칙에 반하여 해고는 무효가 된다.[30]

---

29) Stahlhacke / Preis / Vossen, Kündigung und Küdnigungsschutz im Arbeitsverhältnis, 7. Aufl., S.443.

30) 결국 기능적 측면에서 볼 때 독일 해고보호법상의 변경해고규정은 해고의 최후

5) 소 결

이렇게 변경해고제도가 해고의 일반원칙인 최후수단성원칙으로부터 도출되는 것이라면, 변경해고제도에 대하여 반드시 명문의 규정이 존재한다는 것은 큰 의미를 가지지 않을 수도 있다. 실제로 이는 독일 해고법 역사에서 확인된다. 현재 독일 해고보호법 제2조에 변경해고제도가 명문화된 것은 1961년 해고보호법 개정에서이다. 하지만 이 규정을 두기 이전부터도 이미 독일 판례와 학계가 변경해고제도를 인정하고 있었다.[31)]

현재 우리 노동법 실무와 학계에서 해고가 반드시 최후의 수단으로서만 행사되어야 한다는 점에 대하여 부정하는 견해는 없어 보인다. 해고가 근로자의 지위를 박탈하여 노동법적 보호의 대상에서 제외하고, 나아가 생계 수단과 인격실현의 장인 직장을 상실케 하는 가장 심대한 처분에 해당되기 때문이다.[32)] 그런데 종래 우리 노동법 실무에서는 근로조건의 본질적 변경 없이 근로계약관계 유지가 불가능한 경우, 이른바 근로계약내용의 변경을 도모함이 없으면 결국 사용자로서는 종전 근로자와의 계약관계를 소멸시키는 방법밖에 없다고 본다. 이러한 경직된 해고체계를 두고 변경해고제도의 부도입 때문에

수단성원리를 보다 구체화한 것임을 알 수 있다.

31) 1951년 해고보호법이 제정될 당시에는 이른바 오늘날과 같은 변경해고제도에 대하여 별도의 명문규정을 두고 있지 않았다(Hueck / Nipperdey, Lehrbuch des Arbeitsrechts, Bd. I, 7. Aufl., 1963, S.626; 이승욱, “독일의 변경해고제도”, 『노동법학』, 2001, 226면; 정기남, “변경해고”, 『노동법학』, 2007, 8면).

32) BVerfG AP Nr.17 zu §23 KSchG 1969, unter B I 3a. 근로계약관계의 해지가 초래하게 될 불이익과 그 지배 법리에 관하여 자세히는 권혁, “근로기준법상의 해고예고제도와 민법상 해지기간제도와의 관계”, 『경영법률』, 2006. 10, 794면 이하 참고.

초래된 어쩔 수 없는 상태라고 평가하는 것은 너무나 단편적이다.[33)]오히려 해고의 일반원칙인 최후수단성원리를 실질적으로 관철하지 못한 흠이 있다고 보는 것이 옳다. 왜냐하면 변경해고제도는 굳이 명문규정의 신설 여부와 관계없이 개별 해고 사건에서 마땅히 고려되었어야 할 제도라고 할 수 있기 때문이다. 해고의 최후수단성원리에 기해 사용자는 근로자가 계약변경을 통해서라도 직장 그 자체는 유지하고자 한다는 의사를 확인할 의무가 있어야 하고, 근로자는 자신의 근로계속의지를 관철할 수 있는 권리가 보장되어야 한다.

그렇다면 변경해고제도는 실제 어떠한 내용과 정당성 판단 구조를 가지는지를 검토해 보는 것이 필요하다. 이에 대하여는 독일의 운용현황과 관련 쟁점을 중심으로 설명하기로 한다.

제 3 절 변경해고제도의 법이론적 체계와 구성

1. 변경해고의 법적 구조와 유형

1) 변경해고의 의사표시 구조상의 특수성

(1) 해고와 청약의 결합

변경해고는 의사표시의 합치에 따른 새로운 근로조건하의 근로계

33) 종래 독일 해고법상의 변경해고제도의 도입 여부가 검토되었던 이유가 이러한 해고제도의 경직성 때문이었다. 하지만 그러한 제도 도입을 위한 명문규정의 신설과 관계없이 해고일반원칙을 통해서도 고려될 수 있는 바라고 생각된다.

약관계 형성과 종래 근로계약관계의 일방적 종료를 그 법적 효과로 한다. 변경해고의 의사표시는 의사표시의 구조상 단순한 해고의사표시와는 다르다. 변경해고는 기존의 근로관계 해지의사와 근로조건의 변경을 통한 근로관계 지속에 대한 청약(Angebot)의 의사표시를 동시에 내포하고 있기 때문이다. 이러한 점에서 변경해고는 근로계약관계의 종료를 위한 사용자의 해지 의사표시로서 전형적인 해고와 본질적으로 구별된다.[34] 사실 종래 독일 학계와 실무계에서도 주로 변경해고의 경우에 근로계약관계의—본질적 근로조건에 해당하는—내용 변경을 통해 계속고용이 가능해진다는 점만 주로 강조되어 왔기 때문에 변경해고의 해고적 본질을 과소평가한 측면이 있다.[35]

(2) 해고의 조건배타성과의 관계

해고는 일방적이며 형성적 효력을 갖는다.[36] 따라서 해고는 조건과 친하지 않다(이른바 조건배타성: Bedingungsfeindlichkeit).[37] 그렇다면 법적 효과 측면에서 해고로서의 본질을 가진다고 할 수 있는 변경해고가 이러한 조건배타성에 반하는 것은 아닐까 하는 의문이 들 수 있다. 우선 결론부터 이야기한다면 그렇지 않다고 할 것이다. 종래 지속하여 온 특정 근로조건하에서의 근로계약관계에 국한하여 본다

34) BAG NZA 1988, S.887.
35) Berkowsky, NZA-RR 2003, S.450.
36) Adomeit, Kündigung und Kündigungsschutz im Arbeitsverhältnis, 1962, S. 34; Oetker, ZIP 2000, S.646.
37) 물론 해고와 같은 형성적 의사표시에도 그 조건 자체가 의사표시의 상대방인 근로자에게 유리한 것이거나 스스로 그 법적 효력의 귀속 여부를 사실상 결정할 수 있도록 하는 이른바 수의계약(Potestativbedingung)인 경우에는 이를 첨부할 수 있다(BAG AP § 626 BGB Bedingung Nr. 1).

면, 종국적이며 확정적인 해지의 의사표시가 발하여 진 것이기 때문이다. 일견 조건으로 보이는 것은, 실은 새로운 계약조건을 내용으로 하는 근로계약의 성립을 위하여 행하여진 별도의 의사표시로서의 청약일 뿐이다.

따라서 변경해고의 의사표시는 외견상 해지와 청약이 밀접하게 혼화되어 있다고도 할 수 있으나, 그 각각의 법적 의미를 생각해 본다면, 이들은 별개의 법률행위로서 취급되어야 한다.[38] 변경해고가 갖는 법 개념적 특수성이 여기에 있다.

(3) 개념구별: 일부해지(Teilkündigung)

변경해고와 개념상 구별되어야 하는 것으로는 '일부해지'(Teilkündigung)라는 개념이 있다. 일부해지란, 종래 지속하여 왔던 계약관계는 온전하게 그대로 존속시키면서 다만 그 계약관계의 일부 조건 등 내용적인 일부분을 변경시키는 일방적 의사표시를 말한다. 이로써 기존의 계약조건 등 일부 내용이 효력을 상실하게 되고, 새로운 계약내용이 형성되게 된다. 하지만 변경해고가 이러한 일부해지와 구별되어야 하는 것은, 일부해지의 경우 기존의 근로관계가 여전히 지속되는 것을 전제로 하기 때문이다.[39] 사실 근로계약관계의 내용변경은 원칙상 합의를 통해 하여야 하며 당사자 일방의 형성적 의사를 통해 실현될 수 있는 것이 아니다. 이러한 점에서 일부해지는 근로계약관계에서는 법적 의미를 가질 수 없다.

---

38) Stahlhacke / Preis / Vossen, Kündigung und Küdnigungsschutz im Arbeitsverhältnis, 7. Aufl., S.443.

39) Berkowsky, NZA-RR 2003, S.450.

2) 변경해고의 유형

(1) 해지권 행사 주체를 기준으로 할 경우

독일 해고보호법 제1조 제2항은 변경해고제도에 대하여 정의하고 있다. 이에 따르면 변경해고란, '사용자'가 종래 지속하여 온 근로계약관계를 종료한다는 전형적인 해지의 의사표시 내용에 추가로 새로운 근로조건하에서의 근로지속 가능성을 덧붙인 해고통지를 말한다.[40] 사실은 변경해고의 가능성은 근로관계의 일방인 사용자에게만 놓여 있는 것이 아니다. 왜냐하면 종래의 근로관계를 일방적 의사, 즉 해지를 통해 종료케 하는 것은 사용자에 의해서나 근로자 스스로에 의해서나 가능하기 때문이다. 따라서 근로자 측에서 적극적으로 종래 근로조건하에서의 근로관계를 종료하되, 대신 변경된 근로조건하에서 근로관계를 형성하고 지속하고자 하는 의사가 제시될 수도 있다. 이러한 근로자의 변경해고 의사표시에는 사직의 의사표시와 더불어 새로운 근로계약관계 형성에 대한 (변경)청약의 의사표시가 내재하게 된다.[41] 다만 이러한 근로자의 변경해고는 밀도있는 노동법적 보호의 대상이 아니다. 이는 해고의 경우와 달리 사직에 대하여 노동법적 보호가 행하여지지 아니하는 것과 같다. 결국 해고보호법리의 규율은 사용자에 의한 변경해고의 경우가 되며, 따라서 독일 해고보호법 제1조 제2항상의 제도를 특히 변경'해고'라고 칭하는 것이 보다 적확한 것이라고 할 수 있다. 이하에서는 변경해고라고 칭하기로 한다.

---

40) Stahlhacke / Preis / Vossen, Kündigung und Küdnigungsschutz im Arbeitsverhältnis, 7. Aufl., S.443.

41) 이른바 'arbeitnehmerseitige Änderungskündigung'가 그것이다(Löwisch, NZA 1988, S.634). 나아가 즉시변경해고나 해지기한부변경해고도 당연히 인정될 수 있다(Benecke, NZA 2005, S.1903).

(2) 변경해고의 사유에 따른 유형

변경해고를 정당화하는 원인 역시 일반해고와 마찬가지로 근로자의 인신상 사유나 행태상 사유 또는 경영상 긴박한 사정의 존재가 반드시 전제되어야 한다.[42] 따라서 변경해고 역시 인신상 사유에 기한 변경해고(Personenbedingte Änderungskündigung)와 행태상 사유에 기한 변경해고(Verhaltensbedingte Änderungskündigung) 그리고 경영상 변경해고(Betriebsbedingte Änderungskündigung)로 각각 분별할 수 있다.[43]

3) 변경해고의 법률효과

변경해고는 통상 연쇄적 법률효과를 초래하게 된다. 우선 종래의 근로관계의 종료가 그것이다. 이는 해고의 의사표시에 따른 법률효과이다. 두 번째로는 새로운 내용의 근로관계가 합의를 기반으로 하여 형성하게 된다. 다시 말하면 근로조건 변경에 대한 당사자 간의 합의가 성립된다. 마지막으로 사용자의 해고의사표시에 따라 그 도달로부터 해지기간(우리의 경우 '해고예고기간')이 도과하면 비로소 종래 근로관계는 종료된다. 동시에 당사자 간의 합의를 토대로 새로운 근로조건을 내용으로 하는 근로계약관계가 개시된다. 새로운 근로조건에 따른 근로계약관계의 성립은 종전의 근로관계와 부분적으로 그 내용을 달리 하는 경우이므로, 이는 마치 해고된 근로자가 우연히 '같은' 회사의 새로운 부서에 다시금 신규 채용된 경우와 마찬가지라고 할 수 있다.

---

42) Berkowsky, NZA-RR 2003, S.449.
43) Berkowsky, NZA-RR 2003, S.449f.

2. 변경해고에 대한 정당성 판단 방식과 내용

1) 개 요

변경해고는 독일 해고보호법 제2조 1문에서 규정해 놓은 바와 같이 의사표시의 합치에 따른 새로운 근로조건하의 근로계약관계 형성과 종래 근로계약관계의 일방적 종료가 '불가분적으로' 실현됨을 그 법적 효과로 한다. 따라서 종래 근로계약관계에 대하여 정당한 해고로 평가되어야 하며 또한 동시에 새로운 근로계약형성에 대하여는 유효한 계약상 합의가 존재하여야 한다. 요컨대 변경해고는 해고로서의 정당성 요건을 흠결하거나, 사용자의 변경청약에 대하여 근로자가 유효하게 승낙하지 않으면 무효로 된다. 따라서 변경해고의 유효성 판단은 다음과 같은 이단계적 구조로 나누어 진행되어야 한다.

2) 해고의 정당성 요건

우선 변경해고에 포함된 의사표시로서 해고가 정당한 것이어야 한다. 사용자는 일정한 사유로 근로계약관계를 더 이상 지속할 수 없다고 판단되면 해고를 단행하게 된다. 이때 해고로 소멸하는 것은 종래의 근로계약관계이다. 하지만 사실 사용자가 해고를 단행하는 시점에서라도, 정작 회사로서는 일정한 근로조건하에서 다른 업무를 보아야 할 인력이 필요할 수 있다. 사용자의 변경해고는 이러한 경우에 활용되도록 기획된 '해고'인 셈이다. 결국 변경해고는 새로운 근로계약 형성에 대한 청약이 부수하고 있을 뿐, 본질에 있어서는 종전의 근로계약관계에서 해고에 다름 아니다. 따라서 변경해고라 하더라도 그 정당성 판단에 있어 일반해고와 전혀 달리 취급될 여지가 없다. 그러므로 변경해고가 단행되기 위해서는 해고 사유가 존재하는 등 해고를 정당화할 만한 제반 전제요건이 충족되어야 한다.[44)]

3) 변경청약의 정당성 요건

위에 살펴본 바와 같이 변경해고가 해고로서의 정당성을 갖추고 있는 경우라면, 다시금 새로운 근로계약관계 형성을 위한 변경의 의사표시가 검토되게 된다.[45)] 즉 변경청약과 변경승락이 바로 그것이다. 특히 변경청약의 주체가 사용자이므로 변경청약에 대한 규제가 보다 강화되는데, 이에 따라 변경청약에 관하여는 실체적 정당성 요건과 형식적 정당성 요건으로 각각 나누어 설명하고, 마지막으로 변경승락의 정당성 요건을 설명하기로 한다.

(1) 변경청약의 실질적 정당성 요건

① 변경청약의 합리성과 명확성 요건

우선 사용자의 변경청약을 통해 제안된 근로조건의 변경은 내용적으로 근로자가 받아들일 수 있는 합리적인 것이어야 한다.[46)] 또한 사용자에 의해 행하여진 변경청약은 그 내용이 구체적이며 명확해야 한

44) Berkowsky, NZA-RR 2003, S.451. 구체적인 정당성 판단 방식에 대하여는 뒤에서 다시 설명하기로 한다.

45) 이는 오늘날 독일 연방노동법원의 입장이기도 하다(BAG EzA §2 KSchG Nr. 18; BAG EzA §2 KSchG Nr. 22).

46) 독일 법원과 학계에서는 주로 변경청약의 합리성을 민법 제315조에 기초한 형평성 관점에서 판단되어야 한다고 본다(BAG EzA §2 KSchG Nr. 18; BAG EzA §2 KSchG Nr. 22).

다.[47] 해고 대상인 근로자에게 어떠한 근로조건의 본질적인 변경이 존재하는지와 어떤 내용의 근로를 담당하게 되는지가 명확하게 제시되지 않으면, 자칫 의사표시상의 착오 등 하자가 발생할 수 있기 때문이다.[48] 제시되어야 할 내용은 적어도 근로시간과 근로장소, 임금, 기타 여러 가지 근로계약의 본질적 부분이 포함되어 있어야 한다. 변경해고를 통해 이루어지는 근로계약관계가 그 당사자가 동일하다는 점 이외에는 사실상 완전히 새로운 근로계약관계의 형성이라는 점에서 당연한 것이라 할 것이다. 그러므로 변경해고라는 명문의 서면통지가 근로자에게 전달되었어도 그 서면에 정작 새로운 근로조건 내용이 자세히 기술되지 아니하였다면, 애당초 변경해고통지가 없었던 것으로 보게 된다.[49] 문제는 본질적인 근로조건의 변경을 내용으로 하는 변경해고가 행하여졌는데, 변경되는 근로조건에 대하여 해고근로자가 대체로 알고 있거나 알 수 있었다고 판단되는 경우이다. 이때 그럼에도 불구하고 사용자가 다시금 명시적으로 근로조건을 설명하여야 하는가? 이에 대하여 비록 근로자 측이 근로조건 변경고지에 따라 새롭게 시작할 업무에서 그 근로조건을 충분히 알 수 있었다고 하더라고, 이러한 추측만으로는 부족하고 변경해고의 서면을 통해 가장 본질적이라고 할 수 있는 근로조건(예컨대 근로시간과 장소, 임금 등)이 충분히 자세하게 명시되었어야 한다고 판시한 사례가 있다.[50] 결국

47) HK-KSchG / Weller / Hauck, 4.Aufl., §1 KSchG Rn.18.
48) HK-KSchG / Weller / Hauck, 4.Aufl., §1 KSchG Rn.18.
49) LAG Rheinland-Pfalz, DB 1987, S.1098.
50) 사건의 개요는 다음과 같다. 원고인 근로자는 1992년 10월 1일자로 서면의 근로계약에 따라 동 사업장에서 청소업무를 담당하고 있었다. 1998년 말부터는 공작작업의 조장으로 근무하면서 청소업무 시에 받은 임금보다 많은 시간당 9 70 유로를 임금으로 받았다. 그런데 이후 동 근로자가 업무상의 주의를 해태하여 손실을 유발하였고 정당한 업무지시규정을 따르지 않자 몇 차례 경고를 하였

사용자의 변경청약이 내용에 있어 명확성 요건을 흠결하였다면 변경해고 전체가 무효로 된다.

② 변경청약의 시점과 변경해고의 정당성

변경청약이 유효하게 행하여지기 위해서는 청약의 시점도 고려하여야 한다. 변경해고는 해고통지와 새로운 근로계약 체결에 대한 청약을 내용으로 한다. 그런데 이러한 각각 별개의 의사표시는 반드시 동시에 이루어져야 하는 것은 아니다. 경우에 따라서는 사용자가 근로자에 대하여 새로운 근로조건하에서의 근로가능성을 먼저 청약하고, 이후에 시간적 격차를 두고 다시금 해고의 통지를 발할 수도 있다.[51] 다만 주의하여야 할 것은 그 반대의 경우는 허용될 수 없다는 점이다. 즉 해고의 통지가 먼저 행하여지고 난 다음에 사용자가 변경청약을 하였다면, 이는 변경해고로서 정당한 것으로 평가될 수 없다. 이것이 현재 독일의 통설이며 판례의 입장이다.[52] 그 이유는 먼저 행

다. 그럼에도 이를 시정하지 않자 2002년 2월 25일자로 사용자는 원고인 근로자에게 변경해고를 우편으로 통지하였다. 동년 동월 26일자로 근로자에 의해 수령된 변경해고 서면에는 다음과 같이 기재되어 있었다. "우리는 2002년 3월 8일자로 귀하의 종래 근로관계를 해지하고 그 익일(2002년 3월 9일)부터 귀하를 청소업무에 배치합니다. 다만 2002년 3월 8일까지 생산조장으로서 지위는 유지하되, 보직은 해임되므로 근로계약관계상 휴가상태에 있게 됩니다." 이에 당해 근로자는 사용자에 대하여 당해 변경청약의 의사표시에 근로조건에 관한 설명이 없다는 점을 이유로 의사표시의 무효를 주장하였다. 아울러 변경해고는 효력이 없으므로 결국 근로계약관계는 해고를 통해 소멸된 바 없음을 주장하였다. 피고인 사용자는 이미 동 근로자가 1998년 말까지 청소업무를 한 바 있어서 상자 근로하게 될 근로조건변경의 내용으로서 청소업무에 대해 충분히 숙지하고 있음을 주장하면서, 이와 별도로 구두의 개략적인 근로조건 변경내용을 설명한 바 있으므로 변경청약의 명확성 요건은 충족되었다고 항변하였다. 이 사건에서 당시 LAG는 당해 사용자의 근로조건변경고지가 특정성 요구를 흠결하였으므로 2002년 2월 25일자 변경해고는 무효라고 판시하였다.

51) ErfK-Ascheid, §2 KSchG Rn.10.

하여진 해고통지 그 자체가 해고의 최후수단성에 반하여 무효가 되므로, 이러한 경우는 해고의사가 내재하지 아니한 변경해고가 되기 때문이다. 만약 이후 변경청약을 하였다는 것은 사용자가 다른 근로조건하에서의 계속고용가능성을 간과하고 일반해고를 단행한 것이 된다. 그렇다면 이러한 사용자의 해고통지는 해고의 최후수단성에 반하여 처음부터 무효가 된다. 사용자가 처음에 행한 해고는 무효이므로 사용자는 이후 변경청약을 행하고 다시금 해고통지를 발하여야 한다. 그러므로 변경청약은 해고의 통지보다 먼저 행하거나 적어도 동시에 발하여야 한다.[53]

(2) 변경청약의 형식적 정당성: 서면요건성

독일의 경우 근로계약관계를 사용자가 해고를 통해 일방적으로 종료하는 경우에 언제나 이를 서면으로 하도록 하고 있다(독일민법 제623조).[54] 이는 우리 현행 근로기준법의 경우에도 마찬가지이다(근로기준법 제27조 제1항).[55] 변경해고의 본질이 해고라는 점에서 변경해고통지가 서면으로 행하여져야 함은 의문이 없어 보인다. 그런데 문제는 변경해고의 경우에는 해고통지 외에 근로계약내용의 변경청약부분까지 서면요건성이 충족되어야 하는가가 문제될 수 있다. 왜냐하

---

52) Löwisch, NZA 1988, S.634.

53) Löwisch, NZA 1988, S.634.

54) 이는 실제 입증상의 용이성과 법적 안정성 그리고 경고기능의 효과를 구현하기 위한 것이다.

55) 현행 근로기준법에서는 해고서면에 해고시기와 해고사유를 기재하도록 하고 있다. 특히 해고사유를 기재토록 하는 것은 독일의 경우와 대비된다. 왜냐하면 독일에서 해고사유는 해고서면에의 필요적 기재사항이 아니기 때문이다(BAG AP §626 BGB Nr. 50; BAG AP §1 KSchG Nr. 55; BAG AP §1 KSchG Nr. 56).

면—앞서 시점적 정당성에서 살펴보았듯이—항상 그러한 변경청약이 해고통지에 덧붙여 행하여지는 것은 아니기 때문이다. 이에 대하여 독일의 지배적 견해는 변경청약의 서면요건성을 긍정한다.[56] 그 이유는 변경청약은 해고와 일체적 법률행위이기 때문이라고 한다.[57] 다만 변경청약의 내용에 관한 서면형식성은 변경된 근로조건 전부에 대해 이를 명문으로 기재할 것까지 요구하는 것은 아니다. 중요한 근로계약내용의 변경을 서면으로 기재함으로써 충분하다고 할 수 있다.

3. 변경청약에 대한 근로자의 '승낙'과 '거절' 그리고 '유보부 승낙'

1) 근로자의 대응방식

사용자의 변경청약에 대해 근로자는 승낙을 하거나 이를 거절하는 경우, 그리고 해고의 정당성을 전제로 한 유보부 승낙으로 대응할 수 있다.

(1) 승 낙

먼저 근로자가 사용자의 변경청약에 대해 아무런 유보함이 없이 승낙하는 경우가 있다. 이러한 승낙이 행하여지면, 종래의 근로계약관계는 완전히 소멸하고 동시에 변경된 조건을 내용으로 하는 새로운 근로계약관계가 형성·진행된다.

56) Preis / Gotthardt, NZA 2000, S.349ff; Hromadka, DB 2002, S.1323ff.
57) BGH NJW 2000, S.1569.

(2) 거 절

두 번째로는 근로자가 사용자의 변경청약을 거절하여 합의가 무산되는 경우이다. 이러한 경우에 사용자의 변경해고에서 변경청약 부분이 무의미한 것이 되므로 결국 사용자의 해고부분만이 남게 된다.[58] 이에 따라 근로자는 여전히 해고의 정당성을 법적으로 다툴 수 있게 된다.[59]

(3) 유보부 승낙

① 제도적 기능

특이한 것은 독일 해고보호법 제2조에서 해고의 정당성을 전제로 한 승낙 가능성을 허용하고 있다는 점이다. 즉 근로자에게 종전 근로관계에 대한 해고가 사회적 정당성을 충족한 것임을 전제로 하여 사용자에 의해 제시된 근로조건 변경청약을 승낙할 수 있도록 하는 이른바 '유보부 승낙'(Annahme unter Vorbehalt)의 가능성을 열어놓고 있다.[60]

② 유보부 승낙의 방식

근로자가 유보부 승낙을 하기 위하여는 변경청약에 대한 유보부 승낙의사를 표시함과는 별도로 유효하게 소송을 제기하여야 한다. 먼저

---

58) BAG AP Nr. 8 zu §2 KSchG 1969; BAG DB 1981, S.2438.

59) 독일의 경우 해고무효소송을 진행하는 동안 근로자 측의 재산적 불이익을 최소화하기 위해 근로자가 독일경영협의회법 제102조 제5항상의 계속고용청구권(Weiterbeschäftigungsanspruch)을 행사하여, 근로자는 종전의 근로조건과 동일한 조건으로 근로계약관계를 지속할 수도 있다.

60) Kittner / Däubler / Zwanziger-Zwanziger, KSchR, 6. Aufl., § 2 KSchG, Rn. 3a. E.

유보부 승낙의사는 변경청약에 대하여 승낙을 하면서도, 이러한 승낙이 해고의 유효성을 전제로 한 것임이 명확히 드러날 수 있어야 한다.[61] 그리고 이러한 유보 의사는 반드시 해지기간(해고예고기간) 이내에는 표시되어야 한다.[62] 아울러 유의하여야 하는 점은 근로자가 유효하게 유보부 승낙을 하고자 하는 경우에는 반드시 적기에 노동법원에 해고무효소송을 제기하여야 한다는 것이다. 만약 소를 제기함이 없이 당해 제소기간이 도과하면 사용자의 변경청약에 대한 유보부 승낙은 효력을 잃고, 변경해고는 처음부터 유효한 것으로 간주된다.[63]

③ 유보부 승낙의 법적 결과

근로자가 유보부 승낙을 하면 해지기간이 도과함과 동시에 일단 종전과 다른 변경된 근로조건하에서 근로계약관계는 지속하게 된다.[64] 따라서 해고 무효에 관하여 소송을 통해 사법적 판단이 이루어지기까지는 변경된 근로조건하에서 노무를 제공하게 되므로, 사실상 새로운 근로조건을 내용으로 하는 해지조건부 계약관계가 성립되는 셈이다.[65] 이는 일반 해고에 대한 무효소송의 제기와 달리 유보부 승낙의 경우에는 소송기간 중 계속고용청구권이 인정되지 아니함을 말한다.[66] 해

61) 다만 단순 승낙에서와 마찬가지로 그 유보의 의사도 별도의 형식을 필요로 하지 않는다. 따라서 이를 반드시 서면으로 표시할 필요도 없다.

62) 사실 유보부 승낙을 통해 해지조건부 근로계약관계가 형성되는 것은 사용자의 입장에서 상당한 법적 불안정상태를 의미한다. 따라서 적어도 해지기간이 도과하면 근로자와 사용자 간의 근로계약에 따른 의무와 권리는 소멸하고, 적어도 그러한 한도에서는 사용자의 법적 안정성을 보장할 필요가 있기 때문이다.

63) 일단 표시된 근로자의 유보 의사는 상대방인 사용자의 동의가 없는 한 근로자가 다시 이를 철회할 수는 없다(LAG Rheinland-Pfalz, LAGE §2 KSchG Nr. 21.).

64) LAG Köln, DB 1989, S.2032.

65) BAG AP Nr. 3 zu §2 KSchG 1969; BAG AP Nr. 8 zu §2 KSchG 1969.

66) BAG EzA §1 KSchG Betriebsbedingte Kündigung Nr.65; LAG München,

고무효소송의 결과 당해 해고가 무효로 판명되면, 변경해고는 그 자체가 처음부터 무효인 것이 되고, 반대로 당해 변경해고가 사회적 정당성을 갖춘 것으로 판명되면 확정적으로 근로자는 새로운 근로조건 하에서 근로관계를 계속하게 된다.

2) 유보부 승낙제도의 기능적 의의와 입법론적 재검토

① 유보부 승낙이 가지는 해고법적 기능

독일 해고보호법 제2조상의 유보부 승낙을 통해 근로자는 자신의 직장이 소멸하게 되는 위험을 미리 예방할 수 있으면서도 동시에 해고 그 자체의 유효성을 사법적으로 다툴 수 있다. 이는 해고법상 중요한 의미를 가진다. 왜냐하면 사용자가 함부로 근로계약의 본질적 내용을 변경할 수 없도록 한 노동법상의 근로자 보호기능에 충실한 것이기 때문이다. 실제로 변경청약에 대하여 근로자에게 승낙이나 거절이라는 양자택일을 요구하게 되면 근로자는 스스로 해고정당성 여부에 대한 1차적 심사를 단행하여야 하고, 현실적으로는 승낙할 수 밖에 없게 될 공산이 크다.[67] 그렇게 되면 사실상 사용자의 자의적 근로조건변경의 목적으로 변경해고를 남발할 위험이 있다. 이러한 위험을 막는 데서 유보부 승낙제도의 해고법적 의미를 찾을 수 있다.

② 입법론적 평가

독일에서의 입법방식으로서 유보부 승낙 가능성이 매우 중요한 해

DB 1987, S.1099.

67) 근로자가 직장유지의 가능성이 여전히 놓여 있는데, 그럼에도 불구하고 사법적으로 해고가 무효가 될 것임을 확신하고 해고무효소송을 감수하려고 하는 경우는 그리 많지 않을 것이기 때문이다.

고법적 기능과 의미를 지닌다는 점은 앞서 설명한 바와 같다. 하지만 우리 현실에도 그대로 존중되는 것이 바람직할까에 대하여는 상당히 회의적이다. 해고무효소송 과정에서 근로자와 사용자 간의 감정적 대립이 생길 가능성이 있고, 일정한 기간 동안 소송을 통한 불확실성은 사용자에게 상당한 부담이 될 수 있다. 형성권인 해지로서의 본질을 가지는 해고가 가능한 한 신속한 법적 확정이 필요하다는 점은 부인할 수 없다. 해고를 단행함에 있어, 변경해고의 가능성이 있으면 반드시 이를 행하도록 하는 것만으로도 해고의 일반원칙인 최후수단성 원리에 충실한 것이라고 생각한다. 다른 한편 근로자의 입장에서도 해고에 앞서 적어도 종전의 당사자와—비록 내용 변경이 있기는 하지만—근로계약관계의 존속은 이룰 수 있다는 점에서 의미 있는 제도라고 평가할 수 있다.

제 4 절 소결: 근로조건 변경의 유연성과 해고보호

① 해고로서의 본질을 갖는 변경해고제도는 해고의 최후수단성원리에서 그 법이론적 근거를 찾을 수 있다. 특정 근로자와의 근로계약관계 지속은 더 이상 불가능하지만, 다른 근로조건하에서 당사자 관계의 지속이 가능하다면 우선적으로 이를 고려해야 하는 것이 해고의 최후수단성원리에 부합한다. 따라서 본질적으로 근로조건하에서의 계속고용가능성의 존부는 일반해고의 정당성 판단에 있어서도 매우 중요한 판단 표지가 된다. 사용자가 비록 종전의 근로계약관계의 유지는 불가능하다고 본 것이 정당한 판단이더라도, 다른 근로조건하에서 계속고

용의 가능성이 존재함을 간과하고 해고를 단행한 경우에는 이른바 해고의 최후수단성에 반하여 무효가 된다. 나아가 해고의 최후수단성은 해고일반원칙으로서 명문규정의 유무에 관계없이 일반적으로 존중된다. 이러한 점을 감안한다면 독일과 같이 변경해고제도에 관한 명문규정을 두고 있지 않은 우리의 현실에서도 해고의 정당성을 판단함에 있어, 이른바 변경된 근로조건하에서의 계속고용가능성이 검토되어야 한다. 만약 그러한 검토를 게을리 하고 곧바로 해고를 단행하였다면, 이는 해고의 최후수단성에 반하여 그 정당성이 부인되어야 한다.

② 변경해고제도와 관련하여 반드시 염두에 두어야 하는 것은 변경해고제도의 본질이 해고라는 점이다. 원칙상 근로조건을 불이익하게 변경함에 있어서는 근로자 측의(집단적 차원에서의) 동의가 필요함은 물론이다. 그런데 변경해고의 경우에 근로조건의 불이익 변경이 근로계약의 본질적 변경임에도 불구하고 단지 사용자의 일방적 변경해고로 이를 실현할 수 있다는 점에서 법이론적인 비판이 제기될 수 있다. 그러나 변경해고는 본질적으로 종래의 근로계약관계가 해고를 통해 소멸하는 것이고, 곧이어 외형상 연속적으로—비록 새로운 근로조건하에서이기는 하지만—근로계약이 형성·지속된다. 변경해고는 당해 해고의 정당성을 전제로 하는 개념이다. 근로자로서는 새로운 직장을 구하는 수밖에 없음에도 자신의 바람에 따라서는 종전의 직장에서 비록 저하된 근로조건하에서이지만 근로를 계속할 수 있다는 것은 오히려 근로자에게 유리한 것이다. 변경해고를 통한 계속근로는 엄밀하게는 근로자가 새로운 직장을 구한 것으로 이해되어야 한다. 이러한 점에서 본질적으로 변경해고가 근로조건의 불이익 변경과 상호 이론적으로 충돌할 여지는 없으며 이러한 한도에서 우리 노동법제

하에서도 변경해고가 고려될 수 있을 것으로 생각된다.

③ 변경해고는 주로 경영상 필요에 기한 해고를 단행하는 것과 관련하여 사용되어 왔다. 지난 10년 이래로 최근까지 독일 노동시장에서 변경해고의 빈도가 점차 비례적으로 높아지고 있으며68) 이러한 경향에 따라 오늘날 독일에서도 변경해고제도에 대한 이론적, 실무적 논의가 다양한 방향으로 재조명되어지고 있다. 사실 이러한 변경해고의 증가는 독일의 경제적 어려움을 보여주는 것이기도 하다. 왜냐하면 기업경영의 어려움이 흔히 근로계약관계의 조건 변경을 초래하기 때문이다.

④ 통상 변경해고제도는 사용자가 근로계약의 내용을 변경하고자 함에도 불구하고 근로자 측이 이에 응하지 아니하여 사실상 그 변경이 어렵게 된 경우에 사용자가 행하는 근로자에 대한 압력수단이 될 수 있다는 점에서 무모한 집단적 동의 거절을 예방하는 효과가 있다. 노사 간 자율적이면서 합리적인 근로조건의 형성을 기대할 수 있다면, 이것이야말로 가장 효율적인 노동유연화 방식이라고 할 것이다. 변경해고제도의 활용을 위해 보다 면밀한 검토가 필요한 시점이다.69)

---

68) 1951년 해고보호법이 제정될 당시에는 오늘날과 같은 변경해고제도에 대하여 별도의 명문규정을 두고 있지 않았다.

69) 다른 한편 독일에서는 해고보호규율의 확대나 상세화는 사회적 약자로서 근로자의 보호에 기여하는 것은 사실이지만 다른 한편으로는 일반 구직자의 시장진입, 즉 취업 가능성을 축소하는 결과가 되므로 이러한 측면이 해고보호법에서 고려되어야 한다는 지적이 제기되고 있다(v. Hoynigen-Huene, FS zum 50-jährigen Bestehen der Arbeitsgerichtsbarkeit in Rheinland-Pfalz, 1999, S.220; Neuhausen, Der im voraus erklärte Verzicht eines Arbeitnehmers auf Kündigungsschutz, 1993, S.50ff.). 오늘날과 같은 노동유연화 추세에 비추어 본다면, 이에 관하여 향후 보다 심도 있는 연구가 필요할 것으로 생각된다.

제 10 장

비정규근로관계와 해고보호법리

제 1 절 개 요

제 2 절 기간제 근로와 해고보호법리

제 3 절 사업외주화와 해고보호법리

제 4 절 비정규근로관계와 해고보호법의 이념적 결별과 차별금지법리

제 5 절 소 결

제 10 장 비정규근로관계와 해고보호법리

제 1 절 개 요

1. 비정규직 근로관계의 발생과 그 노동법적 의미

1) 현 황

우리나라의 기업은 IMF 체제 이후 국내외 시장에서 경쟁 심화와 기업경영의 불확실성 증대, 인건비 상승 등의 이유로 조기퇴직 및 경영해고 등을 통해 대규모 감원을 실시하였던 바가 있다.[1] 대신 업무수행을 위해 필요한 인력은 비정규직 근로자를 통해 대체하여 왔다. 노동계는 비정규직 범위를 경제활동인구 본조사상의 임시・일용직 근로자와 상용직 근로자 중 부가조사상의 비정규직 근로자를 합하여 2007년 8월 현재 861만 명으로서 전체 임금근로자의 54.2%에 달하는 것으로 파악하고 있다. 정부기준에 의한 연도별 비정규직 규모는 2001년 363만(26.8%), 2002년 383만(27.4%), 2003년 460만(32.6%), 2004년 539만(37%), 2005년 548만(36.6%), 2006년 545만(35.5%), 2007

1) 이에 관하여 자세히는 전영선, "기간제 근로관계에 대한 노동법상의 보호내용과 입법론적 평가", 부산대 석사학위논문, 1면 이하.

년 570만(35.%)으로 파악되고 있다.[2)] 이에 반하여 정부는 2002년 7월 노사정위원회에서 합의한 바에 따라 경제활동인구 부가조사상 고용형태에 따라 정의되는 한시적, 단시간, 비정규 근로자만을 포함하여[3)] 2007년 8월 통계청이 실시한 '경제활동인구 부가조사'에 의하면, 통계청은 전체 임금근로자 1,588만 명 중 비정규직 근로자는 570만 명으로 임금근로자 대비 비중은 35.9%로 파악하고 있다. 노동계인 '한국노동사회연구소'에서는 동일한 통계청 자료에 의하여 비정규직은 861만 명(임금노동자의 54.2%)이고 정규직은 727만 명(45.8%)으로 전체 노동자의 절반 이상이 비정규직으로 주장하고 있음은 흥미로운 사실이다. 우리사회에서 비정규직 근로자에 관한 통계가 통계청 발표에 의하면 10명 중 약 4명이, 노동계 주장에 의하면 10명 중 약 6명이 비정규직이라 한다. 또한 비정규직 근로자의 규모 및 범위에 대하여 2008년 8월 기준 정부는 570만 명(임금근로자의 35.9%)으로 추산하고 있으나, 노동계는 861만 명(임금근로자의 54.2%)[4)]으로 추산하고 있다. 이러한 차이는 비정규직의 범위에 대하여 명확한 개념 설정이 아직 미흡하기 때문이다.[5)] 비정규직의 범위에 대하여 국제적으로 통일된 기준은 없으나, OECD는 임시직 근로자(temporary worker), 시간제 근로자(part-time worker) 정도를 비정규직으로 파악하고 있으며, 임시직 근로자에는 유기계약 근로자(fixed-term contracr), 파견 근로자(temporary agency worker), 계절 근로자(seasonal worker), 호출 근

2) 노동부, "비정규직법 이해", 2007, 8-9면; 은수미, 『비정규직과 한국 노사관계 시스템 변화』, 2007, 21면.

3) 은수미, 『비정규직과 한국 노사관계 시스템 변화』, 2007, 20면.

4) 노동부, "비정규직법 이해", 2007, 3면.

5) 이원희, "비정규노동의 법적 보호의 새 경향", 노동법연구, 2001, 10면; 강성태, "비정규법안의 내용과 과제", 노동법학, 2005, 3면; 은수미, 『비정규직과 한국 노사관계 시스템 변화』, 2007, 34면.

로자(on-call worker) 등을 포함하고 있다.[6)]

2) 문제점

고도성장의 한계와 고임금으로 인해 점차 국제경쟁력을 잃어가고 있는 우리나라에서는 고용형태의 다양화, 노동시장의 유연화 등을 추구하여 왔으며, 이에 기업들은 정규직 근로자를 감축하고 대신 시간제 근로자, 임시직 및 계약직 근로자, 파견 근로자 등 다양한 형태의 비정규직 근로자로 대체 및 민법상의 도급계약 등을 체결하였다. 이러한 노동시장은 비정규직 근로자에 대한 차별과 남용문제로 우리사회의 대표적인 사회 양극화 현상을 초래하게 되었다. 비정규직 근로자가 사회 내외적으로 차별을 받고 고용상 불안함에 따라 여러 가지 문제가 발생되게 되었다. 비정규직 근로자의 임금은 정규직 근로자 임금의 63.5%에 지나지 않으며 사회보험 가입률은 40%에 그치고 있는 실정으로서, 이와 같은 비정규직 근로자의 문제는 고용불안, 저임금, 노동 강도의 증가, 사회보험 및 기업복지로부터의 배제 등 정규직에 비해 상대적으로 열악함은 물론, 절대적으로도 기본적인 생활조차 하기 힘들 정도로 사정이 심각하다는 것이다. 이러한 상황은 근로자들 간의 저임금 경쟁을 불러오고, 나아가서는 빈부격차의 심화 및 계층 간의 갈등을 유발하는 심각한 문제점을 내포하고 있다.

---

6) 노동부, "비정규직법 이해", 2007, 8-9면.

2. 노동시장의 비탄력성에 대한 개혁요구

1) 유연한 인력활용과 기업경쟁력

오늘날 세계화된 시장경쟁에서 기업의 경영상황이란 급변할 수밖에 없다. 이러한 경향의 일환으로 오늘날 기업 경영의 효율성 측면에서 노무인력의 탄력적 운용은 매우 절실하게 요청되고 있다. 하지만 전통적으로 노동법은 대립하는 노사관계에 관한 합리적 규율을 목적으로 한 것이다. 여기에서 전제되는 것은 노동법이 한 기업 내의 구성원인 노사만을 주된 전제로 하였다는 점이다. 이 때문에 종래 근로자의 직장보장원리는 매우 엄격한 사회법적 요청으로서 인력운용은 비탄력적인 속성을 지닐 수밖에 없었다. 하지만 오늘날 기업 간 대립이나 국가를 달리하는 기업 간 경쟁은 노동법 규율에서 고려되어야 할 필요가 생겼고, 이러한 차원에서 노동유연화와 해고법제 간의 조화가 중요한 테마로 등장하게 되었다.

종전과 같이 비탄력적인 인력활용방식에서라면 기업이 '일시적인' 수요상승에 대응하여 추가적인 이윤을 창출하는 것은 사실상 불가능하였다. 오히려 보다 정확히 표현한다면 일시적인 생산 증가를 통한 이윤창조에 임시적 노무 수요가 발생하더라도 이에 대응할 길이 없었다. 사실상 기업이윤의 창출을 포기할 수밖에 없었던 것이다. 왜냐하면 일시적인 노무수요에 따른 고용형태가 근로계약관계에서는 찾아보기 어렵기 때문이다. 그렇다고 하여 이러한 일시적 노무수요를 통한 이윤 증가를 위해 추가적인 인력고용을 실시하는 것은 무모해 보인다. 왜냐하면 이러한 추가적인 인력고용은 일시적인 수익을 가져올지는 모르지만, 장기적으로는 기업에게 상당한 비용을 전가하는 결과가 초래될 가능성이 높기 때문이다. 기업의 활동의 본질적 목적이 이윤추구에 있다고 할 때 이는 경영자로서는 매우 안타까운 일이 아닐 수 없다. 또한 직장을 구하고 있는 실업자의 입장에서도 일시적으로나마 근로를 통한 대가로서 임금을 획득할 수 있는 기회가 사라지는 셈이다.

2) 해고법제의 비탄력성에 대한 개혁요구

오늘날 엄격한 해고보호법제는 노동시장의 비탄력성을 초래하는 가장 중요한 요인으로 인식되고 있다. 현재 우리 해고법제하에서도 노동시장이 매우 비탄력적인 양상을 보이고 있다. 하지만 이러한 점은 그동안 유럽에서도 가장 엄격한 해고보호법제를 가지고 있던 독일의 경우에서 더욱 분명하게 드러났다. 독일은 고질적인 실업문제와 이에 따른 사회보장적 비용 지출이 국가경제에 상당한 부담이 되어 왔기 때문이다.[7] 최근 이러한 경제적 어려움을 겪고 있던 독일은 노동시장의 비탄력성 해소를 중요한 개혁목표로 삼고, 제반 법제도의 개선에 나서기에 이른 것이다.

3) 소결: 해고보호법제도에 대한 새로운 도전

직접적으로 근로계약관계상의 해고법리 그 자체에 대한 개선이 논의됨과는 별도로 노동실무에서는 새로운 형태의 변화가 생겨났다. 그것은 바로 해고보호법제도 그 자체를 회피하고자 하는 경향이 바로 그것이다. 그러한 경향의 중심에 비정형적 근로관계, 다시 말하면 비

7) Preis, NZA 2005, S.714.

정규근로관계가 놓여 있다. 현실에서 비정규직 근로관계란 종래 정형적인 근로관계와는 다른 형태의 근로관계로 쉽게 이해될 수 있겠지만, 본래 법제도상 개념이 확립된 것은 아니다. 대체로 기간제 근로관계와 파견 근로관계 그리고 단시간 근로관계 등을 일컫는 것으로 알려져 있다. 문제는 이러한 비정형적 근로형태의 자생적 발전이 해고보호법리와 긴장관계에 놓여 있다는 데 있다. 다시 말하면 해고보호법제도의 적용을 회피하기 위한 수단으로 비정규근로관계가 형성되고 활용되고 있는 측면이 있음을 부인할 수 없다. 만약 그렇다면 노동법제도상에서 이러한 비정규 근로관계에 대하여 어떻게 대응하는 것이 옳을까? 우선 결론부터 간단히 언급하자면 비정규근로관계는 노동시장의 유연성 확보 측면에서 그 생성과 발전을 막을 도리는 없다. 이것은 어쩌면 세계적인 추세이기도 하다. 그렇다고 하여 이러한 비정규근로관계의 허용이 해고보호법리에 대한 근본적인 수정이나 포기를 의미하는 것은 아니어야 한다. 오랜 산업 발전 역사에서 노동법은 해고보호법리를 그 중핵적 영역으로 하여 왔고, 엄연히 근로자의 직장보장원리가 지금까지도 가장 중요한 노동법적 보호영역임은 전혀 변함이 없다. 결국 현재로서는 비정규근로관계의 양성화와 해고보호법리의 조화적 실현이 궁극적 목표가 되어야 한다고 볼 수 있다. 다시 말하면 비정규근로관계의 생성과 운영에 있어서 차별을 금지하고, 여전히 비정규근로관계는 예외적인 비전형적인 경우임을 분명히 하되 그러한 비정규근로관계가 해고보호법리를 회피하거나 내용상 형해화하는 방향으로 실현되는 것은 막아야 한다. 말 그대로 비정규근로관계는 온전히 노동시장의 필요에 따라 고유한 법리를 통해 규율되어야 하는 것이고, 해고보호법리를 침해하거나 형해화하는 도구가 되어서는 안 된다.

이하에서는 비정규근로형태 가운데 대표적인 경우로서 기간제 근로관계와 단시간근로관계 그리고 삼면적 근로관계 형태를 각각 나누어 개별적으로 설명하기로 한다.

제 2 절 기간제 근로와 해고보호법리

1. 서 설

1) 기간제 근로관계의 노동법적 의미

오늘날 해고보호법제의 회피 방안으로 자주 활용되고 있는 것이 바로 비정규직 근로관계 그 가운데 특히 기간제 근로계약관계이다. 기간제 근로자란 「기간제 및 단시간근로자 보호 등에 관한 법률」에 의거하여 기간의 정함이 있는 근로계약을 체결한 근로자를 말한다.

통상 근로계약관계는 그 종기(終期)를 따로 정하여 두지 않는다. 우리가 1970년대 회사에 취직하였다고 이야기 할 때에는 일정한 기간 동안만이 아니라 통상 그 회사에 정년이 될 때까지 근무할 수 있는 경우를 전제로 하는 것이었음을 생각해 보면 종기를 정하지 아니한 근로계약은 가장 원칙적인 근로형태이다. 소위 정규직이라는 개념은 바로 원칙적인 모습이자 정형적인 모습을 가리키는 것이다. 이러한 정형적 모습으로부터 벗어나게 되면 비정규, 또는 비정형적이라고 말하게 된다.

여하튼 당사자 간에 합의를 통해서 근로계약관계가 종료되는 시점 그러니까 종기를 정하여 놓았고, 이러한 합의를 사적 자치 차원에서 법률상 존중하여야 한다면, 사실상 그러한 기간의 합의는 다른 한편 노동법상의 해고보호법리를 회피하는 수단으로 활용될 여지가 매우 크다. 왜냐하면 원칙상 계약관계의 종료에 대해 당사자가 합의로서 기한을 설정하여 둔 경우 그러한 기한이 도과하면 당사자 간의 '합의'를 바탕으로 계약관계가 당연히 소멸하게 되므로, 사실상 계약관계에서의 강자에 해당되는 사용자로서는 별도의 해고법제의 간섭을 배제한 채 계약자유의 차원에서 당해 근로자의 직장을 함부로 박탈할 수 있게 되기 때문이다. 사실 종기의 합의를 사용자가 요구하게 되면 회사에 취직을 하고자 하는 근로자로서는 이를 거부하기 어렵다. 근로자는 자신이 원하지 않아도 근로계약관계의 존속기간을 합의할 수 있게 되는 것이다. 이로써 계약기간 갱신의 방식으로 근로자의 지위를 현저히 약화시킬 수 있게 된다. 결국 당사자 간의 합의를 명목으로 하여 노동법적 보호의 가능성을 배제할 수 있게 된 것이다. 바로 여기에 문제가 있다. 이러한 이유로 과연 이러한 차원에서의 기간 합의가 근로계약관계의 경우에도 그대로 적용될 수 있는 것일까가 노동법상 중요한 문제로 대두되기에 이른 것이다.

2) 해고보호규율의 회피문제와 입법흠결

이렇게 근로계약관계의 존속기간을 당사자 간 합의로 미리 정하여 둠으로써 별도의 해고 없이 기간의 종료로 근로계약관계는 종료하게 된다. 이로써 노무 인력운용의 탄력성은 제고된다. 우리나라의 경우에는 외환위기를 겪으면서 비정규직 형태의 근로관계가 본격적으로 등장하기 시작하였다. 그런데 이러한 기간제의 비정규직 근로관계는 앞서 설명한 본래의 제도영역을 넘어서 예상치 못한 많은 노동법적 문제를 낳았다. 이러한 제반 문제의 핵심은 사용자 측에서 비정규직 근로계약관계를 정규직 채용에 따른 노동법상의 제반 규제를 회피하는 수단으로 활용하게 되었다는 데에 있다. 사용자는 근로자에 대한 사실상의 지배적 지위를 향유하고자 한다. 사용자는 근로관계 지속여부에 대한 고용불안을 무기로 우월적 지위를 확보할 수 있고, 이를 통해 근로자에게 열악한 근로조건을 강제할 수도 있게 되었으며 결국 사용자가 아예 정규직 근로계약 형성을 기피하는 경향에 이르게 된 것이다.

종래 노동법 체계에서 이러한 문제는 입법자에 의해 미리 고려되지 못했다. 왜냐하면 사용자의 일방적 근로계약관계 종료와 달리 기간제 근로계약관계란 당사자 간의 합의를 그 형성 기초로 하기 때문이다. 근로계약기간의 존속기간에 대한 당사자 간의 합의내용은 계약내용의 형성에 해당되고 계약자유의 원칙에 따르게 되므로 해고와 달리 이에 대한 사회법적 규제를 미리 규범화해 놓지 못했던 것이다. 사실상 근로계약의 존속기간에 대한 합의는 근로계약관계의 종료라는 노동법적 결과를 수반하게 되므로 비록 합의라 하더라도 합의의 과정과 내용에 있어 노동법적 규범통제가 요청된다고 보아야 한다. 이때 규범통제는 개별계약 내용 형성에 있어 계약자유원칙과 근로자의 지장보장원리의 진형적 내림을 합리적으로 해소하도록 하는 데 규범적 본실이 있다.

3) 종래의 대응방식

이에 대하여 대법원은 전원합의체 판결을 통해 근로계약관계의 존속기간에 대하여 1년을 초과하여 정한 경우에도 기간합의로서 유효하다고 판시한 바 있다.[8] 이러한 법리에 따를 경우, 자칫 사용자가 해고법상의 제반 규정을 회피하는 차원에서 계약기간을 설정하면, 사실상 근로자의 직장보장원리는 형해화될 위험에 처하게 된다.[9] 단기법은 바로 기간합의가 갖는 이러한 문제점을 해결하기 위해 입법화된 노동법적 규제이며,[10] 기간제 근로관련 규율의 입법논의과정에서 가장 중요한 핵심문제는 바로 기간통제 방식에 있었다.

현행 우리 단기법은—이하에서 다시 설명하겠지만,—기간제 근로를 유지할 수 있는 최대기간을 설정하는 방식으로 규율을 하고 있다. 요컨대 최대 2년 이상 기간제 근로자를 사용하게 되면, 기간의 정함이 없는 근로관계로 전환되도록 하는 방식을 취한 것이다. 이는 적어도 2년을 넘어 해당 업무를 근로자에게 수행하도록 요구해야 하는 정도라면, 차라리 정규직 근로자를 채용하는 것이 옳다는 입법자의 의도를 보여주는 것이다. 이와 달리 비교법적 차원에서 독일의 경우를 살펴보면, 독일은 기간통제방식으로서 이른바 정당한 사유제한방식을 취하고 있다. 독일에 따르면 근로계약의 존속기간을 정하는 것은 정당한 원인이 있는 경우에만 유효하다고 한다. 예외적으로 그러한 원인 없이도 기간제 근로계약관계 형성의 가능성을 인정하고 있을 뿐이다. 그 구체적 운용의 문제는 별도로 하고 다만 법문의 내용을 두고

---

8) 대판(전합) 1996. 8. 29, 95다5783.

9) 김선수, "1년을 초과하는 근로계약기간을 정한 근로계약의 효력", 『노동법연구』 제6호, 1997, 566면 이하; 노상헌, "기간을 정함이 있는 근로계약과 해고법리", 『노동법학』 제16호, 2003. 6, 19면.

10) 비정규직 중 가장 많은 규모인 49.9%인 기간제 근로자 비중은 고착화 경향을 보이고 있으며, 외국에 비하여는 높은 수준을 점유하고 있다. 우리나라의 경우 전체 근로자 중 17.7%(2006년), 미국 4.0%(2003년), 일본 12.8%(2003년), 독일 12.7%(2003년)이다(노동부, "비정규직법 이해", 2007, 4, 5면).

양자를 비교하여 본다면 우리는 기간설정과 관련하여 계약자유를 원칙으로 하고 있으며 독일은 기간통제를 원칙으로 하고 있는 셈이다. 사실 독일의 이러한 기간통제방식은 종래 독일 법원이 오랫동안 판례를 통해 형성하여 온 것이다.[11)]

4) 최근의 법률개정 논쟁

어찌하였든 한동안 잠잠해 보였던 기간제 근로문제는 최근 국제적 경기 침체 영향으로 국내 경제사정이 매우 좋지 않아지면서 새로운 국면을 맞이하였다. 현재와 같은 상황에서 실업자의 수는 자꾸만 늘어가고, 이렇게 사회에서 실업자의 수가 늘었다는 것은 사회적 안전망이 약화되었다는 것을 의미하는 만큼 국가는 적극적인 고용확대전략에 매달리고 있다. 이러한 문제 인식하에서 정부가 최근 고용확대를 중요한 과제로 삼으면서, 청년층 구직자를 위한 인턴제를 실시하는 등 여러 가지 방안을 제시하고 있다. 소위 '잡 셰어링(Job Sharing)' 방안이나, 고용 유지를 전제로 임금 인상을 자제하고 근로시간을 단축하는 등 양보교섭을 선언하고 실천하는 기업과 근로자에 대한 지원 대책마련도 같은 차원에서 이해될 수 있다. 그중에서도 문제가 되는 것은 "비정규직을 2년 이상 채용하면 정규직으로 전환해야 한다"는 조항인데, 비정규직을 보호하려는 조항이 오히려 비정규직을 무더기 해고시키는 법적 근거가 되고 있다. 즉 비정규직보호법은 비정규직의 정규직 전환시점을 '2007년 7월 1일 이후 근로계약을 체결 · 갱신하

11) 이는 근로기한법 제1조에서 정하고 있는 동 법률이 규율목적에서 분명히 나타난다. 이에 따르면 동 법률은 i) 단시간근로관계를 촉진시키고 ii) 기간제 근로계약관계의 허용요건을 분명히 하며 iii) 단시간 또는 기간제 근로자들에 대한 차별을 막도록 하는 데 그 목적이 있다고 한다.

거나 기존의 근로계약기간을 연장하는 시점부터 2년이 지난 시점으로 정해 2009년 7월이 계약직의 대량해고 또는 정규직 전환의 선택시점으로 노동시장의 큰 파고가 예상된다. 2009년 7월이 아니더라도 그 이전에 비정규직의 정규직으로의 전환을 우려한 사업주들이 비정규직을 무더기 해고할 가능성도 있다. 비정규직을 정규직으로 전환한 사례는 빙산의 일각에 불과하고 대다수의 비정규직 근로자에게 단기법은 '대량해고법'으로 기능하고 있다.[12] 이에 따라 노동부는 비정규직법 개정을 추진하여 현행 2년인 기간제 사용기간 제한을 3－4년으로 연장하는 방안을 추진하겠다는 의사를 확인한 바 있었는데,[13] 이러한 정책은 곧바로 많은 반발을 불러일으키고 있다.[14]

기간제 근로의 최대 허용기간을 2년에서 4년으로 확대하는 것이 옳은가 하는 입법 정책적 논란은 결국 다음과 같은 관점의 차이에서 오는 것이다. 현실적으로 2년을 넘어서라도 기간제 근로라도 계속하고 싶다는 근로자의 요구가 있을 수 있고, 기간제관련 규율에 얽매여 할 수 없이 기간제 근로자와의 계약관계를 중단하여야 하는 기업의 입장을 고려할 때, 최대 기간을 확대하는 것은 필요하다는 것이 4년으로 늘리자는 주장의 핵심근거이다. 더 나아가 이러한 입장은 기업이 보다 자유롭고 탄력적으로 기간제 근로자를 사용할 수 있게 되므

12) 조성혜, "기간제 근로계약의 무기계약 전환, 무엇이 문제인가?", 『노동법학』, 2007, 139면.

13) 매일경제 기사 참고(http://news.mk.co.kr/outside/view.php?year=2009 & no=38072).

14) 예컨대 민주노총은 "비정규직 기간연장은 비정규직의 고용안정을 봉쇄하여 끝없는 고용불안과 저임금, 차별을 강요하고 정규직의 비정규직화를 부추겨 고용불안정성을 극대화하려는 것"이라며 "정규직전환을 앞둔 노동자의 비정규직 사용이 고착화되고 이후에는 4년 연장이 아니라 아예 기간제한을 철폐하려는 목적"이라고 반박하고 있다(관련 기사로는 http://www.viewsnnews.com/article/view.jsp?seq=45948 참고).

로, 고령자나 청년구직자들에게 보다 많은 근로의 기회가 제공될 수 있도록 하는 기폭제가 될 것이라고 본다. 이러한 장점에도 불구하고 다음과 같은 비판이 여전히 유효하다. 즉 기간제 근로관계를 4년으로 늘린다는 것은 사실상 근로자의 인간존엄이나 근로자로서의 노동법적 보호를 4년간 배제하고 노동력을 착취하겠다는 것에 다름 아니라는 지적이 바로 그것이다. 이러한 주장의 배경에는 기간제 근로기간 동안에는 엄격한 해고보호법리가 적용되지 아니하는 관계로, 근로자는 사용자에 대하여 정당한 권리주장이 사실상 어렵게 되고, 불합리한 사용자의 요구에 복종하여야 하는 결과가 초래될 수 밖에 없다. 오로지 기간제 근로 이후 정규식으로의 전환 가능성에 대한 기대를 갖기 때문에 초래되는 현상인데, 우선 그 기간이 4년이면 지나치게 장기이고, 정작 그 기간이 지난다 하더라도 정규직으로의 전환이 기대대로 잘 이루어질 것인가조차 의문이 아닐 수 없다. 더구나 막상 4년이 도과되면 현재와 같이 기간제 근로기간 연장 논의나 적용유보필요성에 관한 논의가 없으리란 보장도 없다. 요컨대 우리는 현재 기간제 근로라 하더라도 고용을 늘리고, 기업으로서도 고용의 탄력성을 확보하는 것이 필요한지, 아니면 기간제 근로자의 해고보호를 조기에 실현하도록 하는 노력이 의미 있는 것인지에 대한 논란의 중심에 놓여 있다.

그렇다면 근로계약관계에서 그 존속기간의 합의를 두고 있는 기간제 근로관계란, 노동법적으로 특히 해고법적으로 어떠한 의미를 가지는 것인지 법이론적 분석을 먼저 해 보기로 한다.

2. 근로관계 존속기간 합의의 노동법적 의의[15)]

1) 계약내용 형성의 자유

계약의 자유는 스스로 계약관계를 형성하며 스스로 계약관계를 종료할 수 있어야 함을 의미한다. 요컨대 계약의 상대방을 선택하거나 계약의 구체적 내용을 정하는 것은 원칙적으로 계약자유의 영역에 있다.[16)] 근로계약관계와 같이 계약당사자 간의 계약적 비대등성 때문에 여러 가지 제한이 가해지는 경우가 있지만 적어도 계약을 체결하고 그 계약의 내용을 형성하는 것은 사실상 견실하게 보장된다고 할 수 있다.[17)] 그러나 근로계약관계의 종료와 관련하여서는 근로자의 직장보장을 위하여 여러 가지 사회법적 제한이 있다. 근로계약을 체결하면서 양 당사자가 합의로 그 존속기간[18)]을 미리 정하여 두는 것 역시 계약의 내용을 형성하는 것으로서 원칙상 사적 자치가 존중되어야 한다.

2) 근로계약관계의 존속기간 통제의 노동법적 의미

(1) 근로자의 계약을 통한 인신구속 위험

이러한 근로계약에 있어 존속기간의 합의는 노동법상 다음과 같은

15) 이에 대하여 자세히는 권혁, "기간제 근로계약관계에 대한 노동법적 통제", 『산업관계연구』 2006. 12 참고.

16) Boemke, NJW 1993, S.2085.

17) Boemke, NJW 1993, S.2083.

18) 물론 기한은 근로계약관계상의 일부 내용에 대한 것일 수도 있다. 예컨대 행정직 근로자들을 각각 일부 인원단위로 나누어서 생산직 인력 부족에 따른 업무차질을 해소하기 위해 단기간 생산직 업무에 종사하도록 하는 경우가 그 예가 될 수 있을 것이다. 본서에서는 근로계약관계 존속에 대한 기간설정에 국한하여 설명하기로 한다.

의미를 지니고 있다. 우선 근로계약관계의 존속기간을 미리 당사자들이 정하여 둠으로써 그러한 한도에서 양 당사자는 자신의 계약관계 해지권 행사를 스스로 제한한 것이다.19) 사용자는 적어도 그 기간 동안 근로자를 해고할 수 없게 되어 근로자는 보다 안정적인 지위를 누릴 수 있게 된다.20) 그러나 문제는 근로계약관계의 존속기간이 근로자의 해지권도 제한한다는 데 있다. 근로계약관계는 본질적으로 근로자가 노동력을 제공하고 사용자는 이를 운용하는 것을 그 내용으로 한다. 다른 계약관계와 달리 근로계약관계의 계약목적 실현은 본질적으로 사용자와 근로자라는 종속적 인간관계의 지속을 통해 실현되는 특성이 있다. 따라서 근로자 측면에서 해지의 자유를 보장하는 것은 매우 중요한 의미가 있다. 왜냐하면 그러한 해지의 자유가 보장되지 않으면 자칫 근로계약을 통해 인적 종속관계가 종속적으로 이루어질 위험도 배제할 수 없기 때문이다.21) 따라서 상호 간의 합의를 통한 해지의 자유제한은 일정한 합리성의 범위 내에서만 인정되어야 한다. 근로계약관계의 존속기간을 전적으로 계약자유의 측면에서 존중되는 것으로만 파악해서는 안 되는 이유가 여기에 있다. 예컨대 근로자와 사용자가 근로계약을 형성하면서 20년이라는 존속기간을 정하였다면 이러한 합의는 사실상 계약자유의 범위를 유월한 것으로 평가되어야 한다.22) 이러한 위험에 대하여 입법자는 이미 이를 고려한 바 있다.

---

19) BAG AP Nr. 2 zu § 242 BGB Kündigung; Lepke, SAE 1977, S.159ff.; Schwerdtner, ZfA 1977, S.71ff.

20) 이러한 점은 이미 단기법 제15조 제3항에서 확인할 수 있다. 동 규정에 따르면 개별 근로계약이나 단체협약에 따라 별도의 정함이 없는 한 기간의 정함이 있는 근로계약에 대해 사용자의 해고권을 인정하고 있지 않다.

21) Oetker, Der arbeitsrechtliche Bestandsschutz unter dem Firmament der Grundrechtsordnung, 1996, S.17ff.

22) Hergenröder, ZfA 2002, SS.356, 357.

현행 근로기준법이 동법 제16조에서 근로계약관계의 최장기간을 1년으로 정하고 있는 입법취지도 이러한 차원에서 이해될 수 있다.

(2) 직장보장이익의 형해화 위험

근로계약관계에 있어 계약기간은 근로자의 해지자유를 본질적으로 침해할 위험과 함께 근로자의 직장보장이익을 형해화할 위험을 또한 내포하고 있다. 근로계약관계의 종료에 대해 당사자가 합의로서 기한을 설정하여 두었으므로 그러한 기한이 도과하면 사용자로는 별도의 해고통지 없이도 근로관계는 당연히 소멸하게 되므로 별도의 해고 통지가 필요 없다. 이는 곧 해고보호법리에서 요구되는 일정한 요건이 처음부터 문제될 여지가 없음을 의미한다. 그 밖에도 기간제 근로계약을 체결함으로써 사용자는 해지기간을 고려할 필요가 없으며 해고의 경우와 달리 경영협의회의 개입이 이루어질 여지도 없다. 아울러 해고보호법에서 특별한 우선적 보호대상인 장애인이나 여성근로자에 대한 규정 역시 기간제 근로계약관계에 있어서는 적용될 여지가 없다. 따라서 기간제 근로계약관계를 자유화하는 것은 사용자에게 보다 유리한 측면으로 작용하게 됨을 부인할 수 없다. 이러한 경우 사회적 약자로서 근로자 보호이념을 사실상 형해화하는 결과가 된다. 근로계약관계의 존속기간을 통해 근로자는 해고보호법리를 구현하는 제반 규율과 제도로부터 보호받을 수 없게 된다. 적어도 우리의 현행 노동법제하에서 근로계약기간을 통해 근로자의 직장보장원리가 형해화되는 문제에 대하여는 사실상 법적 대응 방법이 없다고 할 수 있다. 근로기준법 제16조에서는 근로계약의 당사자로 하여금 근로계약기간에 대해 1년을 초과하지 못하도록 한 것은 앞서 설명한 바와 같이 근로자의 해지자유를 합리적으로 보장하기 위한 데 입법의 본래적 목적이 있으므로 근로자의 직장보장원리를 실현하는 차원에서의 기간통제법리 구현규정으로 볼 수는 없다. 또한 민법 제660조 내지 제662조의 고용계약규정상의 계약기간은 당사자 간 계약 내용형성의 자유에 놓여 있기 때문이다. 이른바 비정규직 법안에서 고려되는 기간통제는 바로 이러한 차원에서의 근로계약관계 존속기간합의의 노동법적 규제를 의미한다.

3) 기간 통제입법의 방식

유럽입법지침은 다음과 같은 3가지 통제 방식을 제시하여 두고, 그중 어떠한 방식을 선택할 것인지는 해당 국가의 자율적 선택의 문제로 하고 있다.

(1) 최대기간 제한방식

우선 유럽입법지침 제5조 제1항에 따르면 우선 기간제 근로계약의 최대기간을 한정하는 방식이 있다. 현행 우리 입법례와 상통하는 경우이다. 이렇게 근로관계의 존속기간을 정하는 방식은 내용에 따라 두 가지 종류로 나누고 있다. 하나는 기한의 설정이 명백히 확정되어 있거나 확정될 수 있는 시간적 기간으로 정해지는 경우이다. 이는 전형적인 기한근로계약관계의 양태로서 시간기한(Zeitbefristung)부 근로계약관계라 한다. 이와 달리 근로계약관계에서 기한을 설정한 이유가 일정한 목적달성에 있을 수도 있다. 이렇게 일정한 계약목적의 달성시점과 같이 불확실한 기간을 기한으로 정하여 두는 경우에 이를 목적기한(Zweckbefristung)부 근로계약관계라 한다.

(2) 갱신 횟수 제한방식

둘째로는 기간을 설정한 근로계약관계의 그 갱신 횟수에 대한 통제를 가하는 방식이다. 요컨대 기간제 근로관계의 경우, 그 갱신 횟수가 예컨대 2회 또는 3회에 걸쳐 이루어지면 사실상 기간이 없는 근로관계로 평가하는 방식을 말한다.

(3) 정당한 원인 요구방식

마지막으로 기간제 근로관계를 설정하기 위하여는 반드시 그러한 기간설정의 정당한 원인이 존재할 것을 요구하는 입법방식이 있다. 이러한 방식은 원래 근로계약관계에서 그 존속기간을 설정한다는 것은 예외적인 것으로서, 반드시 이를 인정할 만한 실체적인 정당성 근거를 전제로 하여야 한다는 입장이다. 이러한 방식은 현재 독일의 입법례이기도 하다. 독일은 단시간 및 기간제근로법(TzBfG) 제14조에서 정당한 원인의 존부 심사를 통한 기간통제방식을 취하고 있다. 무엇이 정당한 이유인가와 관련한 문제가 있을 수 있다. 이에 대해 독일에서는 기간제 근로계약의 정당성 요건은 물론 동 규정 제2문에서 8가지의 사례(Tatbestände)를 예시적으로 기술하고 있다. 사실 이는 종래 판례[23]를 통해 인정되어 온 것을 입법화한 것이다.[24] 동 규정에서 기술하고 있는 8가지의 사례는 특별히 법규정에서 예시하고 있

---

23) BAG AP Nr. 76 zu BGB §620 Befristeter Arbeitsvertrag; BAG AP Nr. 204 zu BGB §620 Befristeter Arbeitsvertrag.

24) Kliemt NZA 2001, S.297.

는 것일 뿐 이러한 사실관계에 국한하여 기한설정의 정당한 원인을 긍정하겠다는 취지로 해석해서는 안 된다.[25)] 이렇게 종래 판례의 입장을 고려한 입법자의 태도임을 감안하더라도 명문으로 제시된 예시원인들은 규범적 효력을 지니고 있다. 따라서 개별 표지에 대한 법적 해석이 필요하다. 우선 법 규정상에 예시된 정당한 원인의 내용을 살펴보면 i) 일시적 인력고용의 필요성이 존재하는 경우와 ii) 직업교육이나 훈련의 필요에 의해 기간제 근로계약이 필요한 경우 그리고 iii) 기존 근로자에 대한 대체근로 차원에서 이루어지는 기한설정은 정당한 것이라 한다.[26)] 그 밖에도 iv) 업무의 내용이 특수하여 일정한 기한 동안에만 영업이 이루어지는 경우[27)]나 v) 수습기간으로 평가될 수 있는 기간 동안의 기한 설정은 정당하며[28)] vi) 근로자의 일신상 사유에 기해 기한설정이 요구되는 경우[29)]나 vii) 국가 예산 차원에서 인정

25) BAG AP Nr.14 zu TzBfG §14.; ErfK-Müller-Glöge, 6. Aufl., 2006, §14 TzBfG, Rn. 9.

26) 이때 대체인력의 투입은 건강이나 휴가 또는 출산 등으로 근로자가 업무에 직접 투입되지 못하는 경우뿐만 아니라, 정규 근로자의 업무가 당분간 보조될 필요가 인정되는 경우와 같은 간접적 대체필요성(Mittelbarer Vertretungsbedarf)하에서도 정당한 원인이 존재하는 것으로 평가될 수 있다고 한다(BAG NZA 2001, S.1069).

27) 계절사업체(Saisonbetrieb)가 그 대표적인 예가 될 수 있다(BAG AP Nr.1 zu §620 BGB Saisonarbeit). 예컨대 아이스크림을 파는 회사의 경우는 통상 겨울에는 한가하고, 여름에 즈음하여 매우 많은 일손을 필요로 하게 된다. 그 외에도 이렇게 계절에 따라 인력 수요가 급변하게 되는 성질의 사업체는 흔히 발견된다. 이러한 사업체의 특성을 무시하고, 항상 피크시즌에 맞추어 인력을 고용하도록 하는 것은 처음부터 무리가 있다. 기간제 근로관계의 형성 가능성을 부여하고 있는 이유는 바로 여기에 있다.

28) 수습기간 차원에서의 기간제 근로계약은 주로 수습기간의 기간적 합리성이 문제된다. 즉 수습기간을 이유로 기한을 정하였으나 수습의 목적에 비해 지나치게 긴 기한을 설정하는 것은 사실상 기한통제의 법리를 유월하는 것이 되기 때문이다.

29) 일신상의 사유에 기한 설정과 관련하여 종래 동 규정이 입법화되기 이전부터 법원에서 주로 다투어진 문제는 과연 근로자가 스스로 원하여 기한을 설정하는 경

된 경우, 그리고 마지막으로 viii) 법정적 화해(gerichtlicher Vergleich) 차원에서 인정되는 기간제 근로계약은 정당하다[30]고 한다. 기한 설정의 정당성 판단은 기간제 근로계약관계의 형성 시점 즉 체결 시점에서 이루어진다. 이때 정당한 원인으로서 일시적 인력수요는 하위 개념으로서 각각 장차 인력수요가 증가할 것이라는 것과 이후 다시 인력수요가 감소되어 고용이 더 이상 어려울 것이라는 사용자의 예측을 동시에 포함하고 있다.[31] 대부분의 경우 이러한 사용자의 예측은 결과와 일치한다. 왜냐하면 통상 이러한 이유에 따른 기간제 근로계약관계의 형성은 비교적 한정적 기간을 통해 이루어지는 이벤트적 상황을 전제로 하기 때문이다. 예컨대 7월 마지막 주부터 8월 마지막 주까지 일제히 열리는 백화점의 정기세일기간 동안의 판매 근로자를 추가로 고용하기 위한 경우가 그 예라 할 수 있다. 하지만 그렇다고 항상 그러한 것은 아니다. 왜냐하면 예측적 요소는 단지 개연성 판단에 불과하므로 결과적으로 기한이 도과한 시점에서 그러한 결과가 나타나는가 하는 점은 불확실할 수밖에 없기 때문이다. 이러한 경우 문제는 기한통제법리에 따른 정당성 판단의 오류위험을 비록 그러한 원인이 사용자의 경영자적 영역에 존재하는 것임에도 불구하고 근로자 측이 부담하게 되는 데에 있다.[32]

우에도 일신상의 사유에 기한 경우로서 정당한가에 관한 것이었다. 이에 대해 근로자의 요청이 객관적으로 진정하며 사용자에 의해 사실상 영향을 받지 않은 것이라고 신뢰될 수 있는 경우에는 그러한 기한설정도 정당하다는 것이 연방노동법원의 입장이었다(BAG AP Nr. 91 zu §620 BGB Befristeter Arbeitsvertrag).

30) 이 원인요건과 관련하여 종래 법정 이외에서 이루어진 화해(außergerichtlicher Vergleich)의 경우에도 이를 이유로 기간제 근로계약관계의 형성이 정당하다고 볼 수 있겠는가가 문제되었었다. 이에 대해 대체로 사적 합의로서 화해는 이에 해당되지 않는다는 것이 법원의 종래 입장이라고 할 수 있다(BAG AP Nr. 4 zu §57 a HRG; BAG AP Nr. 53 zu §620 BGB Befristeter Arbeitsvertrag).

31) BAG AP Nr. 15 zu Art. 13 Einigungsvertrag.

4) 평 가

이렇게 근로계약관계에서 그 존속기간을 정하고 이에 대해 통제하는 법리는 상반된 두 방향 즉 한편으로는 근로자의 자유로운 해지권 보장 차원에서, 다른 한편에서는 근로자의 직장보장차원에서 실천되어야 하는 특징을 가지고 있다. 근로자의 인신적 종속 위험으로부터의 보호와 근로자의 안정적 직장보장의 이익 가운데 오늘날 주로 고려의 대상이 되는 것은 후자의 측면이라고 할 것이다. 기간제 근로관계에 대한 규율의 핵심은 바로 근로자의 해고보호를 사실상 형해화할 수 있는 기한설정을 어떻게 합리적으로 제한할 것인가에 있다고 할 수 있다. 즉 근로계약기간을 허용하는 표지와 관련하여 이를 일정한 사유에 제한되는 방식을 취할 것인가(사유제한방식) 그렇지 않으면 별도의 사유 없이도 이를 허용하되 그 허용 기간을 제한하는 방식을 취할 것인가(기간제한방식)에 대하여 입법자의 가치적 판단이 요청된다. 독일은 이미 몇 차례 소개된 바와 같이 이른바 단시간 및 기간제 근로에 관한 법률(이하 단기법; Gesetz über Teilzeitarbeit und befristete Arbeitsverträge: TzBfG)[33]이라는 단행법규를 입법, 시행하고 있다. 우리도 기간제 및 단기간근로자 보호 등에 관한 법률이 제정되고, 또한 시행하고 있다.

---

32) 이러한 위험부담의 문제점에 대해 최근 2000년 3월 22일 자 독일연방노동법원 판결에서 이미 지적한 바 있다(BAG AP Nr. 221 zu §620 BGB Befristeter Arbeitsvertrag).

33) BR-Drucks. 591 / 00; BT-Drucks. 14 / 4374.

3. 각국의 입법과정과 그 내용

1) ILO협약(제158호)

우선 국제기준으로서 ILO가 규정하고 있는 기간제 근로계약의 규제가 있다. ILO는 사용자의 해고권을 제한하면서 사회적 합리성이 없는 근로계약상의 기간설정은 '해고규제'를 회피하기 위한 '탈법행위'로 규정하고 있다. 즉 1982년 제68회 ILO총회에서는 고용보장(Job Security)에 관한 새로운 국제기준으로 "사용자의 발의에 의한 고용종료에 관한 제158호 협약"과 이것을 보충하는 제166호 권고가 채택되었다.[34] 동 협약은 사용자에 의한 고용종료(이른바 '해고')에는 '정당한 이유'가 필요하다는 일반원칙을 규정하고, "근로자의 고용은 근로자의 능력 또는 행위와 관련하는 정당한 이유, 그리고 기업, 사업 혹은 시설의 운영상의 필요에 의거하는 정당한 이유가 없는 한 종료할 수 없다(제4조)"고 규정하고 있다. 그런데 이러한 배제조항을 이용하여 사용자가 해고규제를 면하려는 탈법적인 의도를 가지고 "유기고용계약"을 체결하고, 반복갱신하는 것에 대한 방지조치의 필요성이 주장되고, 그 결과 협약은 해고제한에 관한 적용을 회피하기 위하여 특정기간을 정하는 근로계약을 방지하기 위한 적당한 보호조치(adequate safeguards)를 강구하여야 한다고 규정하고 있다(제2조 2, 제3항).

---

34) Convention No. 158 and Recommendation No. 166, Concerning Termination of Employment at the Initiative of the Employer, 1982. 이에 대하여는 노상헌(2003), "기간의 정함이 있는 근로계약과 해고법리", 『노동법학』, 2003. 6, 10면에서 재인용.

2) EU 입법지침

유럽공동체 형성을 위하여는 여러 가지 법제도적 측면에서 개별 국가 상호 간의 동화과정이 필요하게 된다. 이에 관한 내용을 정하여 둔 것이 바로 유럽입법지침이다. 특히 이른바 비정규근로계약관계의 형성에 대한 규율과 관련하여서는 근로자의 보호와 유럽 공동체 내의 동등한 시장 조건 형성이 실현되어야 했다. 이와 관련하여서 특히 기간제 근로계약관계는 1982년 유럽입법지침에서 마련된 이후 몇 차례 개성 보완된 후 1999년에 입법지침(Richtlinie 99 / 70 / EG)으로서 확정・공포되었다.[35]

3) 독 일

사인이 법적 질서를 형성함에 있어 계약자유의 원칙을 향유하게 된 것은 의외로 그리 오래된 것이 아니다. 불과 지난 19세기 경제적, 철학적 영역에서 활발하게 진행되었던 자유주의사조가 사법질서에서 계약의 자유를 구체적으로 실현할 수 있도록 한 원동력이었다.[36] 따라서 계약당사자의 의사를 가능한 존중하는 것이 사법질서의 이상적 모습으로 인식되었다. 이러한 차원에서 독일 민법 제620조에서 근로계약관계에 있어서도 다른 계속적 계약관계와 마찬가지로 기한을 설정함이 없이 계약을 체결하거나 혹은 기한의 설정하에 이를 체결하는 것도 가능하다고 하는 규정이 있었을 뿐이었다

민법 제620조상의 원칙은 이후 근로자에 대한 사회적 보호필요성에

35) Röthel, NZA 2000, S.65ff.

36) Kilian, AcP 180(1980), S.50.

대한 인식이 형성되고 이후 이를 구체화하는 독일 해고보호법이 1951년 별도로 입법되는 과정에서도 변함이 없었다. 따라서 적어도 1985년 이전까지 독일 역시 우리와 마찬가지로 근로계약기간에 관한 통제 규범을 둔 바가 없었고, 따라서 적어도 법규정 차원에서는 근로계약기간의 설정은 당사자 간의 사적 자치의 차원에서 이해되어 왔다.

그러나 이미 제국법원 당시부터 근로계약기간의 설정을 통해 사실상 사용자는 해고제한을 회피하는 수단으로 이를 이용하여 왔었다. 비록 명문의 규정은 없었지만 법원은 오랫동안 이러한 점을 인식하고 근로계약관계의 형성에 있어 근로계약기간을 정하는 문제와 관련하여 매우 엄격한 입장을 견지하여 왔다. 이미 독일제국법원은 1932년 7월 2일에 이른바 연쇄근로계약(Kettenarbeitsverträge)에 대해 만약 사용자가 기한의 합의를 주장하는 것은 권리를 남용한 것으로서 정당하지 않다고 판시한 바 있다.[37] 이러한 상황에서 해고보호법리를 구체화하는 단행법률의 입법이 논의되었고 그 결과 1951년 해고보호법을 규정하면서도 해고보호법 규정 내에 기한설정에 대한 해고보호법리상의 구체적 대응수단을 모색하여 규정하지는 않았다.[38] 당시 입법자들도 근로계약관계의 존속기간에 대한 자유가 자칫 해고보호법 규율을 회피할 우려가 있으며 따라서 근로자의 직장보장원리를 사실상 형해화할 우려가 있음을 인식하였던 것으로 보인다.[39]

그럼에도 연방노동법원은 이후 결정을 통해 기간제 근로계약관계의 경우에도 객관적으로 해고보호법적용을 회피하기 위한 목적(objekt-

37) RAG ARS 16, 66.

38) 이에 관하여는 Wiedemann / Palenberg RdA 1977, S.87; ErfK-Müller-Glöge 6. Auflage 2006, §14 TzBfG, Rn.1.

39) BT-Drucks. 1951, S.2090.

iven Gesetzesumgehung)이 인정되면 당해 기간제 근로계약의 유효성을 부인하는 법리를 형성하기에 이르렀다.[40] 이에 따르면 당사자가 계약체결을 통해 형성한 법률관계가 사실상 해고보호법의 규범목적을 형해화하는 결과가 예상되었으나 이를 간과하였거나 혹은 사실상 이를 의도한 경우에 기한에 대한 합의는 무효로 된다고 본 것이다. 이후 연방노동법원은 종래 기한통제법리를 보다 일반화하여 기한설정의 자유를 정당한 사유(Sachlicher Grund)가 존재하는 경우로 범위를 축소하였다. 그러한 원인이 존재함이 없이 근로계약당사자가 기한에 관한 합의를 하는 것은 당사자 간 계약형성의 자유를 유월한 것으로서 무효가 된다고 보았다.[41] 다만 해고보호법의 적용대상이 아닌 계약당사자 간의 기간제 근로계약의 설정에는 이러한 정당한 원인이 요구되지 않음은 물론이다.

요컨대 기간제 근로계약관계의 정당성 판단은 법관법을 통해 형성된 이른바 정당한 사유 표지를 통해 이루어져 왔다.[42] 이러한 판례의 태도는 매우 확고하여 이후 입법자가 다른 법률을 제정하면서 이러한 해고회피법리에 따른 정당한 원인 요건이 법제화되기도 하였다.[43] 그

40) BAG AP Nr. 16 zu BGB §620 Befristeter Arbeitsvertrag.

41) BAG AP Nr. 16 zu BGB §620 Befristeter Arbeitsvertrag.

42) MünchHbArbR-Wank, 2. Aufl., 2000, §116 Rn. 9; Koch, NZA 1992, S.154 ff.; Sowka, DB 1988, S.2458. 그러나 사실 판례가 형성하여 온 이러한 정당한 이유 요건과 관련하여 생각해 보면 실은 민법 제620조상의 근로계약관계의 기한설정의 자유 내용 내에 이미 해고남용의 위험을 내포하고 있으므로 판례가 정당한 이유로 기한설정의 자유를 제한하여 해석하는 것은 법관법을 형성한 것이라기보다는 민법 제620조의 목적론적 축소해석(teleologische Reduktion)의 결과로 보는 것이 타당하다고 생각한다(이와 같은 취지로는 Kraft, Anm. zu BAG AP Nr.50 zu BGB §620 Befristeter Arbeitsvertrag).

43) 요컨대 이미 효력이 소멸하였지만 근로촉진법(BeschFG 1985)이나 고등교육법(§57b I HRG)이 그 예다.

러나 적어도 결과적으로는 2000년 12월 31일에 단기법이 제정되기까지는 독일 민법 제620조에 따라 기간제 근로계약관계가 자유로운 형성이 원칙이었고 예외로서 법관법을 통해 이를 제한할 수 있을 뿐이었다.[44]

독일에는 현재 기간제 근로계약관계와 관련하여 이른바 단기법이 2001년 1월 1일 이후로 시행되고 있다. 사실 단기법의 제정은 두 가지 요인이 있었다. 하나는 1985년에 제정되어 갱신을 반복하여 오던 독일 고용촉진법상에서 기한근로계약관계를 규율하였던 제반규정이[45] 2000년 12월 31일까지만 시행되는 것이었으므로 사실 현행 독일 단기법은 기한근로관계와 관련하여서는 고용촉진법을 대체하는 단행 법률이라 할 수 있다.[46] 사실 1985년에 제정된 이른바 고용촉진에 관한 노동관계법(Gesetz über arbeitsrechtliche Vorschriften zur Beschäftigungsförderung; BeschFG)은 종래 기간제 근로계약에 대해 매우 엄격한 통제를 하고 있던 법원의 입장과 달리 입법자의 노동정책적 판단에 따른 법률이었다. 입법자는 동법을 통해 독일 노동시장의 탄력성을 보장하기 위해 계약기간이 2년을 초과하지 않거나 3회에 걸쳐 연장된 근로계약기간이 총 2년을 넘지 않는 한도에서 기한설정의 자유를 인정하도록 하였었다. 또한 원래 1985년 5월 1일부터 1989년 12월 31일까지 한시적 법률이었으나 이후 1990년 그리고 1996년 2차례 효력을 연장하여 2000년 12월 31일까지 효력을 유지하였다. 다른 한편으로는 유럽입법지침[47]상의 단시간근로지침[48]과 기

44) Hromadka, NJW 2001, S.403.
45) §1 I-IV BeschFG.
46) Hromadka, NJW 2001, S.400.
47) Röthel, NZA 2000, S.65ff.
48) Richtlinie 97 / 81 / EG vom 15. 12. 1997.

간제근로지침[49]을 독일 국내법으로 입법해야 하는 시한이 2001년 7월 20일까지였으므로 그 전에 이 양자의 근로계약관계에 대해 단행법률을 제정한 것이다.[50]

4) 프랑스

프랑스는 고용의 불안정화를 초래하는 기간제 근로계약의 법적 규제를 강화한다는 목적에서 기간의 정함이 없는 계약을 원칙으로 한다. 프랑스는 앞의 ILO 제158호 협약을 비준하고(1989. 3. 16), ILO 협약의 예를 따라서 입법이 이루어졌다고 할 수 있다.

프랑스는 이하에서와 같이 노동법전에서 열거하는 특정한 일시적인 업무수행이라는 사유가 있는 경우에만 기간제 근로계약을 체결할 수 있다. 노동법전 L.122-1조 제1항이 열거하는 기간제 근로계약의 체결사유는, 제1호에서 ① 결근 중 또는 근로계약이 정지 중에 있는 근로자를 대체하는 경우(예컨대 출산, 육아휴가 중에 있는 근로자의 대체), ② 기업 위원회와의 협의로 근무부서의 폐지가 예정되어 있고, 부서폐지에 앞서 근로자가 이직하는 경우, 그 폐지일까지 고용하는 경우, ③ 기간의 정함이 없는 근로계약에 의해 채용된 근로자가 실제로 업무에 투입되기까지 대체가 필요한 경우를 정하고 있다. 제2호에서는 기업의 사업활동이 일시적으로 증가하는 경우를, 제3호에서는 ① 계절적인 업무, ② Decret 또는 확장적용되는 단체협약에 의해 정해진 특정산업부문에 있어, 업무성질 및 당해업무가 본질적으로 임시적이

49) Richtlinie 99 / 70 / EG vom 28. 6. 1999.

50) 따라서 독일 기한부근로법은 크게 단시간 근로계약관계규율과 기간제 근로계약관계에 관한 규율을 그 내용으로 하고 있다. 입법과정에 관해 자세히는 Röthel, NZA 2000, S.65ff.; Wank, RdA 1999, S.383ff. 참고.

라는 성질 때문에 당해업무에서는 기간의 정함이 없는 근로계약으로 채용하지 않는다는 관행이 확립된 업무를 들고 있다. 다만 프랑스에서는 예외적, 일시적인 사유에 해당하지 않는 기간제 근로계약의 경우와 계약기간이 24개월을 넘는 기간제 근로계약에 대하여는 기간의 정함이 없는 근로계약으로 취급한다(L.122-3조 제13항).[51)]

5) 영 국

원래 영국은 유기고용계약의 체결과 반복갱신에 관하여 원칙적으로 법적 규제를 하지 않고 있었다. 그래서 근로관계의 존속기간 즉 고용기간을 당사자의 의사에 맡기고 있다. 단지 일정요건을 갖춘 유기고용계약의 갱신거부를 '해고'로 취급해 왔다고 한다.[52)] 요컨대 계약상 기간이 정하여지는 경우(fixed-term contracts), 그 기간의 장단에 대하여 규제하는 법리는 없고 그것이 아무리 반복갱신되어도 유기고용계약으로써 존속한다. 결국 영국은 이러한 Common law의 원칙을 토대로 하면서 기간제 근로계약으로 고용되어, 기간만료와 함께 행하여지는 사용자의 갱신거부를 '해고'로 규정하여 입법상 해결을 도모하였다(ERA 1996, S.95(1)(b)). 고용기간이 1년 이상의 유기고용계약의 갱신거부는 불공정해고법리(unfair dismissal)에 의거하여 판단하여야 한다는 것이다.

하지만 오늘날 영국의 기간제 근로관계의 형성과 관련하여 일정한 사유가 있을 것을 요구하는 방식으로 전환되었다. 즉 영국도 "유기고용 근로자에 대한 불이익 취급 방지 규칙"을 제정하여, 객관적

51) 노상헌, "기간의 정함이 있는 근로계약과 해고법리", 『노동법학』, 2003. 6, 13면.
52) 노상헌, "기간의 정함이 있는 근로계약과 해고법리", 『노동법학』, 2003. 6, 16면.

이유(objective grounds) 없이 유기고용계약이 4년 이상 계속되는 경우, 당해계약을 기간의 정함이 없는 것으로 한다(제8조 제2항)고 규율하고 있다.[53]

6) 일 본

일본 노기법은 전전(戰前)의 '연기(年期)계약'에 의한 신분적 구속의 경험에 비추어, 장기간의 근로계약을 금지하기 위해 근로계약은 "일정한 사업완료에 필요한 기간을 정하는 것 이외에는 1년을 넘는 기간에 대해서 체결해서는 아니 된다"라고 규정해 왔다(14조). 그러나 전후 50년 이상을 거쳐 장기간 근로계약에 의한 폐해의 우려가 감소하고, 한편으로는 산업계에서 기동적인 사업운영을 위해 전문적 기능을 가진 자를 일정기간 확보할 필요성이 높아지고, 또한 일하는 쪽에서도 복수기업을 이동하면서 전문적 기능을 발전시킨 근로자와 퇴직과정에서 일정기간 근로를 제공하고 싶어 하는 고령자 등이 증가했다. 이리하여 위의 최장기간 1년 제한의 철폐와 완화에 대한 주장이 높아졌지만, 여기에 대해서는 기간고용자의 증가에 의한 기간의 정함이 없는 정규고용자로의 대체를 경계하여 반대하는 주장도 강해졌다. 그래서 중앙노동심의위원회의 검토결과, 1998년 노기법 대개정에서는 기간의 상한은 1년이라는 원칙을 유지하였다.[54] 1998년 노기법 개정은 노사의 대립을 조정한 결과로서 과도한 내용이었기에 정부의

---

53) 유기고용 근로자에 대한 비차별원칙을 명시하였고, 동 규칙은, 사용자는 객관적인 이유 없이 기간의 정함이 있는 계약을 체결하고 있는 기간고용 근로자를 비교 가능한 상용 근로자보다 불이익하게 취급해서는 아니 된다고 규정하고 있다(노상헌, "기간의 정함이 있는 근로계약과 해고법리", 노동법학, 2003. 6, 17면).
54) 강성태, "비정규법안의 내용과 과제", 노동법학, 2005, 20면.

종합규제개혁회의 등에서는 근로자가 다양한 근무방식을 선택할 수 있도록 더욱 규제완화를 바라는 의견이 쇄도했다. 그래서 후생노동성의 노동정책심의회 근로조건분과회에서 재차 엄격한 논의가 이뤄져 계약기간의 원칙적 상한을 1년에서 3년으로 완화하고, 일정한 고도의 전문직 및 60세 이상의 근로자에 대해서는 5년의 특례상한을 인정한다는 대폭적인 개정이 발표되었다. 즉 근로계약에 관한 기간을 마련하는 경우에는 일정한 사업의 완료에 필요한 기간을 정하는 것 이외는, 기간의 상한은 3년으로 간주되며(3년을 넘는 기간을 계약해서는 안 된다), 특례로서 (a) 후생노동대신이 정한 기준에 해당하는 고도의 전문적 지식, 기술 또는 경험을 가진 근로자가 당해 전문적 지식 등을 필요로 하는 업무에 종사하는 경우 또는 (b) 만 60세 이상인 근로자에 대해서는 기간의 상한은 5년이 된다고 개정한 것이다.[55] 앞에서 서술한 1998년 개정규정과 비교한 경우에는 첫째로 계약기간의 원칙적 상한이 1년에서 3년으로, 그 예외로서 특례상한이 3년에서 5년으로 완화되었다. 둘째로는 특례를 이용할 수 있는 유형 가운데, '만 60세 이상의 근로자'는 그대로이지만, 1998년 개정규정에서의 ①, ②의 복잡한 특례유형은 보다 단순한 (a)의 유형으로 정리되었다. 즉 1998년 개정규정은 신상품 등의 개발 내지 과학의 연구 또는 일정기간 내에 완료예정인 사업개시 등의 업무에 필요한 고도의 전문적 지식 등을 가진 근로자가 부족한 사업장에 관련 근로자를 새롭게 고용하는 경우에만 특례를 이용할 수 있었다. 2003년 개정 규정에서는 고도의 전문적 지식 등을 가진 근로자가 당해 전문적 지식 등을 필요로 하는 업무에 종사하는 경우라는 간단한 요건으로 되었다. 이리하

55) 김재훈, "일본에서의 기간고용법리", 『노동법연구』, 2003, 29면.

여 구 규정에서는 특례기간은 고도의 전문직이 부족한 사업장에 대해서밖에 이용할 수 없었기 때문이다. 고도의 전문직을 다른 사업장에 이동시켜 공석을 만들어 새롭게 고의 전문직을 특례기간에서 고용할 수는 없었다. 새롭게 고용되는 근로자에 대해서밖에 허용되지 않고 이미 고용되어 있는 근로자를 전환하는 경우에는 이용할 수 없었으나, 이번 개정규정에서는 이러한 것들도 가능하게 되었다.[56] 또 구 규정에서는 '새롭게 고용되는 경우'라는 요건에서 특례기간 경과 후의 갱신에 대하서는 특례를 이용할 수 없고, 원칙적 상한이 적용되지만 개정 후의 규정에서는 갱신을 할 때에 다시 특례기간을 이용하는 것이 가능하게 되었다. 이상과 같은 대폭적인 규제완화 때문에 국회심의에서는 남용의 위험 때문에 개정규정의 시행 후 3년을 경과한 경우에 개정규정에 대하여 시행상황을 감안하면서 검토하여 그 결과에 근거하여 필요한 조치를 강구하기로 했다(개정법부칙 3조). 그리고 이 조치가 강구될 때까지는 근로자는 1년을 넘는 계약기간을 정하는 경우라도 일정한 사업완료에 필요한 기간을 정하는 자 및 앞에서 기술한 특례 (a), (b)의 근로자를 제외하고 계약기간의 첫날부터 1년을 경과한 날 이후는 언제라도 퇴직할 수 있다고 되어 있다(137조). 계약기간에 대해서는 상한(최장기간)만이 규정되어 있고, 하한(최단기간)은 규정되어 있지 않다. 그래서 2개월, 1개월, 1주간이라는 단기간의 근로계약도 가능하고, 1일 기간의 계약도 가능하다. 상한규정에 위반하여 상한을 초과한 기간이 규정된 경우에는 노기법의 강행적이고 직률적인 효력에 의해 당해계약에서의 계약기간은 상한의 기간(일반 근로자에 대해서는 3년, 특례 근로자에 대해서는 5년)으로 개정되었다.[57]

---

56) 김재훈, "일본에서의 기간고용법리", 『노동법연구』, 2003, 30면.
57) 김재훈, "일본에서의 기간고용법리", 『노동법연구』, 2003, 30면.

4. 현행 우리나라의 기간제 근로관련 노동법 규정의 내용

1) 입법과정

처음 기간제 근로계약관계에 대한 규범통제입법이 이루어지는 과정에서 가장 쟁점이 된 것은 바로 기간통제 방식에 관한 것이었다. 즉 근로계약기간을 허용하는 표지와 관련하여 이를 일정한 사유에 제한되는 방식을 취할 것인가(사유제한방식) 그렇지 않으면 별도의 사유 없이도 이를 허용하되 그 허용 기간을 제한하는 방식을 취할 것인가(기간제한방식)가 주된 쟁점이 되었던 것이다. 우여곡절 끝에 2006년 2월 27일 국회 상임위를 통과한 이른바 비정규직 법안은 이른바 기간제한방식을 채택하였다. 이에 따르면 2년 이내의 범위에서 기간제 사용에 아무런 제한을 두지 않고 2년을 초과하여 사용하는 경우에는 기간의 정함이 없는 고용으로 간주한다고 규정하였다. 현행 단기법 제4조(기간제 근로자의 사용)는 제1항에서 사용자는 2년을 초과하지 아니하는 범위 안에서(기간제 근로계약의 반복갱신 등의 경우에는 그 계속 근로한 총 기간이 2년을 초과하지 아니하는 범위 안에서) 기간제 근로자를 사용할 수 있다고 규정하여 두고 있다. 따라서 최장 2년까지는 합리적 사유가 없이도 기간제근로관계를 형성할 수 있도록 하고 있다. 이로써 우리나라의 경우는 기간제근로관계와 관련한 노동법적 규율에 대하여 '최장기간의 제한방식'을 취하고 있는 셈이다.[58] 다만 당초

58) 당시 국회에 제출된 다양한 비정규직 법안 중에는 독일과 마찬가지로 사유통제방식을 취한 경우도 있었다. 노동법학계에서는 현행법체계인 최장기간제한방식보다는 사유통제방식을 선호하였던 것으로 보인다. 필자도 후자의 방식을 지지한 바가 있다(권혁, "기간제 근로계약관계에 대한 노동법적 통제", 『산업관계연구』 제16권 제2호, 2006. 12, 211면).

정부의 입법안은 최대기간을 3년으로 하고 있었으나, 원인제한방식을 요구한 노동계와 학계의 주장을 절충한다는 차원에서 최장기간방식을 유지하되, 그 기간을 3년에서 2년으로 단축하였던 것이다.[59)]

결국 현행 규정의 취지는 적어도 2년 이상을 지속적으로 근로자를 고용하여야 하는 경우라면 그러한 인력수요는 사실상 정규직으로 포섭될 수 있으며 사용자로서도 그러한 지속적 인력고용필요 부문에 그 동안 당해 업무에 숙련되었다고 볼 수 있는 해당 기간제 근로자를 사용할 것이라는 입법정책적 판단에 따른 것으로 보인다.[60)]

비교법적으로는, 우리의 경우와 달리 기간제 근로계약체결에 객관적인 사유를 요구하는 유형의 입법례로 프랑스 및 독일이 있다. 우리나라는 기간제 및 단시간근로자 보호 등에 관한 법률을 2007년 7월에 제정하여 일본과 같이 객관적인 사유의 규정 없이 기간을 제한하는 입법례를 취하고 있다.[61)] 그리고 최근에는 다시금 최대기간을 2년에서 4년으로 확대하려는 개정 입법이 추진됨으로써 논란을 불러일으키고 있다.

---

59) 권혁, "기간제근로계약관계에 대한 노동법적 통제", 『산업관계연구』 제16권 제2호, 2006. 12, 195면 주4).

60) 그러나 이러한 법안의 내용은 노동계의 거센 비판에 직면하게 되었다. 그 이유는 사실상 기간제 고용관계가 정규직으로 전환될 가능성이 없다는 데 있다. 사실 종래 우리 노동 현실에서 기간제 근로자의 노동법적 보호가 문제 되고 있는 것은 주로 고도의 기술과 전문성이 요구되는 직종이라기보다는 단순 노무에 집중되어 있다고 할 수 있으므로 입법자가 생각하는 것과 달리 사용자는 업무의 숙련도보다는 인력 운용의 탄력성을 선호할 것이라는 판단도 일리가 있다고 할 수 있다.

61) 미국의 경우에는 기간제 근로의 사용에 대한 제한이 없다.

2) 현행 단기법상의 입법방식

(1) 최장기간 제한방식

사실 기간제 근로관계를 허용하도록 하는 경우에도, 그 기간설정에 대한 다양한 방식의 노동법적 통제가 가능하다. 이와 관련하여 현행 단기법상 기간제 근로는 최대 2년까지 아무런 제한 없이 허용된다고 할 수 있다. 다만 다음과 같은 예외적 경우에는 최대 2년의 기간설정 제한이 적용되지 아니한다. 다시 말하면 2년을 초과한 기간제 근로관계도 합법적으로 허용된다는 것이다. 그러한 경우를 살펴보면 다음과 같다.

(2) 예외: 2년 초과 기간제 근로관계의 형성 가능성

단기법 제4조 제1항 단서에 따르면, 다음 각 호의 어느 하나에 해당하는 경우에는 2년을 초과하여 기간제 근로자를 사용할 수 있다고 한다.

① 사업완료 목적형 기간제 근로

우선 사업의 완료 또는 특정한 업무의 완성에 필요한 기간을 정한 경우가 있다. 예컨대 기한이 정해져 있는 프로젝트 사업을 위하여 투입된 근로자의 경우가 그 예가 될 수 있을 것이다. 그 외에도 업무의 내용이 특수하여 일정한 기간 동안에만 영업이 이루어지는 경우도 있을 수 있다. 이른바 계절사업체라고 하는 사업 종류가 바로 그것인데,[62] 겨울에 주로 먹게 되는 붕어빵 영업도 그런 예가 될 것이다.

62) BAG AP Nr.1 zu §620 BGB Saisonarbeit.

백화점의 경우 여름과 겨울에 대규모의 세일 행사에 돌입하게 되는데 그러한 세일행사에 투입될 추가인력의 경우도 이러한 기간제 근로관계를 통해 실현되는 것이라고 보아야 한다.

② 업무대체형 기간제 근로

다음으로 휴직·파견 등으로 결원이 발생하여 당해 근로자가 복귀할 때까지 그 업무를 대신할 필요가 있는 경우에 기간제 근로기간의 제한이 없다. 현행 노동법상 육아휴직제도를 두는 등 정규 근로인력이 상당기간 동안 업무에 종사할 수 없게 되었으나 정작 해당 업무의 수행은 중단됨이 없이 지속적으로 이루어져야 하는 경우에, 추가로 대체하여 투입되는 근로자의 경우는 기간의 제한 없이 기간제로 근로하게 된다. 이때 대체인력의 투입은 건강이나 휴가 또는 출산 등으로 근로자가 업무에 직접 투입되지 못하는 경우뿐만 아니라, 정규 근로자의 업무가 당분간 보조될 필요가 인정되는 경우와 같은 간접적 대체필요성하에서도 정당한 원인이 존재하는 것으로 평가될 수 있다고 보아야 한다.[63]

③ 수련형 기간제 근로

단기법에 따르면 근로자가 학업, 직업훈련 등을 이수함에 따라 그 이수에 필요한 기간을 정한 경우에는 2년의 기간 제한 없이 기간제 근로자로서 업무를 수행할 수 있도록 하고 있다. 대학의 조교나 인턴사원과 같은 수련과정에 중에 있는 인력을 사용하는 경우에는 기간의 제한 없이 기간제 근로관계가 인정될 수 있다. 이러한 수련형 근로관계를 다른 일반적 근로관계와 달리 볼 수 있는 이유는 수련과정이 해

63) BAG NZA 2001, S.1069.

당 수련근로자의 능력과 자질을 평가하는 과정에 해당되기 때문이다. 다시 말하면 기간의 장단과 관계없이 해당 근로자는 수련내용을 충실히 이수하여야 하고 그 여부를 단계적으로 평가받아야 하므로, 별도의 기간도과 여부는 그다지 중요하다고 볼 수 없기 때문이다. 이들에게 중요한 것은 해당 수련과정을 충실히 이수하였는가 여부일 뿐인 것이다. 그러므로 이들에 대하여 기간의 상한을 두고 있는 현행 단기법상의 규정이 그대로 적용될 수는 없는 것이다. 수습기간 차원에서의 기간제 근로계약은 주로 수습기간의 기간적 합리성이 문제된다. 즉 수습기간을 이유로 기간을 정하였으나 수습의 목적에 비해 지나치게 긴 기간을 설정하는 것은 사실상 기간통제의 법리를 유월하는 것이 되기 때문이다.[64]

④ 고령근로자

「고령자고용촉진법」 제2조 제1호의 고령자와 근로계약을 체결하는 경우에 기간제 근로관계 형성의 제한은 없도록 하였다. 이 규정은 실은 독일 단기법 제14조 제3항의 입법례를 고려한 것이기도 하다.[65]

---

64) 권혁, “기간제근로계약관계에 대한 노동법적 통제”, 『산업관계연구』 제16권 제2호, 2006. 12, 211면.

65) 동 규정에 따르면 근로계약을 체결하는 일방당사자로서 근로자가 58세 이상인 경우에는 기간제 근로계약 형성에 있어 기간통제법리는 적용되지 않는다고 한다. 즉 58세 이상의 근로자를 대상으로 기간제 근로계약을 체결함에 있어서는 정당한 원인이 존재할 필요가 없다는 것이다. 종래 취업촉진법(§1 II BeschFG)상에서는 60세로 하고 있었으나 58세로 낮추었다. 또한 기한근로법 제14조 제3항에서 한시적으로 2006년 6월 1일까지는 이러한 기간통제법리의 예외가 52세가 넘은 근로자의 경우에도 적용된다고 규정하고 있다. 이러한 규정은 독일의 노동시장에 있어 고질적인 인력의 비탄력성과 실업의 문제를 해결하기 위한 정책적 판단에 따른 것이다(Sievers RdA 2004, S.303). 그 외에도 이에 관하여 자세히는 Bauer NZA 2003, S.30ff. 참고.

이렇게 고령을 원인으로 한 기한통제법리의 적용 예외를 인정한 것은 고령근로자의 재취업을 촉진하고자 하는 노동정책적 판단에 따른 것이다.[66] 이러한 입법자의 판단 그 이면에는 다음과 같은 측면이 자리잡고 있다. 즉 젊은 근로자의 경우에는 장차 종사하게 될 직장에 대한 안정적 보장이 매우 중요하므로 해고보호법리와의 관계에서 기한설정의 부작용을 심히 고려하지 않을 수 없으나 고령근로자의 경우는 상대적으로 그러한 위험이 덜하다고 할 수 있다. 나아가 이들에게 있어서는 단기간이라도 자신의 노무를 제공할 기회를 가짐으로써 인격적 실현의 기회를 보다 넓게 향유하는 것이 사실상 더욱 중요하다고 볼 수 있기 때문에 고령근로자의 경우는 기간제 자체에 대한 통제를 통해 근로의 지속성을 보장하기보다는 근로의 기회 그 자체를 확대하는 것이 보다 의미 있는 것이라고 보아야 한다. 동 시행령의 본질적 취지도 여기에 있다고 할 것이다.[67]

⑤ 전문직 근로자

기간제 상한 제한의 예외로서 특히 문제되고 있는 것은 바로 전문직 근로자의 경우이다. 단기법과 동 시행령에 따르면, 전문적 지식·기술의 활용이 필요한 경우에 기간제한을 두지 않아도 된다고 한다. 이때 전문적 지식과 기술의 활용이 필요한 경우로는 1) 해당 분야의 박사학위 소지자[68]와 2) 국가기술자격법 제9조 제1항 제1호에 따른

66) Preis, NZA 2005, S.716; Schlachter, NZA 2004, S.358; Bauer, NJW 2001, S.2073.

67) 다만 독일 학계에서는 이러한 고령자 예외규정에 대하여 일정한 연령을 근거로 근로자의 직장보장이익을 차별하여 보호하는 것은 부당한 차별에 해당한다는 비판도 있음은 물론이나(Kittner / Däubler / Zwanziger, TzBfG, §14 Rn.179).

68) 외국에서 수여받은 박사학위를 포함한다.

기술사 이상의 국가기술자격 소지자 및 3) 전문자격증 소지자[69]로서 각각 해당분야에 종사하고 있는 자로 열거하고 있다.

⑥ 복지정책과 실업정책 차원의 근로자

정부의 복지, 실업대책 등에 의한 일자리 제공으로 인력을 사용하는 경우 즉 공공근로에 투입된 근로자의 경우에는 기간상한초과에 따른 정규직 근로자로의 전환이 고려되지 않도록 하고 있다. 이에 해당

---

69) 동 시행령 별표 2에서 정하고 있는바, 이는 다음과 같다.
1. 「건축사법」 제7조에 따른 건축사
2. 「공인노무사법」 제3조에 따른 공인노무사
3. 「공인회계사법」 제3조에 따른 공인회계사
4. 「관세사법」 제4조에 따른 관세사
5. 「변리사법」 제3조에 따른 변리사
6. 「변호사법」 제4조에 따른 변호사
7. 「보험업법」 제182조에 따른 보험계리사
8. 「보험업법」 제186조에 따른 손해사정사
9. 「부동산가격공시 및 감정평가에 관한 법률」 제23조에 따른 감정평가사
10. 「수의사법」 제2조 제1호에 따른 수의사
11. 「세무사법」 제3조에 따른 세무사
12. 「약사법」 제3조에 따른 약사
13. 「약사법」 제4조에 따른 한약사
14. 「약사법」 제45조에 따른 한약업사
15. 대통령령 제14319호 약사법 시행령 일부개정령 부칙 제2조에 따른 한약조제사
16. 「의료법」 제5조에 따른 의사
17. 「의료법」 제5조에 따른 치과의사
18. 「의료법」 제5조에 따른 한의사
19. 「중소기업진흥 및 제품구매촉진에 관한 법률」 제46조에 따른 경영지도사
20. 「중소기업진흥 및 제품구매촉진에 관한 법률」 제46조에 따른 기술지도사
21. 「항공법」 제26조에 따른 사업용조종사
22. 「항공법」 제26조에 따른 운송용조종사
23. 「항공법」 제26조에 따른 항공교통관제사
24. 「항공법」 제26조에 따른 항공기관사
25. 「항공법」 제26조에 따른 항공사

하는 경우로는, 먼저 고용정책기본법, 고용보험법 등 다른 법령에 따라 국민의 직업능력개발, 취업촉진 및 사회적으로 필요한 서비스제공 등을 위하여 일자리를 제공하는 경우와 제대군인 지원에 관한 법률 제3조에 따라 제대군인의 고용증진 및 생활안정을 위하여 일자리를 제공하는 경우, 그리고 국가보훈기본법 제19조 제2항에 따라 국가보훈대상자에 대한 복지증진 및 생활안정을 위하여 보훈도우미 등 복지지원인력을 운영하는 경우가 있다.

⑦ 합리적 사유가 있는 경우

그 외에도 아예 일반규정의 형식을 빌려 합리적 사유가 있는 경우에 최장 기간의 제한이 적용되지 않도록 하고 있다. 즉 앞서 설명한 단기법 제4조 제1항 제1호 내지 제5호에 준하는 합리적인 사유가 있는 경우로서 대통령령이 정하는 경우에는 기간의 제한을 인정하지 않는 것이다. 동 시행령에서는 다음과 같은 일곱 가지의 경우를 합리적 사유로서 열거하여 두고 있다.

(가) 다른 법령에 의하여 기간제 근로자의 사용기간을 단기법 제4조 제1항과 달리 정하거나 별도의 기간을 정하여 근로계약을 체결할 수 있도록 허여하여 둔 경우, (나) 국방부장관이 인정하는 군사적 전문적 지식이나 기술을 가지고 관련 직업에 종사하거나 고등교육법 제2조 제1호에 따른 대학에서 안보 및 군사학과목을 강의하는 경우, (다) 특수한 경력을 갖추고 국가안전보장, 국방, 외교 또는 통일과 관련된 업무에 종사하는 경우, (라) 고등교육법 제14조에 따른 조교의 업무에 종사하는 경우, (마) 통계법 제22조에 따라 고시한 한국표준직업분류의 대분류(의회 의원, 고위임직원 및 관리자)와 대분류 1(전문가) 직업에 종사하는 자의 소득세법 제20조 제1항에 따른 근로소득(최근

2년간의 연평균근로소득을 말한다)이 노동부장관이 최근 조사한 임금구조기본통계의 한국표준직업분류 대분류 1 직업에 종사하는 자의 근로소득 상위 25%에 해당하는 경우, (바) 근로기준법 제18조 제3항에 따른 1주 동안의 소정근로자시간이 뚜렷하게 짧은 단시간 근로자를 사용하는 경우, (사) 국민체육진흥법 제2조 제4호에 따른 선수와 같은 조 제6호에 따른 체육지도자 업무에 종사하는 경우로 열거하여 둔 바 있다.

5. 근로관계 존속기간 규율에 관한 입법론적 제안

1) 독일 노동법 개혁의 사례

종래 전통적으로 근로관계의 비탄력성이 문제되어 온 독일로서는 기간제 근로계약관계에서 사용자의 인력정책에 대한 광범위한 조정 가능성 부여가 시급했다. 이는 사용자가 단기적 인력고용의 필요에도 불구하고 고용의 비탄력성을 두려워하여 고용을 포기함으로써 사실상 경제적 손실은 물론이고 장기적 실업자는 계속 늘어나는 상황이 되었다. 그래서 독일은 1985년 기간제 근로계약관계 형성을 비로소 노동법상의 규율대상으로 한 이후 지금까지 이러한 노동시장의 비탄력성을 해소하는 대안으로서 기간제 근로계약관계를 보다 확장하는 정책적 태도를 취하여 오고 있다. 이러한 차원에서 2001년부터 시행된 단기법의 경우에도 기한통제법리의 적용이 배제되는 경우를 보다 확대하는 차원에서 개정이 이루어진 바 있다.

독일의 입법태도와 정책을 살펴봄에 있어서는 다음과 같은 두 가지 점을 간과해서는 안 된다. 그 하나는 정책적 법개정과 법이념의 변경은 반드시 구별되어야 한다는 점이다. 기간제 근로계약관계에 대한 기한통제법리는 여전히 계약자유에 우선하는 지위에 있음을 부인할 수 없다. 따라서 독일 단기법 제14조 제1항에서 보듯이 근로계약관계를 형성함에 있어 기한에 대한 합의는 정당한 원인성에 따른 판단을 필요로 함이 원칙이다. 정당한 원인이 필요하지 않은 경우는 단지 예외적인 경우를 의미한다. 정책적 법률개정 방향과 내용에 따라 이러한 원칙과 예외의 관계가 혼동되어서는 안 된다. 예컨대 무제한적으로 기간제 근로계약관계를 형성할 수 있는 예외적 경우를 근로자가 60세인 경우에서 58세로 또는 장차 그 이하로 줄이는 것은 현재 노동시장과 경제상황을 고려한 입법자의 정책적 수단 변경을 의미한다. 이러한 개정은 결코 법이념의 전환을 의미하는 것이 아니다. 따라서 기간제 근로계약관계를 형성함에 있어 기본적인 이념의 틀은 아직 계약형성의 자유보장에 있는 것이 아니라 근로자의 직장보장원리에 반하는 경우에 이를 우선하여 보호하는 데에 있다.[70] 1920년대에 이르러 사회적 약자로서 근로자에 대한 직장보장법리가 비로소 일반사적 자치에 우선하는 근로계약관계의 원칙으로 자리 잡은 이후 적어도 아직까지는 그 원칙이 예외로 되는 이념적 변화는 없다고 할 수 있다. 다른 하나는 독일의 사회보장제도에 관한 것이다. 오늘날 독일 사회보장제도의 양과 질이 예전에 비해 매우 약화되고 있는 것은 사실이지만 그렇다고 우리의 경우와 비교할 것은 아니다. 다시 말하면 기간제 근로계약관계를 통해서 인력정책의 상당한 재량을 사용자에

70) 이는 다음과 같은 예에서도 마찬가지로 이해되어야 한다. 독일은 2004년 노동법제 개혁 차원에서 해고보호법을 개정하면서 해고보호법의 적용대상 기업을 상시 5인 이상 사업체에서 10인 이상으로 개정하였다. 그러나 이를 두고 근로자의 해고보호라는 법이념을 포기한 것으로 보기는 아직 어렵다.

게 부여하는 입법정책을 취한다고 할 때에도 그러한 정책의 이면에는 상당한 방패로서 사회보장제도가 뒷받침되어 있음을 의미한다.

현재 고용의 탄력성 확보라는 중요한 문제와 함께 다른 한편 비정규직 근로자의 노동법상의 열악한 지위에 따른 문제가 또한 심각한 현안으로 되어 있는 우리의 현실에서 독일의 일련의 입법정책에 대해 마치 근로자의 사회적 약자성에 대한 인식 자체를 포기하는 틀이 변화하였다고 생각해서는 안 된다. 우리의 경우에 독일의 개별적인 노동시장 개혁입법정책을 그대로 답습하거나 이를 당연한 것으로 받아들일 수 없는 이유가 여기에 있다. 다만 우리에게 여전히 의미를 갖는 것은 독일이 오랜 기간 동안 경험을 통하여 축적하여온 기한통제법리에 대한 구체적 내용과 그 효율적 실천수단이다. 기한통제법리의 이념적 틀을 유지하면서 구체적 개별적 노동시장 상황에 적절히 대응하고 따라서 법률이 사실상 구체적 현실에서 실천력을 지닐 수 있도록 하는 것은 그 나라의 입법자와 이를 해석하는 법원의 몫이다. 정책의 방향은 적어도 법규범의 틀 내에서 자유롭기 때문이다.

근로계약관계에서 기간을 정하는 것은 근로자의 직장보장이라는 사회법적 보호를 본질적으로 침해할 수 있다. 그러나 다음과 같은 점에서 기간제 근로계약관계는 불가피하다기보다는 오히려 필요한 것으로 보아야 한다. 즉 근로자의 노동법을 통한 사회법적 보호는 이러한 기간제 근로관계를 통해 보다 철저히 관철될 수 있기 때문이다. 예컨대 여성 근로자의 임신에 따른 휴직 등이 사용자에 대한 업무상 장애로 여겨지지 않도록 함으로써 여성 근로자의 취업상의 평등과 근로자로서의 권익을 보호하도록 하는 것이 바로 기한부의 대체 근로자이기 때문이다. 이를 통해 사용자는 일반 정규근로자의 초과고용을 회피하면서도 노무급부상의 장애 없이 기업경영상의 운용이 가능하게 된다.

따라서 기간제 근로계약관계는 근로관계상의 사회적 보호필요성을 보다 효율적으로 실행케 하는 제도로서의 역할을 담당한다. 근로계약기간의 설정에서 그 정당한 이유에 주목할 필요가 여기에 있다.

2) 입법론적 정책방향성

(1) 원인제한방식의 장점과 그 방식의 원칙화 필요성

원칙으로서 정당한 원인을 요구하는 방식을 취하는 경우, 정당한 원인이 존재한다면 기간제 근로계약관계의 갱신 횟수나 그 총 기간에 상관없이 기간제 근로계약관계를 형성할 수 있다고 해석될 수 있다. 따라서 정당한 원인하에서 이미 체결된 기간제 근로계약관계가 이미 종료한 이후라도 또 다른 정당한 원인이 존재한다면 반복하여 기간제 근로계약관계를 체결할 수도 있게 됨을 의미한다.71) 이는 사실 노무유연화라는 측면에서 본다면 가장 효율적인 것이 아닐 수 없다. 왜냐하면 오늘날과 같이 급변하는 경영환경하에서 향후 탄력적 노무 인력 활용기간이 어느 정도에 이를 것인가를 쉽게 판단하기는 어려우며, 경우에 따라서는 매우 길어질 수도 있다. 그런데 단지 일정한 기간이 도과하면 무조건 기간의 정함이 없는 근로관계를 형성하라고 요구하는 것은 타당하지 않다. 정당한 이유만 있다면 얼마든지 기간제 근로자를 사용할 수 있으며, 이로써 가장 효율적인 노무활용이 가능하게 된다.

또한 원인 제한방식이 갖는 중요한 장점은, 적어도 근로관계는 종기의 정함이 없는 경우가 원칙이라는 점을 분명히 한다는 데 있다.

71) BAG NZA 2005, 357; BAG AP Nr.13 zu TzBfG §14.

다시 말하면, 근로계약관계는 원칙상 기간이 없어야 하고 다만 예외적으로 정당한 원인이 있으면 기간을 정할 수 있다고 보게 된다. 근로자의 직장보호라는 측면에서 이러한 방식은 타당하다. 만약 정당한 원인 없이 모든 근로관계에서 최초 2년은 기간제 근로자를 사용할 수 있도록 한다면, 누구나가 사용자로서 최초 2년은 기간제 근로를 사용하고자 할 것이다. 노무 유연성 확보나 해고법 회피 가능성의 혜택을 포기하지 않으려 하기 때문이다. 이렇게 되면 사실상 모든 근로관계는 기간제로 시작하는 것이며, 따라서 종기를 정하지 아니한 근로계약관계는 오히려 예외적인 것이 되고 만다.

결국 현행 입법방식을 개선하여, 원칙상 정당한 이유가 있으면 한도의 정함이 없이 기간제 근로계약관계를 형성할 수 있도록 하는 것이 바람직해 보인다.

(2) 반복갱신 또는 지나친 기간의 장기화 위험 문제

① 문제의 소재

정당한 이유 제한방식으로 기간제 근로관계를 형성할 수 있다고 하면, 이는 사실상 기간제 근로의 최대기간 제한이나 갱신 횟수의 제한이 없음을 의미한다. 다시 말하면 정당한 이유가 있는 한, 수차례에 걸쳐 계속하여 근로계약 기간의 갱신이 가능하다는 것을 말한다. 이러한 점으로부터 일견 다음과 같은 의문이 제기될 수 있다. 즉 사용자가 정당한 이유 있음을 주장하여 계속적으로 기간제 근로계약을 지속하거나 갱신하게 되면, 기간제 근로자는 사실상 노동법적 보호를 받을 수 없게 된다는 지적이 있을 수 있다. 하지만 이러한 비판적 지적은 그다지 설득력이 없다. 그 이유는 다음과 같다.

② 연쇄근로계약관계에 대한 사법적 심사

근로계약의 존속기간에 대한 합의는 있으나, 수차에 걸쳐 반복적으로 기한을 설정하여 옴으로써 사실상 근로계약의 존속기간에 대한 합의가 계약상 큰 의미를 갖지 못하게 되는 경우가 있다. 이를 연쇄근로계약(Kettenarbeitsvertrag)이라고 한다.[72] 초기 독일 연방노동법원은 이러한 연쇄근로계약관계가 발생되어 사용자가 기간제 근로계약의 반복을 지속한다면, 이는 사실상 사용자가 해고보호법리를 회피하고자 하는 의도를 내보인 것으로서, 허용될 수 없다는 입장을 견지하였다. 다시 말하면 이러한 경우에 당사자 간의 기간합의는 무효라고 보았다. 즉 종래 연쇄근로계약관계의 기한통제는 반복되어 온 근로계약관계 전부를 대상으로 하여 개별적인 각각의 기간제 근로계약관계 상호간의 긴밀한 관련성을 검토함으로써 이루어졌다. 따라서 기한설정의 반복횟수가 늘어나면 늘어날수록 정당한 원인에 대한 판단은 보다 엄격한 전제요건을 충족하여야 했던 것이다.

그런데 이러한 전통적인 법원의 입장은 1985년 이후 바뀌었다. 이에 따르면 연쇄근로계약에서 기한설정의 정당한 원인이 존재하는가의 판단 즉 기한통제법리의 심사는 최종적으로 체결된 기간제 근로계약에 대하여 이루어져야 한다는 것이다.[73] 왜냐하면 종전에 반복되어

72) RAG ARS 28, 343; BAG AP Nr. 28 und Nr. 35 zu §620 BGB Befristeter Arbeitsvertrag. 기한통제가 처음 법원에서 문제된 것은 일회적 기간제 근로계약관계에서가 아니라 그러한 기한설정이 지속적으로 반복된 근로계약관계에서였다(RAG ARS 16, 66). 이후 이러한 법리가 모든 기한 설정—일회적 기한설정의 경우에까지—으로 확대되어 이른바 기한통제법리로 형성된 것이며 이로써 근로자는 보다 강력한 직장보장이익을 향유할 수 있었다(MünchHbArbR-Wank, 2. Aufl., 2000, §116 Rn.133).

73) BAG AP Nr. 100 zu §620 BGB Befristeter Arbeitsvertrag; BAG NZA 1992, S.883.

온 기간제 근로계약관계는 근로자가 스스로 기한의 설정에 대해 이의를 제기한 바 없으므로 이를 법원이 검토할 것은 아니라고 보았기 때문이다.[74] 그러나 이러한 근거는 1985년 이전까지 판례가 기한통제와 관련하여 수차에 걸쳐 기한설정이 반복되면 될수록 보다 엄격한 기한통제의 법리가 적용되어야 한다는 자신의 종전 입장과 모순되는 것이기도 하다.[75]

연쇄근로계약의 기한통제와 관련하여 그 정당성 판단시점을 최종 기간제 근로계약상의 기한 설정원인에 두어야 한다는 현재의 판례 입장 변경은 학계에서 비판이 가해지고 있다. 특히 비판의 주된 대상이 되고 있는 것은 현재 판례가 연쇄근로계약 중 최종계약 이전까지의 기한설정에 대하여는 사실상 계약자유의 원칙 차원에서 파악하고 있다는 점에 대한 측면이다. 왜냐하면 종전에 반복된 기한설정계약은 계약형성의 자유에 포함하면서 최종적으로 이루어진 기한설정계약에 대하여는 계약형성의 자유에 포함되지 않고 우선하여 기한통제가 이루어져야 한다는 것은 논리상 일관되지 못하기 때문이다.[76] 기한의 설정이 수차례 반복되어 왔고 그 각각의 근로계약관계가 매우 밀접한 시간적·내용적 관련성을 가지고 진행된 것이라면 이러한 사실은 기한설정을 정당화하는 원인이 갖는 진정성의 측면에서 매우 중대한 흠이 존재할 수도 있다는 중요한 단서가 됨을 부인할 수 없다. 특히 이러한 점은 기한통제로서 기한 설정의 정당한 원인이 갖는 특수성을 고려할 때 더욱 그러하다. 기한을 설정하는 정당한 원인은 대체로 미

---

74) BAG NZA 1992, 883; BAG AP Nr. 204 zu §620 BGB Befristeter Arbeitsvertrag.

75) Oetker Anm. zu BAG EzA §620 BGB Nr.102.

76) Sowka DB 1988, S.2460; Oetker Anm. zu BAG EzA §620 BGB Nr.102.

래에 예상되는 인력수요에의 감소를 토대로 하여서 정당하게 형성된다.[77] 기한 설정이 반복되어 왔다는 것은 이러한 정당한 원인에 대한 판단에서 사후적 오류가 자주 발생한 경우를 의미한다. 이는 결국 사용자가 제시한 기한 설정의 정당한 원인에 대한 진정성이 본질적인 흠을 가지고 있음을 나타내는 것이다.

또한 근로자의 입장에서 볼 때 사실상 반복 고용의 횟수가 증가할수록 장차 고용계속에 대한 신뢰가 높아지게 됨을 부인할 수 없다.[78] 사용자가 비록 기한을 설정하여 근로관계를 반복하여 형성한 경우라면 단지 기한이 도과하였음을 이유로 고용을 거절하는 것은 근로자에 대한 신뢰를 침해하는 것이 된다.[79] 따라서 사실상 이러한 경우는 사용자가 외형상 기한도과를 이유로 근로계약관계의 종료를 주장하더라도 사실상 이는 근로자에 대한 해고에 다름 아니다. 이러한 점에서 종전의 근로계약관계를 고려하지 않을 수 없다. 이러한 근로자의 신뢰 강도는 반복의 횟수가 증가하는 경우뿐만이 아니라 반복의 횟수는 적더라도 애당초 그 기한이 상당히 긴 경우라서 동 근로자와의 기한 근로계약관계가 상당기간 지속된 경우에도 마찬가지로 매우 강하다고 할 수 있다. 따라서 이러한 경우에도 기한통제법리가 보다 강하게 적용되어야 한다고 보아야 한다.[80]

③ 소 결

반복 갱신된 전체 과정을 고려한 사법적 심사에서 독일 법원이 최종 갱신에 대한 사법적 심사로 국한하여 사법적 심사를 하기로 한 것

77) ErfK-Müller-Glöge 6. Auflage 2006, §14 TzBfG, Rn.23.
78) Canaris, Die Vertrauenshaftung im deutschen Privatsrecht, 1971, S.357ff.
79) Langenbucher, ZfA 1999, S.304ff.
80) Gentges, Prognoseprobleme im Kündigungsschutzrecht, 1995, S.385ff.

은, 1985년 독일 취업촉진법 제정 이후 노동시장의 탄력성을 높이려는 정책적 필요를 고려한 것이라 할 수 있다. 이러한 법원의 입장에 대하여 학계의 비판적 입장도 일리가 있어 보인다. 단지 과거 반복되어 온 기한설정에의 합의에 대하여는 계약형성의 자유로서 기한통제와 관련하여 고려할 필요 없다는 독일 판례의 입장은 지나치게 기간제 근로계약관계에 대한 사법적 심사를 가볍게 생각한 측면도 있기 때문이다. 분명한 것은 기간 갱신의 횟수가 반복되거나, 지나치게 긴 기간 동안의 기간제 설정은 사법적 심사의 강도가 매우 높아질 수밖에 없다는 점이다. 그러므로 정당한 이유제한 방식이 지나치게 장기의 기간제 근로관계를 형성하게 될 것이라는 우려는 지나친 것이라고 판단된다.

다만 독일의 예와 같이 폭넓은 예외를 인정하여 줄 필요는 있다. 특히 고령자 등의 취업촉진 차원에서 보면 더욱 그러하다. 정당한 원인 없이 기간제 근로계약관계를 형성하도록 한 기한통제법리의 예외규정은 본래 사용자의 인력고용에 대한 탄력적 운용가능성을 보장해 주기 위한 것이다.[81] 독일 단기법은 2003년 노동법 개혁의 일환으로 개정되었으며 이때 새로이 기한통제법리의 예외규정으로서 § 14 II a가 추가되었다. 동 규정에는 새로이 창업을 한 기업주에게는 일정한 범위 내에서 자유로운 기간제 근로자를 고용할 수 있도록 한 것이다. 즉 이 규정을 통해 2004년 1월 1일부터는 기업의 당해 사업이 시작된 후 최초 4년 동안은 최대 4년의 기한으로 기간제 근로계약관계를 제한 없이 형성할 수 있게 되었다. 따라서 근로자와 설립자인 사용자가 1년 등 단기간의 기한을 합의한 경우라도 전체 4년의 범위 내에

81) Hromadka, NJW 2001, S.404.

서는 기한을 얼마든지 연장을 합의할 수도 있게 된다.[82] 다만 이때 창업의 개념이 문제될 수 있다. 이와 관련하여 기존 기업이나 기업지배구조하에서 구조조정의 일환으로 법률상으로 분리된 기업인 경우에는 당해 규정에서 의미하는 창업기업에 해당되지 않는다고 한다. 동 규정을 새로이 삽입한 것은 창업 초기 사용자의 인력정책에 많은 자유재량을 부여함으로써 효율적으로 경영 상황에 대처할 수 있도록 하기 위한 것이라 평가할 수 있다. 이는 나아가 종국적으로는 이를 통해 보다 많은 기업이 형성되어 고질적인 실업난을 해소해 주기를 바라는 정책당국의 바람이 반영된 독일 노동 개혁 입법활동의 일환에 해당한다. 단기법 제14조 제3항에 따르면 근로계약을 체결하는 일방당사자로서 근로자가 58세 이상인 경우에는 기간제 근로계약 형성에 있어 기한통제법리는 적용되지 않는다고 한다. 즉 58세 이상의 근로자를 대상으로 기간제 근로계약을 체결함에 있어서는 정당한 원인이 존재할 필요가 없다는 것이다.[83] 이렇게 고령을 원인으로 한 기한통제법리의 적용 예외를 인정한 것은 고령근로자의 재취업을 촉진하고자 하는 노동정책적 판단에 따른 것이다.[84] 이러한 입법자의 판단 그 이면에는 다음과 같은 측면이 자리 잡고 있다. 즉 젊은 근로자의 경우에는 장차 종사하게 될 직장에 대한 안정적 보장이 매우 중요하므

---

82) Preis, NZA 2005, S.714.

83) 종래 취업촉신법(§1 II BeschFG)상에서는 60세로 하고 있었으나 58세로 낮추었다. 또한 단기법 제14조 제3항에서 한시적으로 2006년 6월 1일까지는 이러한 기한통제법리의 예외가 52세가 넘은 근로자의 경우에도 적용된다고 규정하고 있다. 이러한 규정은 독일의 노동시장에 있어 고질적인 인력의 비탄력성과 실업의 문제를 해결하기 위한 정책적 판단에 따른 것이다(Sievers RdA 2004, S.303). 그 외에도 이에 관하여 사세히는 Bauer NZA 2003, S.30ff.; Koberski NZA 2005, S.79ff. 참고.

84) Preis, NZA 2005, S.716; Schlachter NZA 2004, S.358.

로 해고보호법리와의 관계에서 기한설정의 부작용을 심히 고려하지 않을 수 없으나 고령근로자의 경우는 상대적으로 그러한 위험이 덜하다고 할 수 있다. 나아가 오히려 이들에게 있어서는 단기간이라도 자신의 노무를 제공할 기회를 가짐으로써 인격적 실현의 기회를 보다 넓게 향유하는 것이 사실상 더욱 중요하다. 연령을 근거로 한 기한통제법리의 예외 인정에 대해 심각한 법리적 저항이 없는 이유가 여기에 있다.[85)]

6. 기간제 근로관계 규율의 본질에 대한 재인식 필요성

1) 해고법 회피 목적?

종래 독일에서는 근로계약의 존속기간 설정에 대한 정당성은 해고보호규정의 회피 여부를 중심으로 하여 판단되었다.[86)] 따라서 종래 단기법 제14조상의 기간통제법리는 이러한 종래의 판례 입장을 사실상 계승하여 명문으로 입법화한 것이라는 입장이 있었다.[87)]

이와 달리 단기법에 의한 기간통제는 해고보호법과는 차원을 달리하는 별도의 법리로서 이해되어야 한다는 입장이 있다.[88)] 이 견해에

---

85) 다만 이 규정 내용에 대하여 일정한 연령을 근거로 근로자의 직장보장이익을 차별하여 보호하는 것은 부당한 차별에 해당한다는 비판도 있다(Kittner / Däubler / Zwanziger, TzBfG, §14 Rn. 179).

86) BAG AP Nr. 16 zu §620 BGB Befristeter Arbeitsvertrag.

87) LAG Bremen, AP Nr. 175 zu §620 BGB Befristeter Arbeitsvertrag. 이러한 입장에 따를 경우에는 논리상 해고보호법이 적용되지 않는 근로계약의 경우 기간통제가 기능할 여지는 없게 된다. 결과적으로 해고보호법의 적용이 배제되는 소규모사업장의 근로자나 근로한 지 6개월 미만의 근로자의 경우에는 기간통제의 대상이 되지 않음은 물론이다.

88) Preis / Gotthardt, DB 2000, S.2070; Richardi / Annuß, BB 2000, S.2204.

따르면 근로계약에서 기간설정을 정당한 원인에 따라 판단하는 것은 반드시 해고보호법상의 해고보호기능을 보완하기 위한 것이 아니라 근로계약관계에서 기간의 설정 시에 특유하게 적용되어야 할 독자적 법리의 차원에서 이해되어야 한다는 것이다. 이러한 경우 노동법상 계약형성의 자유에 대한 제한법리가 바로 기간통제법리의 요체가 된다. 그 주된 근거로서는 단기법에서 별도의 적용범위를 정하여 두지 않고 있다는 점을 든다. 이는 입법자가 존속기간을 정한 모든 근로계약관계의 경우에 단기법상의 기간통제가 가능하도록 함을 의도한 것이라고 한다.

2) 기간제 근로관계에 관한 고유한 법리의 형성

판단컨대 종래 판례가 해고보호법리의 회피를 통제하기 위한 수단으로서 인정하여 온 기간설정에 대한 규범적 통제 방식이 오늘날 기간근로계약법 내용에 영향을 준 것은 사실이나 현재 독일의 단기법을 반드시 해고보호법과의 관련성하에서만 파악할 것은 아니라고 생각한다. 우선 현행 단기법은 유럽연합 입법지침에 따라 입법된 것인데 원래 유럽입법지침상에서도 기간통제와 관련하여 별도의 적용범위에 따른 제한을 두고 있지 않았음을 염두에 둘 필요가 있다. 또한 단기법의 입법목적(§1 TzBfG)을 살펴볼 필요가 있다. 이에 따르면 기간제 근로계약관계의 형성에 있어 정당성 요건을 분명히 밝히고 기간제 근로자에 대한 차별을 막기 위한 데에 있다. 단기법상의 기간통제법리가 근로자의 해고로부터 보호에 있는 것이 아님을 분명히 보여 준다. 따라서 기간통제법리는 현행독일법제하에서는 해고보호법리와 결별되었다고 평가할 수 있다.

3) 시사점

이러한 독일 노동법상의 변화는 우리에게도 시사하는 바가 크다. 기간제 근로관계에 관한 규율은 기간제 근로관계를 일방적으로 제한하거나 억제하기 위한 규율체계가 되어서는 안 된다. 종래 이러한 인식이 있었던 것은 기간제 근로관계가 해고보호법리를 회피하는 장치로서 이해되어 왔기 때문이다. 선진화된 노사관계 사회에서 기간제 근로관계에 관한 규율은 종래의 경우와는 차원을 달리하여야 한다. 기간제 근로관계 규율의 핵심은 기간제 근로관계의 형성 자체를 독려하거나 합리적으로 받아들이는 등 양성화하되, 대신 기간제 근로자에 대한 불합리한 차별을 막고자 하는 데 있다. 우리가 아직 기간제 근로관계에 대하여 해고보호법 체계 차원에서만 이해한다면 이는 문제가 아닐 수 없다. 이제 남은 과제는 기간제 근로관계를 노동시장의 유연화 경향에 합리적으로 순응케 하되, 기간제 근로자에 대한 근로조건의 향상을 도모하는 입법을 강구하여야 하는 것이다.

7. 요약 및 결론

1) 독일 노동법 개혁과정에서의 교훈

종래 독일은 해고보호법리의 엄격한 적용으로 인해 유럽에서도 근로계약관계가 매우 비탄력적인 경우로서 파악되어 왔다. 이러한 비탄력적인 인력운용은 급변하는 세계 경제 상황이나 개별적 경영환경에 효율적으로 대응할 수 없는 결과를 초래하였다. 이러한 반성으로부터 독일노동법계에서는 인력운용의 탄력성을 보장하기 위한 희망을 기간제 근로계약관계의 자유화에서 찾으려 하였다.[89] 따라서 단기법은 독일의 노동법상의 탄력성 제고와 제반 노동 개혁에 있어 매우 중요한 역할을 할 것으로 기대되었다.[90] 왜냐하면 사용자로서는 매우 변화가 심한 경영여건에 탄력적으로 대응할 필요가 있는데 특히 노동수요와 관련하여 이러한 기간제 근로계약관계는 매우 유용한 수단이 되기 때문이다.

독일의 경우 단기법 입법 당시 전 근로자의 10%가 이른바 기간제 근로자로 파악되었다.[91] 그러나 몇 년이 지난 지금의 상황에서 이러한 기간제 근로계약관계의 형성범위를 늘리는 것이 독일 노동법상의 구조적 문제를 근본적으로 해결하였다고 평가하기는 어렵다고 한다.[92] 기한근로법은 입법이 된 이후에도 기한통제를 받지 않는 자유로운 기간제 근로계약관계 형성을 보다 광범위하게 인정하는 방향으로 개정된 바 있다. 나아가 지금의 시점까지도 이러한 기간제 근로계약관계의 활성화를 실현할 수 있는 제반 법정책적 논의가 계속되고 있다.[93]

---

89) Preis, NZA 2005, S.714.

90) Preis / Gotthardt, DB 2000, S.2074. 이와 달리 고용촉진 차원에서 볼 때 기간제 근로계약관계의 활성화는 그다지 큰 기능을 하지 못할 것이라고 하여 부정적 견해를 피력하고 있는 학자도 있었다(Hromadka, NZA 2001. S.401).

91) 구 서독 지역의 경우만 살펴본다면 교육훈련생들의 기간제 근로계약관계 부분을 제외하여 볼 때 7.1퍼센트 정도로 파악된다고 한다. 흥미로운 것은 전체 기간제 근로계약관계 중 전체 80.4퍼센트가 34세 이하의 젊은 층 근로자라는 점이다(Institut der deutschen Wirtschaft, Zahlen zur wirtschaftlichen Entwicklung der Bundesrepublik Deutschland, Ausg. 2000, S.153)

92) Preis, NZA 2005, S.715.

93) Preis, NZA 2005, S.714.

2) 원인제한방식과 최대기간방식의 조화

기간제 근로관계에 관한 규율에 있어, 현재와 같은 획일적인 최대기간제한방식은 바람직하지 않다. 그 이유는 처음부터 기간제 근로를 사용할 필요가 없는 경우에도 사용자로 하여금 이를 활용하도록 유인하는 측면이 있기 때문이다. 이는 불필요한 기간제 근로자의 양산을 가져온다. 다른 한편 기간제 근로관계의 탄력적 운용을 방해한다. 획일적으로 최대 기간을 제한하여 둠으로써, 정작 매우 긴요하거나 불가피한 경영적 필요성에 탄력적으로 대응할 수 없는 문제점을 가지고 있기 때문이다. 오늘날 독일의 노동시장에 대한 입법 정책 방향도 인력운용의 탄력성 제고에 있음은 분명하다.

분명한 것은 인간의 노동력을 계약의 목적으로 하는 근로관계에서 존속기간은 원시적인 인신적 구속위험이 아니라, 오히려 안정된 직장보장의 차원에서 주로 의미를 갖는다.[94] 이러한 점에서 직장안정을 침해할 우려가 있는 기간설정은 마땅히 엄격한 통제가 가해져야 하며, 이러한 한도에서 예외적으로 허용되어야 하는 것이다. 다만 기간제 근로관계가 예외적으로 허용되어야 하는 이유는, 노동법상 기간제 근로계약관계가 정규직 근로자의 제반 보호규율을 실질적으로 구현하는 수단이 되기 때문이다. 예컨대 여성근로자의 임신에 따른 휴직제도가 사용자를 통해 실질적으로 보장되기 위해서는, 사용자가 단기

94) 현행 우리 근로기준법 제16조 규정은 단지 근로자의 인신구속적 차원에서의 기간을 염두에 둔 규정으로서, 근로자의 직장보장차원에서의 이익을 고려하여 규정된 것이 아니다. 이러한 점에서 현행 우리 노동법상에서는 근로자의 해고보호, 즉 근로관계 존속보장 차원에서의 기간에 관한 규정은 애당초 규정된 바가 없다고 보는 것이 옳다. 이러한 점에서 명백한 입법흠결이 존재한다고 평가하여야 할 뿐, 현행 노동법 규율에서 기간과 관련한 개별규정들 상호 간에 모순이 있었다고 평가하기는 어렵다.

간의 근로자를 사용할 수 있어야 한다. 그렇지 않으면 업무상의 공백이 발생하게 되므로 사용자는 가능한 한 여성근로자 고용을 기피하게 된다. 결국 비정규직 근로형태의 인정으로 통해서 정규직 여성근로자는 비로소 노동법상의 제반 보호를 실질적으로 향유할 수 있게 되는 셈이다. 비정규직 근로관계 특히 기간제 근로계약관계가 노동법상 갖는 고유한 의의는 여기에 있다고 할 것이다.

판단컨대, 비정규직 근로관계가 정규직 근로관계를 대체하는 수단으로 이해되어서는 안 된다. 근로자의 노무를 계약의 목적으로 하면서, 아울러 생계와 인격실현의 수단이 된다는 점에서—독일과 마찬가지로—근로계약관계는 기간의 정함이 없는 것을 원칙으로 보아야 한다.[95] 비록 노동시장에서 인력유연화의 요구가 절실한 경우라도, 이러한 요구가 언제나 근로자의 직장보장원리에 우선해야 하는 것은 아니고, 양자는 언제나 합리적으로 조화되어야 하는 것이다. 실업 등과 관련한 사회보장제도가 우리에 비해 우월하게 구비되어 있는 독일의 경우도 여전히 근로관계에서의 기간설정을 예외적으로만 인정하고 있는 것은, 현재 비정규직 근로관계가 노동법상의 현안으로 되어 있는 우리에게 시사하는 바가 크다.

판단컨대 본 연구자는 독일의 최근 노동법 개혁논의에서 보여 준 바와 같이, 정당한 이유제한 방식을 원칙으로 하고 예외적으로 인정한 경우에 최대기간제한방식을 보조적으로 취하는 방안이 타당하다고 생각한다. 이로써 노무운용의 탄력성과 고용안정이라는 두 가지 목표를 실현해 나가는 것이 바람직하다.

---

95) 같은 취지로는 노상헌, “기간의 정함이 있는 근로계약과 해고법리”, 『노동법학』, 2003. 6, 26면.

제 3 절 사업외주화와 해고보호법리

1. 삼면적 근로관계에 대한 노동법적 규제

1) 노무인력의 유연성 확보 필요성

기업이 생산 활동을 함에 있어서 모든 업무에 대해 직영의 정규직 근로자를 통해 이를 수행토록 하지 않고, 일부 업무 영역에 대해서는 외부인력을 통해 수행하도록 하고 있는 가장 큰 이유는 무엇보다 인력비용의 절감에서 찾을 수 있다.[96)]

급변하는 경영환경 속에서 기업으로서는 갑작스러운 경기변화에 대한 위험을 늘 안고 있다. 따라 추가적 인력의 증감 필요성에 유연하게 대처할 수 있어야 함은 물론이다.[97)] 이러한 위험하에서 최대의 이익을 추구하려는 기업 입장으로서는 예상치 못한 경기호황이나 불황 그리고 일시적 필요에 따라 생산 증감에 효율적으로 대응할 수 있는 인력구조를 갖추어야 한다. 외부기업으로부터 전문노무인력이나 기타 인력을 공급받는 것은 이러한 차원에서 매우 의미 있는 해결책이 아닐 수 없다.

오늘날 치열한 경영환경 변화에 대응하여 인력유연화 또는 인력임대 등 직접적 계약관계 없이 제3자로부터 노무제공을 받는 관계가 흔히 발생되고 있다. 이른바 노무임대관계(Leiharbeit)가 그 대표적인

96) Haman, Fremdpersonal im Unternehmen-Alternativen zum Arbeitsvertrag, 2. Aufl., 2003, S.17.

97) Kock, Die austauschbare Belegschaft, Flexibilisierung durch Fremdfirmen und Leiharbeit, Köln, 1990, S.14ff.

경우이다.[98] 다시 말하면 노동력의 제공을 위해서는 종래 전통적으로 근로계약관계를 형성하여야만 했고, 이러한 경우에는 노동법적 규제가 이루어져야 했다. 하지만 노무임대관계는 외부 제3자의 노동력을 사용하는 경우인데, 특히 제3자의 '근로자'를 임대하여 사용하는 경우에 근로자파견이라고 한다. 즉 근로계약의 주된 급부내용으로서 근로의 제공은 당해 계약의 당사자인 사용자에게 하여야 함이 원칙인데, 근로자파견은 근로계약상의 사용자가 아닌 다른 제3자에게 근로자가 노무를 제공하는 경우를 말한다.

종래 지극히 엄격하게 근로자 보호이념을 견지하여 옴으로써 보수적인 노동시장형태를 유지하고 있다고 평가되어 온 독일에서도, 오늘날에는 외부 인력의 활용과 관련하여 매우 유연한 태도를 가지고 가능한 한 그 법적 개입을 자제하는 방향으로 입법정책을 지속하고 있다.[99] 이러한 측면에서 근로자파견은 삼면적 노무제공관계를 형성한다는 계약급부 구조를 갖는다. 이때 직접적인 근로계약관계 당사자와 근로계약에 따른 근로제공관계 당사자가 구별되는 특성을 갖는다.[100]

2) 근로자파견관계에 대한 노동법적 규제의 필요성

(1) 근로자의 근로조건 악화의 위험

외부 근로자를 함부로 사용하게 되는 경우에 사칫 기업 간 지나친 비용경쟁을 유발하고, 근로자들에 대하여도 열악한 근로조건이 사실상 강요될 위험을 내포하고 있다. 이러한 점에서 여전히 근로자파견

98) Leitner, NZA 1991, S.293.
99) Leitner, NZA 1991, S.293.
100) Becker, DB 1988, S.2561.

관계가 영업적으로 이루어지는 경우에 대하여 법적 규제가 요구됨은 물론이다. 왜냐하면 파견근로자의 경우에도 여전히 사회법적 보호필요성이 발생할 수 있기 때문이다.[101] 다만 이때 사회적 보호필요성은 기업의 인력비용 절감을 위한 사적 자치의 허용범위와 파견근로자에 대한 사회적 보호필요성 간의 전형적 이익형량의 문제가 발생하게 됨은 물론이다.

(2) 근로자 파견법의 입법

① 개 요

이러한 점을 고려할 때 근로자 파견관계는 다음과 같은 본질적인 문제를 가지고 있다. 근로자파견은 근로자의 인력을 사실상 근로계약상에서 사용자가 직접 활용하여 생산을 하는 것이 아니라, 그 자체를 제공하여 이익을 얻는 관계이므로 자칫 종속관계하에 있는 타인의 노동력을 함부로 매매하는 외형을 지니게 된다. 어떠한 경우에도 인간의 노동력은 상품화하여 이를 함부로 매매하거나, 금전을 대가로 공여되어서는 안 된다. 이러한 이유로 근로자 파견을 목적으로 하는 업체에 대하여는 노동법상 엄격한 규제가 가해질 필요가 있다.[102] 이에 따라 뒤늦게 우리나라도 파견근로자에 대한 보호를 위한 규정을 마련하였다. 파견법이 바로 그것이다. 동법 제1조에서는 본법이 파견사업주가 근로자를 고용한 후 그 고용관계를 유지하면서 근로자파견계약의 내용에 따라 사용사업주의 지휘·명령을 받아 사용사업주를 위한 근로에 종사하게 하는 근로자 파견관계에서, 그 사업의 적정한 운영

---

101) Leitner, NZA 1991, S.298.

102) 독일은 1972년에 특별히 근로자파견법을 제정하고, 일정한 전제요건하에서의 근로자파견유형에 대하여는 허가를 통해 규제하고 있다.

을 기하고 파견근로자의 근로조건 등에 관한 기준을 확립함으로써 파견근로자의 고용안정과 복지증진에 이바지하고 인력수급을 원활하게 함을 목적으로 한다는 점을 분명히 하고 있다.

현행 근로자파견법상의 파견근로자 보호와 관련한 주된 규제 내용은 그 대상 업무와 파견근로자 사용 기한과 관련하여서이다.

② 근로자파견법상의 파견업무 제한

근로자파견법 제5조에 따르면, 근로자파견사업은 제조업의 직접생산공정업무를 제외하고 전문지식·기술·경험 또는 업무의 성질 등을 고려하여 적합하다고 판단되는 업무로서 대통령령이 정하는 업무를 대상으로 한다고 규정하고 있다. 다시 말하면 고도의 기술적, 전문적 영역에서만 파견근로자를 사용할 수 있도록 함을 원칙으로 한 것이다. 다만 예외적으로 출산·질병·부상 등으로 결원이 생긴 경우 또는 일시적·간헐적으로 인력을 확보하여야 할 필요가 있는 경우에는 근로자파견사업을 행할 수 있도록 하고 있다. 다른 한편 특정한 몇몇 업무에 대하여는 근로자파견사업을 행할 수 없도록 금지하고 있다.[103)]

③ 파견기간의 제한

근로자파견법 제6조에서는 근로자파견의 기간에 대하여 1년을 초과하지 못하도록 제한하고 있다. 다만 그 예외로서 파견사업주·사용사

103) 1. 건설공사현장에서 이루어지는 업무 2. 「항만운송사업법」 제3조 제1호, 「한국철도공사법」 제9조 제1항 제1호, 「농수산물유통 및 가격안정에 관한 법률」 제40조, 「물류정책기본법」 제2조 제1항 제1호의 하역업무로서 「직업안정법」 제33조의 규정에 따라 근로자공급사업 허가를 받은 지역의 업무 3. 「선원법」 제3조의 규정에 따른 선원의 업무 4. 「산업안전보건법」 제28조의 규정에 따른 유해하거나 위험한 업무 5. 그 밖에 근로자 보호 등의 이유로 근로자파견사업의 대상으로는 적절하지 못하다고 인정하여 대통령령이 정하는 업무.

업주 · 파견근로자 간의 합의가 있는 경우에는 파견기간을 연장할 수 있으며, 이 경우 1회를 연장할 때에는 그 연장기간은 1년을 초과하지 못하고, 또한 연장된 기간을 포함한 총파견기간은 2년을 초과하지 못한다고 규정하고 있다.104)

만약 출산 · 질병 · 부상 등으로 결원이 생긴 경우 또는 일시적 · 간헐적으로 인력을 확보하여야 할 필요 때문에 파견근로자를 사용한 경우에는 파견기간의 제한을 달리 규정하여 두고 있다. 즉 출산 · 질병 · 부상 등 그 사유가 객관적으로 명백한 경우에는 그 사유의 해소에 필요한 기간을 파견기간으로 하며, 아울러 일시적 · 간헐적으로 인력을 확보할 필요가 있는 경우에는 3개월 이내의 기간을 파견기간으로 한다. 다만, 그 사유가 해소되지 아니하고 파견사업주 · 사용사업주 · 파견근로자 간의 합의가 있는 경우에는 1회에 한하여 3개월의 범위 안에서 그 기간을 연장할 수 있도록 하고 있다.

④ 파견근로자의 고용의무

오늘날 가장 문제되는 것은 바로 파견근로자에 대한 직접고용의무가 부과될 수 있다는 점이다. 즉 파견근로자법 제6조의 2에 따르면 다음 각호의 경우에 직접고용의무를 인정한다.

> 1. 제5조 제2항의 규정(② 제1항의 규정에 불구하고 출산 · 질병 · 부상 등으로 결원이 생긴 경우 또는 일시적 · 간헐적으로 인력을 확보하여야 할 필요가 있는 경우에는 근로자파견사업을 행할 수 있다.)을 위반하여 2년을

104) 다만, 「고령자고용촉진법」 제2조 제1호의 규정에 따른 고령자인 파견근로자에 대하여는 제2항 후단의 규정에 불구하고 2년을 초과하여 근로자파견기간을 연장할 수 있다.

초과하여 계속적으로 파견근로자를 사용하는 경우
2. 제5조 제3항의 규정(파견근로금지업무관련규정)을 위반하여 파견근로자를 사용하는 경우
3. 제6조 제2항("파견사업주·사용사업주·파견근로자 간의 합의가 있는 경우에는 파견기간을 연장할 수 있다. 이 경우 1회를 연장할 때에는 그 연장기간은 1년을 초과하지 못하며, 연장된 기간을 포함한 총 파견기간은 2년을 초과하지 못한다.") 또는 제4항의 규정("1. 출산·질병·부상 등 그 사유가 객관적으로 명백한 경우에는 그 사유의 해소에 필요한 기간 2. 일시적·간헐적으로 인력을 확보할 필요가 있는 경우에는 3개월 이내의 기간. 다만, 그 사유가 해소되지 아니하고 파견사업주·사용사업주·파견근로자 간의 합의가 있는 경우에는 1회에 한하여 3개월의 범위 안에서 그 기간을 연장할 수 있다.")을 위반하여 2년을 초과하여 계속적으로 파견근로자를 사용하는 경우
4. 제7조 제3항의 규정("사용사업주는 제1항의 규정(허가주의)을 위반하여 근로자파견사업을 행하는 자로부터 근로자파견의 역무를 제공받아서는 아니 된다.")을 위반하여 2년을 초과하여 계속적으로 근로자파견의 역무를 제공받은 경우

2. 삼면적 근로관계와 도급관계로의 회피 문제

1) 파견근로계약관계에 대한 노동법적 규제와 도급관계

이러한 파견근로관계에 속하게 되면 파견기간이나 허가 등 노동법상의 다양한 규제가 가해진다. 사실 타인의 노동력을 사용하는 계약관계는 민사법상 도급계약이나 위임계약 그 밖에도 고용계약 등이 있다. 위임계약은 수임인이 위임사무를 처리하는 활동 그 자체를 목적으로 하며, 수임인은—수급인과 달리—일의 완성을 인수하는 것은 아

니라고 한다.[105] 따라서 수임인은 선량한 관리자의 주의를 다하여(민법 제681조) 사무를 처리해야 하지만, 약정된 사무를 처리한 이상 그 사무처리가 일정한 결과를 수반하지 않더라도 수임인은 부담한 채무를 이행한 것으로 된다. 이러한 민법상의 전형계약에서는 노동법적 개입의 여지가 전혀 없다. 다시 말하면 파견근로관계에서 보듯이 많은 노동법적 규제를 회피할 수 있는 것이다. 인력의 사용을 필요로 하는 사용자로서는 당연히 가능한 범위에서 파견근로보다는 민법상의 노동력 활용계약을 선호할 것이다. 특히 오늘날 주로 문제되고 있는 것이 바로 도급계약이다. 이른바 외주화라는 이름으로 행하여지고 있는 것이 바로 그것이다. 업무의 일정 부분을 외부 인력에 맡겨 두게 되는데 이때 명목상의 계약 유형은 용역계약 또는 도급계약이 된다.

2) 계약형식강제의 법리(Rechtsformzwangtheorie)

실질적으로 근로자 파견의 본질을 가지면서도 이를 은닉하는 차원에서 명목상 도급계약을 체결하는 경우가 발생되면, 그 법형식에 상관없이 근로자의 보호를 위한 강행법률이 우선하여 적용되어야 한다. 즉 법률관계의 법적 성격은 그 계약의 실질적 내용에 따라 결정되어야 하는데, 이러한 법리를 이른바 '법형식강제법리'라고 한다.[106] 법형식강제법리에 따라 근로자의 노무를 제3자에게 제공하는 형식구조를 지니는 계약관계는 불법적인 근로자 파견으로 평가될 여지가 없는지를 검토하여야 하는 것이 원칙이다. 결국 이러한 판단은 당해 계약관계가 실질적으로 어떻게 실행되고 있느냐를 면밀하게 검토한 이후

105) 정종휴, 『주석민법－채권각칙(4)』, 제3판(1999), 158면.

106) Ji-Soon Park, Arbeitnehmer und arbeitnehmerähnliche Personen, S.65ff.

에 이루어져야 한다. 계약당사자들이 체결한 합의가 사실상의 계약실행과 상응하지 않을 때 계약당사자가 실무적인 처리를 알고 있고 인용한다면 실무적인 실행에 따라 계약유형이 결정된다.

여기에서 위장도급여부에 대한 판단의 문제가 제기되게 된다. 그런데 실제로 외부 노동력 사용을 그 본질적 내용으로 하는 도급(위임 또는 고용계약)계약은 근로관계와 구별이 그다지 쉽지 않다. 이와 관련하여 최근 KTX 여승무원 사건이 그 대표적인 예가 된다.

3) 위장도급의 판단 기준

(1) KTX 여승무원 사례

① 사건의 개요

2003년 2월경 당시 철도청[107]은 고속철도 운영소요인력에 관하여 실사를 단행하고, 당시 정부의 공무원 억제방침에 따라 가능한 고속철도(KTX) 관련 운영인력을 최소한도로만 확보한다는 차원에서 KTX의 운송서비스 부문을 외주화하기로 결정하였다. 이후 철도공사는 KTX 서비스사업에 대해 주식회사 철도유통[108]과 운송서비스업무도급계약을 체결하였다. 이에 따라 철도유통은 KTX 서비스사업을 담당할 여성승무원 근로자들을 새로 채용, KTX운행에 있어 서비스 업무를 담당하도록 하였다. 그러나 이후 2006. 1. 여승무원들이 자신들은 불법파견근로자로서 자신들을 철도공사가 직접 고용하라는 진정을 노동부

107) 철도공사는 원래 철도청 체계의 국가기관이었으나, 2005년 1년 1일사로 공기업으로 전환되었다.

108) (주)철도유통은 과거 철도청으로부터 설립인가를 받은 재단법인 홍익회의 수익사업부문을 분리하여 2005년 1월 1일자로 철도공사가 100% 출자한 자회사이다.

에 제기하였다. 이에 대해 서울지방노동청은 2006. 9. 29. 자로 KTX 여승무원 불법파견여부조사 결과를 발표하면서, 종합적으로 고려할 때 철도공사와 철도유통 사이에 체결되고 시행 중인 승객서비스에 대한 업무도급계약은 그 본질적 부분이 도급계약으로서의 한계를 일탈했다고 볼 수 없다고 판단하였다. 따라서 철도공사 및 철도유통이 근로자파견법을 위반했다고 볼 수 없다고 결론을 내렸다.[109)]

② 쟁점과 판단

노동부는 이 사례에서 인사노무관리상의 독립성과 사업경영상의 독립성의 기준에 따르면 다음과 같은 사항은 근로자파견의 요소로 볼 수 있음을 인정하였다. 즉 철도공사가 KTX 여승무원의 업무수행방식을 구체적으로 규정한 점, 도급 초기 여승무원의 출·종무신고를 철도공사가 시행한 점, 철도공사 열차팀장의 여승무원에 대한 업무확인과정이 업무지시로 받아들여질 수 있는 점, 철도유통에 대한 철도공사의 주식소유비율(2004년부터 2006년 7월까지 46%−49%, 2006년 7월 이후 100%)이 높고 철도유통 임원이 초창기엔 모두 철도공사 출신인 점, KTX 여승무원 교육 시 철도공사에서 제작한 교재를 그대로 사용한 점 등이 그것이다. 반면에 동일한 점검지침의 기준에 의하면 도급계약의 요소도 병존한다는 점을 지적하였다. 즉 철도유통이 철도공사의 '열차운용계획표'에 따라 승무원 교번표를 편성·배치했고 여승무원 출·종무신고를 받고 승무적합성 검사를 하고 있다. 또한 철도공사가 여승무원 업무수행상태를 확인하고 작성한 '시정요구서'를 통보하면 철도유통이 여승무원에게 출무정지·경고 등 징계조치를 직접 취했

109) 관련기사로는 http://news.naver.com/news/read.php?mode=LOD&office_id=078&article_id=0000009249.

다고 밝혔다. 특히 열차팀장과 여승무원 업무가 상호보완적으로 연계돼 있지만 양자 간 업무는 구분가능하다고 보았다. 열차팀장의 주된 업무는 안전업무와 열차운행 업무이며, 여승무원의 주된 업무는 고객서비스 업무이므로 구별 가능하다는 것이다.

노동부는 이와 같은 상황을 종합적으로 고려하면 철도공사와 철도유통 사이에 체결되고 시행 중인 승객서비스에 대한 업무도급계약은 그 본질적 부분이 도급계약으로서의 한계를 일탈했다고 볼 수 없다고 판단하였다. 또한 철도공사 및 철도유통이 근로자파견법을 위반했다고 볼 수 없다고 결론을 내렸다.

(2) 시사점

노동부가 이 사례를 근로자파견이 아니라 도급계약관계로 판정한 것은 우선 다음과 같은 시사점을 제공한다. 노동부에 의하면 KTX 승무원의 고용형태는 도급적 요소와 파견적 요소를 함께 지니고 있으며 노무제공관계가 도급계약의 본질에서 벗어나지 않는 한 부분적으로 근로자파견의 요소를 지니고 있다 할지라도 이를 불법파견으로 보기 어렵다는 것이다. 이는 다분히 노동부의 재량적 판단에 지나치게 의존하게 되는 문제점이 있음은 부인할 수 없다. 또한 형식적 측면에서도 사내하도급 점검지침은 위장도급 및 불법파견을 제한하기 위한 판단기준으로서 작용하는 노동부의 행정지침이, 사실 상위 법령의 위임에 따른 것이 아니어서 그 적용 및 효력에 있어서 법체계상의 문제가 제기된다.[110] 따라서 사내하도급 점검지침은 위장도급 및 불법파

110) 이러한 문제점에 관한 지적으로는 이재용, "간접고용의 법적 규율에 관한 연구: 파견근로자보호등에관한법률의 문제점과 개선방안을 중심으로", 연세대학교박사학위논문, 2003 참조.

견을 판단하는 일반적인 판단기준으로서 작용하기보다는 노동부가 사내하도급업체의 운영 실태를 파악하기 위해 참고할 수 있는 정도의 기준으로 이해할 수 있을 뿐이다. 하지만 현실적으로 이러한 사례 해결에 매우 중요한 역할을 한다는 점에 대하여는 이론이 없다. 따라서 이러한 지침을 기초로 하여 다음과 같은 대체적인 기준을 제시해 볼 수 있을 것이다. 이와 관련하여 특이한 사항으로는 최근 기존의 노동부 근로자파견사업과 도급 등에 의한 사업의 구별기준에 관한 고시(노동부 고시 제98-32호, 1998. 7. 1)가 폐지되었다는 점이다. 그 이유는 「파견근로자 보호 등에 관한 법률」에 위반한 고용형태를 효과적으로 단속함으로써 근로자파견제도의 적정한 운영을 기하기 위하여 노동부와 법무부, 대검찰청이 공동으로 「'근로자파견'의 판단기준에 관한 지침」을 마련·시행(2007. 4. 19)하였기 때문이다. 큰 틀에서의 변경은 없으나, 다만 혼재작업을 매우 중요한 위장도급의 표지로 파악하였던 종래의 입장에서 벗어나, 혼재작업 그 자체를 결정적 징표로 볼 수는 없다는 점은 주목할 만한 바다.

4) 평 가

노동부는 외부 근로자의 사용이 혹 불법파견에 해당하는지 여부에 대해 정기실태점검을 실시하고 있고 이와 더불어 노동계가 불법파견이라고 진정 등을 제기하는 경우에도 이에 대한 조사를 실시하고 있다. 이때 노동부는 도급 또는 위임 등과 같은 명목상의 계약형식은 상관없이 그 실질적인 운영이 어떻게 이루어지고 있는가에 주로 주목한다. 즉 명목상 도급계약이라고 하여도, 본질이 근로계약의 실질을 가진다면 이는 불법파견의 경우로 보는 것이다.

(1) 인사노무의 독립적 운용

인사노무관리상의 독립성 및 사업경영상의 독립성을 갖추었는지 여부를 판단하기 위해 노동부는 인사노무관리상의 독립성과 관련하여서는 작업현장의 구별여부, 인사결정권·작업배치결정권·업무지시감독권이 누구에게 있는지 여부, 근태관리는 누가 하고 있는지 여부, 근로시간결정권이 누구에게 있는지 여부, 근로기준법(4대보험 지급의 주체 등), 노조법(교섭의 주체 등)상의 사용자로서의 지위에 있는가 여부, 원·하청근로자의 혼재작업 여부 및 업무상 차이 등을 구체적으로 점검하고 있다. 노동부는 사내하도급업체가 인사노무관리상의 독립성과 사업경영상의 독립성을 갖추고 있지 않을 경우 불법파견 판정을 내리고 있다.

(2) 업무범위의 획정 필요성

외부 근로자를 도급이나 용역 등의 방식으로 사용하는 경우에, 원칙적으로 그들에 의해 수행되어야 하는 업무의 내용과 범위를 미리 계약단계에서 확정하여 두는 것이 필요하다. 원래 도급계약의 경우, 그 계약의 목적이 일의 완성이다. 수급인의 채무로서 일의 완성이라는 표지는 당연히 객관적으로 드러나게 되는 일의 결과물에 관련된 개념(Erfolgsbezogenheit)이라는 점이다. 이렇게 도급계약관계는 일의 완성이라는 결과가 도출되지 않는 한, 계약관계에서 아무런 의미를 찾을 수 없다. 이러한 점에서 결과지향적 본질을 가진다.[111] 따라서 도급계약의 속성상 일의 완성에 따른 결과물이 구체적으로 분별되고 또

111) Busche, in: Münchener Kommentar zum BGB, 4. Aufl.(2005), §631 Rn. 1.

한 확정될 수 있어야 한다.[112] 다시 말하면, 도급계약의 목적인 일의 완성에 대하여 그 세부적인 내용이나 품질 등에 관하여, 수급인과 도급인이 합의에 도달할 수 있을 정도로 구체화될 수 있어야 한다. 일의 완성을 목적으로 하는 계약관계에서 해당 결과물에 대한 합의가 존재하지 않는다면 이는 논리적 모순이 아닐 수 없다. 따라서 도급계약의 목적이 되는 대상물 측면에서 도급인의 청약내용이 상세히 서술되어 있으며, 수급인의 승낙부분에도 이러한 점이 충분히 반영되어 있어야 한다. 나아가 도급계약체결과정에서, 일의 완성 이후에 그 결과물에 대한 수익과 관련하여서도 이를 미리 분명히 정해두는 것 역시 필요하다. 수익관계를 미리 확정해 두는 것은 도급계약에서는 본질적인 합의사항 부분이라고 할 수 있기 때문이다. 구체적인 일의 완성이라고 평가될 수 있는 결과물에 대하여 당사자 간에 합의가 존재하고 있는가 하는 점은 도급계약관계 존재를 확인하는 매우 중요한 요소가 된다.[113] 왜냐하면 이 이론은 민사법상 전형계약이 갖는 계약대상으로부터 이론상 매우 명확한 구별표지를 제시하였다고 평가될 수 있었기 때문이다. 요컨대 계약의 목적이 불명확하고 포괄적이며 대략적인 경우에는 비록 당해 계약관계 형식이 도급계약관계라고 하더라도, 결과물로서 일의 완성에 주목한 것이라기보다는 해당 근로자의 노동력에 중심이 놓인 계약관계로 파악할 수 있으므로, 이러한 경

112) Loof, Die Beteiligungsrechte des Betriebsrates bei der Beschäftigung von Leiharbeitnehmern nach neuem Recht, Diss.(Berlin), 2004, S.36.

113) 이러한 점에 주목하여 독일에서는 도급계약상의 계약목적과 이에 부수한 제반 특성을 구비하지 않은 경우에는 근로자파견관계로 파악해야 한다고 본 견해가 있다(Schüren, AÜG §1, Rn.115). 이러한 견해는 1970년대 당시 파견근로와 도급계약 간의 구별논의에서 매우 중요한 진전을 의미하는 것이었다(Hamman, Erkennungsmerkmale der illegalen Arbeitnehmerüberlassung in Form von Scheindienst-und Scheinwerkverträgen, Diss.(Münster), 1994, S.103).

우에 도급계약관계로서의 실질은 부인되어야 한다.

(3) 지휘 · 명령의 방식

외부 근로자를 사용하는 경우에 원칙적으로는 해당 외부 용역 업체의 현장대리인으로 하여금 일정한 지휘와 명령이 이루어지도록 하는 것이 중요하다.

(4) 용역근로자의 사용기간 제한 필요성

원칙적으로 외부 근로자의 사용기간은 1년 이하로 하되, 필요한 경우 갱신하는 방식으로 한다. 또한 그러한 용역업무도급계약의 중도해지의 사유, 절차, 보상 등에 대해서 계약서에 명기해 두는 것이 필요하다.

3. 소결: 어디까지 외주화할 수 있나?

1) 외주화(도급)의 한계

경영적 측면에서 보면 외주화(도급)는 매우 효율적인 노무 이용방식이다. 하지만 이를 무제한 허용한다면, 과연 어느 범위까지 외주화가 가능할까 하는 의문이 들 수밖에 없다. 경우에 따라서는 자동차를 만드는 회사라 하더라도 핵심 근로자 10명 내외만 두고 다른 모든 업무를 외주화하지 못하란 법도 없다. 그렇게 되면 사실상 노동법제 자체는 더 이상 설 곳이 없게 된다. 도급관계에 노동법 규율이 배제되기 때문이다. 이는 도급관계로의 회피가 얼마나 위험하고 치명적인 것인가를 보여주는 대목이다. 외주화는 말 그대로 해당 업무를 전문적으로 잘할 수 있는 업체(또는 근로자)에게 맡기는 것이다. 그래야만 생산의 효율과 더불어 품질도 향상될 수 있기 때문이다. 하지만 외주화가 근로계약관계를 회피하기 위한 수단으로 활용되어서는 안 된다. 여기에 고용보호의 문제와 외주화의 접점이 놓인다. 사실 도급의 대상이 되는 업무는 어디까지인가 하는 의문은 "이렇게 업무의 도급범위가 확장되면, 직영근로자의 수는 극소수로도 줄어들 수 있고, 급기야는 근로관계를 통한 생산방식은 무의미해짐으로써, 노동법의 역할이 축소될 수도 있는 것 아닌가"하는 우려에 다름 아니지만, 합리적인 시장구조와 노사관계, 그리고 경영적 판단 시스템이 제대로 기능한다면 해결될 수 있는 문제라는 생각을 하게 된다.

그 이유는 기업 경쟁력에 따른 시장원리가 작동하기 때문이다. 즉 업무의 도급이 가져오는 기업 비용의 절감 등 다양한 이익 못지않게 불이익 발생의 위험도 상존하기 때문이다. 직영근로자를 통해 일정한 프로세스를 모두 생산케 하면 아무래도 품질의 유지와 제품 신뢰도가 높아지는 반면, 업무도급을 통한 생산은 여러 가지 문제점을 초래할 수 있다. 원래 업무수행이란 것이 근로자를 통해 일사분란한 업무 공정절차에 따라 이루어져야 했던 것인데, 이를 분리하여 수행케 하는 것이므로 직영근로자와 같이 전체적인 통솔과 조직화는 상대적으로 쉽지 않은 것이 사실이기 때문이다.

따라서 기업으로서는 업무의 분업화(단독 분리)가 가능하다고 하여, 언제나 해당 업무를 도급에 맡길 것이라는 판단은 지나치게 성급한 판단이라고 할 수 있다.

2) 도급관계 해지의 자유와 해고보호

판단컨대 진정한 의미에서의 외주화는 권장되어야 하며, 여기에 노동법적 규제가 가해질 바는 없다. 노동법적 규제는 사회적 약자로서 근로자에 대한 보호를 위한 것인데, 외주를 받은 수급자가 이미 전문적 영역을 가진 업체 또는 기술자라면 이들이 노동법의 보호대상이 될 리가 없기 때문이다. 하지만 엄연히 외주 업체가 외주 근로자를 사실상 자신의 근로자처럼 사용지휘하는 경우에는 달리 보아야 한다. 이러한 경우는 도급관계라는 형식을 통해 근로관계를 회피하는 것이다. 특히 도급계약관계는 일반 민사계약관계이므로 얼마든지 해지의 자유를 누린다. 다시 말하면 도급계약관계는 어느 일방에 의해 자유롭게 해지될 수 있다. 사실상 근로관계를 회피하는 수단으로서 도급계약을 체결하였고, 이를 자유롭게 해지할 수 있다면 이는 해고보호법제를 기피한 것이라고 할 수밖에 없다. 사실상 해고가 자유로운 근로자를 고용한 것이나 다름없기 때문이다. 외주화가 사용자로 하여금 해고를 자유롭게 해서는 안 된다. 따라서 앞서 지적된 바와 같이 업무의 지휘·명령의 방식과 업무범위 그리고 외주기업의 경영적 독립성 등 다양한 지표를 가지고, 진정한 의미의 도급인지를 명확히 살펴야 할 실질적인 이유가 바로 여기에 있다.

제4절 비정규근로관계와 해고보호법의 이념적 결별과 차별금지법리

1. 입법정책적 방향성

오늘날 치열한 생존 경쟁을 겪고 있는 상황에서 기업이 탄력적이고 유연화된 인력활용정책을 취하고 있는 것은 불가피한 선택으로 보인다. 사실 전 세계에서 근로자의 직장보장이념에 가장 충실한 법제도를 구축하고 있다고 평가되는 독일의 경우도, 최근 다양한 비정형적 근로관계의 형성을 유연하게 받아들이고 있음은 이러한 경향을 분명히 보여주고 있다.[114] 사실 독일이 1990년대 이후 오랜 기간 동안 누적된 실업과 경제침체로 경제적으로나 정치적으로 매우 어려운 상황에 봉착하게 된 주된 원인을 경직된 노동시장에서 찾고 있기도 하다. 그리하여 최근 독일 노동관련 입법정책들의 주된 경향은 기존의 엄격한 근로자보호규제들을 과감하게 완화하여 노동시장의 유연화에 기여하는 것이라고 말할 수 있다. 따라서 비정규적 근로형태 그 자체를 불법화하거나 처음부터 그 형성을 제한하려는 노력은 더 이상 설득력을 가지기 어렵다. 다만 여기에서 염두에 두어야 하는 것은, 이러한 비정규근로형태가 해고보호법의 이념과 기능을 형해화하는 도구로 활용되어서는 안 된다는 점이다. 오히려 비정규직 근로관계에 관한 노동법적 관심은 그러한 형태의 근로관계를 법적 규율의 차원에서 양성화하고, 특히 비정규직 근로자와 정규근로자와의 관계에서 불합리한 차별적 처우를 막는 데 놓여져야 한다. 이러한 점에서 우리 단기법이

114) Leitner, NZA 1991, S.293.

차별적 처우에 보다 중요한 입법목적을 두고 있는 것은 타당하다.

2. 차별처우의 금지

1) 개 요

우리나라에서 고용차별에 대한 사회적 관심과 입법은 비교적 최근에 활발히 이루어지고 있다. 특히 비정규근로자에 대한 차별금지는 사회 · 국가적으로 초미의 관심사이자 쟁점이라고 하시 않을 수 없다. 2007년 7월부터 단계적으로 시행되고 있는 단기법이 지향하고 있는 주된 목적 중 하나가 바로 비정규직 근로자에 대한 차별처우금지이다. 즉 비정규직 근로자에 대하여 임금 및 근로조건에 있어 합리적인 이유 없이 불리하게 처우하는 것을 법으로 금지하고 있다(단기법 제2조 제3호).[115] 기간제 근로자 · 단시간 근로자에 대한 차별적 처우가 발생한 경우 노동위원회가 차별시정업무를 담당하도록 하고 있다. 단기법 제8조(차별적 처우의 금지)에 의하면, "사용자는 기간제 근로자임

---

115) 유럽연합(EU)의 경우에도 고용차별금지에 관한 일련의 입법지침(directives)을 제정하여 회원국들이 그 내용을 국내적으로 시행하도록 하고 있다. 그중에서 고용형태에 관한 것은 「단시간근로지침」(97/81호, 1997년: Council Directive 97/81/EC of 15 December 1997 concerning the Framework Agreement on part-time work concluded by UNICE, CEEP and the ETUC-Annex: Framework agreement on part-time work.)과 「기간제근로지침」(99/70호, 1999년: Council Directive 97/81/EC of 15 December 1997 concerning the Framework Agreement on part-time work concluded by UNICE, CEEP and the ETUC-Annex: Framework agreement on part-time work)이다. 두 지침은 모두 차별금지원칙을 규정하고 있다. 즉 근로조건과 관련하여, 다른 대우가 객관적 이유에 근거하여 정당화되지 않는 한, 단시간근로 또는 기간제근로라는 이유만으로 비교대상이 되는 정규근로자보다 불이익하게 대우하는 것은 금지되어야 한다는 것이다.

을 이유로 당해 사업 또는 사업장에서 동종 또는 유사한 업무에 종사하는 기간의 정함이 없는 근로계약을 체결한 근로자에 비하여 차별적 처우를 하여서는 아니" 되고, "사용자는 단시간 근로자임을 이유로 당해 사업 또는 사업장의 동종 또는 유사한 업무에 종사하는 통상근로자에 비하여 차별적 처우를 하여서는 아니 된다."

2) 차별 시정 신청과 그 판단 기준 마련의 필요성

단기법의 시행으로 비정규근로자는 임금, 기타 근로조건 등에서의 합리적 이유 없는 차별에 대해 노동위원회에 그 시정을 구하는 신청을 제기할 수 있게 된다. 그중에서도 특히 임금이나 복리후생에 관한 차별의 시정을 구하는 사건이 많이 제기될 것으로 예상된다. 근로계약에서 정한 기간이 만료되면 계약갱신이 없는 한 근로관계는 자동적으로 종료된다. 따라서 계약종료에 관한 차별사건보다는 임금·복리후생에 관한 차별적 처우의 시정을 구하는 사건이 부각될 것이다. 조사된 바에 의하면, 정규근로자와 비정규근로자 사이의 임금격차는 62.8% 수준이다.[116] 다른 임금결정요인(경력, 근속연수, 자격, 기업규모 등)을 제외한 고용형태에 따른 차별적 격차는 조사에 따라 차이가 있으나 10%-20%로 나타나고 있다.[117]

예컨대 임금차별의 시정을 구하는 신청이 제기된 경우 노동위원회는 차별 여부에 대해 판단해야 한다. 그동안 노동위원회는 임금차별 사건을 담당하지 않았기 때문에 관련 실무경험이 전혀 없는 상황이

116) 2006년 8월 통계청 경제활동인구조사 부가조사.
117) 비정규직 노사관계에 관해서는 은수미, 『비정규직과 한국 노사관계 시스템 변화(I)』, 한국노동연구원, 2007 참조 바람.

다. 더구나 단기법에서도 임금차별 여부를 판단할 수 있는 구체적인 기준을 정하고 있지 않다. 따라서 비정규근로자에 대한 합리적 이유 없는 임금차별을 신속하고 실효성이 있게 시정함으로써 단기법의 입법 취지를 실현할 수 있으려면 임금차별 판단기준을 마련하여야 한다. 기업의 임금체계는 연공급, 직능급, 직무급, 성과급 또는 둘 이상의 혼합형태 등 매우 다양하다. 정규근로자와 비정규근로자의 임금체계가 전혀 달리 정해지는 경우도 있다. 특히 연공급 임금체계하에서는 근속기간이 임금수준을 결정하는 중요 요인이 된다. 이와 같은 임금체계의 다양성과 임금수준결정요인의 차이는 정규근로자와 비정규근로자 사이의 임금차별 여부를 판단하기 어렵게 하는 원인으로 작용할 수 있다. 그러나 이러한 어려움을 극복할 때 단기법의 입법취지를 살릴 수 있다. 우리가 항상 견지하여야 할 것은 단기법이 비정규근로자에 대한 합리적 이유 없는 차별을 금지한다는 기본원칙이다. 언제나 이러한 원칙에 근거하여 개별적인 사건을 처리하여야 하고, 사건처리의 지침이 될 수 있는 판단기준을 마련하여야 한다.

3) 차별의 판단

근로자에 대한 처우에 대하여 차별인지 여부를 판단하는 것은 대체로 3단계의 과정으로 이루어진다.

(1) 비교가능한 근로자 그룹의 존재 여부 판단

첫째는, 비교대상이 되는 두 사람 또는 두 집단이 같다고 볼 수 있는 상황하에 있는가에 대한 판단이다. 차별은 쉽게 말해 '같은 것을 다르게 취급하는 것'이기 때문에 비교대상이 존재하여야 한다. 비교대상이 없는 경우에는 차별 여부를 논할 수 없다. 차별 여부 자체가 비교를 전제로 하기 때문이다. 예컨대 기간제 근로자의 문제에서는 '당해 사업 또는 사업장' 차원에서 '동종 또는 유사한 업무에 종사하는 기간의 정함이 없는 근로계약을 체결한 근로자'와 기간제 근로자가 그 비교대상자가 될 것이다. 결국 중요한 것은 구체적으로 어떤 구체적인 기준을 가지고 업무의 동종성 또는 유사성을 판단할 것인지가 중요한 과제로 제기된다. 업무 또는 직무의 동일성을 판단함에 있어 일본의 단시간근로지침에 따르면, 직무의 범위를 비교하여 통상의 근로자와 작업내용이 동일한지 여부를 판단하되, 개개 작업을 비교함에 있어 트러블의 발생 시와 임시 또는 긴급 시의 대응 그리고 할당된 노동의 기준량 등이 동일하게 직무상의 책임으로 귀속될 수 있는지와 더불어, 부여된 권한의 범위에 대해서도 고찰할 필요가 있다고 한다.[118] 이와 관련하여 근속연수가 긴 정규근로자(근속연수 15년)를 일시적으로 대체한 기간제 근로자의 임금액이 대체된 정규근로자의 임금보다 낮은 것은 이 근로자의 근속연수를 고려할 때 정당화될 수 있지만, 기간제 근로자에 대한 임금차별이 있는지 여부를 판단하기 위해서는 이 근로자가 대체한 정규근로자의 임금 수준뿐만 아니라 해당 기업에서 동종의 업무에 종사하면서 근속연수가 1년이 되지 않는 정규근로자의 임금 수준과도 비교해 보아야 한다는 프랑스 파기원의 최근 판례는 주목할 만하다.[119]

---

118) 김재훈, "단시간근로관련 일본의 최근제도와 우리나라와의 비교고찰", 비교사법, 2004, 662면.

119) 프랑스 파기원 2006. 11. 28, 05-42136(오계택 · 이인재 · 조용만 · 박호환, "임금차별 판단기준 마련을 위한 연구", 2007. 12, 한국노동연구원, 30면 이하 재인용).

(2) 차별적 처우의 존재 여부 판단

둘째는, 두 비교대상자가 어떤 사항과 관련하여 다르게 대우받고 있는지, 어느 정도 다르게 대우받고 있는지에 대한 판단이다. 단기법에서는 '임금 그 밖의 근로조건 등에 있어서' '불리하게 처우하는 것'이라고 표현하고 있다. 법에서 비교사항으로 규정하고 있는 '임금 그 밖의 근로조건 등'이라고 하는 것은 구체적으로 어떤 근로조건들을 포함하는지가 문제된다. 차등적 대우의 존부는 사실 확인의 문제에 속한다. 단체협약, 취업규칙, 근로계약 또는 관행 등에 의해 정규근로자와 비정규근로자 간에 어떤 기준에 따라 어느 정도의 차이가 있는지를 밝히는 작업이다. 그 다음에는 그러한 차이가 비정규근로자에게 불이익한 것인지를 판단하게 된다. 이 경우 불이익 여부는 비교대상이 되는 개별 항목별로 비교하여 판단할 것인지, 아니면 몇 개의 항목을 묶어 종합적으로 비교할 것인지 문제된다. 이는 비교대상이 되는 항목의 성격에 따라 다를 것이다. 기본적으로 동일한 성격을 갖는 항목들은 종합비교를 해야 하고, 다른 성격의 항목은 개별비교를 해야 한다. 또한 비교대상 근로자와 비교대상 업무를 결정하는 단계에서는 가급적 객관적 사실과 요소에 근거하여 판단하여야 한다. 그렇지 않으면 비교대상의 범위가 사용자의 의도적 내지는 일방적 의사에 의해 부당하게 축소되는 결과를 초래할 수 있고, 이는 결국 단기법상의 차별시정의 실효성을 저하시킬 수 있다.

예컨대 기간제 근로자에게 업무내용과는 관계없이 일률적으로 특정 직급에 따른 임금을 지급함으로써 실제로 수행한 업무에 상응하는 무기계약 근로자의 임금보다 열악한 임금을 지급하는 것은 동등처우 원칙 위반이라는 독일 판례는 우리에게도 시사하는 바가 크다.120) 또한 신규 임금제도를 도입하면서 기존의 기본급을 인하하고 그 대신에 성과급을 지급하기로 한 경우에, 무기계약 근로자에게 기본급 인하에 따른 기존 급여수준의 저하를 보상하기 위해 임금보전수당을 지급하고 기간제 근로자에게는 이를 지급하지 않는 것은 기간제 근로자에 대한 차별이 될 수 있다.[121] 또한 사용자가 호의로 지급하는 상여금의 경우에도 다른 모든 정규직 근로자에게 지급하면서 기간제 근로자에게는 지급하지 않는다면 동등처우원칙이 적용되어 기간제 근로자에 대한 차별적 처우라고 인정한 판례가 있다.[122]

(3) 차별적 처우의 합리적 이유 존부 판단

마지막으로 두 비교대상자를 다르게 대우하여야 할 정당한 이유가 있는지 여부에 대한 판단이다. 차별금지가 절대적인 평등, 다시 말해 이유를 불문하고 언제나 똑같이 대우할 것을 요구하는 것은 아니다. 다르게 대우할 만한 정당한 이유가 있는 경우에는 다르게 대우하는 것이 오히려 평등 혹은 정의라고 할 수 있다. 단기법은 정규근로자와 다른 고용형태(즉 기간제 근로자 · 단시간 근로자임)임을 이유로 "합리적인 이유 없이" 불리하게 처우하는 것을 금하고 있을 뿐이다. 이는 다르게 표현한다면, 합리적 이유가 존재하면 차별이 아니라는 결론도 가능하다는 것을 의미한다.[123] 예컨대 기간제 근로자의 자격이 기존

---

120) LAG Hamm 1997. 2. 27, 17 Sa 1889 / 96.

121) 오계택 · 이인재 · 조용만 · 박호환, "임금차별 판단기준 마련을 위한 연구", 2007. 12, 한국노동연구원, 30면 이하.

122) 오계택 · 이인재 · 조용만 · 박호환, "임금차별 판단기준 마련을 위한 연구", 2007. 12, 한국노동연구원, 30면 이하.

123) 물론 합리적 이유가 있다는 점에 대한 입증책임은 사용자 측에게 있다(단기법 제9조 제4항).

정규직 근로자와 차이가 있는 경우에는 차별이 가능할 수 있다. 프랑스에서는 기간제 근로자가 무기계약 근로자를 대체하기 위하여 채용되었을 때 기간제 근로자가 무기계약 근로자와 동일한 또는 유사한 자격을 갖고 있고, 동일한 업무에 종사하는 한, 기간제 근로자의 임금은 대체된 무기계약 근로자의 임금보다 낮아서는 안 된다. 하지만 기간제 근로자가 원래 자신이 대체한 무기계약 근로자들보다 낮은 자격을 갖고 있었고, 또한 대체된 무기계약 근로자들이 수행하던 업무의 전부를 수행한 것이 아니라 그중의 일부만을 수행하였을 뿐인 경우에는 차별화된 임금을 지급받더라도 합리적 이유가 있다고 보아야 한다는 사례가 있다.[124]

4) 차별적 처우에 대한 시정

(1) 원 칙

단기법 제8조에서는 기간제 근로자 또는 단시간 근로자임을 이유로 사용자가 당해 사업 또는 사업장에서 동종 또는 유사한 업무에 종사하는 기간의 정함이 없는 근로계약을 체결한 근로자에 비하여 차별적 처우를 하여서는 아니 된다고 규정하여 두고 있다(단기법 제8조 제1항과 제2항)

124) 프랑스 파기원 2002. 10. 15, 00-40623(오세덕 · 이인재 · 조용만 · 박호환, "임금차별 판단기준 마련을 위한 연구", 2007. 12, 한국노동연구원, 30면 이하 재인용).

(2) 근로자의 차별적 처우에 대한 시정 신청

① 시정 신청기관: 노동위원회

기간제 근로자 또는 단시간 근로자는 차별적 처우를 받은 경우 노동위원회법 제1조의 규정에 따른 노동위원회에 그 시정을 신청할 수 있다(단기법 제9조). 다만, 차별적 처우가 있은 날(계속되는 차별적 처우는 그 종료일)부터 3개월이 경과한 때에는 그러하지 아니하다. 이때 기간제 근로자 또는 단시간 근로자가 시정신청을 하는 때에는 차별적 처우의 내용을 구체적으로 명시하여야 하도록 하고 있다.[125] 다만 이와 관련한 분쟁에 있어서 입증책임은 사용자가 부담한다.

② 노동위원회의 심문

이러한 시정신청이 노동위원회에 대하여 이루어지면, 노동위원회는 지체 없이 이에 관하여 필요한 조사와 관계 당사자에 대한 심문을 하게 되며, 특히 심문을 하는 때에는 관계 당사자의 신청 또는 직권으로 증인을 출석하게 하여 필요한 사항을 질문할 수 있도록 규정하여 두고 있다. 아울러 노동위원회는 제1항 및 제2항의 규정에 따른 심문을 함에 있어서는 관계 당사자에게 증거의 제출과 증인에 대한 반대심문을 할 수 있는 충분한 기회를 주도록 하고 있다.[126]

③ 조정 또는 중재결정

또한 노동위원회는 그러한 심문의 과정에서 관계 당사자 쌍방 또는 일방의 신청 또는 직권에 의하여 조정절차를 개시할 수 있고, 관

---

125) 이때 시정신청의 절차, 방법 등에 관하여 필요한 사항은 「노동위원회법」 제2조 제1항의 규정에 따른 중앙노동위원회가 따로 정한다.

126) 단기법 제10조.

계 당사자가 미리 노동위원회의 중재결정에 따르기로 합의하여 중재를 신청한 경우에는 중재를 할 수 있다. 만약 조정 또는 중재를 신청하는 경우에는 차별적 처우의 시정신청을 한 날부터 14일 이내에 하여야 하되, 다만, 노동위원회의 승낙이 있는 경우에는 14일 후에도 신청할 수 있도록 하고 있다. 이와 관련하여 노동위원회는 특별한 사유가 없는 한 조정절차를 개시하거나 중재신청을 받은 때부터 60일 이내에 조정안을 제시하거나 중재결정을 하여야 하며, 관계 당사자 쌍방이 조정안을 수락한 경우에는 조정조서를 작성하고 중재결정을 한 경우에는 중재결정서를 작성하여야 한다(단기법 제11조 제5항). 그리고 조정조서에는 관계 당사자와 조정에 관여한 위원 전원이 서명・날인하여야 하고, 중재결정서에는 관여한 위원 전원이 서명・날인하여야 한다. 이때 노동위원회의 조정 또는 중재결정은 민사소송법의 규정에 따른 재판상 화해와 동일한 효력을 갖는다고 명시하여 두고 있다(단기법 제11조 제7항).

④ 시정명령 및 그 이행

단기법 제12조에 따라, 만약 노동위원회가 차별적 처우에 해당된다고 판정한 때에는 사용자에게 시정명령을 발하여야 하고, 차별적 처우에 해당하지 아니한다고 판정한 때에는 그 시정신청을 기각하는 결정을 하여야 한다. 이때 판정・시정명령 또는 기각결정은 서면으로 하되 그 이유를 구체적으로 명시하여 관계 당사자에게 각각 교부하여야 한다. 이 경우 시정명령을 발하는 때에는 시정명령의 내용 및 이행기한 등을 구체적으로 기재하여야 한다. 이러한 시정명령의 내용에는 차별적 행위의 중지, 임금 등 근로조건의 개선 및 적절한 금전보상 등이 포함될 수 있다(단기법 제13조).

지방노동위원회의 시정명령 또는 기각결정에 대하여 불복이 있는 관계 당사자는 시정명령서 또는 기각결정서의 송달을 받은 날부터 10일 이내에 중앙노동위원회에 재심을 신청할 수 있다. 또한 중앙노동위원회의 재심결정에 대하여 불복이 있는 관계 당사자는 재심결정서의 송달을 받은 날부터 15일 이내에 행정소송을 제기할 수 있다. 일정한 기간 이내에 재심이나 행정소송을 제기하지 아니한 때에는 그 시정명령·기각결정 또는 재심결정은 확정된다. 이렇게 확정된 시정명령에 대하여 노동부장관은 사용자에게 그 이행상황을 제출할 것을 요구할 수 있으며, 시정신청을 한 근로자는 사용자가 확정된 시정명령을 이행하지 아니하는 경우 이를 노동부장관에게 신고할 수 있다(단기법 제15조).

3. 해고보호법리와의 이념적 결별

비정규근로관계를 형성하는 것이 해고보호법리를 형해화하기 위한 것이었다면, 이는 노사 모두에게 소모적인 노력이다. 이제 비정규근로관계는 본래의 형성 목적으로 되돌아가야 한다. 그러니까 비정규근로관계는 일시적이거나 부분적인 인력 수요에 탄력적으로 대응하기 위한 것으로서 자리매김하여야 한다. 비정규근로관계가 정규직 근로관계를 대체하는 일은 없어야 한다.

비정규근로관계가 해고보호법리와 결별하여야 하는 이유가 바로 여기에 있다. 비정규근로관계는 이제 양성화되어, 국가의 엄격한 관리하에서 노동법적 보호가 충실히 이루어져야 한다. 이때 노동법적 보호란 비정규근로관계에 대한 고유한 원리와 이념에 기반한 것이어야 한다. 특히 중요한 것은 차별금지원리이다. 비정규직 근로관계라는 이유만으로 다른 정규직 근로자와 차별적으로 취급되는 것은 엄격히 금지되어야 한다. 아울러 해고보호법리도 그대로 적용받아야 한다. 적어도 비정규근로관계를 유지하고 있는 동안에는 정규직 근로자와 하등 달리 취급되어서는 안 되기 때문이다. 이러한 측면에서 해고보호법리는 정규직임과 비정규직임을 전혀 구별하지 않는 것이다. 그러므로 비정규직 근로관계를 통해 해고보호법리를 회피하고자 하는 노력은 논리적으로도 허용될 수 없는 바다. 오늘날 독일 해고법상에서 비정규직 근로관계법리는 고유한 것으로서, 해고보호법리와 교차하는 것이 아니라는 입장을 보이고 있는 것은 이러한 맥락이다.

아직까지는 우리 노동현실이 비정규직 근로관계와 해고보호법리 회피 가능성을 동일한 차원에서 보고 있는 측면이 있다. 이 둘 간의 관계를 각자의 제자리로 돌려야 할 시점에 와 있으며, 이를 위한 입법적 노력을 서둘러야 한다.

제5절 소 결

비정규 근로관계의 발생은 기업경쟁력 강화 차원에서 이루어지는 것으로서, 전 세계적인 추세이다. 이제 비정규근로관계 발생 그 자체를 억제하거나 막는 것은 더 이상 의미가 없다. 하물며 가장 엄격한 해고보호법제를 가진 것으로 평가되는 서구 유럽 국가에서도 비정규 근로관계의 발생 그 자체를 불법적인 것으로 보지 않는다. 다만 두 가지 정도를 반드시 염두에 두어야 한다.

첫 번째는 해고보호법리가 여전히 노동관계의 중심 원리라는 점이 변화되어서는 안 된다는 것이다. 예컨대 전형적인 근로관계는 여전히 기간의 정함이 없는 근로관계이며 비전형적 근로관계는 예외적인 경우이다. 이러한 원칙과 예외의 관계가 적어도 분명히 견지되어야 한다. 이러한 점을 염두에 둔다면 현행법상의 기간제 근로자에 대한 규제방식은 개선이 요구되는 것으로 판단된다. 현행법은 최대 기간제한 방식을 취하고 있다. 비록 최근에는 기존의 2년을 4년으로 연장할 필요가 있다는 노동부의 지적도 있었지만, 근본적으로 최대기간방식 자체에는 변화의 조짐이 보이지 않는다. 사실 최대기간제 방식을 취하면, 모든 근로관계에 대하여 일단 최초 2년은 기간제 근로관계를 형성할 수 있게 된다는 것을 의미한다. 심리적으로도 사용자라면 일단 근로자를 상당기간 사용해 보고 정규직 근로자로 사용할 것인가를 판단하는 것이 유리하므로, 당연히 기간제로 고용하게 될 것이다. 이것은 자칫 근로관계의 본래적인 모습이 기간의 정함이 있을 수 있는 것으로 보일 수 있다. 이와 달리 정당한 사유가 있는 경우에 비로소 기간제 근로관계를 활용할 수 있도록 하는 방식을 취하면, 적어도 근로관계의 원칙적 모습은 기간의 정함이 없는 정규직 근로이고, 예외적으로 비정규직 근로관계가 형성될 수 있음이 분명하게 드러나게 된다. 더 나아가 기업경영상의 필요가 있다면 그 기간이 얼마가 되든지 기간제 근로관계를 사용할 수 있다는 점에서도 소위 원인제한방식은 유용하다. 물론 어떠한 입법규제방식을 사용하든 그 수규자(受規者)의 규범의식이 중요하다. 법을 왜곡하거나 회피하고자 한다면 그 법의 내용과 형식이 무엇이든 제대로 기능할 수 없기 때문이다.

두 번째로는 비정규근로관계의 법적 양성화문제이다. 이제 더 이상 비정규근로관계를 음성적으로 인정하여, 사실상 해고보호법리를 회피하는 수단으로 활용되도록 하여서는 안 된다. 비정규근로관계의 활용이 필요한 상황에서라면 이를 양성화하여, 비정규근로관계의 보호를 위한 고유한 법리가 관철되도록 하는 것이 필요하다. 예컨대 차별금지법리가 바로 그것이다. 해고보호법리는 비정규근로자이든 정규근로자이든 상관없이 그대로 적용되는 것이다. 그 이유는—앞서 지적한 바대로—비정규근로관계가 지속되고 있는 도중에는 해고보호법리의 적용과 관련하여 정규근로자와 하등 달리 취급될 바가 없기 때문이다. 비정규근로관계라 하더라도 계약기간 중에 발생되는 해고의 문제는 여전히 전형적인 해고보호법리가 그대로 관철되어야 한다. 왜냐하면 계약기간 동안은 적어도 고용안정의 혜택을 누려야 한다는 점에서 정규근로자와 다를 바 없기 때문이다. 오히려 이를 달리 취급하는 것은 해고보호법리와 관련한 불합리한 차별의 문제에 해당된다. 기간제 근로자를 고용하는 것이, 정규직 근로자를 고용하였을 때 해고가 쉽지 않다는 문제의 회피 방안으로 활용된다면 이는 잘못된 것이다. 기간제 근로자는 기간제를 사용하여야만 하는 상황이기 때문에 고용이 가능한 것으로만 보아야 한다.

이제 비정규근로관계를 양성화하고 보다 면밀하게 규율함으로써, 해고회피수단으로서 전락된 현 상황을 개선하고, 비정규근로관계 고유의 보호법리를 개발하고 관철시켜야 할 입법론적 과제가 현재 우리에게 놓여져 있다. 비정규근로관계가 일자리를 늘리고 기업경쟁력을 강화하면 결국 사회보장제도의 강화와 정규적 일자리의 증가를 선순환적 구조로 연이어 가져오게 되도록 노력하여야 할 시점이기도 하다.

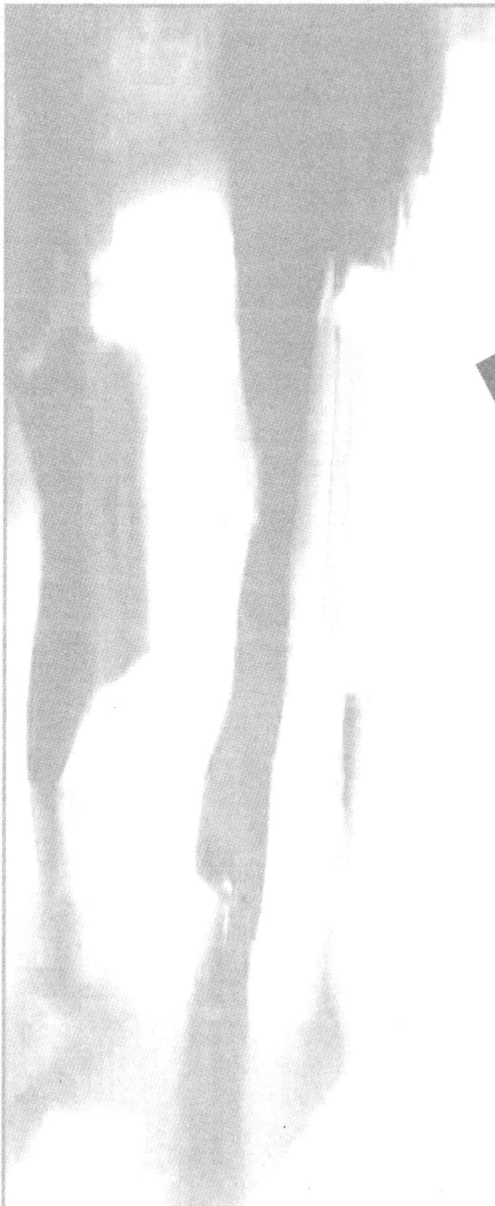

제 11 장

결 론

제11장 결 론

① 오늘날 해고법의 중요한 화두는 단연 노동시장 유연화에 따른 해고법제의 대응이다. 하지만 노동시장 유연화를 위해 해고법제의 기본 이념인 해고보호법리가 완화되거나 포기되어야 하는 것으로 오해하여서는 안 된다. 사회적 약자인 근로자를 위하여 직장을 안정적으로 유지하도록 하는 법제상의 이념은 여전히 중요한 의미를 가지기 때문이다. 우선 직장은 근로자 자신은 물론 가족의 생계유지에 필요적 전제요건이면서 동시에 인격실현의 장이다. 직장을 잃게 되는 것은 인격실현의 가능성이 없어지는 것이다. 아울러 고용에의 위협을 막아주는 것은 근로자로 하여금 근로계약상의 권리를 온전하게 향유하도록 하는 전제요건이다. 따라서 현대 사회에 있어 해고보호법리는 단순한 직장보호를 넘어서, 인간다운 삶을 위한 필요적 이념체계라고 할 수 있다.

② 노동시장의 유연화는 이미 전 세계적 추세이므로, 이를 거스를 수는 없다. 그렇다면 해고보호법리의 이념적 기초하에서 지향하여야 할 노동시장의 유연화란 무엇을 의미하는 것일까? 판단컨대 노동시장 유연화에 대응하는 해고법제의 개선 방향은, 우선 거시적 과제로서

오늘날 새롭게 등장하게 된 다양한 형태의 노무제공관계를 양성화하고, 제도 일탈의 경우에 대하여는 적극적으로 규제하는 것이 되어야 한다. 해고보호관련법 규정을 규제 위주로 활용하면 시장의 변화는 탈법을 통해 해고법제를 회피하려고만 하게 된다. 시장의 필요를 적극적으로 반영하되 이를 합리적으로 양성화하는 노력이 오히려 타당하다. 1970년대 초 독일이 비정규직 근로관계 특히 파견근로와 관련하여, 이를 아예 입법화하게 된 것은 파견근로의 불법성을 확인하고 규제하기 위해서라기보다는 파견근로의 합리적 모습을 노동법이 적극적으로 형성함으로써, 양성화의 길을 열어 두었다는 데 그 본질적 의미가 있음은 현재 우리에게도 시사하는 바가 크다. 역으로 이는 비정형적 근로관계에서 해고보호법리를 어떻게 합리적으로 구현할 것인가의 문제이기도 하다. 미시적으로는 현재의 해고보호법리관련 규정 내부의 개선 방안으로서, 노사 당사자 간 불필요한 해고관련 분쟁을 미리 예방하거나 최소화하는 방안을 모색하는 일이 될 것이다.

③ 현재 해고관련 규정은 근로기준법에 놓여 있다. 근로기준법은 상시 근로자 5인 이상의 사업장에 적용된다. 결국 해고보호관련 규정 역시도 마찬가지인 셈이다. 여기에서 드는 의문은, 만약 해고보호규정의 적용이 가능한 사업장 규모를 예컨대 상시 20인 이상인 사업장으로 한다면, 그만큼 고용이 더 많이 창출될까 하는 점이다.

한때 독일에서는 이러한 논의가 제기된 적이 있었고, 어느 정도 이에 수긍하는 결론을 내렸던 바가 있었다. 하지만 독일에서의 상황을 곧바로 우리의 경우에 적용할 수 있을 것 같지는 않다. 왜냐하면 독일은 그 산업구조의 특수성이 있기 때문이다. 요컨대 독일은 산업구조적 특성상 이른바 중소기업이 차지하는 경제비중이 매우 높다. 약

70% 이상이 된다고 한다. 따라서 중소기업에서의 고용상황은 독일의 실업률에 결정적 영향을 미친다. 그런데 중소기업은 대부분 수익구조가 단순하고, 외부 상황에 민감하게 반응한다. 따라서 일시적인 생산 증대나 중단의 필요가 존재하면 이러한 상황에 신속하게 대응하게 되며, 또한 그렇게 할 수밖에 없다. 그러므로 이러한 중소기업들에게 있어 해고보호법의 적용 여부는 매우 중요한 의미를 가질 수밖에 없다. 하지만 우리의 경제산업구조는 독일의 경우와 사뭇 다르다. 기업 위주의 산업구조를 가지고 있고, 5인 미만 사업장이 산업구조에서 차지하는 비중이 크지 않다. 그러므로 해고보호법제의 적용범위를 넓히거나 좁히는 것이 매우 큰 의미를 가진다고 판단하기는 어렵다. 오히려 개선되어야 할 과제는, 근로기준법상의 해고보호법제가 마땅히 적용되어야 함에도 불구하고 그대로 묻혀 버리는 현실을 변화시키는 것이라고 생각된다. 부당해고를 노동법상 문제 삼는 것이 유별나 보이거나 사상적 의심을 받게 되는 현실이 더 큰 문제이기 때문이다.

④ 최근까지도 높은 실업률 문제로 고민하여 오던 독일도 2000년대 초반부터 해고법제의 개혁을 시도하여 오고 있고, 2009년 이래로 상당한 성과를 거두고 있다. 경제적으로 그 기반을 더욱 탄탄히 함으로써, 독일은 유럽 경제위기 상황에서 더욱 돋보이고 있다. 사실 독일은 유럽에서도 가장 엄격한 해고보호법제를 유지하여 오던 국가였지만 인력 유연화를 통한 경쟁력 향상 전략에 순응하고, 이러한 관점에서 고용안정성에 대한 유연하면서도 탄력적인 대응 매뉴얼을 법적 차원에서 체계화하였다. 지난 2003년 이래로 진행되어 온 독일의 해고법제 개혁도 바로 그러한 예다. 하지만 이러한 독일 노동법 개혁에

서 간과하지 말아야 할 부분이 있다. 해고보호법제의 무분별한 완화 또는 포기가 아니라, 고용촉진을 위한 고용유연화를 택하였다는 점이다. 특히 독일은 우선적으로 노동시장 유연화 방식으로 고용촉진을 통한 실업률 감소를 도모하였다. 노동법의 입법자가 기존의 근로자가 가지는 직장을 유지하는 데 그치지 않고, 적극적으로 직장을 창출하는 일련의 활동에 대해 우대하는 데에 주목한 것이다. 같은 차원에서 독일의 경우 해고보호법의 적용대상 기업의 범위를 축소하여 소규모 사업체에서의 고용증진을 도모하였다. 그렇다고 하여 해고보호법제가 종래 노동법의 가장 중요한 영역이며, 엄격한 적용을 견지하여야 한다는 데 대하여는 아무런 변화가 없다. 다만 근로자에게 있어 근로의 기회가 획기적으로 증가하고, 고용 가능성이 매우 확대된다면, 이러한 해고보호법제의 엄격성은 자연스럽게 완화될 수 있다. 결국 해고보호법제의 완화를 통한 노동시장의 유연화, 그리고 이러한 유연화를 통한 기업경쟁력의 확보, 나아가 기업경쟁력의 확보를 통한 고용의 증진이야말로 가장 바람직한 노동관계 사이클이 될 것이다.

⑤ 기업은 '경쟁'을 통해 이윤을 얻고 그리하여 생존을 지속한다. 이윤은 기업으로 하여금 보다 많은 생산을 창출하게 한다. 기업경쟁력 확보의 핵심 키가 해고법제의 완화라고 보기도 한다. 하지만 해고법제는 실은 기업경쟁력 확보와는 그 차원을 같이하는 제도로 보기 어렵다. 기업경쟁력 확보가 유일한 목적이라면, 가장 좋은 것은 완벽한 노동력 착취일 것이다. 하지만 해고법제는 사회국가적 이념을 배경으로 하는 것이다. 어느 정도 해고의 비탄력성은 어쩌면 당연한 것이고, 기업경쟁력 확보라는 관점에서 개선되어야 할 대상으로 보는 것은 잘못이다. 그렇다면 이러한 해고법제와 기업경쟁력 차원에서의

인력 유연화 정책 간의 상관관계에서 핵심키워드는 무엇일까? 판단컨대 기업의 사회화와 국가 사회복지와 보장적 시스템의 구축에서 찾아야 한다고 본다. 비록 사회적 약자인 근로자가 자신의 직장을 상실하게 되더라도, 최소한의 생계 유지가 사회보장시스템을 통해 가능하다면, 비로소 해고보호법제의 완화가 고려될 수 있다. 예컨대 덴마크의 경우 고용·해고의 자유를 최대한 존중, 사용자는 최소한의 사전통지만 하면 금전적 부담 없이 해고가 가능하도록 되어 있다. 이는 덴마크의 경우 사회보장제도가 매우 견고하게 구현되어 있기 때문에 가능한 것이라고 보아야 한다. 사회보장제도가 이렇게 견고하면 자연스럽게 노동시장의 유연화도 동시에 구현될 수 있다. 흥미로운 사실은, 덴마크 노동시장에서 근로자의 이직율이 매우 높다는 점이다. 사회보장제도의 고도화와 실질화는 노동시장의 유연화를 가장 손쉽고 적극적으로 구현하게 됨을 여실하게 보여주고 있는 예다.

⑥ 우리의 경우 여러 사정상 한꺼번에 획기적이면서도 안정된 사회보장제도를 구축하고 시행하기란 기대하기 어렵다. 하지만 단계적으로 준비하면서 노동시장의 유연화에 탄력적으로 대응할 수 있도록 하는 노력이 우리에게 중요한 과제로서 남겨져 있음을 항상 인식할 필요가 있다. 그렇다면 그러한 사회보장시스템의 구축을 가능하게 하는 가장 원천적인 불씨를 찾는 일이 선행되어야 하는데, 여기에서 본 연구자는 사회적 기업이념에 주목하고 있다. 물론 사회보장제도가 순수하게 국가 재정만을 통하여 구현되는 것이 가장 이상적이겠지만, 이는 쉽지 않다. 국가의 역할에 더하여 한 번쯤 기업의 사회화 정책에 주목할 필요가 있다. 오늘날 사회적 기업에 대한 장려가 중요한 이슈가 되고 있다. 사회적 기업에 대한 학술상 개념이 다양할 수 있

겠으나 무엇보다 중요한 핵심요지는 다음과 같다. 즉 기업이 단지 사적 당사자로서 이윤을 추구하는 데 그치지 않고, 사회적 책임과 의무를 부담하는 일원으로 자리 잡도록 하는 것이다. 다시 말하면 기업이 자유로운 이윤창출을 하되, 사회적 책무의 이행 차원에서 그 이윤을 사회로 환원하도록 하는 것이다. 이러한 이윤의 사회환원조치는 다시금 당해 기업의 이윤을 높이는 순기능적 순환구조를 가져오게 된다. 이러한 사회적 기업으로서의 면모와 체계를 완비한 기업에서 해고법제의 막연한 엄격성은 매우 부자연스럽거나 거추장스러운 것으로 전락하기 쉽다. 이는 사회적 기업의 이윤극대화를 방해할 뿐이기 때문이다. 사회적 기업에서의 해고보호법리란, 유연화된 고용시장과 맞물려 있는 고용지향적 정책이라는 점에서 미래 노동유연화 정책의 방향성을 제시하여 주는 것으로 볼 수 있다. 요컨대 해고법제의 탄력성과 인력 운용의 유연화는 다양한 요소들이 복합적이고 유기적으로 개입되어야 하지만, 특히 해고관련 법제의 이면에서 더욱 강조되어야 할 것은 바로 다양한 고용확대정책의 제도화이다. 고령근로자이든 일시적 실업상태에 대한 것이든, 기간제와 같은 비정형적 근로형태이든지 간에 중요한 것은 보다 많은 사람들에게 근로의 기회를 충분히 제공하는 것이다. 이것이야 말로 진정한 '인간존엄성의 실현'이다.

⑦ 오늘날과 같이 노동인력의 유연화 경향이 세계적 추세로 된 시점에서 해고법제는 기업의 경쟁력 확보 차원에서 막연한 비탄력적 구조성을 탈피하여야 한다. 동시에 국가는 실업 상태에 놓이는 근로자에 대한 여러 가지 사회보장적 장치를 강구하여야 한다. 특히 이러한 대응조치는 두 가지 차원에서 이루어져야 하는데, 하나는 '사회보장제도 확충'이고, 다른 하나는 '고용확대'이다. 기업의 체질 변화도

필요하다. 기업의 이윤과 사회적 기여가 서로 맥락을 같이하는 것임에 대한 확신을 가져야 한다. 사회적 기업으로의 발전이 갖는 의미를 정확히 인식하여야 한다. 해고유연화 시대에 있어 해고보호법리의 진정한 구현 주체는 노동법이 아니라, 바로 사회적 기업이다. 요컨대 사회적 기업이라는 개념카테고리 안에서, 사회보장제도의 확충과 고용확대라는 두 가지 과제를 해결하는 실마리를 찾아야 한다. 사회적 기업의 확대와 역할 증대는 고용확대와 사회보장제도의 확충을 가져오고, 이는 다시금 고용의 유연화를 제고할 수 있게 되고, 고용의 유연화는 생산효율의 증대를 가져오며, 이러한 생산 효율의 증대는 기업의 이익 증대와 고용확대라는 선순환적 구조를 구축하게 될 것이다.

⑨ 해고보호법제는 과거에도 그래왔고, 지금도 그러하며, 앞으로도 그렇겠지만, 견고하고 보장되어야 하는 것이다. 하지만 현대 해고보호제도의 엄격성은 고용의 둔화를 초래하는 방향으로 체계화되어서는 안 된다. 현대 해고법제의 발전방향성이란, 고용의 '안정성'이라는 전통적 이념과 고용의 '확대'라는 인간본위적 이념을 절묘하게 조화시키는 것이 되어야 한다. 현직 근로자만이 아니라—근로의 의사를 가진—잠재적 근로자 모두를 위한 노동법이요, 해고법이어야 하기 때문이다. 아울러 해고의 유연화는 해고보호법리의 포기나 회피가 아니라는 점을 재삼 염두에 두어야 한다. 해고 '유연화'란, 노동력 활용의 효율성을 극대화하면서도 근로자의 고용안성에 대한 확신을 제공하는 것이다. 이를 위해 노동법의 입법자는 적극적인 비정형적 근로관계의 양성화 노력을 하여야 한다. 그리고 사회보장제도의 확대 구현, 그리고 기업의 사회적 역할을 촉구하고 구체화하여야 한다.

노동시장의 유연화와 해고보호법이념의 견고한 유지는 절묘하게 조화될 수 있는 것임을 새삼 강조하고 싶다.

참고문헌

한국문헌

강현주, "영국의 부당해고 구제제도", 『노동법연구』 제14호, 서울대학교노동법연구회, 2003.

강희원, "해고법의 체계를 위하여", 『노동법학』 제20호, 2000. 8, 279면 이하.

곽윤직, 『민법총칙』, 박영사, 2007.

권 혁, "현행근로기준법 상 우선재고용의무제도의 법이론적 문제점", 『노동법학』 제25호, 2007. 12.

______, "노동관행에 따른 급부청구권의 발생과 소멸", 『노동법학』 제23호, 2006. 12.

______, "해고, 해고원인, 해고동기", 『노동법학』 제22호, 2006. 06.

______, "근로기준법상 해고예고제도와 민법상 해지기간제도와의 관계", 『경영법률』 제17집, 2006. 10.

______, "기간제 근로계약관계에 대한 노동법적 통제", 『산업관계연구』 제16권 제2호, 2006. 12.

______, "사후적 경영상황 변경에 따른 재고용청구권–독일에서의 논의를 중심으로", 『노동법학』 제24호, 2007. 6.

______, "노동시장 유연화를 위한 2003년 독일 해고보호법(KSchG) 개정내용과 그 시사점", 『법학연구(부산대)』 제48권, 2007. 8.

______, "영국과 독일의 해고법제에 관한 비교법적 고찰", 『경영법률』 제17집 3호, 2007. 4.

______, "해고유형론에 관한 소고", 『법학연구(부산대)』 제51권 2호, 2010. 2.

김상용, 『민법총칙』, 박영사, 2003.

김선수, "근로관계의 종료: 경영해고요건으로서의 긴박한 경영상의 필요성", 『노동법연구』, 서울대학교 노동법연구회, 1993.

김소영, “해고원인에 관한 연구”, 박사학위논문(고려대), 1991.
김용담, 주석민법, 1999.
김유성, 『노동법』 1, 2, 법문사, 2005.
김재훈, “근로조건변경의 법리”, 서울대박사학위논문, 1996.
김형배, 『근로기준법』, 박영사, 2000.
_____, 『노동법』, 박영사, 2007.
김홍영, “노동분쟁에 대한 노동위원회의 역할과 개선과제”, 『노동법학』 제21호, 한국노동법학회, 2005.
도재형, “청산과정에서 근로자를 해고하는 것이 경영해고에 해당하는지 여부”, 2001년 노동판례비평, 민주사회를 위한 변호사 모임, 2002.
문무기, “전직의 법리－구조조정 시대의 대안으로서의 전직－”, 『노동법학』 제13호, 한국노동법학회, 2001.
박상필, 『한국노동법』, 대왕사, 1993.
박종희, “경영해고 관련 판례의 최근 동향－긴박한 경영상 필요요건과 근로자대표와의 협의요건을 중심으로－”, 『사법질서의 변동과 현대화』(김형배교수고희기념논문집), 2004, 박영사.
박홍규, “EC 노동법에 관한 연구－경영참가지침과 경영해고지침을 중심으로－”, 『민주법학』, 민주주의법학연구회, 1997.
_____, 『노동법론』, 삼영사, 1999.
송덕수, 『신민법강의』, 2008.
유성재, 『판례노동법』, 법문사, 2007.
이병태, 『최신노동법』, 현암사, 1999.
이승욱, “독일의 변경해지제도”, 『노동법학』 제14호, 한국노동법학회, 2002. 6.
_____, “해고절차에 관한 고찰－해고동의(협의)조항을 중심으로”, 『노동법연구』 제2권 1호, 서울대학교 노동법연구회, 2002.
_____, “독일의 변경해지제도”, 『노동법학』 14호, 한국노동법학회, 2002.
이 정, “부당해고처벌규정의 실표성에 관한 연구”, 『외법논집』 제15권, 한국외국어대학교 외국학종합연구센터법학연구소, 2003.
이홍재, “경영해고의 절차적 제한”, 『법학』 제34권 3, 4호(제93호), 서울대 법학연구소, 1993.
이홍재 · 남효순, 『노동법강의』, 법문사, 2002.
임종률, 『노동법』, 박영사, 2008.
조상균, "경영해고의 정당성-대법원 2006.1.26. 선고 2003다69393 판결", 『성균관법학』 제18권 제1호, 성균관대학교 비교법연구소, 2006.
조성혜, "의원면직의 외형을 갖춘 해고", 『조정과 심판』 제11호, 중앙노동위원회, 2001.
_____, "판례에 나타난 근로계약의 합의해지", 『노동법학』 16호, 2003.
조용만, "경영상 해고에 대한 규제와 한계", 『노동법학』 제14호, 한국노동법학회, 2002. 6.
최영홍, "가맹계약의 해지에 대한 규제와 그 한계", 『비교사법』 세14권 2호(통권 37호).
피용호, "경영해고의 단체교섭대상 여부", 『비교사법』 제11권 2호, 한국비교사법학회 2004. 6.
하경효, "해고예고규정위반과 단체협약에 따른 노조와의 합의 없이 행한 징계면직의 효력", 『경영계』, 1994, 7월호.

일본문헌

厚生勞働省, 『今後の勞働契約法制り方に關する研究會の資料について』 第21回, 第23回, 第22回.
三井正信, 『準解雇の法理(1)-(5 · 完)』 広島法學 27券日 1-4号, 28卷 1号勞.
野田 進, 『變更解約告知の意義』, 第88號.
野川 忍, 『解雇ルールの過去、現在、未來』, 季刊勞働法, 203號.
勞働法理論の現在-2002年-04年の業績を通じて-日本勞働研究雜誌, 536号, 2005. 3.
川口美貴, 『勞働條件變更と使用者の配慮義務』, 季刊勞働法, 202号, 2003.
土田道夫, 『勞働契約の 變更と解雇』, 信山社, 2003.

영미문헌

European Commission, *Industrial Relations in Europe*, 2004.
Mead, Malcolm, *Unfair Dismissal handbook* 3rd ed. Longman Group UK Ltd, London, 1987.
N M Selwyn, *Law of Employment* 6th ed. Butterworths, London, 1988.
AGVBanken, *Tarifpolitik-auf dem Weg zur Dienstleistungsgesellschaft*, 2004.
Hanau · Adomeit, *Arbertsrecht, Neunte Auflage, Alfred Metzner Verlag*, 1988.

독일문헌

Adomeit, *Kündigung und Kündigungsschutz im Arbeitsverhältnis*, 1962.
Bauschke, "Die so genannte Fremdfirmenproblematik", NZA 2000, S.1201-.
Beck, Leiarbeit, "Werkverträge, illegale Arbeitnehmerüberlassung- Handlungsmöglichkeiten für Betriebsräte", BetrR 1989, 173-.
Becker, "Abgrenzung der Arbeitnehmerüberlassung gegenüber Werk- und Dienstverträgen", DB 1988, S.2561-.
Becker, "Betriebsverfassungsrechtliche Aspekte beim drittebezogenen Personaleinsatz", AuR 1982, S.369-.
Becker, "Die Risiken der Beschäftigungsunternehmen bei dem Einsatz von Arbeitnehmern auf der Basis von Arbeitnehmerüberlassungs-, Werk- und Dienstverträgen", ZIP 1981, S.699-.
Belling, "Die Verdachtskündigung", *in Festschrift für Otto Rudolf Kissel*, 1994, S.11-.
Bleistein, *Kündigung und Kündigungsschutz im Arbeitsverhältnis*, 2.Aufl., 1978.
Boemke / Föhr, *Arbeitsformen der Zukunft*, 2000.
Buchner, "Freiheit und Bindung des Arbeitgebers bei Einstellungsentscheidungen", NZA 1991, S.577-.
Busche, *Privatautonomie und Kontrahierungszwang*, 1999.
Eichenhofer, "Arbeitsrechtliche Folgen der Arbeit ohne Arbeitserlaubnis", NZA 1987.
Erfurter Kommentar zum Arbeitsrecht, 3. Aufl., 2003.
Gitter / Michalsky, *Arbeitsrecht*, 5. Aufl., 2001.
Göbel, "Arbeitnehmerüberlassung, Werkvertrag und vorgeschobene Arbeit-

geberrisiken(II)", BLStSozAfbR 1973, 324.

Haman, *Erkennungsmerkmale der illegalen Arbeitnehmerüberlassung in Form von Scheindienst- und Scheinwerkverträgen*, Diss.(Münster), 1994.

Hempel, *Das Spannungsverhältnis zwischen dem sozialen Schutz der Arbeitnehmer und den wirtschaftlichen Interessen der Verleiher und der Entleiher bei der Arbeitnehmerüberlassung*, Berlin, 1985.

Heuck / Nipperdey, *Lehrbuch des Arbeitsrechts* I., 7. Aufl., 1963.

Hromadka, "Arbeitnehmerbegriff und Arbeitsrecht-Zur Diskussion um die neue Selbständigkeit", NZA 1997, S.569-.

______, "Unternehmerische Freiheit-ein Problem der betriebsbedingten Kündigung?", ZfA 2002, S.383-.

Hunold, *Subunternehmer und freie Mitarbeiter, Personaleinsatz ohne Arbeitgeberpflichten*, 2.Aufl., 1993.

______, "Zur Entwicklung des Einstellungsbegriffs in der Rechtsprechung", NZA 1990, 461.

Larenz, *Lehrbuch des Schuldrechts Band. I*, AT, 14.Aufl., 1987.

Leitner, "Abgrenzung zwischen Werkvertrag und Arbeitnehmerüberlassung", NZA 1991, S.293-.

Lepke / Neumann, *Kündigung bei Krankheit*, 11. Aufl., 2002.

Marschall, *Bekämpfung illegaler Beschäftigung*, 2.Aufl., 1994.

Mayer, "Rechtsprobleme der Personalpolitik mit Selbständigen", AuR 1990, S.213-.

Mummenhoff, "Anmerkung zum Urteil des BAG vom 15. 3. 1984", SAE 1985, S.302-.

MünchArbR Berkowsky, Band.I 2.Aufl., 2000.

Nikolai / Noack, "Grundlage und Grenzen des Wiedereinstellungsanspruchs nach wirksamer Kündigung des Arbeitsverhältnisses", ZfA 2000, S.87-115.

Oetker, *Der arbeitsrechtliche Bestandsschutz unter dem Firmament der Grundrechtsordnung*, 1996.

Otto, *Einführung in das Arbeitsrecht*, 3. Aufl., 2003.

Reuter, "Das Recht auf Arbeit", RdA 1978, S.344 .

Rüthers, "Vom Sinn und Unsinn des geltenden Kündigungsschutzrechts", NJW 2002, S.1601-.

Schüren, *Arbeitnehmerüberlassungsgesetz Kommentar*, 2. Aufl., München 2003.

Sinzheimer, "Das Wesen des Arbeitsrechts", *Arbeitsrecht und Rechtssoziologie*, 1976.

Stahlhacke / Preis / Vossen, *Kündigung und Kündigungsschutz im Arbeitsverhältnis*, 7. Aufl., 1999.

Trappe, *Kündigung und Kündigungsschutz im Arbeitsrecht*, 1964.

Ulber, "Rechtliche Grenzen des Einsatzes von betriebsfremden Arbeitnehmern und Mitbestimmungsrechte des Betriebsrats", AuR 1982, S.5.

Urban, *Der Kündigungsschutz außerhalb des Kündigungsschutzgesetzes*, 2001.

v. Craushaar, *Der Einfluss des Vertrauens auf die Privatrechtsbildung*, 1969.

v. Stein, "Wiedereinstellungsanspruch des Arbeitsnehmers bei Fehlprognose des Arbeitgebers?", RdA 1991, S.85-94.

Vial / Walzel, *Ilegale Beschäftigung, Unerlaubte Arbeitnehmerüberlassung, unerlaubte Ausländerbeschäftigung, Leistungsmißbrauch*, 1989.

Walker, "Anmerkung zum Urteil des BAG vom 27. 2. 1997", SAE 1998, S.103-107.

Wank, "Die Kündigung außerhalb des Kündigungsschutzgesetzes", in *Festschrift für P. Hanau*, 1999, S.295-315.

Wank, *Erfurterkommentar zum Arbeitsrecht*, 5.Aufl. 2005.

Weber, *Das aufgespaltene Arbeitsverhältnis*, 1992.

Zacher, "Was ist Sozialrecht?", in *Festschrift für H. Schiekel*, 1978, S.371-.

Zöllner / Loritz, *Arbeitsrecht*, 4. Aufl., 1992.

찾아보기

ㄱ

가변적 개념 53
가변적 예측에 기한 해고 155, 332
가치중립적 49
가치지향적 49
강제근로금지의 원칙 59
개별적 노동관계법 27
경영상 사유에 기한 해고 96
경영판단의 원칙 300
경영해고 152, 239, 293
계속고용청구권 373
계속적 계약관계 57, 68, 258
계약장애 242
계약장애 위험 243
계약적 구속력 56
고정적 예측에 기한 해고 154, 331
Grimm 47
근로관계유지갈등 31
근로자의 사직 61
근로자의 직장보장이익 264
근로자파견 437
기간제근로관계 34

ㄴ

노동유연화 36, 38
노무임대관계 436

ㄷ

단결권 28
대량해고 107, 108, 295, 310
독일 해고보호법 91

ㅁ

명료성 207
명백한 입법흠결 274
무죄추정의 원칙 105
무효행위전환의 법리 217
미래관련성 241

ㅂ

배려의무 305
법관법 형성 122, 274
법윤리적 고려설 275
법적 고려설 277
법정직장보장 267, 268
법형식강제법리 442
변경해고 352
변경해고의 의사표시 362
변경해고제도 126
변경해지 111
보상청구권 313
부정적 예후 244, 246
부진정해고 99, 103
불특정해고 109, 110

ㅅ

사실심 최후변론시점설 264
사용자 고유권설 102
사유의 심대성 237
사직 70

사회국가원리 51
사회법 45
사회보장법제 29
사회성 47
'사회적 선발기준'론 303
사회적 손실완화의 법리 306
사회적 정당성 50, 53
소급금지의 원칙 105
소급적 해고 무효설 280
수의조건 282
숙려기능 191, 193, 248

ㅇ

여후효 336
연쇄근로계약 425
예후 144
예후판단 171
오류위험 173
유보부 승낙 372
은폐된 행태상 해고 110
이데올로기 47
이익형량의 원칙 122, 127
이중근로관계 283
이중처벌금지의 원칙 105
인간의 존엄성 보장 62
일반규정성 117, 175
일반해고 101
일신상 사유에 기한 해고 146
입법자의 가치적 결단 54
입증기능 191, 248

ㅈ

자본주의헌법질서 51
자의성심사 312
잠재적 근로자 41
장래효 100, 240
재고용의무 85
재고용제도 319
재고용청구권 284, 326
적법절차준수의무 105
전자문서를 통한 해고가능 여부 194
정리해고 96
종료해고 111
죄형법정주의 105
중립성 157
즉시해고 93, 106
직장보장원리 39, 125, 268, 277
진정해고 99, 101
집단적 노사관계법 28
징계 104
징계해고 100, 101, 170

ㅊ

체약강제 329
최후수단성원칙 121, 299

ㅌ

통상해고 93, 106
특별법적 관계 66
특정해고 109, 110

ㅎ

해고보호법 26
해고보호법리 53, 66
해고사유 139
해고사후교정수단 283
해고서면주의 187, 248
해고서면주의원칙 190
해고예고 87
해고예고기간제도 201
해고예고수당 223
해고예고제도 81, 191, 213

해고예후원칙 123, 124, 129, 134, 136, 149, 244, 253
해고원인 186, 208, 229, 233, 250, 259
해고원인 개념의 가변성 238
해고원칙 176
해고유예기간 87
해고의 '기능적 목적' 99
해고의 '일방성' 80
해고의 '파노리마성' 80
해고의 미래관련성 242
해고의 실질적 요건 185
해고의 일반원칙 122
해고의 잠정적(vorläufige) 유효설 282
해고의 정당성 판단시점 258
해고의 형식적 요건 183
해고의사표시도달설 261
해고일반원칙 121
해고정당성 46
해고정당성 판단시점 83
해고정당성 판단의 고유시점설 262
해고최후수단성원칙 123, 126
해고통지 87
해고회피의무 302
해방효 56, 58
해지 55, 61, 258
해지 의사표시 79
해지기간 도과시점설 263
해지기간제도 214
해지사유 139
해지완충법리 70, 215, 251, 269
해지의 자유 59, 60
행태상 사유에 기한 해고 146, 245
'협의'의 해고보호법리 66
형성권의 조건배타성 281
형성적 효력 270
형평성 50

저자 소개

권 혁(權 爀) 고려대학교 법학과 졸업
독일 Marbug 대학교 법학과 졸업(법학박사)
현재 부산대학교 법학전문대학원 교수

아산재단 연구총서 제304집

노동유연화와 해고보호법 값 19,500원

2010년 12월 15일 1판 1쇄

저 자 권 혁
발 행 인 임 동 규
발 행 처 **집 문 당**
주 소 413-756 경기도 파주시 교하읍 문발리 514-7(본사)
110-360 서울시 종로구 와룡동 95번지(서울사무소)
등 록 1971. 3. 23. 제406-2003-000039호
영 업 부 (02)743-3192 3 팩스(02)742-4657
전자우편 sale@jipmoon.co.kr
편 집 부 (02)743-3096 팩스(02)743-3097
전자우편 edit@jipmoon.co.kr
홈페이지 www.jipmoon.co.kr

ISBN 978-89-303-1497 8
978-89-303-1500-5(세트)

이 도서의 국립중앙도서관 출판시도서목록(CIP)은 e-CIP 홈페이지
(http://www.nl.go.kr/ecip)에서 이용하실 수 있습니다.(CIP제어번호: CIP2010004128)

아 | 산 | 재 | 단 | 연 | 구 | 총 | 서

1 전환기의 중국경제
김윤환 외 | 단국대 경제학과

2 폴란드 경제의 변천 개혁과 그 전망
김광수 | 숭실대 경제학과

3 재소한인
이광규 외 | 서울대 인류학과

4 소련산림과 임업
홍성천 외 | 경북대 임학과

5 아세안의 정치경제
김국진 외 | 외교안보연구원

6 대국의 사회변동과 경제발전
최석만 외 | 전남대 사회학과

7 중국의 사회경제 통계분석
신한풍 외 | 고려대 통계학과

8 중국의 정치와 경제
박두복 외 | 외교안보연구원

9 동유럽의 개혁과 시장경제의 도입
허만 외 | 부산대 사범대학

10 동유럽의 개혁운동
박영신 | 연세대 사회학과

11 현대 러시아 연구
기연수 외 | 한국외대 노어과

12 전략적 선택과 기업의 국제경쟁력
이장호 | 서강대 경영대학

13 협동사회의 정착과 정부의 역할
이종범 외 | 고려대 행정학과

14 한국 제조기업 생산성의 동적 분석
노부호 외 | 중앙대 경영대학

15 분배의 정의
변형윤 외 | 서울대 경제학과

16 도덕적 행동의 강화
이훈구 외 | 연세대 심리학과

17 관료부패와 통제
김해동 외 | 서울대 행정대학원

18 한국경제의 내실 있는 성장
석장섭 외 | 연세대 경제학과

19 한국국민정신운동의 역사와 발전방향
박수명 외 | 부산대 사범대학

20 한국대학생의 가치성향과 상담효과
이영희 외 | 숙명여대 교육학과

21 가출청소년과 학교관리체제
안창규 외 | 부산대 교육학과

22 동북아 정세변화와 한・일관계
한승조 외 | 고려대 정치외교학과

23 언론과 부정부패
정대철 외 | 한양대 신문방송학과

24 한국의 고등학교 교육
이원호 외 | 부산대 교육학과

25 가족과 방송
김학수 외 | 서강대 신문방송학과

26 재정개혁의 전망과 재산세제의 개편 과제
오연천 | 서울대 행정대학원

27 청소년을 위한 전자게임 프로그램의 규제 및 평가체계 개발
박혜원 외 | 울산대 가정관리학과

28 정신장애자 가족의 사회심리적 특성
이근후 외 | 이화여대 의과대학

29 가족의 관계역동성과 문제인식
이광규 외 | 서울대 인류학과

30 현대인과 한국전통음식
승정자 | 숙명여대 식품영양학과

31 기업의 초고속정보통신망활용
안중호 | 서울대 경영학과

32 지역발전을 위한 교육자치제의 개선방안
김남순 | 조선대 사범대학

33 전환기의 공무원 가치관
조경호 | 울산대 행정학과

34 지방자치와 사회복지의 과제
김영모 | 중앙대 사회복지학과

35 WTO체제하의 지방중소기업 지원정책
최명주 외 | 계명대 통상학부

36 현대한국의 시민운동
이효선 | 중앙대 사회학과

37 기업 세계화의 단계 및 정도의 측정
허영도 외 | 울산대 경영학과

38 가족복지를 위한 가족주치의 시범사업의 효과
이혜리 외 | 연세대 가정의학교실

39 한국대학생의 삶의 만족도
김재은 외 | 이화여대 교육심리학과

40 지역경제와 지역산업구조의 개편방향
정기하 외 | 전남대 경제학부

41 중국기업의 소유형태별 경영특성
노철하 외 | 부산대 무역학과

42 남북한의 인성・사상교육
한승조 외 | 고려대 정치외교학과

43 연계적 뇌기능 조언을 위한 의료용 멀티미디어 시스템의 설계
유선국 | 연세대 의용공학교실

44 다민족국가의 민족문제와 한인사회
최협 외 | 전남대 인류학과

45 저소득층지역 청소년 여가문화와 소집단 활성화
박문수 외 | 서강대 사회학과

46 삶의 질의 국제비교와 지역간 비교분석
이재기 외 | 울산대 경제학과

47 21세기 지역주민의 삶의 질
양종회 외 | 성균관대 사회학과

48 삶의 질에 대한 국가간 비교
조명한 외 | 서울대 심리학과

49 외국인 노동자의 노사관계와 사회적 적응
석현호 외 | 성균관대 사회학과

50 한국의 사법제도와 발전 모델
정종섭 | 건국대 법학과

51 고령화사회와 중상층 노인의 사회활동
조성남 외 | 이화여대 사회학과

52 한국의 서비스 시장 개방정책
한홍렬 | 한양대 경제학부

53 한국과 AFTA간의 교역증진 및 경제 협력방안
손일태 외 | 경희대 경제통상학부

54 물류비 절감을 위한 무역업체의 정보화전략
이영수 외 | 경북대 경제통상학부

55 사회주의 체제전환과 사회정책
오정수 외 | 충남대 사회복지학과

56 남북통일 이후 농업생산체계 개편
홍성규 외 | 건국대 농업경제학과

57 국제화와 세계화
하영선 외 | 서울대 외교학과

58 IMF 개혁정책의 평가와 한국경제의 신(新) 패러다임
조동근 | 명지대 경제학과

59 구조개혁과 실업대책
박동운 | 단국대 경제무역학부

60 21세기 신노사관계
심윤종 외 | 성균관대 사회학과

61 학교에서의 집단 따돌림
이춘재 외 | 가톨릭대 심리학과

62 한국노인의 정신건강실태와 건강증진
조맹제 외 | 서울대 의과대학

63 혁명과 개혁 속의 중국 농민
김광억 | 서울대 인류학과

64 중국의 경제환경과 한국기업의 진출 전략
지용희 외 | 서강대 경영학과

65 김대중 대통령의 시스템 사고
김동환 | 중앙대 공공정책학부

66 실업과 가족해체
최일섭 외 | 서울대 사회복지학과

67 합리적 부채비율 조정방안
오상근 | 동아대 경제학과

68 한국 중산층의 생활문화
문숙재 외 | 이화여대 소비자 · 인간발달학과

69 계층간 갈등상태에서 최적소득세
김진욱 | 건국대 경상학부

70 글로벌 경쟁력 제고를 위한 기업전략과 조직구축
이만우 외 | 고려대 경영학과

71 의료보험과 국민연금의 관리효율화를 위한 통합방안
사공진 외 | 한양대 경제학부

72 정부개혁의 과제와 전략
박우서 외 | 연세대 행정학과

73 책임운영기관 제도에 관한 비교분석
김근세 | 가톨릭대 행정학과

74 새로운 패러다임하에서의 한국기업의 바람직한 지배구조
최운열 외 | 서강대 경영학과

75 현대 한국사회의 계층구조
양춘 외 | 고려대 사회학과

76 한국의 산업정책과 산업구조조정
강인수 | 숙명여대 경제학부

77 기업구조조정
김석진 | 경북대 경영학부

78 지식경영을 위한 인적자원 개발 및 관리체계
장영철 | 경희대 경영학부

79 뉴 비즈니스 모델
전성현 | 국민대 정보관리학부

80 중산층의 정체성과 소비문화
함인희 외 | 이화여대 사회학과

81 외국관광객 유치를 위한 마케팅 전략
박상규 | 강원대 경영학과

82 한국인의 세대별 문학의식
이동순 | 영남대 국문과

83 공공부문의 효율성 평가와 측정
김재홍 외 | 울산대 사회과학부

84 한국 청소년의 정치의식과 형성요인
김광웅 외 | 숙명여대 아동복지학과

85 한국 대학생의 정치의식
배한동 | 경북대 윤리교육과

86 산업의 정보화와 산업발전
이기동 | 계명대 통상학부

87 한국 제조업의 고용조정 분석
이종원 외 | 성균관대 경제학부

88 지식자산에 대한 경영전략적 평가모형 개발
배재학 외 | 울산대 컴퓨터 · 정보통신공학부

89 관광사업을 위한 한국적 이미지의 휴식복 개발
채금석 | 숙명여대 의류학과

90 한국 정치제도의 개혁
신정현 | 경희대 사회과학부

91 e비즈니스와 아웃소싱 전략
정승화 외 | 연세대 경영학과

92 집단 따돌림의 진단 및 치료방안
홍준표 | 중앙대 인간생활환경학과

93 16대 총선과 낙선운동
조기숙 | 이화여대 국제대학원

94 부동층 유권자 행태 분석
진영재 | 연세대 정치외교학과

95 사이버 공동체의 성공요인
이재관 | 숭실대 경영학부

96 온라인 소비자 행동의 이론과 실증
윤성준 | 경기대 경영학부

97 글로벌 시대 정약용 세계관의 가능성과 한계
차성환 | 한일장신대 역사사회학과

98 러시아의 체제전환 과정에서 나타난 국가의 역할과 그 전망
이상민 외 | 부산대 정치외교학과

99 남북한의 경제발전 수준과 산업구조 비교, 그리고 경제교류 협력방향
주성환 | 건국대 경제학과

100 집단따돌림과 교육해체
한준상 | 연세대 교육학과

101 공적연금제도의 효율성과 개선방안
유금록 | 군산대 행정복지학부

102 벤처기업-대기업의 성공적인 협력 모델
나중덕 | 경산대 경영학과

103 북한의 재외동포정책
조정남 외 | 고려대 정치외교학과

104 사이버 공동체 형성의 역동적 모형
장용호 | 서강대 신문방송학과

105 기업이론과 기업의 소유지배구조
김일태 외 | 전남대 경제학부

106 가축분뇨 자원화를 위한 공동이용조직에 대한 농가선호도 분석
유덕기 | 동국대 생명자원경제학과

107 개혁정책과 전문가 집단
이경원 외 | 제주대 행정학과

108 현대 한국사회의 이중가치체계
신수진 외 | 이화여대 가정관리학과

109 한국의 산업구조 변화와 기업집단 다각화 전략
김용학 외 | 연세대 사회학과

110 지식정보사회의 경제적 무형 설정 및 사례 연구
김범환 | 배제대 경영정보학부

111 변호사징계제도
오종근 | 한림대 법학부

112 인터넷 특허법
김순석 | 광주대 법학과

113 e비즈니스 시대의 금융 및 재정정책의 새로운 패러다임
이종욱 | 서울여대 경제학과

114 청소년의 하위문화와 정체성
조성남 | 이화여대 사회학과

115 디지털금융시대의 금융구조변화와 정부규제 및 정책
이충열 | 고려대 경제학부

116 지식경영을 위한 기업의 조직설계방안
김경수 외 | 전남대 경영학과

117 전자금융의 발달과 경제정책의 새로운 패러다임
이명훈 | 명지대 경제학과

118 동아시아의 안보와 유엔체제
강성학 편저 | 고려대 정치외교학과

119 유료 치매노인 그룹홈의 개발과 관련 정책
최정신 외 | 가톨릭대 소비자 · 주거학과

120 소비자 지향적 문화산업 정책
홍영준 | 호남대 광고홍보학과

121 국제 · 국가 · 지방 환경규제의 연계
정준금 외 | 울산대 행정학과

122 현행 회사 합병 · 분할제도의 평가와 개선방안
옥무석 외 | 이화여대 법학과

123 배려지향적 도덕성과 정의지향적 도덕성
정옥분 외 | 고려대 사범대학

124 기업구조조정에 대한 채권금융기관 및 금융감독기관의 역할과 책임
이중기 | 한림대 법학과

125 실업대책으로서 한국의 법정기준근로시간 단축
박영범 | 한성대 경제학과

126 프랑스어의 비분리성 소유개념 표현
노윤채 | 연세대 언어정보연구원

127 지방채의 효율적 관리방안
강태구 | 호원대 법행정학부

128 21세기 산업구조 변화와 과학기술정책
임채성 외 | 그리스도신학대 경영정보학부

129 인터넷 쇼핑몰 이용자의 불평행동
예종석 | 한양대 경영학부

130 한국기업의 성과급제도 현황, 효과 및 개선방안
김성수 | 서울대 경영학과

131 전자상거래와 소비자보호
서민교 외 | 경일대 인터넷국제통상학과

132 평생학습 사회에서의 인적자원개발을 위한 사회적 파트너십 구축
김영화 | 홍익대 교육학과

133 한국 공교육의 새로운 구상과 전략
권대봉 외 | 고려대 교육학과

134 한국의 정부개혁
김태룡 | 상지대 행정학과

135 지방정부 생산성 측정의 이론과 실제
이은국 외 | 연세대 행정학과

136 불가 시문학론
배규범 | 경희대 학술연구 교수

137 남북경제교류의 법적 문제
제성호 | 중앙대 법학과

138 경제위기와 청소년 발달
구인회 | 서울대 사회복지학과

139 생명과학기술의 응용과 기본권보호적 한계
정상기 외 | 한남대 법학과

140 경제발전과 정치환경의 한·일 비교분석
정갑영 외 | 연세대 동서문제연구원

141 한국 공교육의 진단
윤정일 외 | 서울대 교육학과

142 우리나라 지방자치 발전을 위한 자치단체장의 역할
정성호 외 | 경기대 사회과학부

143 의료보험제도의 개혁방안
권순원 | 덕성여대 경제학과

144 중등 도덕교육의 현실과 문제
손동현 외 | 성균관대 철학과

145 사이버공동체 발전론
이명식 | 상명대 경영학과

146 남북경협 확대에 대비한 북한 담보제도의 정비방안
박훤일 | 경희대 법과대학

147 한국 공무원 인사제도 개혁
김판석 | 연세대 행정학과

148 교사화법 교육
임칠성 외 | 전남대 국어교육과

149 세계화의 문화정치학
임혁백 외 | 고려대 정치외교학과

150 효과적인 e-SCM을 위한 의사결정 조정 시스템 모형
이원준 | 성균관대 경영학부

151 환경거버넌스
김종순 외 | 건국대 행정학과

152 자동차산업의 인적자원관리
이덕로 | 서원대 경영학부

153 한국과 영국 간 지식기반산업 비교
이명호 | 한국외대 경영학과

154 한국 벤처기업의 기술네트워킹 및 기술마케팅 전략
장영일 | 인제대 경영학부

155 회사변호사의 윤리
오승종 | 성균관대 법과대학

156 미디어교육론
이정춘 | 중앙대 신문방송학과

157 조선시대 서원과 양반
윤희면 | 전남대 역사교육과

158 환경문제와 철학
박찬국 | 서울대 철학과

159 노인보건복지 이론과 실제
김명 외 | 이화여대 보건교육학과

160 북한의 법체계
권재열 외 | 숭실대 법학과

161 생명공학기술의 안전성 확보에 관한 법적 고찰
이재협 | 경희대 법학부

162 청소년복지학
김성이 외 | 이화여대 사회복지학과

163 변화하는 세계, 변화하는 복지국가
조영훈 | 동의대 사회복지학과

164 의리의 윤리와 한국의 유교문화
김낙진 | 진주교대 도덕교육과

165 미국의 통상정책과 통상법
윤충원 | 전북대 무역학과

166 사회복지 프로그램 평가
김학주 | 경상대 사회복지학과

167 환경주의와 지속가능한 발전
정대연 | 제주대 사회학과

168 무역과 환경
김기홍 외 | 경기대 경제학부

169 산업계 유해폐기물의 위험과 관리
김금수 | 호서대 경상학부

170 백범 김구의 지적 계발과정 탐색
문용린 | 서울대 교육학과

171 태평양전쟁 발발 이후 일제의 인적 지배와 그리스도교계의 대응
윤선자 | 전남대 사학과

172 거버넌스 상황에서 갈등관리를 위한 대체적 분쟁해결제도
서순복 | 광주대 법정학부

173 시장경제의 유형과 민주주의
최배근 | 건국대 경상학부

174 일본고전소설 총론
김현정 | 국립한국전통문화학교

175 국어 교육을 위한 국어 문법론
이관규 | 홍익대 국어교육과

176 율곡의 군주론
전세영 | 부산교대 윤리교육과

177 동북아시아 환경협력
정서용 | 명지대 법학과

178 기후변화협약과 기후정책
신의순 외 | 연세대 경제학과

179 인터넷과 국제 학술정보 네트워크-하이퍼링크 분석
박한우 | 영남대 언론정보학과

180 국내 기업복지의 활성화 방안
최수찬 | 연세대 사회복지대학원

181 세계화와 인간안보
김우상 외 | 연세대 정치외교학과

182 세계문화유산 종묘 이야기
지두환 | 국민대 국사학과

183 한국 평생교육의 사회철학적 과제
곽삼근 | 이화여대 교육학과
184 강점모델
정순둘 | 이화여대 사회복지학과
185 글로벌시대의 계약법
박영복 | 한국외대 법과대학
186 배심제와 시민의 사법참여
안경환 | 서울대 법학과
187 동북아공동체
김재한 | 한림대 정치외교학과
188 정치 참여와 탈물질주의
김욱 | 배재대 정치외교학과
189 퍼지전문가회로망을 이용한 금융기관의 시이버 기업여신결정 지원시스템의 개발
권혁대 | 목원대 경영학과
190 환경정책과 환경법
송인성 | 전남대 지역개발학과
191 포스트모던 시대의 평생교육학
한숭희 | 서울대 교육학과
192 현대 한국인의 세대경험과 문화
박길성 외 | 고려대 사회학과
193 서구의 근로연계복지
김종일 | 건국대 사회복지학과
194 사회복지운동론
현외성 | 경남대 사회복지학과
195 외국의 역모기지 사례
유선종 | 건국대 부동산학과
196 옛이야기와 어린이문학
이지호 | 진주교대 국어교육학과
197 노인사회복지관광의 정책과제와 방안
김창수 | 경기대 관광학부
198 복지서비스의 민간위탁 시스템 분석
김순양 | 영남대 행정학부
199 새로운 빈곤층의 대두와 정부의 정책과제
김진욱 | 건국대 경제학과
200 문화행정론
김정수 | 한양대 행정학과
201 스칸디나비아 노인용 코하우징의 계획과 적용
최정신 외 | 가톨릭대 생활과학부
202 북한의 자연생태계
공우석 | 경희대 지리학과
203 통계로 이해하는 러시아
전홍찬 | 부산대 정치외교학과
204 사회복지법인의 경영과 회계
이동규 | 충남대 회계학과
205 의약분업 정책과정
최흥봉 | 한림대 사회복지학과
206 지역공동체와 평생교육
오혁진 | 동의대 평생교육학부
207 아동보호서비스의 실제
한미현 | 백석대 사회복지학부
208 그린마케팅
박재기 | 충남대 경영학부
209 아동권리와 아동복지
이혜원 | 성공회대 사회복지학과
210 국제 이주와 인도인 디아스포라
김경학 | 전남대 인류학과
211 질병과 의료의 사회학
조병희 | 서울대 보건대학원
212 북한이탈주민의 사회통합을 위한 지역복지실천의 모색
이기영 | 부산대 사회복지학과
213 치매노인케어론
조유향 | 초당대 간호학과
214 노인상담입문
서혜경 외 | 한림대 대학원 사회복지학과
215 '통일 이후 통일과정'으로서의 독일 통일영화
이준서 | 이화여대 독어독문학과
216 중국의 사회보장
오정수 | 충남대 사회복지학과
217 환경자원의 경제적 가치와 환경오염의 사회적 비용
김재홍 | 울산대 사회과학부
218 사회복지프로그램의 경제적 평가방법
박창제 외 | 상주대 사회복지학과
219 자유의지와 결정론
안건훈 | 강원대 철학과
220 심리학자들이 쓴 행복한 결혼의 심리학
채규만 외 | 성신여대 심리학과
221 현대 해석학 강의
양해림 | 충남대 철학과
222 한국인의 주거 빈곤과 공공주택
하성규 | 중앙대 도시 및 지역계획학과
223 IMF 경제위기와 한국 출산력의 변화
김두섭 | 한양대 사회학과
224 동아시아의 영토분쟁과 국제법
이석우 | 인하대 법학부
225 독일 복지국가와 사회복지서비스
정재훈 | 서울여대 사회사업학과
226 사회복지사를 위한 실용 비모수통계
엄명용 | 성균관대 사회복지학과
227 피해자학 연구
이윤호 | 동국대 경찰행정학과
228 광고언어창작론
박영준 외 | 부경대 국어국문학과
229 환경규제 패러다임의 전환
한철 | 한남대 법학과
230 고령사회의 노동환경변화와 고용 시스템의 문제점 및 법적 대응
고준기 | 국립군산대 법학과
231 세계화와 소득불평등
이성균 외 | 울산대 사회과학부

232 유비쿼터스 사회의 이해
안중호 외 | 서울대 경영학과

233 국제환경책임법론
박병도 | 건국대 법학과

234 한국의 선거와 민주주의
윤종빈 | 명지대 정치외교학과

235 한국 시민운동의 구조와 동학
조대엽 외 | 고려대 사회학과

236 또래관계
송영혜 | 대구대 재활심리학과

237 해외 한국기업과 현지인 노동자
석현호 외 | 에스콰이아학술문화재단

238 독일 국가복지에서 민간복지단체의 역할과 의미
차성환 외 | 한일장신대 사회복지학부

239 청정공학
조정호 | 동양대 생명화학공학과

240 한국전통연희론
심상교 | 부산교육대 국어교육학과

241 정신장애와 가족
서미경 | 경상대 사회복지학부

242 빈곤통계의 작성과 활용
김주환 | 동국대 정보통계학과

243 인터넷과 한국정치
강원택 | 숭실대 정치외교학과

244 북한의 시장경제이행
정영화 외 | 서경대 법학과

245 시스템사고로 본 지속가능한 도시
문태훈 | 중앙대 도시및지역계획학과

246 실버산업과 유비쿼터스 컴퓨팅
고일상 | 전남대 경영학부

247 재활상담과 사례관리
나운환 | 대구대 직업재활학과

248 영유아교육기관에서의 장애 이해 교육
유수옥 | 우석대 유아특수교육과

249 장애의 사회적 의미와 사회통합
박수경 | 대진대 사회복지학과

250 경제분석의 수리적 기초
조인성 | 공주대 경제통상학부

251 비영리부문의 비교연구
김승현 | 서울산업대 행정학과

252 고등교육경제학
반상진 | 전북대 교육학과

253 과학윤리교육의 이론과 방법
조희형 | 강원대 과학교육학부

254 결혼이민자가족의 이해
김오남 | 대불대 사회복지학과

255 동아시아 국가의 공공부조
신동면 | 경희대 사회과학부

256 특수아동 진단 및 평가
이나미 | 대불대 특수교육과

257 계약형 사회복지와 권리옹호시스템
이명현 | 경북대 상주캠퍼스 사회복지학과

258 실내공기질 및 위해성 관리
양원호 | 대구가톨릭대 산업보건학과

259 충남 방언 문법
한영목 | 충남대 국어국문학과

260 교육권론
노기호 | 군산대 법학과

261 도시경관계획론
임승빈 | 서울대 조경 · 지역시스템공학부

262 교통의 새로운 패러다임
김형철 | 경원대 도시계획 · 조경학부

263 노인의 삶의 질 향상을 위한 주거환경 디자인
천진희 | 상명대 디자인대학 실내디자인전공

264 사회복지와 문화
박병현 | 부산대 사회복지학과

265 장애인복지의 이론과 실제
이선우 | 인제대 사회복지학과

266 창의성 개발을 위한 디자인교육 콘텐츠
김선영 | 인천가톨릭대 조형예술대학 환경디자인학과

267 구성주의 사회복지 실천 기술론
고미영 | 서울신학대 사회복지학과

268 장애아교육학
김기흥 | 부산교육대 유아교육과

269 지역사회복지와 자원부문
한상진 외 | 울산대 사회학과

270 환경관리회계
육근효 | 부산외국어대 회계학부

271 인권 관점에서 보는 장애인복지
유동철 | 동의대 사회복지학과

272 정신증상
송지영 | 경희대 의과대학병원 신경정신과

273 사이버공간의 사회심리학
이성식 외 | 숭실대 정보사회학과

274 노인에 대한 사회적 돌봄과 돌봄 서비스의 질 보장
최희경 | 신라대 가족노인복지학과

275 아동 심리치료의 실제
신현균 | 전남대 심리학과

276 사회복지와 위험관리
노충래 | 이화여대 사회복지전문대학원

277 국제 탄소시장의 이해
양승룡 | 고려대 식품자원경제학과

278 타자의 초상
신문수 | 서울대 영어교육과

279 한국정치와 환경정치
나정원 | 강원대 정치외교학과

280 북한이주민
윤인진 | 고려대 사회학과

281 음주의 사회경제적 비용
정우진 외 | 연세대 보건대학원

282 지방정치와 동북아 도시거버넌스
박재욱 | 신라대 행정학과

283 노숙인 복지론
남기철 | 동덕여대 사회복지학과

284 유럽통합과정과 지역협력
이규영 | 서강대 국제대학원

285 사회복지재정 연구
지은구 | 계명대 사회과학대학 사회복지학과

286 지역사회 교육개혁을 위한 시민사회 조직의 참여
김영화 | 홍익대 교육학과

287 복지사회를 대비한 국민연금의 구조개혁
박영석 외 | 서강대 경영학부

288 한미 FTA 지재권 협상에 따른 의약품 분야 사회후생 변화
오근엽 | 충남대 무역학과

290 감성지능 개발을 통한 삶의 질 향상
김경수 외 | 전남대 경영학부

291 교육복지론
이용교 외 | 광주대 사회복지학부

292 인간과 행복에 대한 철학적 성찰
박찬국 | 서울대 철학과

293 유럽연합의 사회통합 사례와 교훈
이무성 | 명지대 정치외교학과

294 민영화와 사회후생
이상호 | 전남대 경제학부

295 북한의 교육학 체계 연구
최영표 외 | 동신대 교육대학원

296 한국 지속가능발전의 구조와 변동
정대연 | 제주대 사회학과

297 우리나라의 공익 연계 마케팅에 관한 연구
임승희 | 전주대 경영학부

298 시각장애인복지론
김영일 | 조선대 특수교육과

299 그린에너지와 환경촉매
정석진 | 경희대 화학공학과 교수

300 취약학교 초등학생을 위한 온라인 보건 교육 프로그램
박경옥 | 이화여대 보건관리학과

301 신탁제도를 통한 고령자의 보호와 지원
최수정 | 서강대 법학전문대학원

302 사회적 약자계층에 대한 실태분석 및 정책방안
이은우 외 | 울산대 경제학과

303 한류 문화와 동북아 공동체
최혜실 | 경희대 국어국문학과

304 노동유연화와 해고보호법
권혁 | 부산대 법학전문대학원

305 사회복지 위험관리의 이해
박미은 | 한남대 사회복지학과

아 | 산 | 재 | 단 | 연 | 구 | 보 | 고 | 서

1 한국인의 도덕성 연구
배해수 | 고려대 국문학과

2 산업화와 청소년 진로
이원호 | 울산대 교육학과

3 공동체의식과 시민운동
김영섭 | 한양대 행정학과

4 한국청년의 삶의 의미 충족도와 만족적 태도
안정수 | 경희대 철학과

5 중국조선족의 사회발전과 한・중관계의 위상
손장권 | 고려대 사회학과

6 해송림 "솔껍질깍지벌레"의 천적 및 주요 종의 생태
김규진 | 전남대 농생물학과

7 사회정의와 실천윤리
박종대 | 서강대 철학과

8 동구개혁의 영향
김달중 | 연세대 정치외교학과

9 한국청소년의 의식세계
김문조 | 고려대 사회학과

10 고강도 철근 콘크리트 구조의 실용화
정헌수 | 중앙대 건축학과

11 신기술의 연관형태 및 출현예측의 구조모형
권철신 | 성균관대 산업공학과

12 민간기업의 연구개발을 위한 조세정책
권영훈 | 한양대 경제학부

13 기술개발 활성화방안
송승구 | 울산대 화학공학부

14 부패의 현상과 진단
이문조 | 영남대 정치외교학부

15 연구투자의 지역적 편중화와 부산지역의 기초과학연구 활성화방안
윤웅찬 | 부산대 화학과

16 GATT의 신구 덤핑방지협정과 그 대응방안
전창원 | 동국대 무역학과

17 한국사회의 도덕성 제고를 위한 진단과 처방
황경식 | 서울대 철학과

18 새로운 노사관계 방향
이진규 외 | 고려대 경영학과

19 21세기 동북아 정세예측과 한국의 전략적 대응방안
최평길 외 | 연세대 행정학과

20 소련의 한국에 대한 정책목표분석
신승권 | 한양대 정치외교학과

21 메모리 커패시터용 $Pb(Zr_xTi_{1-x})O_3$ 강유전체 박막의 제작과 특성
장지근 외 | 단국대 전자공학과

22 러시아 국제법학의 전통
김용구 | 서울대 외교학과

23 유럽연합의 현황과 전망
김동현 외 | 성균관대 행정학과

24 중국의 정치동원
송영우 외 | 건국대 정치외교학과

25 산업적 활용을 위한 이동로보트 시스템의 개발
박민용 외 | 연세대 전자공학과

26 중국조선족의 정치사회화과정과 동화적 국민통합의 방향
전인영 외 | 이화여대 사회생활학과

27 공적부조의 이론과 실제
최일섭 외 | 서울대 사회복지학과

28 대외통상환경의 변화와 법제개편
서헌제 | 중앙대 법학과

29 기업금융의 국제화
최생림 | 한양대 경영학부

30 자동차부품공업의 노사관계
김호진 외 | 고려대 행정학과

31 산업화 과정에서의 한국가족의 실태와 전망
정창수 외 | 성균관대 사회학과

32 공무원 가치관 실태와 정립방안
배병룡 외 | 경상대 행정학과

33 해외귀국청소년의 국내적응연구
이장영 | 국민대 사회학과

34 초고속정보통신망에서 LAN서비스 제공방안
이재용 | 연세대 전자공학과

35 WTO체제의 정책적 대응
김병진 외 | 경희대 행정학과

36 유럽의 통합정치
최수경 외 | 충남대 정치외교학과

37 유기질폐기물을 이용한 고단백사료원인 조류의 생산공정
최정우 외 | 서강대 화학공학과

38 초고속정보통신망의 수용성과 정책방향
박영상 외 | 한양대 신문방송학과

39 중국의 강남사회와 한중교섭
조영록 외 | 동국대 사학과

40 세계화시대의 사회 · 문화의식
신행철 외 | 제주대 사회학과

41 국내 외국인 노동자의 문제와 대책
성규탁 외 | 연세대 사회복지학과

42 노인인력 활용정책과 프로그램
김정후 외 | 강원대 법과대학

43 한일간 학술교류 현황과 활성화방안
정홍익 외 | 서울대 행정대학원

44 계량모형에 의한 한일 경제관계의 이해
김명직 외 | 한양대 경제학부

45 직장인의 음주행태와 삶의 질
진기남 외 | 연세대 보건행정학과

46 유통정보 시스템의 구조와 설계
정용길 | 충남대 경영학과

47 남북통일 이후 사회통합을 위한 교육의 역할
안기성 외 | 고려대 교육학과

48 대중음악에 심취한 청소년들의 심리적 특성
김인경 외 | 연세대 인간행동연구소

49 멀티미디어 시스템을 활용한 교육환경의 개선방안
김한일 | 제주대 컴퓨터교육학과

50 탈냉전기 한일관계의 쟁점
최상룡 | 고려대 정치외교학과

51 자치시대 새로운 '삶의 질' 지표의 모색
김형기 외 | 경북대 경제통상학부

52 유럽통합의 역내외 협력과 갈등
이호재 외 | 고려대 정치외교학과

53 21세기를 대비한 신노사관계
김재원 | 한양대 경제학부

54 대학의 시간제학생 등록세
안규철 외 | 전남대 교육학과

55 21세기에 대비한 방송통신정책
한진만 외 | 강원대 신문방송학과

56 주민참여를 통한 혐오시설 관리운영방안
박균성 외 | 경희대 법학부

57 여성의 정치적 권리인식과 정치참여
전경옥 외 | 숙명여대 정치외교학과

58 한국인 위장질환과 식생활 · 환경요인 및 *H. pylori* 감염과의 관계
이양자 외 | 연세대 식품영양학과

59 학생과 시민의 자원봉사활동
윤정일 외 | 서울대 교육학과

60 동북아 환경문제와 지역환경협력의 모색
신연재 외 | 울산대 정치외교학과

61 노인 자원봉사활동을 통한 사회통합 프로그램 개발
김동배 | 연세대 사회복지학과

62 물류정보 시스템
김태현 | 연세대 경영학과

63 전자식 문서교환을 이용한 항공화물 운송체계
민재형 | 서강대 경영학과

64 청소년과 성
이근후 | 이화여대 의과대학

65 민족통합과 무궁화호 위성의 남북한 공동활용방안
방정배 | 성균관대 신문방송학과

66 채식주의가 20대 여성의 영양상태와 에스트로겐 대사에 미치는 영향
성미경 | 숙명여대 식품영양학과

67 가상정보공간을 통한 지역개발 활성화 전략
유재천 외 | 한림대 언론정보학부

68 조산아 관리현황 및 정책수립 방안
박상기 외 | 조선대 의과대학

69 남북한관의 의식조사와 통일교육 개선 방안
김동규 외 | 고려대 북한학과

70 동양 전통 자연사상 탐구
장동순 | 충남대 환경공학과

71 초고속정보망의 시뮬레이터 구현
한기준 | 경북대 컴퓨터공학과

72 유통원가 시스템의 유효성
정다미 | 명지대 경영학과

73 국악과 문화관광의 만남
정익준 외 | 동아대 국제관광통상학부

74 기업의 지식경영 활용사례
김창우 | 명지대 산업공학과

75 선진국과 한국의 직업교육 · 훈련제도의 특성과 한계
정주연 | 고려대 경제학과

76 제주지역 성인 여성의 자원봉사활동
이상철 외 | 제주대 사회학과

77 M&A와 문화충돌 관리
박원우 | 서울대 경영학과

78 폐금속광산 인근 주민들의 중금속 오염실태
정종학 외 | 영남대 의학과

79 북한 농촌 · 농업실태와 인력자원개발 시스템을 통한 북한 농민의 구호방안
박성열 | 건국대 교육공학과

80 중소 소매점의 경쟁력과 소매성과
채명수 외 | 한국외대 무역학과

81 고령자를 위한 쾌적한 실내온도와 착의량의 설정
정운선 | 안동대 의류학과

82 지역문화 이벤트 PR
박종민 | 경희대 언론정보학부

83 인터넷 지역정보화의 실태와 전략
유평준 외 | 연세대 행정학과

84 여성 삶의 질 향상을 위한 사회교육 활성화 방안
김양희 | 중앙대 가족복지학과

85 벤처기업과 벤처금융
강대석 외 | 충남대 무역학과

86 구조조정기에 있어서 실업대책과 사회 안전망 구축
박천익 | 대구대 경제학과

87 한국 유아의 조기교육
이명조 외 | 한국외대 교육대학원

88 남북한 경제공동체 형성전략
이상만 | 중앙대 경제학과

89 지방자치회계의 투명성과 주민의 알 권리
권찬태 외 | 경북대 경영학부

90 정치지도자의 정책리더십
이해영 | 경일대 행정학과

91 경제위기와 한국인의 복지의식
신광영 외 | 중앙대 사회학과

92 북한의 노동
김강식 | 한국항공대 경영학과

93 우리나라 중소기업의 정보기술 활용 현황과 경쟁력 강화를 위한 제안
정승호 | 부산외대 정보시스템학과

94 인간배아복제의 법적·윤리적 문제점과 그 해결방안
최병규 | 한경대 법학부

95 가치변화에 따른 투표행태
조찬래 외 | 충남대 정치외교학과

96 인터넷 경매에서의 계약체결과 소비자 보호
이기수 외 | 고려대 법과대학

97 세계화시대 남북한 통합의 방향과 과제
윤민재 | 서울대 사회발전연구소

98 글로벌 시대 지방정부의 문화마케팅 전략
박흥식 | 중앙대 행정학과

99 대졸여성실업의 실태분석 및 대학-노동 시장 간 효율적 연계방안
이은우 외 | 울산대 사회과학부

100 그린 투어리즘의 분석
이응진 | 대구대 관광학부

101 지방자치단체장의 부정부패
오일환 | 한양대 아태지역연구센터

102 산업화가 유교체제하 중국여성의 지위에 미친 영향
천성림 | 배재대 사회과학연구소

103 움직이는 말하기
유혜숙 외 | 나사렛대 교양학부

104 장애학생을 위한 특수교육공학의 활용
김용욱 | 대구대 중등특수교육과

105 지식기반사회의 평생교육 이해와 평생교육 프로그램 개발
박성열 | 건국대 교육공학과

106 N세대의 미술교육
김동철 | 대구교육대 미술교육학과

107 노후계획과 투자
권택호 | 여수대 국제통상학과

108 영화산업
양영철 | 경성대 연극영화학부

109 동유럽의 변혁과 언론의 역활
정대수 | 경남대 정치언론학부

110 환율, 임금, 물가가 국제경쟁력 및 수출입산업에 미치는 영향
하인봉 | 경북대 경제통상학부

111 일본기업의 기술혁신 전략
위정현 | 중앙대 상경학부

112 노후보장정책과 역저당연금제도
조덕호 외 | 대구대 행정학과

113 유비쿼터스 라이프와 미래 사회
김석수 | 한남대 멀티미디어공학과

114 죽음과 관련된 생명윤리적 문제들
구인회 | 가톨릭의과대 인문사회과학교실

115 경제적 세계화와 빈곤문제, 그리고 국가
김준현 | 한일장신대 인문사회과학부

116 한국의 세계불교유산
김종명 | 한국학중앙연구원 한국학대학원

117 복지레저서비스론
고태규 | 한림대 국제학부

118 자생적 철학체계로서 인간중심철학
선우현 | 청주교대 윤리교육과

119 전략적 통합과 한반도 평화체제
김승채 | 고려대 정책대학원

120 환경사법론
전경운 | 경희대 법학부

121 인터넷 자료를 통해 본 한국의 이혼 문화와 사회복지
성정현 외 | 협성대 사회복지학과

122 유럽연합의 사회정책에 관한 연구
문진영 | 서강대 신학대학원 사회복지학과

123 여성건강의 통합적 관점
김혜원 | 관동대 간호학과

124 복잡계 네트워크 과학
강병남 | 서울대 물리천문학부

125 경제적인 3세대 전원주택 개발
박근준 | 호서대 건축공학과

126 사회복지와 인적자원개발
이상일 | 인제대 국제경상학부